STRONG

중졸 검정고시
실전 모의고사

7일
완성

시대에듀

인생의 새로운 갈림길에서 열심히 노력하며
성공을 꿈꾸는 진취적인 여러분께 악수를 청합니다.

1 **검정고시는 제2의 배움을 다시 시작할 수 있도록 정부가 보장하는 제도입니다.**
배움에는 흔히 끝이 없다고들 합니다. 검정고시는 부득이한 이유로 정규 학교 교육을 받지 못하거나 중도에 포기한 사람, 자신만의 꿈을 위해 새로운 길을 선택하는 사람들에게 또 다른 교육의 기회를 주어 제2의 인생을 다시 시작할 수 있도록 정부가 보장하는 제도입니다. 이를 통해 사회 진출의 기초를 마련할 수 있게 해 줍니다.

2 **검정고시는 자신과의 싸움이며, 미래에 대한 도전입니다.**
검정고시는 어려운 환경을 극복하고 미래를 개척하는 굳은 신념의 상징이라고 할 수 있습니다. 그래서 사회에서도 자신과의 싸움에서 이겨낸 사람의 인내심과 성실함을 높이 평가하고 있습니다.

3 **시험공부에는 왕도가 없습니다.**
매일 꾸준히 공부하는 것만이 합격의 지름길이며, 출제 문제의 의도를 파악하고 실력을 늘려간다면 반드시 원하는 목표에 도달할 것으로 확신합니다. 다만, 어떤 수험서를 선택하는가에 따라 수험 기간이 길어질 수도, 짧아질 수도 있습니다. 그래서 검정고시에 가장 효과적으로 대비할 수 있도록 본서를 출간하게 되었습니다.

4 **검정고시는 밝은 앞날을 약속하는 시험입니다.**
검정고시는 배움의 시기를 놓치거나 새로운 배움의 길을 선택한 사람들에게 더 많은 기회를 제공하는 시험이며, 이를 통해 얻게 되는 자신감과 실력은 사회의 어떤 분야에서든지 자신의 꿈을 이루는 데에 도움이 될 것입니다.

5 **수험생 모두에게 행운이 함께하기를 기원합니다.**
검정고시를 준비하는 모든 수험생이 희망과 용기를 가지고 학업에 전념할 수 있도록 도움이 되고자 하는 마음에서 본서를 출간한 만큼 수험생 모두에게 좋은 결과가 있기를 기원합니다.

7일 완성 학습 플래너 STUDY PLANNER

최종 점검! 7일 완성 학습 플래너로 목표 점수에 도달하자!

시험 합격을 목표로 모의고사 점수를 기록해 보세요!

목표일	공부한 날	점수 기록			
1일차 실전 모의고사	___월 ___일	국어		사회	
		수학		과학	
		영어		도덕	
		과목 평균			
2일차 실전 모의고사	___월 ___일	국어		사회	
		수학		과학	
		영어		도덕	
		과목 평균			
3일차 실전 모의고사	___월 ___일	국어		사회	
		수학		과학	
		영어		도덕	
		과목 평균			
4일차 실전 모의고사	___월 ___일	국어		사회	
		수학		과학	
		영어		도덕	
		과목 평균			
5일차 실전 모의고사	___월 ___일	국어		사회	
		수학		과학	
		영어		도덕	
		과목 평균			
6일차 실전 모의고사	___월 ___일	국어		사회	
		수학		과학	
		영어		도덕	
		과목 평균			
7일차 실전 모의고사	___월 ___일	국어		사회	
		수학		과학	
		영어		도덕	
		과목 평균			

중졸 검정고시 시험 안내 INFORMATION

◆ 시험 일정

구분	공고일	접수일	시험일	합격자 발표
제1회	2월 초순	2월 중순	4월 초 · 중순	5월 초 · 중순
제2회	6월 초순	6월 중순	8월 초 · 중순	8월 중 · 하순

◆ 시험 과목

구분	시험 과목	비고
중졸	**필수:** 국어, 수학, 영어, 사회, 과학(5과목) **선택:** 도덕, 기술 · 가정, 체육, 음악, 미술, 정보 중 1과목	6과목

◆ 시험 시간표

구분	과목	시간
1교시	국어	09:00~09:40(40분)
2교시	수학	10:00~10:40(40분)
3교시	영어	11:00~11:40(40분)
4교시	사회	12:00~12:30(30분)
중식(12:30~13:30)		
5교시	과학	13:40~14:10(30분)
6교시	선택 과목	14:30~15:00(30분)

※ 1교시 응시자는 시험 당일 08:40까지 지정 시험실에 입실해야 하며, 2~6교시 응시자는 해당 과목 시험 시간 10분 전까지 시험실에 입실해야 함.
※ 매 교시 시험 시작 시간(입실 시간)은 동일함.
※ 장애인 응시자의 경우, 원서 접수 시 신청자에 한하여 시험 시간을 과목당 10분 연장함. 단, 매 교시 시험 시작 시간은 동일함.

◆ 출제 기준 및 문항 형식

출제 기준	• 2015 개정 교육과정에서 출제 • 검정(또는 인정)교과서를 활용하는 교과의 출제 범위 ➡ 가급적 최소 3종 이상의 교과서에서 공통으로 다루고 있는 내용으로 출제(단, 국어와 영어의 경우 교과서 외의 지문 활용 가능) • 중졸 검정고시는 문제은행식 출제 방식 도입에 따라 기출문제 영역 포함 30% 내외 출제가 가능하며, 과목에 따라 그 비율이 달라질 수 있음. • 중졸 검정고시 '사회' 과목에 역사(한국사만 출제, 세계사 제외)를 포함하여 출제 • 중학교 졸업 정도의 지식과 그 응용 능력을 측정할 수 있는 수준으로 출제
문항 형식	• 과목별 문항 수: 25문항(단, 수학 20문항) • 문항당 배점: 4점(단, 수학 5점) • 과목별 배점: 100점 • 문제 형식: 4지 택 1형 필기시험

◆ 응시자격 및 제한

가. 응시자격

❶ 초등학교 졸업자 및 이와 동등 이상의 학력이 있다고 인정된 사람

❷ 초 · 중등교육법시행령 제29조의 규정에 의하여 학적이 정원 외로 관리되는 자

❸ 3년제 고등공민학교 졸업자 및 졸업예정자

❹ 중학교에 준하는 각종학교의 졸업자 또는 졸업 예정자

❺ 보호소년 등의 처우에 관한 법률 시행령 제69조 제2호에 해당하는 자

※ 본 공고문에서 졸업예정자라 함은 최종 학년에 재학 중인 자를 말한다.

나. 응시자격 제한

❶ 중학교 또는 초 · 중등교육법시행령 제97조 제1항 제2호의 학교를 졸업한 자 또는 재학 중인 자

※ 응시자격은 시험시행일까지 유지해야 함(공고일 현재 재학 중이 아닌 자여서 적법하게 응시원서를 접수하였다 하더라도, 그 이후 시험일까지 편입학 등으로 재학생의 신분을 획득한 경우에는 응시자격을 박탈함).

❷ 공고일 이후 초등학교 졸업자

※ 단, 당해 연도 중학교 졸업자는 2월 말까지 재학생 신분에 해당되어 1회차 중졸 검정고시 응시가 제한됨.

❸ 공고일 기준으로 고시에 관하여 부정 행위를 한 자로서 처분일로부터 응시자격 제한 기간이 경과되지 아니한 자

◆ 합격자 결정

가. 시험 합격

각 과목을 100점 만점으로 하여 전 과목 평균 60점 이상을 취득한 자를 합격자로 결정함.

※ 단, 평균이 60점 이상이라 하더라도 결시 과목이 있을 경우에는 불합격 처리함.

나. 과목 합격

❶ 시험 성적 60점 이상인 과목에 대해서는 과목 합격을 인정하고, 본인이 원하면 다음 회의 시험부터 해당 과목의 시험을 면제하고 그 면제되는 과목의 성적을 시험 성적에 합산함.

❷ 기존 과목 합격자가 해당 과목을 재응시할 경우, 기존 과목 합격 성적과 상관없이 재응시한 과목 성적으로 합격 여부를 결정함.

※ 과목 합격자에게는 신청에 의하여 과목 합격 증명서를 교부함.

◆ 구비 서류

공통 제출 서류	• 응시원서(소정 서식) 1부[접수처에서 교부] • 동일한 사진 2매(모자를 쓰지 않은 상반신, 3.5cm×4.5cm, 응시원서 제출 전 3개월 이내 촬영) • 본인의 해당 최종학력증명서 1부 • 응시수수료: 없음 • 신분증 지참[주민등록증, 외국인등록증, 운전면허증, 주민등록번호가 포함된 대한민국 여권(※ 주민등록번호가 없는 신규 여권은 여권정보증명서 지참), 청소년증, 주민등록번호가 포함된 장애인등록증(복지카드) 중 하나]

★ 상기 내용은 2024년도 제2회 검정고시 공고문을 참고하였습니다. 응시하고자 하는 시 · 도 교육청의 공고문을 반드시 확인하시기 바랍니다.

최신 기출 문항 핵심 키워드 KEYWORD

◆ **국어** ▶ **2024년도 제2회 기출문제**

번호	출제 문제 핵심 키워드	번호	출제 문제 핵심 키워드
1번	듣기 · 말하기) 격려하는 말하기	14번	문학) 현대 시 – 표현상의 특징 파악하기
2번	듣기 · 말하기) 토론 참여자의 역할	15번	문학) 현대 시 – 운율을 형성하는 요소 파악하기
3번	문법) 언어의 특성	16번	문학) 현대 시 – 화자의 정서 파악하기
4번	문법) 한글 맞춤법	17번	문학) 고전 소설 – 작품의 내용 파악하기
5번	문법) 국어의 음운 체계	18번	문학) 고전 소설 – 인물의 태도 파악하기
6번	문법) 표준 발음법	19번	문학) 고전 소설 – 인물 파악하기
7번	문법) 단어의 품사	20번	읽기) 핵심 주장 파악하기
8번	문법) 문장의 종류	21번	읽기) 내용의 적절성 판단하기
9번	쓰기) 개요의 세부 내용 유추하기	22번	읽기) 적절한 접속어 활용하기
10번	쓰기) 바르게 고쳐쓰기	23번	읽기) 글의 세부 내용 파악하기
11번	문학) 현대 소설 – 인물의 심리 파악하기	24번	읽기) 적절한 단어 유추하기
12번	문학) 현대 소설 – 작품의 내용 파악하기	25번	읽기) 단어의 사전적 의미 파악하기
13번	문학) 현대 소설 – 서술상의 특징 파악하기		

◆ **수학** ▶ **2024년도 제2회 기출문제**

번호	출제 문제 핵심 키워드	번호	출제 문제 핵심 키워드
1번	소인수분해	11번	부등식의 해를 수직선에 나타내기
2번	수의 대소 관계	12번	연립방정식의 해
3번	문자를 사용한 식	13번	삼각형에서 평행선과 선분의 길이의 비
4번	일차방정식의 해	14번	경우의 수
5번	그래프의 이해	15번	제곱근의 덧셈과 뺄셈
6번	평행선의 성질	16번	이차방정식의 해
7번	히스토그램	17번	이차함수의 그래프의 성질
8번	유한소수로 나타낼 수 있는 분수	18번	삼각비
9번	지수법칙 – 거듭제곱의 거듭제곱	19번	원주각의 성질
10번	다항식의 덧셈과 뺄셈	20번	평균

◆ 영어 ▶ 2024년도 제2회 기출문제

번호	출제 문제 핵심 키워드	번호	출제 문제 핵심 키워드
1번	'shy'의 의미	14번	글을 쓴 목적 파악하기
2번	단어의 의미 관계	15번	대화의 내용 파악하기
3번	적절한 be동사 넣기	16번	글과 일치하지 않는 내용 파악하기
4번	적절한 접속사 넣기	17번	글에서 언급되지 않은 내용 찾기
5번	적절한 의문사 넣기	18번	인물이 제안한 내용 파악하기
6번	빈칸에 들어갈 내용 유추하기	19번	주어진 그래프의 이해와 빈칸 넣기
7번	빈칸에 들어갈 단어 유추하기	20번	글의 문맥 이해하고 어울리지 않는 문장 찾기
8번	일정표 내용 파악하기	21번	글의 문맥 이해하고 'They'에 대해 유추하기
9번	빈칸에 들어갈 단어 유추하기	22번	안전 수칙으로 언급되지 않은 내용 찾기
10번	대화 후 이어질 행동 유추하기	23번	글의 주제 파악하기
11번	빈칸에 들어갈 내용 유추하기	24번	글을 쓴 목적 파악하기
12번	대화의 주제 파악하기	25번	글의 문맥 이해하고 이어질 내용 찾기
13번	홍보문 내용 파악하기		

◆ 사회 ▶ 2024년도 제2회 기출문제

번호	출제 문제 핵심 키워드	번호	출제 문제 핵심 키워드
1번	경도	14번	균형 가격과 균형 거래량
2번	열대 우림 기후	15번	실업
3번	제주도	16번	단체 행동권
4번	물 자원	17번	구석기 시대
5번	다국적 기업	18번	세도 정치
6번	도심	19번	백제의 역사
7번	지구 온난화	20번	대조영
8번	지리적 표시제	21번	삼국사기
9번	재사회화	22번	조선 시대 세종의 업적
10번	학습성	23번	독도
11번	법률	24번	이순신
12번	민주 선거의 기본 원칙	25번	4 · 19 혁명
13번	심급 제도		

최신 기출 문항 핵심 키워드 KEYWORD

◆ **과학** ▶ **2024년도 제2회 기출문제**

번호	출제 문제 핵심 키워드	번호	출제 문제 핵심 키워드
1번	중력	14번	균계
2번	진폭	15번	생물을 구성하는 단계
3번	니크롬선의 저항	16번	대뇌
4번	대류	17번	폐포
5번	운동 에너지	18번	체세포 분열 과정
6번	역학적 에너지	19번	특정 형질에 대한 유전자형
7번	기체의 상태 변화	20번	맨틀
8번	응고	21번	지구의 자전
9번	원소	22번	화성
10번	밀도	23번	염화 나트륨
11번	산화 환원 반응	24번	포화 수증기량 곡선
12번	구리의 연소 반응	25번	별의 겉보기 등급과 절대 등급
13번	광합성 과정		

◆ **도덕** ▶ **2024년도 제2회 기출문제**

번호	출제 문제 핵심 키워드	번호	출제 문제 핵심 키워드
1번	도덕	14번	다문화 사회에서의 바람직한 태도
2번	도덕 원리 검사 방법	15번	마음의 평화를 얻기 위한 방법
3번	행복한 삶을 위한 좋은 습관	16번	평화 통일을 위한 노력
4번	인권	17번	평화적 갈등 해결 방법
5번	바람직한 삶의 목적	18번	과학 기술의 바람직한 활용 방안
6번	사이버 폭력	19번	청렴
7번	도덕 추론 과정	20번	통일 한국의 추구 가치
8번	아리스토텔레스	21번	환경 파괴 문제
9번	우정	22번	바람직한 시민의 자질
10번	세계 시민	23번	도덕적 성찰의 방법
11번	이웃과의 관계	24번	바람직한 국가의 역할
12번	정보 통신 매체 활용을 위한 덕목	25번	환경 친화적 삶을 위한 실천 태도
13번	간디		

◆ 2024년도 중졸 검정고시 출제 교육과정 개편 사항

출제 교육과정 변경

2020년도 중졸 검정고시	2024년도 중졸 검정고시
2009 개정 교육과정	**2015 개정 교육과정**

※ 2021년도부터 2015 개정 교육과정을 바탕으로 문제 출제

주요 과목 개편 사항

2024년도 중졸 검정고시

국어
- **신설**: 말하기 불안 대처, 고전 재해석, 연극
- **고등학교 과정으로 이동**: 문법 영역의 음운의 변동과 문법 요소, 로마자 표기법, 외래어 표기법 등의 표기법
- **삭제**: 독자의 정체성, 작가의 태도, 전통적인 말하기, 문화 비교 등

수학
- **신설**: 정비례와 반비례, 입체도형에서 회전체 개념, 산점도와 상관관계
- **고등학교 과정으로 이동**: 연립일차부등식, 이차함수의 최대 · 최소
- **삭제**: 최대공약수와 최소공배수의 활용, 피타고라스 정리의 활용, 도수분포표에서의 평균, 등식의 변형

사회
- **신설**: 금융과 기업가 정신
- **고등학교 과정으로 이동**: 국제 수지

과학
- **신설**: 화학 반응에서의 에너지 출입, 과학과 나의 미래, 재해 재난과 안전, 과학 기술과 인류 문명
- **고등학교 과정으로 이동**: 지진파와 이를 이용한 지구의 층상구조 파악, 생명의 진화, 염색체와 유전의 관계, 산 · 염기, 산화 반응
- **삭제**: 빛과 파동에서 상의 작도

이 책의 구성과 특징 STRUCTURES

실전 모의고사

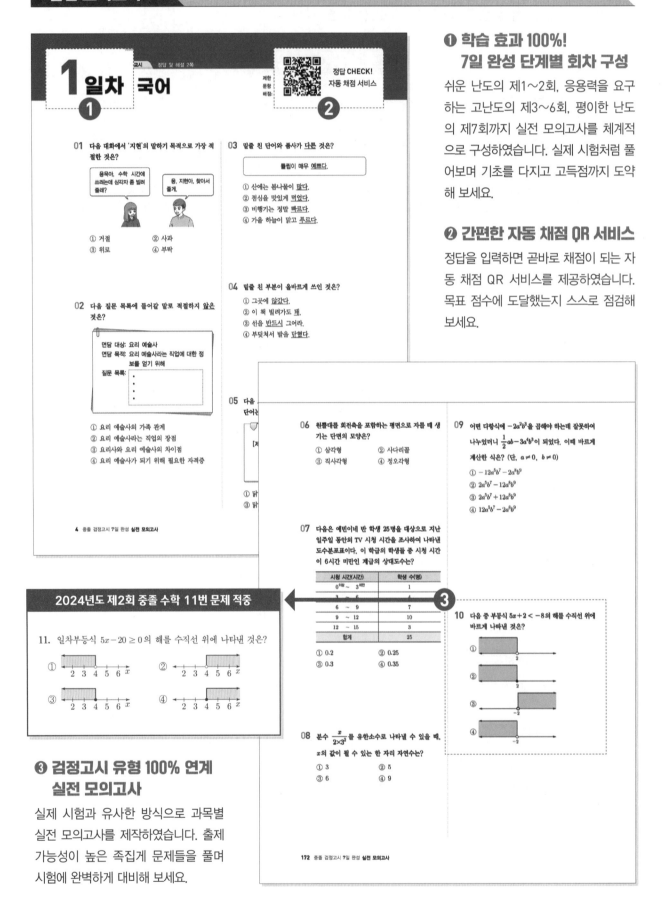

❶ 학습 효과 100%! 7일 완성 단계별 회차 구성

쉬운 난도의 제1~2회, 응용력을 요구하는 고난도의 제3~6회, 평이한 난도의 제7회까지 실전 모의고사를 체계적으로 구성하였습니다. 실제 시험처럼 풀어보며 기초를 다지고 고득점까지 도약해 보세요.

❷ 간편한 자동 채점 QR 서비스

정답을 입력하면 곧바로 채점이 되는 자동 채점 QR 서비스를 제공하였습니다. 목표 점수에 도달했는지 스스로 점검해 보세요.

❸ 검정고시 유형 100% 연계 실전 모의고사

실제 시험과 유사한 방식으로 과목별 실전 모의고사를 제작하였습니다. 출제 가능성이 높은 족집게 문제들을 풀며 시험에 완벽하게 대비해 보세요.

정답 및 해설

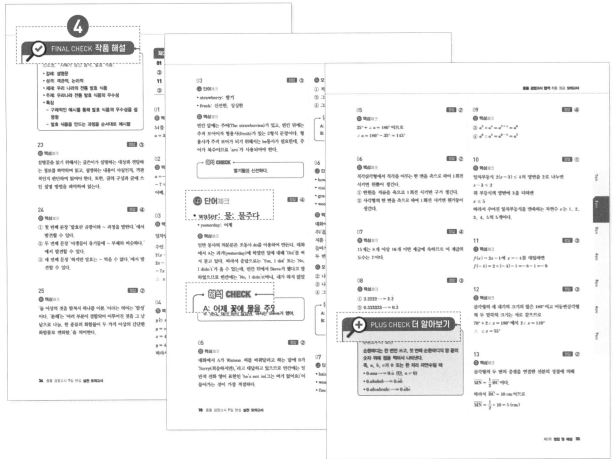

❹ 합격으로 이끄는 상세한 해설

제시문에 대한 분석과 정답을 도출해 내는 과정을 자세히 담았습니다. 시험 합격 전 필수적으로 알아두어야 할 "작품 해설", "단어체크", "해석 CHECK", "더 알아보기" 등 유용한 내용들을 담았으니 관련 내용을 정독해 보세요.

특별 제공 **무료 해설 강의**

2024년도 최신 기출문제까지 전 문항 해설 강의를 무료로 제공하고 있습니다. 혼자서도 쉽게 학습해 보세요.

★ 기출문제 온라인 제공 경로: sdedu.co.kr ➡ 학습자료실 ➡ 기출문제 ➡ "검정고시" 검색

무료 해설 강의 QR 링크 ▶

이 책의 차례 CONTENTS

7일 완성
실전 모의고사

중졸 검정고시 합격 최종 점검

시대에듀

2025 시대에듀 중졸 검정고시
7일 완성 실전 모의고사
www.sdedu.co.kr

1일차
제1회 실전 모의고사

1일차　국어

제한 시간: 40분
문항 수: 25문항
배점: 1문제당 4점

정답 CHECK!
자동 채점 서비스

01 다음 대화에서 '지현'의 말하기 목적으로 가장 적절한 것은?

용욱아, 수학 시간에 쓰려는데 삼각자 좀 빌려 줄래?

응, 지현아, 찾아서 줄게.

① 거절
② 사과
③ 위로
④ 부탁

02 다음 질문 목록에 들어갈 말로 적절하지 않은 것은?

면담 대상: 요리 예술사
면담 목적: 요리 예술사라는 직업에 대한 정보를 얻기 위해
질문 목록:
　　·
　　·
　　·
　　·

① 요리 예술사의 가족 관계
② 요리 예술사라는 직업의 장점
③ 요리사와 요리 예술사의 차이점
④ 요리 예술사가 되기 위해 필요한 자격증

03 밑줄 친 단어와 품사가 다른 것은?

> 튤립이 매우 예쁘다.

① 산에는 봄나물이 많다.
② 점심을 맛있게 먹었다.
③ 비행기는 정말 빠르다.
④ 가을 하늘이 맑고 푸르다.

04 밑줄 친 부분이 올바르게 쓰인 것은?

① 그곳에 않갔다.
② 이 책 빌려가도 돼.
③ 선을 반드시 그어라.
④ 부딪쳐서 발을 닫혔다.

05 다음 표준 발음법 규정 중 ㉠을 적용할 수 있는 단어는?

■ 표준 발음법 ■
[제11항] 겹받침 'ㄺ, ㄻ, ㄿ'은 어말 또는 자음 앞에서 각각 [ㄱ, ㅁ, ㅂ]으로 발음한다. 다만, ㉠ 용언의 어간 말음 'ㄺ'은 'ㄱ' 앞에서 [ㄹ]로 발음한다.

① 닭
② 맑다
③ 맑게
④ 읊고

06 다음 설명에 해당하는 자음으로 알맞은 것은?

> 혀끝을 윗니의 뒷부분이나 윗잇몸에 대어서 내는 소리이다.

① ㄷ   ② ㅁ

③ ㅈ   ④ ㅎ

07 밑줄 친 부분이 ㉠에 해당하는 것은?

> 문장을 이루는 데 꼭 필요한 주성분에는 ㉠주어, 서술어, 목적어, 보어가 있다.

① 하늘이 아름답다.

② 강아지가 짖는다.

③ 나는 친구를 만났다.

④ 얼음은 물이 되었다.

08 통일성 있는 글을 써야 하는 이유로 옳은 것은?

① 다양한 주제를 다루기 위해서

② 문장을 깔끔하게 다듬기 위해서

③ 글쓴이의 생각과 다른 사람들을 설득하기 위해서

④ 글쓴이가 전하고자 하는 바를 분명하게 드러내기 위해서

09 ㉠~㉣에 대한 고쳐 쓰기 방안으로 적절하지 않은 것은?

> 텔레비전은 인간 생활에 유용한 ㉠개체이다. 텔레비전은 대화 상대가 필요한 현대인에게 좋은 친구가 될 수 있다. ㉡텔레비전에 중독되면 실제와 가상 현실을 식별하는 능력을 잃을 수도 있다. 그리고 복잡한 일상 속에서 지친 현대인이 휴식을 취할 수 있도록 도와주는 오락 수단이 된다. 텔레비전은 세상을 살아가는 데 필요한 정보를 얻는 창구이기도 하다. ㉢이와 같이 텔레비전은 인간에게 좋은 친구가 될 수 있고, 휴식을 ㉣취할수 있게 해 주며, 필요한 정보를 얻는 데 도움을 준다.

① ㉠: 문맥에 맞지 않으므로 '매체'로 바꾼다.

② ㉡: 텔레비전의 유용한 점을 말하고 있으므로 부정적인 내용은 삭제한다.

③ ㉢: 문맥에 맞지 않으므로 '그러나'로 바꾼다.

④ ㉣: 띄어쓰기가 바르지 않으므로 '취할 수 있게'로 고친다.

10 다음 중 보고서의 '끝 부분'에 들어갈 내용으로 가장 적절한 것은?

> 처음 부분에는 먼저 보고서의 주제와 목적을 제시하는 것이 일반적이다. 그리고 탐구 대상과 기간, 탐구 방법을 밝혀 준다.
> 가운데 부분은 탐구 활동의 결과와 그것에 대한 설명으로 이루어진다. 보고할 내용은 항목별로 묶어서 기술하는 것이 좋다. 이때 작은 제목을 달아 주면 알아보기 쉽다. 자료 수집과 해석의 결과를 자세히 제시하고 독자가 이해하기 쉽게 사진, 도표, 그림, 통계 등 결과를 보여 주면 더 좋다.
> 끝 부분에는 보고 내용을 요약하여 제시한다. 그리고 부족하였던 점과 앞으로의 계획을 밝힐 수도 있다. 경우에 따라서 보고서를 작성하는 사람의 의견을 덧붙이기도 한다.

① 보고 내용 요약
② 보고서의 주제와 목적 제시
③ 자료 수집의 해석과 결과 제시
④ 보고 내용을 항목별로 묶어서 기술

[11~13] 다음 글을 읽고 물음에 답하시오.

(가)

보리밭 이랑에 모이를 줍는 낮닭 울음만이 이따금씩 들려오는 고요한 이 마을에도 올봄 접어들어 안타까운 이별이 있었다.

바다와 시가지 일부가 한꺼번에 내다보이는, 지대가 높고 귀환 동포가 누더기처럼 살고 있는 산기슭 마을이었다. 그렇기에 마을 사람들은 철수 내외와 같이 가난뱅이 월급쟁이가 아니면 대개가 그날그날의 날품팔이이다.

밤이면 모여들고 날이 새면 일터로 나가기가 바빴다. 다만 어린아이들만이 마을 앞 양지바른 담 밑에 모여 윤선이 오고 가는 바다를 바라보고, 윤선도 보이지 않는 날은 무료에 지쳐 버린다.

(나)

"아부지!"

하고는 채 대답도 듣기 전에,

㉠ "아지마가 오늘 윤이 때리고 날 꼬집고 했어!"

한다. 철수는 밥을 씹다 말고,

"응, 정말?"

"그래!"

하고는 팔을 걷어 보이나 꼬집힌 흔적은 보이지 않았다.

그러자 작은놈도 밑이 타진 바지를 젖히고 볼기짝을 가리키면서,

"에게, 에게, 때려……."

하는 것을 보아 거짓말은 아닌 것 같다. 의외의 일이었다.

그것은 식모아이 분수로서 함부로 애들을 때리고 꼬집었든가 하는 무슨 명분을 가려서가 아니라, 남이가 이 집에 온 이후 오늘까지 한 번이라도 애들에게 손찌검을 하거나 또 했다거나 하는 것을 보지도 듣지도 못했기 때문이었다.

만일 남이가 저희들 말과 같이 때리고 꼬집기까지 했을 때는 이만저만한 일 때문이 아니리라.

"그래, 왜 아지마가 때리고 꼬집더냐?"

"……."

"응?"

"……."

한 놈도 대답이 없다.

철수는 부엌에서 저녁 설거지를 하고 있는 남이를 불렀다. 남이 역시 대답이 없다. 대답은 없으나 마루께로 걸어오는 발소리는 들린다. 부엌에서 할 대답을 방문을 열고서야,

"예!"

하는 남이의 태도도 역시 여느 때와는 다르다.

철수는 부드러운 목소리로,

"오늘 왜 윤이를 때리고 영이를 꼬집었냐?"

"……."

"아니, 때리고 꼬집은 것을 나무람이 아니라, 애들이 무슨 저지레를 했느냐 말이다."

그제서야 남이는 곁눈으로 영이와 윤이를 한 번 흘겨보고는,

"오늘 뒤 개울에 빨래를 간 새, 영이와 윤이가 제 고무신을 들어다 엿을 바꿔 먹었어요."

– 오영수, 「고무신」

11 윗글에 대한 설명으로 적절하지 <u>않은</u> 것은?

① 작가가 상상하여 쓴 소설이다.

② 전지적 작가 시점의 소설이다.

③ 앞으로 전개될 사건을 요약적으로 제시하였다.

④ 인물의 외양이나 행동을 묘사하지 않고 간결하게 나타냈다.

12 (나)에 나타난 '남이'와 '철수'에 대한 설명으로 적절하지 <u>않은</u> 것은?

① 철수는 남이를 가족처럼 대한다.

② 남이는 철수 집에서 식모살이하고 있다.

③ 철수는 신분으로 사람을 차별하지 않는다.

④ 남이는 철수가 없을 때 가끔 아이들을 때린다.

13 (나)에 나타난 ㉠의 이유로 가장 적절한 것은?

① 영이와 윤이가 싸움을 해서

② 영이와 윤이가 거짓말을 해서

③ 영이와 윤이가 남이에게 대들어서

④ 영이와 윤이가 남이의 고무신으로 엿을 바꿔 먹어서

[14~16] 다음 글을 읽고 물음에 답하시오.

> 우리가 눈발이라면
> 허공에서 쭈빗쭈빗 흩날리는
> 진눈깨비는 되지 말자
> 세상이 ㉠ <u>바람</u> 불고 춥고 어둡다 해도
> 사람이 사는 마을
> 가장 낮은 곳으로
> 따뜻한 ㉡ <u>함박눈</u>이 되어 내리자
> 우리가 눈발이라면
> 잠 못 든 이의 창문가에서는
> ㉢ <u>편지</u>가 되고
> 그이의 깊고 붉은 상처 위에 돋는
> ㉣ <u>새살</u>이 되자
>
> – 안도현, 「우리가 눈발이라면」

14 윗글에 대한 설명으로 적절하지 <u>않은</u> 것은?

① 시각적 심상이 드러난다.

② 청유형 문장을 사용하였다.

③ 긍정적 의미의 시어로만 주제를 드러냈다.

④ 자연물을 통해 함축적인 뜻을 전하고 있다.

15 ㉠~㉣ 중 긍정적인 뜻을 나타내는 시어가 <u>아닌</u> 것은?

① ㉠   ② ㉡

③ ㉢   ④ ㉣

16 윗글에서 화자가 강조하는 삶의 태도로 가장 적절한 것은?

① 자연과 공존하는 삶을 살자.

② 주어진 것에 만족하는 삶을 살자.

③ 어려운 이웃에게 도움이 되는 존재가 되자.

④ 건전한 사회를 위해 질서를 잘 지키는 사람이 되자.

이 어사는 춘향의 마음을 떠보려고 짐짓 한번 다그쳐 보는 것인데, 춘향은 어이가 없고 기가 콱 막힌다.

"내려오는 사또마다 빠짐없이 명관이로구나! 어사또 들으시오. ㉠층층이 높은 절벽 높은 바위가 바람이 분들 무너지며, 푸른 솔 푸른 대가 눈이 온들 변하리까. 그런 분부 마옵시고 어서 빨리 죽여 주오."

하면서 무슨 생각이 났는지 황급히 이리저리 두리번거리며 향단이를 찾는다.

"향단아, 서방님 혹시 어디 계신가 살펴보아라. 어젯밤 오셨을 때 천만 당부하였는데 어디를 가셨는지, 나 죽는 줄도 모르시는가? 어서 찾아보아라."

어사또 다시 분부하되,

"얼굴을 들어 나를 보아라."

하시기에 춘향이 천천히 고개를 들어 대 위를 살펴보니, 거지로 왔던 낭군이 어사또로 뚜렷이 앉아 있었다. 순간, 춘향은 깜짝 놀라 눈을 질끈 감았다가 떴다.

"나를 알아보겠느냐? 네가 찾는 서방이 바로 여기 있느니라."

어사또는 즉시 춘향의 몸을 묶은 오라를 풀고 동헌 위로 모시라고 명을 내렸다. 몸이 풀린 춘향은 웃음 반 울음 반으로,

"얼씨구나 좋을씨고, 어사 낭군 좋을씨고. 남원읍에 가을 들어 낙엽처럼 질 줄 알았더니 객사에 봄이 들어 봄바람에 핀 오얏꽃이 날 살리네. 꿈이냐 생시냐? 꿈이 깰까 염려로다."

한참 이렇게 즐길 적에 뒤늦게 달려온 춘향 모도 입이 찢어져라 벙글벙글 웃으며 어깨춤을 추고, 구경 왔던 남원 고을 백성들도 얼씨구 덩실 춤을 추었다. 어사또는 춘향의 손을 잡고 놓을 줄을 모르고 쌓였던 사연의 실타래는 끝날 줄을 몰랐으니, 그 한없이 즐거운 일을 어찌 일일이 말로 하겠는가.

춘향의 높은 절개가 광채 있게 되었으니 어찌 아니 좋을 것인가. 어사또 남원읍의 공사를 모두 처리하고 춘향 모녀와 향단이를 데리고 서울로 길을 떠나는데, 위의가 찬란하니 세상 사람들 누가 칭찬하지 않으랴.

이때 춘향이 남원을 하직할 때, 영화롭고 귀하게 되었건만 정든 고향을 이별하려니 한편으로는 기쁘고 한편으로는 울적했다.

"놀고 자던 내 방 부용당아 부디 잘 있거라. 광한루 오작교야 잘 있거라. 영주각도 잘 있거라. '봄풀들은 해마다 푸르건만 왕손은 가서 돌아오지 않는구나.'라

더니 나를 두고 이름이라. 다 각기 이별할 제 만수무강하옵소서. 다시 보기 아득하여라."

– 작자 미상, 「춘향전」

17 윗글의 주제 의식으로 적절하지 <u>않은</u> 것은?

① 탐관오리 응징
② 유교적 충효 실천
③ 신분적 갈등 극복
④ 평등 사회로의 갈망

18 윗글의 내용과 일치하지 <u>않는</u> 것은?

① 몽룡은 춘향의 마음을 떠보려고 짐짓 다그쳤다.
② 춘향은 내려오는 사또마다 수청을 모두 거절하였다.
③ 몽룡과 춘향의 재회에 남원 고을 백성들도 기뻐하였다.
④ 춘향은 남원을 떠나면서 영화롭고 귀하여 마음이 후련해하였다.

19 ㉠에서 춘향의 지조와 절개를 나타내는 소재로 적절하지 <u>않은</u> 것은?

① 절벽
② 바위
③ 바람
④ 푸른 솔

[20~22] 다음 글을 읽고 물음에 답하시오.

일가족이 태자리를 뒤로 하고 고향을 떠날 때 나는 초등학교 5학년이었다. 있어도 그만 없어도 그만인, ㉠ 자질구레한 ㉡ 세간을 실은 손바닥만 한 트럭에 어머니가 타고 먼저 떠난 뒤 할머니와 나, 동생은 새로운 삶의 터전을 찾아 길을 걷기 시작했다. 철없는 어린 동생도 그날은 아무 말 없이 먼지가 풀풀 나는 ㉢ 신작로를 내처 걷기만 했다. 우리 가족을 그냥 떠나보내기 아쉬웠던 명원네 대모가 항아리를 하나 머리에 이고 뒤를 따랐다. 트럭 위에도 대모의 머리에도 선택받지 못한 독과 항아리들은 사람이 더 이상 살지 않는 집에 남았다. 대모가 머리에 인 항아리는 할머니, 어머니가 가장 아끼던 것들 중 하나였다. 쏟아진 햇살은 항아리 위에서 연신 ㉣ 자반뒤집기를 했다. 나는 자꾸만 눈을 깜박거렸다.

– 이호준, 「장독대, 끝내 지켜 내던 가문의 상징」

20 윗글을 쓴 의도로 가장 적절한 것은?

① 경험을 통해 깨달은 것을 표현하기 위해
② 자신의 의견을 논리적으로 주장하기 위해
③ 사실적 정보를 객관적으로 알려 주기 위해
④ 현실에 있음 직한 일을 상상하여 꾸며 쓰기 위해

21 ㉠~㉣의 사전적 의미로 적절하지 <u>않은</u> 것은?

① ㉠: 귀중하고 요긴한.
② ㉡: 집안 살림에 쓰는 온갖 물건.
③ ㉢: 넓게 새로 낸 길.
④ ㉣: 몹시 아플 때에 몸을 엎치락뒤치락하는 짓.

22 윗글의 내용과 일치하지 <u>않는</u> 것은?

① 초등학교 5학년 때 고향을 떠났다.
② 어머니는 트럭을 타고 먼저 가셨다.
③ 동생은 걸어가기 힘들다고 투정을 부렸다.
④ 대모는 할머니가 아끼는 항아리를 이고 따라왔다.

[23~25] 다음 물음에 답하시오.

(가)

악취가 나고 검은 폐수가 흐르는 곳에서 사람들이 아무 보호 장비 없이 버려진 전기·전자 제품들, 곧 전자 폐기물들을 분해하고 있고, 아이들은 그 쓰레기 더미 위에서 놀고 있다. 이미 오염으로 생활 터전이 망가져 쓰레기 처리 말고는 생계 수단이 없는 사람들이다. 그곳 사람들은 그 지역에 들어온 전자 폐기물에서 재활용이 가능한 부품을 떼어 내고 나머지는 태우거나 땅에 묻는다. 폐기물을 태우거나 땅에 묻으면 각종 중금속 성분이 토양과 하천을 오염하고 주민들을 병들게 한다. 병에 걸린 사람들은 돈이 없어 제대로 치료를 못 받는 형편이지만, 더 이상 갈 곳이 없어 이곳까지 왔기 때문에 어쩔 도리가 없다.

2010년 서울 환경 영화제에서 상영된 영화 「중금속 인생」의 내용이다. ㉠ 전자 폐기물이 일으키는 이런 끔찍한 일을 막을 수 있는 방법은 없을까?

(나)

가장 근본적인 방법은 생산자가 만들 때부터 폐기물을 덜 발생시키고 덜 해로운 제품을 만드는 것이다. 그렇다고 생산자에게 책임을 떠넘길 수만은 없다. 매년 늘어나고 있는 전자 폐기물은 우리의 소비 행태와 관련이 있다. 제품의 기능이 다해서가 아니라 좀 더 새롭고 편리한 것을 갖고 싶어서 새 제품을 살 때가 많다. 그러니까 불필요한 구매를 줄이고, 구입한 제품은 오래 쓰자. 덜 쓰고 덜 버리는 것이 지구 환경을 지키는 가장 효과적인 방법이기 때문이다. 새로 나온 컴퓨터나 휴대 전화를 원한다면 쓰던 것을 업그레이드하거나 수리해서 쓸 수는 없는지 다시 한 번 생각해 보자. 아직 사용할 수 있는 제품이라면 주위에 그 제품이 필요한 이웃은 없는지 살펴보고, 나눔을 실천하는 것도 좋은 방법이다.

(다)

  그래도 버릴 수밖에 없다면 어떻게 버리는 게 좋은지 고민하고 회수하는 곳이 있는지 찾아보아야 한다. 지방 자치 단체에서 판매하는 폐기물 딱지를 붙여서 버리거나, 새 제품을 구입할 때 판매 대리점에 헌 제품을 무상으로 회수해 줄 것을 요청할 수 있다. 이러한 일이 다 어려울 때에는 제품 생산자에게 연락하면 된다. 보상 회수나 무료 수거 서비스를 제공하는 곳이 의외로 많다. 생산자들이 수명이 다한 전기·전자 제품을 거두어들여서 재활용하면 전자 폐기물의 ⓛ 양을 크게 줄일 수 있다.

– 장미정, 「내가 버린 전기·전자 제품의 행방은?」

23 윗글에 대한 설명으로 가장 적절한 것은?

① 무대 상연을 목적으로 한다.
② 있는 그대로의 사실을 정확하게 전달한다.
③ 주장과 근거의 타당성을 파악하며 읽는다.
④ '인물, 사건, 배경' 세 가지 요소로 구성한다.

24 윗글의 내용으로 볼 때 ㉠으로 적절하지 <u>않은</u> 것은?

① 폐기물 딱지를 붙여서 버리기
② 쓰던 제품 업그레이드하여 사용하기
③ 전자 제품은 돈을 지불하고 회수 요청하기
④ 안 쓰는 전자 제품은 필요한 이웃에게 나누어 주기

25 밑줄 친 부분이 ⓛ과 같은 의미로 쓰인 것은?

① 그 동물원에는 양이 많다.
② 필요한 양만큼 가져가세요.
③ 상황을 얼이 빠진 양 구경하였다.
④ 양 집안의 반대로 결혼이 무산되었다.

1일차 수학

제한 시간: 40분
문항 수: 20문항
배점: 1문제당 5점

01 다음은 세 수 12, 18, 30을 소인수분해하여 최대 공약수를 구하는 과정이다. ㉠에 알맞은 수는?

$$24 = 2^3 \times 3$$
$$18 = 2 \times 3^2$$
$$30 = 2 \times 3 \times 5$$
최대공약수: $2 \times ㉠$

① 3   ② 5
③ 7   ④ 11

02 다음 중 절댓값이 가장 큰 수는?

① -13 ② -12
③ 11 ④ 14

03 $a=4$일 때, $3a-1$의 값은?

① 3   ② 7
③ 9   ④ 11

04 일차방정식 $4x-2=x+7$의 해는?

① -1 ② 1
③ 3 ④ 5

05 다음은 어느 학생이 집에서 출발하여 도서관까지 갈 때, 시간에 따른 이동 거리를 나타낸 그래프이다. 이 학생이 출발한 후 40분 동안 이동한 거리는?

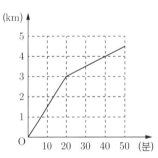

① 2 km   ② 3 km
③ 4 km   ④ 5 km

06 모든 면의 모양이 정삼각형인 정다면체가 <u>아닌</u> 것은?

① 정사면체

② 정육면체

③ 정팔면체

④ 정이십면체

08 순환소수 $0.\dot{6}$을 기약분수로 나타낸 것은?

① $\dfrac{5}{9}$　　② $\dfrac{2}{3}$

③ $\dfrac{7}{9}$　　④ $\dfrac{8}{9}$

09 $3x \times 2x^3$을 간단히 한 것은?

① $6x$　　② $6x^2$

③ $6x^3$　　④ $6x^4$

07 다음은 어느 학급의 학생 35명을 대상으로 지난 일주일 동안 자습한 시간을 조사하여 나타낸 도수분포표이다. 이 학생들 중 일주일 동안 자습한 시간이 8시간 미만인 학생 수는?

자습 시간(시간)	학생 수(명)
$0^{이상} \sim 4^{미만}$	7
4 ~ 8	13
8 ~ 12	4
12 ~ 16	6
16 ~ 20	5
합계	35

① 20명　　② 18명

③ 16명　　④ 14명

10 연립방정식 $3x+4y=5$, $2x-y=a$를 풀면 x의 값은 3이다. 상수 a의 값은?

① 3　　② 5

③ 7　　④ 9

11 일차함수 $y = 2x + 2$의 그래프는 일차함수 $y = 2x$의 그래프를 y축의 방향으로 a만큼 평행이동한 것이다. 상수 a의 값은?

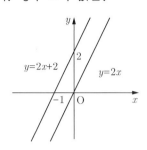

① -1 ② 0

③ 1 ④ 2

12 그림과 같이 △ABC에서 $\angle B = 60°$, $\angle C = 60°$, $\overline{AB} = 6\,\text{cm}$일 때, x의 값은?

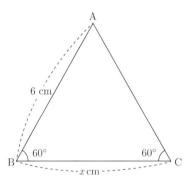

① 2 ② 4

③ 6 ④ 8

13 그림과 같이 직각삼각형 ABC에서 $\overline{AB} = 3\,\text{cm}$, $\overline{BC} = 4\,\text{cm}$일 때, x의 값은?

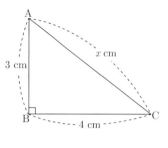

① 4 ② 5

③ 6 ④ 7

14 노란 공 4개, 하얀 공 8개가 들어있는 주머니가 있다. 이 주머니에서 한 개의 공을 임의로 꺼낼 때, 하얀 공이 나올 확률은?

① $\dfrac{1}{2}$ ② $\dfrac{2}{3}$

③ $\dfrac{3}{4}$ ④ $\dfrac{4}{5}$

15 $\sqrt{48} - 2\sqrt{3}$ 을 간단히 한 것은?

① $2\sqrt{3}$ ② $3\sqrt{3}$

③ $4\sqrt{3}$ ④ $5\sqrt{3}$

16 $(x-2)(x+7)$을 전개한 것은?

① $x^2+5x-14$ ② $x^2+5x+13$

③ $x^2+6x-13$ ④ $x^2+14x+3$

17 이차함수 $y=3x^2-3$의 그래프에 대한 설명으로 옳지 <u>않은</u> 것은?

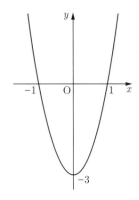

① 아래로 볼록하다.

② 점 $(1, 0)$을 지난다.

③ 직선 $x=1$을 축으로 한다.

④ 꼭짓점의 좌표는 $(0, -3)$이다.

18 그림은 $\angle B=90°$인 직각삼각형 ABC이다. $\overline{AB}=12\,cm$, $\overline{BC}=5\,cm$일 때, $\sin A$의 값은?

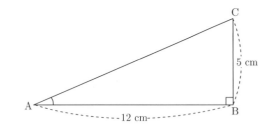

① $\dfrac{5}{13}$ ② $\dfrac{5}{12}$

③ $\dfrac{7}{12}$ ④ $\dfrac{12}{13}$

19 그림에서 두 점 A, B는 점 P에서 원 O에 그은 두 접선의 접점이다. $\overline{PA}$와 $\overline{PB}$의 길이의 합이 $14\,cm$일 때, $\overline{PB}$의 길이는?

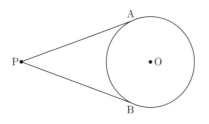

① 4 cm   ② 5 cm

③ 6 cm   ④ 7 cm

20 다음 중 음의 상관관계를 나타내는 산점도는?

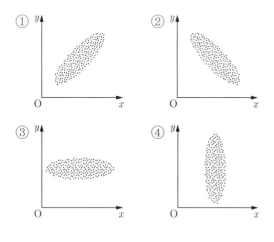

1일차   영어

제한 시간: 40분
문항 수: 25문항
배점: 1문제당 4점

정답 CHECK!
자동 채점 서비스

---

01 다음 밑줄 친 단어의 뜻으로 가장 적절한 것은?

> My uncle is a popular actor in Spain.

① 정직한
② 용감한
③ 현명한
④ 인기 있는

---

02 다음 밑줄 친 두 단어의 의미 관계와 <u>다른</u> 것은?

> This box is full and that box is empty.

① new − old
② sick − ill
③ poor − rich
④ clean − dirty

---

03 다음 빈칸에 들어갈 말로 가장 적절한 것은?

> The strawberries _____ fresh.

① is   ② am
③ are   ④ was

[04~06] 다음 대화의 빈칸에 들어갈 말로 가장 적절한 것을 고르시오.

04

> A: Did you water the flowers yesterday?
> B: _____. But Steve did it.

① Yes, I am
② Yes, I did
③ No, I can't
④ No, I didn't

05

> A: Hello. May I speak to Mr. Watson?
> B: Sorry, _____.

① I am busy
② he's not in
③ she's sleeping
④ he speaks French

06

> A: How often do you visit your grandparents?
> B: _____. I'm going to visit them this weekend.

① Twice a month
② I like to visit them
③ I go there by train
④ That sounds great

1일차
2일차
3일차
4일차
5일차
6일차
7일차

07 다음 대화의 빈칸에 공통으로 들어갈 말로 가장 적절한 것은?

> A: Jessie, _____ your hair and wear this hat.
> B: Okay, Mom. Where is my _____? I can't find it.

① feel   ② wash

③ catch   ④ brush

08 다음은 Stanley의 휴가 계획이다. 수요일에 할 일은?

Tuesday	Wednesday	Thursday	Friday
Playing soccer	Visiting a farm	Watching a movie	Going hiking

① 축구하기   ② 등산하기

③ 영화 보기   ④ 농장 방문하기

09 다음 그림으로 보아 빈칸에 들어갈 말로 가장 적절한 것은?

> A: What is the man doing?
> B: He is _____.

① riding a bike   ② washing a bag

③ planting a tree   ④ buying a helmet

10 다음 대화가 끝난 후 A가 할 일은?

> A: Henry, there's no butter in the refrigerator.
> B: Oh, I forgot to buy it. We can't make cookies without butter.
> A: Don't worry. I'll go get it right away.

① 쿠키 만들기

② 버터 사러 가기

③ 냉장고 청소하기

④ 밀가루 가져오기

11 다음 대화의 빈칸에 들어갈 말로 가장 적절한 것은?

> A: What time do you want to meet?
> B: _____?

① Do you have a watch

② I wake up at 7 every day

③ Shall we meet at the park

④ How about at 9 in the morning

12 다음 대화의 주제로 가장 적절한 것은?

> A: What are you going to do this summer vacation?
> B: I'm going to visit my uncle's house. He lives in England.
> A: That sounds great! How long are you staying there?
> B: About a month. I'm really looking forward to meeting him and my cousins.

① 방학 계획   ② 가족 소개

③ 이사할 장소   ④ 좋아하는 나라

13 다음 방송의 목적으로 가장 적절한 것은?

> Attention, shoppers. We are looking for a brown backpack. It is made of leather and has two pockets. There is a red key ring on it. If you see the backpack, please take it to the Lost and Found. Thank you.

① 마감 세일 공지
② 분실 물품 공지
③ 매장 행사 상품 안내
④ 판매 사원 모집 공고

14 다음 대화에서 B가 콘서트에 가지 <u>못한</u> 이유는?

> A: How was the concert last night?
> B: I couldn't see it. I had a stomachache and went to the hospital.

① 몸이 아파서
② 병문안을 가야 해서
③ 가족을 돌보아야 해서
④ 콘서트 표를 잃어버려서

15 다음 대화의 빈칸에 들어갈 말로 가장 적절한 것은?

> A: I've just finished my homework.
> B: I think doing homework is good for us.
> A: _____. It helps us study harder.

① You are wrong
② I don't think so
③ I agree with you
④ It's not my homework

16 다음 대화의 내용에 따라 (a)~(c)를 순서대로 배열한 것은?

> A: Mom, please tell me how to make a pancake mix.
> B: Okay. First, mix flour, sugar and salt. Then pour in milk and egg. Add some oil and mix them well.

> (a) 기름을 넣고 잘 섞는다.
> (b) 밀가루, 설탕과 소금을 섞는다.
> (c) 우유와 달걀을 넣는다.

① (a) − (c) − (b)
② (b) − (a) − (c)
③ (b) − (c) − (a)
④ (c) − (a) − (b)

17 다음 파티 초대장을 보고 알 수 <u>없는</u> 내용은?

> **You are invited to**
> **Graduation Party**
> **celebrating Sandra Parker**
>
>
> Date: Sunday, 17th April
> Time: 5:00~8:00 p.m.
> Place: The Marker House 371 Lincoln Road

① 파티 의상
② 파티 장소
③ 파티 날짜
④ 파티 주인공

18 다음 글의 내용과 일치하지 <u>않는</u> 것은?

> Jason is a member of the 'Movie Maker Club'. He makes movies with cellphones. He can be an actor, a cameraman or a director in his club. Every Wednesday they have a 'Cinema Day.' On that day they watch movies that they made.

① Jason은 휴대폰으로 영화를 만든다.
② Jason의 영화 클럽은 매주 수요일에 만난다.
③ Jason은 영화 클럽에서 촬영 기사로만 활동한다.
④ Jason의 영화 클럽은 그들이 만든 영화를 함께 본다.

19 다음 글에서 글쓴이가 친구들을 만나는 이유로 가장 적절한 것은?

> I have two things to do this Sunday. In the morning, I'm going to meet my friends to finish our history project. In the evening, I'm going to watch a movie with my cousins.

① 운동을 함께 하기 위해
② 과학 숙제를 하기 위해
③ 역사 프로젝트를 끝내기 위해
④ 새로 개봉한 영화를 보기 위해

20 그래프로 보아 빈칸에 들어갈 말로 가장 적절한 것은?

What the Students Do After School

Taking private lessons ▭ 35%
Doing homework ▭ 28%
Playing with friends ▭ 18%
Exercising ▭ 12%

> More than a third of students _____ after school.

① exercise
② do homework
③ play with friends
④ take private lessons

21 다음 글에서 언급된 내용이 <u>아닌</u> 것은?

> Hi! My name is Kevin. I live in Madrid. I live with my dad, my mom, and my younger sister. I'm in the third grade in middle school. I play basketball with my friends after school. I want to be an astronaut in the future.

① 학년
② 취미
③ 사는 곳
④ 장래 희망

22 다음 밑줄 친 them이 가리키는 것으로 가장 적절한 것은?

> We have three cats in my family. Among them, Mochi is my favorite cat. He has white fur and green eyes. He likes playing with a ball. He is friendly to me, but not to my parents.

① three cats
② green eyes
③ my hobbies
④ my parents

23 다음 글을 쓴 목적으로 가장 적절한 것은?

> Hello everyone! We finally got a new music room. There are many kinds of new instruments in the music room. You can play them in the music room at any time during school hours. The music room opens at 8 a.m. and closes at 5 p.m.

① 음악실 개장 안내
② 학교 시설 공사 공지
③ 신규 구입 악기 소개
④ 음악 동호회 모집 공고

24 다음 글의 주제로 가장 적절한 것은?

> We can do many useful things with cellphones, like making phone calls or taking photos. However, cellphones can cause some problems, too. If we use them too much, our eye health may be getting worse.

① 좋은 휴대폰을 고르는 법
② 휴대폰 사용의 장점과 단점
③ 휴대폰을 이용한 사진 촬영 방법
④ 휴대폰에 의해 단절되는 인간관계

25 다음 글의 바로 뒤에 이어질 내용으로 가장 적절한 것은?

> Rivers have many benefits. We get fresh water from them. We can go fishing to the river. If we want to enjoy good things that rivers give us, we should keep them clean. Here are some ways we can do to protect the rivers.

① 세계의 다양한 강에 대한 소개
② 강가에 사는 사람들의 생활 방식
③ 강에서 즐길 수 있는 다양한 활동
④ 강을 깨끗하게 유지하기 위해 할 수 있는 일

1일차 사회

제한 시간: 30분
문항 수: 25문항
배점: 1문제당 4점

정답 CHECK!
자동 채점 서비스

01 홍수의 부정적 영향에 대한 설명으로 옳은 것은?

① 적조 현상을 완화해 준다.
② 지구의 온도 균형을 유지해 준다.
③ 토양에 영양분을 공급하여 땅이 비옥해진다.
④ 농경지·가옥·도로의 침수로 인한 재산이나 인명 피해가 생긴다.

02 정부 간 국제기구에 대한 설명으로 옳지 <u>않은</u> 것은?

① 국제 연합: 국제 평화와 안전 유지를 위해 노력한다.
② 국제 연합 난민 기구: 세계의 난민들을 지원하는 기구이다.
③ 세계 보건 기구: 세계에서 발생하는 질병을 책임지는 기구이다.
④ 국경 없는 의사회: 국제 연합 산하 조직으로서 어린이를 돕는 기구이다.

03 빈칸 ㉠에 들어갈 말로 알맞은 것은?

> ㉠ 은/는 사회 구성원 대다수가 문제라고 여기는 현상으로, 발생 원인은 사회 안에 있다. 인간의 노력으로 해결 가능한 문제인 것이 특징이며, 범죄나 환경오염 등을 예로 들 수 있다.

① 사회 문제   ② 사회 변동
③ 산업 사회   ④ 정보 사회

04 다음 중 국가의 영역에 대한 설명으로 옳은 것은?

① 영토와 인접한 바다를 말한다.
② 영해와 영공을 설정하는 기준이다.
③ 영토와 영공의 상공으로 대기권까지 인정한다.
④ 한 나라의 주권이 미치는 범위로는 영토·영해·영공이 있다.

05 다음 그래프의 ⓐ가 의미하는 것으로 옳은 것은?

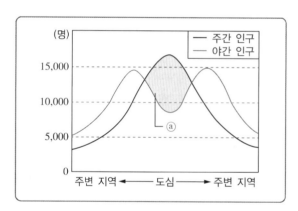

① 슬럼화
② 이촌향도
③ 인구 공동화
④ 성비 불균형

06 다음 〈보기〉에서 설명하는 섬으로 옳은 것은?

| 보기 |

○ 화산섬이다.
○ 우리나라의 가장 동쪽 끝에 위치해 있다.
○ 한류와 난류가 교차하여 좋은 어장을 이룬다.

① 독도　　　　② 울릉도
③ 제주도　　　④ 거제도

07 다음 중 신·재생 에너지의 부작용으로 옳지 않은 것은?

① 삼림 파괴 문제가 발생할 수 있다.
② 수몰 지역이 발생하고 하천 생태계가 변화한다.
③ 갯벌이 소실되고 해안 생태계의 교란을 초래한다.
④ 자원 고갈에 대한 염려가 없고, 무한 재생이 가능하다.

08 다음 밑줄 친 ㉠~㉣ 중 옳지 않은 것은?

　세계의 기온 분포는 ㉠ 위도에 따라 다르다. 연평균 기온은 ㉡ 적도에서 고위도로 갈수록 낮아지고 ㉢ 연평균 등온선은 대체로 위도와 평행한다. 위도가 같은 지역이라도 기온 분포가 달라지기도 하는데, 대륙은 해양보다 가열 속도와 냉각 속도가 빨라 해양보다 ㉣ 연교차가 작다.

① ㉠　　　　② ㉡
③ ㉢　　　　④ ㉣

09 다음 집단에 대한 설명으로 옳은 것은?

가족, 친족

① 2차 집단이다.
② 특정한 목적을 이루기 위해 조직되었다.
③ 인격적인 관계가 형성되는 집단이 아니다.
④ 구성원 간의 친밀한 상호 작용이 이루어진다.

10 다음 학생의 질문에서 나타나는 문화 이해의 태도로 옳은 것은?

예로부터 전해지는 우리나라 고유의 음악을 '국악'이라고 불러요.

선생님, 저는 우리나라 전통 국악보다 외국의 클래식이 더 고급스럽다고 생각해요.

① 문화 제국주의
② 문화 사대주의
③ 문화 상대주의
④ 자문화 중심주의

1일차　2일차　3일차　4일차　5일차　6일차　7일차

11 국가 인권 위원회에 대한 설명으로 옳지 않은 것은?

① 법원처럼 강제력을 가지고 있다.

② 독립적 지위를 가지는 합의제 행정 기관이다.

③ 인권의 전반적인 문제를 다루는 독립적인 국가 기관이다.

④ 인권 침해 조사를 하거나 인권 침해 개선을 권고하는 기관이다.

12 다음 설명에 해당하는 법의 영역으로 옳지 않은 것은?

○ 사적인 영역과 공적인 영역에 모두 걸쳐 있는 법
○ 자본주의의 문제점을 합리적으로 해결하기 위한 법
○ 사회적 약자 보호와 국가 개입을 특징으로 하는 법

① 행정법　　　② 경제법
③ 노동법　　　④ 사회 보장법

13 대통령의 지위와 권한에 대한 설명으로 옳지 않은 것은?

① 국가와 헌법을 수호한다.

② 국회의원이 간접 선출한다.

③ 국군을 통솔하고 지휘한다.

④ 대법원장, 헌법 재판소장, 감사원장 등의 임명권이 있다.

14 빈칸 ㉠에 공통으로 들어갈 말로 알맞은 것은?

㉠ (이)란 시간의 흐름에 따라 개인이나 가족의 삶이 어떻게 변화하는지를 몇 단계로 나타낸 것이다. 올바른 재무 계획을 세우기 위해서는 ㉠ 에 따른 수입과 지출을 살펴보고 장기적인 관점에서 계획하는 것이 바람직하다.

① 신용 관리
② 생애 주기
③ 자산 관리
④ 사회적 책임

15 다음 그래프에서 나타난 변화에 대한 설명으로 옳은 것은?

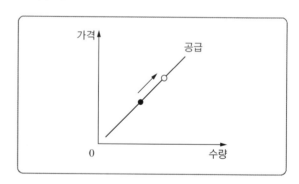

① 가격이 상승하여 공급량이 증가하였다.
② 가격이 하락하여 공급량이 감소하였다.
③ 가격이 하락하여 수요량이 증가하였다.
④ 가격이 상승하여 수요량이 감소하였다.

16 사회적 역할에 대한 설명으로 옳은 것만을 〈보기〉에서 모두 고른 것은?

┌─── 보기 ───┐
ㄱ. 일정한 지위에 따라 기대되는 행동 양식이다.
ㄴ. 역할은 사회적 상황에 따라 달라지기도 한다.
ㄷ. 하나의 지위에는 한 가지 역할만이 요구된다.
ㄹ. 같은 지위를 가진 사람들이 역할을 수행하는 방법은 같다.
└──────────┘

① ㄱ, ㄴ   ② ㄴ, ㄷ
③ ㄴ, ㄹ   ④ ㄷ, ㄹ

18 다음 정책을 시행한 고구려의 왕으로 옳은 것은?

┌──────────────────┐
○ 만주 지역 확보
○ 한강 유역 진출
○ 금관가야 공격
○ 독자적 연호인 '영락' 사용
└──────────────────┘

① 장수왕
② 지증왕
③ 근초고왕
④ 광개토 대왕

17 다음 유물이 쓰인 시대로 옳은 것은?

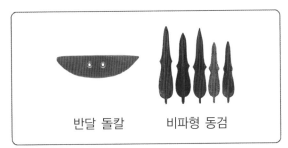

반달 돌칼   비파형 동검

① 철기 시대
② 신석기 시대
③ 청동기 시대
④ 구석기 시대

19 흥선 대원군이 시행한 정책으로 옳지 않은 것은?

① 경복궁 중건
② 직전법 실시
③ 척화비 건립
④ 비변사 기능 축소

20 영조의 탕평책에 대한 설명으로 옳은 것은?

① 성균관 앞에 탕평비를 건립하였다.
② 친위 부대인 장용영을 설치하였다.
③ 서얼 출신들을 규장각 검서관에 등용하였다.
④ 개혁 정치의 중심지로 수원 화성을 건설하였다.

21 다음 설명에 해당하는 나라의 이름은?

> ○ 벽란도가 국제 무역항으로 번성하였다.
> ○ '코리아'라는 이름을 서방 세계에 전파하였다.

① 여진   ② 거란

③ 고려   ④ 발해

22 다음 설명에 해당하는 통일 신라 시대의 인물로 옳은 것은?

> ○ 불교의 대중화에 기여하였다.
> ○ 일심 사상과 화쟁 사상을 주장하였다.

① 의상   ② 혜초

③ 원효   ④ 지눌

23 빈칸 ㉠에 들어갈 말로 알맞은 것은?

> **주제:** [㉠]
> ○ 김옥균, 박영효 등의 급진 개화파가 주도
> ○ 우정총국 개국 연회에서 정변을 일으킴
> ○ 14개조 개혁 정강 발표
> ○ 청의 개입으로 3일 만에 실패함

① 갑오개혁

② 갑신정변

③ 을미사변

④ 동학 농민 운동

24 다음 대화의 설명에 해당하는 인물로 옳은 것은?

> 경찰과 군대를 동원해서 대통령 직선제로 헌법을 개정하고, 재집권에 성공한 인물이야.

> 이후 연임 제한을 철폐하는 개헌안을 제출했는데, 사사오입의 논리로 통과되었지.

① 박정희

② 노태우

③ 전두환

④ 이승만

25 빈칸 ㉠에 들어갈 말로 적절한 것은?

> [㉠]
> ○ 안창호, 양기탁 등이 조직한 항일 비밀 결사 단체
> ○ 대성 학교와 오산 학교 설립
> ○ 105인 사건으로 해산

① 신민회

② 신간회

③ 독립 협회

④ 조선어 학회

1일차　과학

제한 시간: 30분
문항 수: 25문항
배점: 1문제당 4점

정답 CHECK!
자동 채점 서비스

01 그림과 같이 수평면에 놓여 있는 나무 도막을 화살표 방향으로 잡아당겼을 때, 화살표 방향과 반대 방향으로 작용하는 힘으로 옳은 것은?

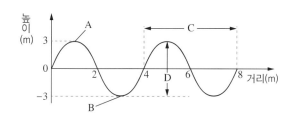

① 부력　　　　　② 전기력
③ 자기력　　　　④ 탄성력

02 그림은 어떤 파동을 나타낸 것이다. A~D 중 파장을 나타낸 것은?

① A　　　　　② B
③ C　　　　　④ D

03 다음 설명에 해당하는 것은?

○ 단위로는 V(볼트)를 사용한다.
○ 전기 회로에 전류를 흐르게 하는 원인에 해당한다.

① 저항　　　　　② 전압
③ 전선　　　　　④ 전구

04 다음 중 단위 질량(1 kg)의 물질을 단위 온도(1 ℃)만큼 높이는 데 필요한 열량을 나타내는 것은?

① 비열　　　　　② 열팽창
③ 열평형　　　　④ 열의 이동

05 어떤 사람이 무게가 20 N인 물체를 지면으로부터 높이 1.5 m까지 들어 올렸을 때, 이 사람이 중력에 대하여 한 일은? (단, 공기의 저항은 무시한다.)

① 3 J　　　　　② 10 J
③ 15 J　　　　　④ 30 J

06 그림은 A에서 가만히 놓은 물체가 곡면을 따라 운동하는 모습을 나타낸 것이다. A~D 중 운동 에너지가 가장 큰 지점은? (단, 모든 마찰은 무시한다.)

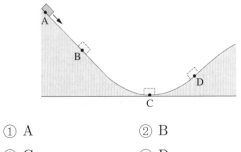

① A
② B
③ C
④ D

07 다음 중 확산의 예가 <u>아닌</u> 것은?

① 물속에서 잉크가 퍼진다.
② 차가운 물컵에 물방울이 맺힌다.
③ 꽃향기가 멀리까지 퍼져 나간다.
④ 냉면에 식초를 넣으면 전체에서 신맛이 난다.

08 이글루 안에 물을 뿌리면 물이 얼면서 주위가 따뜻해진다. 이때 물이 방출하는 열에너지는?

① 응고열
② 액화열
③ 승화열
④ 융해열

09 그림은 헬륨(He)의 원자 모형을 나타낸 것이다. 헬륨(He) 원자의 전자 개수는?

① 1개
② 2개
③ 3개
④ 4개

10 다음 중 분자의 이름과 분자식을 옳게 짝지은 것은?

① 산소 – H_2
② 이산화 탄소 – CO
③ 물 – H_2O_2
④ 암모니아 – NH_3

11 그림은 어떤 액체 물질의 가열 곡선이다. A~D 중 액체가 기체로 상태가 변화하는 구간은?

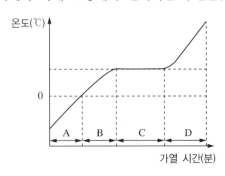

① A
② B
③ C
④ D

12 다음은 메테인(CH_4)이 산소(O_2)와 결합하는 연소 반응을 화학 반응식으로 나타낸 것이다. ㉠에 해당하는 생성 물질은?

$$CH_4 + 2O_2 \rightarrow CO_2 + 2 \boxed{\ ㉠\ }$$

① O_2 ② H_2

③ H_2O ④ CO

13 다음은 광합성에 대한 설명이다. ㉠에 들어갈 말로 알맞은 것은?

> 광합성은 녹색 식물이 빛에너지를 받아 물과 ㉠ 를 이용하여 영양분인 포도당과 산소를 생성하는 작용이다.

① 수소

② 염소

③ 과산화 수소

④ 이산화 탄소

14 식물의 증산 작용이 잘 일어나는 조건이 <u>아닌</u> 것은?

① 온도가 높을 때

② 습도가 낮을 때

③ 햇빛이 강할 때

④ 바람이 없을 때

15 다음의 소화 작용이 일어나는 장소는?

> ○ 단백질의 분해 및 살균 작용이 일어난다.
> ○ 연동 운동으로 음식물과 위액이 골고루 섞인다.

① 입   ② 위

③ 소장   ④ 대장

16 그림은 사람의 호흡 기관을 나타낸 것이다. 다음 중 늑골과 횡격막(가로막)으로 둘러싸여 있으며, 수많은 폐포로 구성되어 있는 것은?

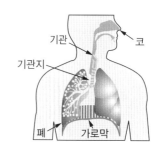

① 코

② 폐

③ 기관

④ 기관지

1일차 2일차 3일차 4일차 5일차 6일차 7일차

17 다음은 후각의 전달 경로를 나타낸 것이다. ㉠에 해당하는 물질의 상태는?

> ㉠ 상태의 화학 물질 → 후각 상피(후각 세포) → 후각 신경 → 대뇌

① 기체
② 액체
③ 고체
④ 점액질

18 다음 설명에 해당하는 혈관은?

> ○ 심장에서 나오는 혈액이 흐르는 혈관이다.
> ○ 혈압이 높고, 혈관벽이 두꺼우며 탄력성이 강하다.

① 동맥
② 정맥
③ 대정맥
④ 모세 혈관

19 순종의 둥근 완두(RR)와 순종의 주름진 완두(rr)를 교배하여 잡종 제1대(F₁)에서 모두 둥근 완두만 얻었을 때, 이 잡종 제1대(F₁)의 유전자형은?

① RR
② Rr
③ rr
④ r

20 그림은 암석의 순환 과정을 나타낸 것이다. A~D 중 변성암에 해당하는 것은?

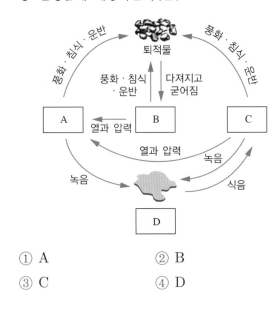

① A
② B
③ C
④ D

21 암석이 오랜 시간에 걸쳐 잘게 부서지거나 분해되어 자갈, 모래 등으로 변하는 현상은?

① 빙하
② 풍화
③ 화산 활동
④ 지진 활동

22 그림은 해수의 깊이에 따른 수온 분포이다. A~D 중 표면이 태양 복사 에너지에 의해 가열되어 수온이 높으며, 바람에 의해 섞여 수온 변화가 거의 없는 층은?

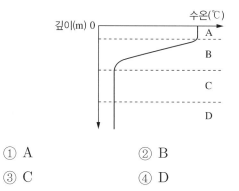

① A
② B
③ C
④ D

23 다음 설명에 해당하는 것은?

> ○ 수증기가 응결하기 시작할 때의 온도이다.
> ○ 공기 중에 수증기량이 많을수록 높아진다.

① 끓는점
② 녹는점
③ 이슬점
④ 포화 수증기량

24 그림은 태양계 행성을 물리적 특성에 따라 지구형 행성과 목성형 행성으로 분류한 것이다. 다음 중 지구형 행성에 속하는 것이 <u>아닌</u> 것은?

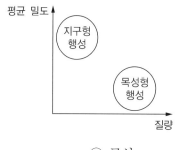

① 수성
② 금성
③ 화성
④ 토성

25 다음 ㉠에 들어갈 말로 알맞은 것은?

> ㉠ 은/는 태양의 표면에서 볼 수 있는 크기와 모양이 불규칙한 어두운 무늬로, 11년을 주기로 그 수가 적어졌다 많아지고 한다.

① 홍염
② 채층
③ 흑점
④ 쌀알 무늬

1일차　도덕

제한 시간: 30분
문항 수: 25문항
배점: 1문제당 4점

정답 CHECK!
자동 채점 서비스

01 빈칸 ㉠에 공통으로 들어갈 말로 알맞은 것은?

○ 　㉠　은/는 인간으로서 당연히 해야만 하
는 것이다.
○ 갈등 상황에서 하고 싶은 것과 해야만 하는 것
이 불일치할 경우, 욕구와 　㉠　 사이에 적
합한 것을 선택하고 이를 행동으로 옮겨야
한다.

① 존중
② 당위
③ 절제
④ 배려

02 도덕적 추론 과정 중 도덕 원리에 대한 설명으로
옳은 것은?

① 도둑질은 나쁘다.
② 흡연은 건강을 해친다.
③ 무단횡단을 해서는 안 된다.
④ 위험에 처한 사람은 도와야 한다.

03 빈칸 ㉠에 들어갈 말로 옳지 않은 것은?

본래적 가치: 사랑, 배려, 지혜, 　㉠　 등

① 인격
② 믿음
③ 봉사
④ 주택

04 다음 설명에 해당하는 것은?

옳다고 믿는 가치를 지켜 바르게 살아가려는
강한 의지

① 능력
② 도덕적 인물
③ 자아 정체성
④ 도덕적 신념

05 친구 간의 갈등을 해결하기 위한 자세로 옳지 않
은 것은?

① 상대방을 배려하고 이해한다.
② 갈등의 원인에 대한 책임을 추궁한다.
③ 자신의 생각과 감정을 제대로 전달한다.
④ 상대방과 자신의 성격 차이를 인정한다.

06 도덕 공부의 목적으로 옳은 것만을 〈보기〉에서 모두 고른 것은?

┤ 보기 ├

ㄱ. 올바른 인격을 형성하기 위해서이다.
ㄴ. 물질적 가치를 추구하기 위해서이다.
ㄷ. 비도덕적 행동을 알고 용인하기 위해서이다.
ㄹ. 바람직한 삶의 목적을 설정하기 위해서이다.

① ㄱ, ㄴ   ② ㄱ, ㄹ
③ ㄴ, ㄷ   ④ ㄴ, ㄹ

07 다음 설명에 해당하는 정서적 건강 가꾸기의 개념은?

어려움을 겪어도 이를 이겨 내고 건강한 상태로 돌아올 수 있는 마음의 힘

① 건강
② 습관화
③ 회복 탄력성
④ 사회적 건강

08 세대 간 소통을 위한 대화 자세로 옳지 않은 것은?

① 오해와 편견
② 공감과 배려
③ 관심과 이해
④ 존중과 협력

09 사회적 약자를 배려하기 위한 노력으로 옳지 않은 것은?

① 공감과 배려
② 무관심과 차별
③ 인권 감수성 확대
④ 차별 금지 법률 제정

10 다음 설명에 해당하는 다문화 갈등 해소를 위한 도덕적 태도는?

나와 다른 것이 틀린 것이 아니라고 받아들이는 태도

① 관용   ② 평등
③ 인권   ④ 타협

11 빈칸 ㉠에 들어갈 말로 알맞은 것은?

인권은 인간이 태어날 때 하늘로부터 부여받은 권리라는 의미에서 ㉠ (이)라고도 한다.

① 참정권
② 보편적 권리
③ 천부적 인권
④ 항구적 권리

1일차 2일차 3일차 4일차 5일차 6일차 7일차

12 다음 설명에 해당하는 성의 가치는?

> 감각적인 즐거움과 기쁨을 충족시켜 주는 기능을 가졌지만 동시에 절제하는 태도가 필요한 가치

① 인격적 가치
② 윤리적 가치
③ 쾌락적 가치
④ 생물학적 가치

13 과학 기술 발달의 부작용으로 옳지 <u>않은</u> 것은?

① 대량 살상 무기 발명
② 환경오염과 생태계 파괴
③ 과학 기술에 대한 지나친 의존
④ 대량 생산으로 인한 물질적 풍요

14 환경오염과 관련하여 세계 시민이 함께 직면한 도덕적 문제로 옳은 것은?

① 분쟁과 전쟁
② 국가 간 빈부 격차
③ 문화적 갈등과 대립
④ 생물 다양성의 감소

15 ㉠~㉣ 중 시민 불복종의 정의에 대한 설명으로 옳지 <u>않은</u> 것은?

> 시민 불복종이란 ㉠ <u>개인의 이익을 위해</u>, 그리고 정의롭지 못한 ㉡ <u>법이나 정책을 변화시키기 위해</u> ㉢ <u>정당하게</u> ㉣ <u>법을 위반하는</u> 행위를 말한다.

① ㉠
② ㉡
③ ㉢
④ ㉣

16 다음 설명에 해당하는 정보화 시대의 도덕적 문제는?

> 보행 중 스마트폰 사용으로 인한 교통사고가 빈번해지면서 스몸비(smombie)라는 신조어가 생겨났다. 스몸비는 '스마트폰을 보면서 길을 걷는 사람들'의 신조어이다.

① 사이버 폭력
② 저작권 침해
③ 스마트폰 중독
④ 정보·통신 기술의 불법적 사용

17 사회 윤리적 차원의 부패 행위 예방법으로 옳은 것은?

① 이익을 보면 의로움을 먼저 생각한다.
② 사소한 부패 행위도 용납하지 않는다.
③ 부정행위를 적극적으로 감시하는 활동을 한다.
④ 공적인 일을 우선시하고 사적인 것은 나중으로 미룬다.

18 빈칸 ㉠에 들어갈 말로 알맞은 것은?

> 진정한 의미의 ㉠ 은/는 일시적 만족감에 의한 즐거움이 아니라 바람직한 가치의 추구를 통해 삶 전체에 걸쳐 느끼는 '지속적·정신적인 만족감'이다.

① 인격　　② 행복
③ 희망　　④ 평화

19 다음 설명에 해당하는 자연을 바라보는 관점은?

> ○ 인간과 다른 생명체를 동등한 관계로 인식한다.
> ○ 생명체를 가진 모든 가치를 존중한다.

① 개발 중심주의
② 생태 중심주의
③ 생명 중심주의
④ 인간 중심주의

20 철학자와 이상 사회의 모습에 대한 설명으로 옳은 것은?

① 공자: 이성과 지혜를 갖춘 철학자가 통치하는 국가
② 노자: 모든 사람이 더불어 잘 살 수 있는 조화로운 사회
③ 플라톤: 나라의 규모가 작고 백성의 수가 적은 사회로, 무위와 무욕이 실현된 사회
④ 토마스 모어: 빈부 격차 없이 모든 인간이 경제적으로 풍족하며 소유와 생산에 있어서 평등한 사회

21 세계적 문제 해결을 위한 바람직한 시민의 자세로 옳은 것은?

① 문화적 절대성을 인정
② 국지적인 분쟁 및 전쟁 유발
③ 자연을 정복의 대상으로 인식
④ 기아·빈곤 해결을 위한 식량 지원

22 평화적 갈등 해결을 위한 단계로 옳은 것은?

① 멈추고 성찰하기 → 갈등 상황 바라보기 → 갈등 해결하기

② 갈등 상황 바라보기 → 멈추고 성찰하기 → 갈등 해결하기

③ 갈등 해결하기 → 멈추고 성찰하기 → 갈등 상황 바라보기

④ 갈등 상황 바라보기 → 갈등 해결하기 → 멈추고 성찰하기

23 북한 이탈 주민이 겪은 심리적 어려움으로 옳지 않은 것은?

① 남한 사람들의 편견과 무시

② 새로운 생활에 대한 불안감

③ 북한에서 취득한 학력에 대한 불인정

④ 북한에 남은 가족에 대한 그리움과 죄책감

24 경제 발전과 번영의 관점에서 통일이 필요한 이유로 옳지 않은 것은?

① 국가 경쟁력 제고를 위해

② 북한 주민의 인간다운 삶을 보장하기 위해

③ 소모적 국방비를 복지 사회 건설에 사용하기 위해

④ 남북한의 각종 인적 · 물적 자원을 효율적으로 활용하기 위해

25 의미 있는 삶을 위한 노력으로 옳은 것만을 〈보기〉에서 모두 고른 것은?

┤ 보기 ├

ㄱ. 삶에 대해 명확한 목표를 설정한다.

ㄴ. 내가 원하지 않는 것을 파악하고 사회적 관계를 단절한다.

ㄷ. 자신의 한계를 인정하고, 수동적으로 살아가는 삶을 영위한다.

ㄹ. 시련과 고난이 와도 좌절하지 않고 이를 극복하는 과정에서 행복과 기쁨을 느낀다.

① ㄱ, ㄴ   ② ㄱ, ㄷ

③ ㄱ, ㄹ   ④ ㄴ, ㄹ

2일차

제2회 실전 모의고사

2일차 　 국어

제한 시간: 40분
문항 수: 25문항
배점: 1문제당 4점

정답 CHECK!
자동 채점 서비스

01 공감하며 반응하는 대화로 빈칸 ㉠에 들어갈 말로 가장 적절한 것은?

> 컴퓨터로 숙제를 해야 하는데 컴퓨터를 잘 다룰 줄 몰라 걱정이야.

> ㉠

① 학교 컴퓨터 시간에 배운 대로만 하는데 그게 어려워?

② 요즘 컴퓨터를 다룰 줄 아는 것은 상식인데 그걸 모르다니!

③ 거봐, 그럴 줄 알았다. 어쩐지 컴퓨터 시간에 집중하지 않더라.

④ 그렇구나! 컴퓨터 숙제를 해야 하는데 컴퓨터를 잘 다룰 줄 몰라 걱정이 되는구나.

02 다음은 토론의 일부이다. 빈칸 ㉠에 들어갈 말로 가장 적절한 것은?

> **논제:** 교실에서의 에어컨 사용을 자율화해야 한다.
>
> **찬성 측:** 우리나라 헌법 제10조에 '행복 추구권'을 규정하고 있습니다. 국민은 누구나 자신이 좋아하는 환경에서 만족스럽게 생활할 권리가 있습니다. 따라서 학생들이 행복 추구권을 추구할 수 있도록 에어컨 사용을 자율화해야 한다고 생각합니다.
>
> **반대 측:** 학생들의 학습권을 보호하기 위해 에어컨 사용을 자율화하면 안 됩니다. 에어컨을 자율적으로 사용하여 전기 요금이 늘어난다면 어떻게 될까요? 학교를 운영하는 예산은 한정되어 있는데 에어컨을 자율적으로 사용하면 전기 요금이 올라가 ㉠
>
> ⋮

① 학생들의 시험 점수가 올라갈 것입니다.

② 학생들이 교실 온도에 만족하지 못할 것입니다.

③ 학생들을 위한 교육 예산이 줄어들 수 있습니다.

④ 점점 유지 및 보수 관리가 어려워질 수 있습니다.

03 다음 표준 발음법 규정에 맞지 <u>않는</u> 것은?

■ 표준 발음법 ■

[제10항] 겹받침 'ㄳ', 'ㄵ', 'ㄼ, ㄽ, ㄾ', 'ㅄ'은 어말 또는 자음 앞에서 각각 [ㄱ, ㄴ, ㄹ, ㅂ]으로 발음한다. 다만, '밟-'은 자음 앞에서 [밥]으로 발음하고, '넓-'은 다음과 같은 경우에 [넙]으로 발음한다.

① 밟다[발따]   ② 외곬[외골]

③ 여덟[여덜]   ④ 핥다[할따]

04 다음 단어들에 해당하는 품사로 알맞은 것은?

가다, 먹다, 놀다, 자다

① 명사   ② 동사

③ 관형사   ④ 형용사

05 다음 빈칸에 들어갈 말로 가장 적절한 것은?

심마니들이 사용하는 말인 '무림(밥), 도재(칼), 산개(호랑이), 데팽이(안개)'나 청소년들이 주로 사용하는 말인 '안습(안타까움), 열공(공부에 열중함)' 등을 (   )의 예로 들 수 있다.

① 은어   ② 전문어

③ 외래어   ④ 지역 방언

06 밑줄 친 문장 성분이 ㉠에 해당하는 것은?

문장을 이루는 데 필요한 주성분에는 주어, ㉠ <u>목적어</u>, 보어, 서술어가 있다.

① <u>나뭇잎이</u> 떨어진다.

② 그는 아직 <u>학생이다.</u>

③ 저것은 <u>레몬이</u> 아니다.

④ 어린이가 <u>사탕을</u> 먹는다.

07 다음 설명에 해당하는 중세 국어 문자로 알맞은 것은?

○ 하늘의 둥근 모양을 본떠서 만든 기본자이다.
○ 오늘날 사용하지 않는다.

① ·   ② ㅡ

③ ㅣ   ④ ㆆ

08 다음 개요에서 통일성을 고려할 때 적절하지 <u>않은</u> 것은?

제목	잊지 말아야 할 우리의 땅, 독도
처음	독도를 잘 알지 못하는 우리의 현실
중간	○ 독도의 지리 • 독도의 위치와 구성 ············ ① • 독도의 기후 ······················ ② ○ 독도의 역사 • 조선 시대까지의 역사 ········· ③ • 일제 강점기의 역사 • 현대의 역사 • 독도를 관광하는 방법 ········· ④ ○ 독도의 가치 • 환경 · 생태학적 가치 • 경제적 가치
끝	독도의 소중함을 알고 가까이하려는 태도의 필요성

09 다음 내용을 표현하는 속담으로 가장 적절한 것은?

> 입 한번 잘못 놀려 사람 목숨이 왔다 갔다 하는 세상입니다.

① 등잔 밑이 어둡다.
② 세치 혀가 사람 잡는다.
③ 우물에 가서 숭늉을 찾는다.
④ 사공이 많으면 배가 산으로 간다.

10 ㉠~㉣에 대한 고쳐 쓰기 방안으로 적절하지 <u>않은</u> 것은?

> 그 날은 가만히 있어도 땀이 날 정도로 무척 더웠다. 나는 빨리 집에 들어가 씻고 싶다는 ㉠ 기억뿐이었다. 나는 걸음을 재촉하여 집 근처에 도착하였다. ㉡ 그러나 골목길 한구석에서 주인을 잃어버린 강아지가 나를 애처롭게 바라보고 있었다. ㉢ 모른 체하고 집에 들어가려 하였지만, 난 발을 뗄 수 없었다. ㉣ 결코 민들레가 떠올랐기 때문이다.

① ㉠: 문맥에 맞지 않으므로 '생각'으로 바꾼다.
② ㉡: 화제를 전환시키고 있어 '그런데'로 바꾼다.
③ ㉢: 한 단어이므로 '모른체하고'로 붙여 써야 한다.
④ ㉣: 문맥에 맞지 않으므로 '문득'으로 바꾼다.

[11~13] 다음 글을 읽고 물음에 답하시오.

(가)

잔소리를 두루 늘어놓다가 남이 들을까 봐 손으로 입을 틀어막고는 그 속에서 깔깔댄다. 별로 우스울 것도 없는데, 날씨가 풀리더니 이놈의 계집애가 미쳤나 하고 의심하였다. 게다가 조금 뒤에는 즈 집께를 할금할금 돌아보더니 행주치마의 속으로 꼈던 바른손을 뽑아서 나의 턱 밑으로 불쑥 내미는 것이다. 언제 구웠는지 아직도 더운 김이 홱 끼치는 굵은 감자 세 개가 손에 뿌듯이 쥐였다.

"느 집엔 이거 없지?"

하고 생색 있는 큰소리를 하고는 제가 준 것을 남이 알면 큰일 날 테니 여기서 얼른 먹어 버리란다. 그리고 또 하는 소리가

"너, 봄 감자가 맛있단다."

"난 감자 안 먹는다, 니나 먹어라."

나는 고개도 돌리지 않고 일하던 손으로 그 감자를 도로 어깨 너머로 쑥 밀어 버렸다.

그랬더니 그래도 가는 기색이 없고, 그뿐만 아니라 쌔근쌔근하고 심상치 않게 숨소리가 점점 거칠어진다. 이건 또 뭐야 싶어서 그때에야 비로소 돌아다보니 나는 참으로 놀랐다. 우리가 이 동리에 들어온 것은 근 삼 년째 되어 오지만, 여태껏 가무잡잡한 점순이의 얼굴이 이렇게까지 홍당무처럼 새빨개진 법이 없었다.

(나)

나는 비슬비슬 일어나며 소맷자락으로 눈을 가리고는 얼김에 엉 하고 울음을 놓았다. 그러다 점순이가 앞으로 다가와서

"그럼 너 이담부턴 안 그럴 터냐?"

하고 물을 때에야 비로소 살길을 찾은 듯싶었다. 나는 눈물을 우선 씻고 뭘 안 그러는지 명색도 모르건만

"그래!"

하고 무턱대고 대답하였다.

"요담부터 또 그래 봐라, 내 자꾸 못살게 굴 테니."

"그래그래, 인젠 안 그럴 테야!"

"닭 죽은 건 염려 마라. 내 안 이를 테니."

그리고 뒷에 떠다밀렸는지 나의 어깨를 짚은 채 그대로 픽 쓰러진다. 그 바람에 나의 몸뚱이도 겹쳐서 쓰러지며 한창 피어 퍼드러진 ㉠ 노란 동백꽃 속으로 폭 파묻혀 버렸다.

– 김유정, 「동백꽃」

11 윗글에 대한 설명으로 적절하지 <u>않은</u> 것은?

① 지역 방언을 사용하여 생동감을 주고 있다.

② 당시 농촌의 피폐한 삶을 잘 드러내고 있다.

③ 1인칭 주인공 시점에서 내용을 서술하고 있다.

④ 농촌 마을을 배경으로 하여 향토적 분위기를 조성한다.

12 (가)에서 '나'가 점순이가 건넨 감자를 거절한 이유로 가장 적절한 것은?

① 점순이가 주는 감자는 맛이 없어 보여서

② 점순이의 도움을 너무 많이 받아 미안해서

③ 점순이가 생색을 낸다고 생각해 자존심이 상해서

④ 점순이가 '나'가 감자를 싫어하는 것을 알고 괴롭힌다고 생각해서

13 (나)의 ㉠의 소재가 하는 역할로 적절하지 <u>않은</u> 것은?

① 이 소설의 계절적 배경을 알려준다.

② '나'와 점순이 사이에 화해가 형성된다.

③ '나'와 점순이의 새로운 갈등을 예고한다.

④ 글에 향토적이고 서정적인 분위기를 조성한다.

[14~16] 다음 글을 읽고 물음에 답하시오.

> ┌ 친구가 원수보다 더 미워지는 날이 많다
> │ 티끌만 한 잘못이 맷방석만 하게
> │ 동산만 하게 커 보이는 때가 많다
> [A] 그래서 세상이 어지러울수록
> │ ㉠ 남에게는 엄격해지고 내게는 너그러워지나
> │ 보다
> └ 돌처럼 잘아지고 굳어지나 보다
>
> ㉡ 멀리 동해 바다를 내려다보며 생각한다
> 널따란 바다처럼 너그러워질 수는 없을까
> 깊고 짙푸른 바다처럼
> ㉢ 감싸고 끌어안고 받아들일 수는 없을까
> 스스로는 억센 파도로 다스리면서
> ㉣ 제 몸은 맵고 모진 매로 채찍질하면서
>
> – 신경림, 「동해 바다 – 후포에서」

14 윗글에 대한 설명으로 적절하지 <u>않은</u> 것은?

① 과거 시제로 시상을 전개하고 있다.

② 자기 반성적인 어조가 드러나 있다.

③ 앞으로의 바람을 독백조로 드러내고 있다.

④ 자연물을 통해 자신의 삶을 성찰하고 있다.

15 ㉠~㉣ 중 밑줄 친 부분이 가장 잘 드러난 것은?

> 이 시의 화자는 동해 바다를 바라보며 <u>자신의 잘못을 엄격하게 다스리고자 하는 삶의 태도를</u> 드러낸다.

① ㉠ ② ㉡

③ ㉢ ④ ㉣

16 [A]로 볼 때, '남'에 대한 '나'의 태도로 가장 적절한 것은?

① 후회와 반성 ② 분노와 저항
③ 긍지와 자부심 ④ 기쁨과 만족감

[17~19] 다음 글을 읽고 물음에 답하시오.

허생은 남산 아래 묵적골에 살았다. 남산 밑 골짜기로 곧장 가면 우물 위쪽에 해묵은 은행나무가 한 그루 서 있고, 사립문 하나가 그 은행나무 쪽으로 늘 열려 있다. 집이라고 해 봐야 비바람에 다 쓰러져 가는 초가집, 그 집이 바로 허생의 집이었다.

허생은 집에 비가 새고 바람이 드는 것도 아랑곳하지 않고 글 읽기만 좋아하였다. 그래서 ⓐ 아내가 삯바느질을 해서 그날그날 겨우 입에 풀칠을 하는 처지였다.

어느 날 허생의 아내가 배고픈 것을 참다못해 훌쩍훌쩍 울며 푸념을 하였다.

"당신은 평생 과거도 보러 가지 않으면서 대체 글은 읽어 뭘 하시렵니까?"

그러나 허생은 아무렇지도 않게 껄껄 웃으며 말하였다.

"내가 아직 글이 서툴러 그렇소."

"그럼 공장이 노릇도 못 한단 말입니까?"

"배우지 않은 공장이 노릇을 어떻게 한단 말이오?"

"그러면 장사치 노릇이라도 하시지요."

"가진 밑천이 없는데 장사치 노릇을 어떻게 한단 말이오?"

그러자 아내가 왈칵 역정을 내었다.

"당신은 밤낮 글만 읽더니, 겨우 '어떻게 한단 말이오.' 소리만 배웠나 보구려. 공장이 노릇도 못 한다, 장사치 노릇도 못 한다, 그럼 하다못해 도둑질이라도 해야 할 것 아니오?"

허생이 이 말을 듣고 책장을 덮어 치우고 벌떡 일어났다.

"아깝구나! 내가 애초에 글을 읽기 시작할 때 꼭 십 년을 채우려 했는데, 이제 겨우 칠 년밖에 안 되었으니 어쩔거나!"

허생은 그 길로 문밖으로 나갔다. 그러나 서울 장안에 아는 사람이라고는 한 사람도 없었다. 허생은 곧장 종로 네거리로 가서 아무나 길 가는 사람을 붙들고 물었다.

"여보시오, 서울 장안에서 누가 제일 부자요?"

때마침 그 사람이 변씨 성을 가진 부자를 일러 주었다. 허생은 그 길로 변 부자를 찾아가 예를 갖춘 뒤에 한마디로 잘라 말하였다.

"내가 집이 가난해서 뭘 좀 해 보고 싶은데 밑천이 없구려. 돈 만 냥만 빌려 주시오."

"그러시오."

㉠ 변 부자는 대뜸 그 자리에서 만 냥을 내주었다. ㉡ 허생은 돈을 받더니, 고맙다는 인사 한마디 없이 가지고 나왔다.

그때 변 부자 집에는 자식과 손님들이 많이 모여 있었다. 허생을 보니, 그 몰골이 영락없는 거지였다. 선비랍시고 허리에 띠를 두르기는 하였지만 술이 다 빠졌고, 가죽신은 신었지만 굽이 다 닳아 빠졌다. 낡아 빠진 갓에다 땟국물이 줄줄 흐르는 두루마기를 걸치고, 허연 콧물까지 훌쩍거리는 품이 거지 중에도 상거지였다.

— 박지원, 「허생전」

17 윗글에서 알 수 있는 사회적 상황으로 적절하지 **않은** 것은?

① 과거 제도를 통해 인재를 등용하였다.
② 신분에 따라 빈부의 격차가 뚜렷하게 나타났다.
③ 몰락한 양반은 생계를 걱정할 정도로 가난하였다.
④ 가난한 양반은 생계를 위해 기술직에 종사하거나 장사를 하였다.

18 ⓐ의 내용과 어울리는 사자성어로 가장 적절한 것은?

① 교언영색(巧言令色)
② 아전인수(我田引水)
③ 새옹지마(塞翁之馬)
④ 호구지책(糊口之策)

19 ㉠과 ㉡의 성격을 바르게 나열한 것은?

	㉠	㉡
①	온순하다	거침없다
②	호탕하다	옹졸하다
③	대범하다	당당하다
④	찬찬하다	맹랑하다

[20~22] 다음 글을 읽고 물음에 답하시오.

㉠ 몇 년 전 일이다. 어디론가 가기 위해 바삐 걷던 중 저만치 앞에서 휠체어를 탄 한 장애인이 차도로 내려서는 걸 보았다. 위험할 터인데 왜 저러나 싶어 살펴보니 그의 앞에 큼직한 자동차가 인도를 꽉 메운 채 버티고 있는 게 아닌가. 어쩔 수 없는 상황에서 차도로라도 돌아가려는 그에게 차들은 한 치의 양보도 하지 않았고 심지어는 요란하게 경적을 울리는 이들도 있었다.

나는 황급히 그에게 다가가 그의 휠체어 손잡이를 잡으며 도와드리겠다고 했다. 그러나 나의 도움은 아무런 효과가 없었다. 차들은 여전히 매정하게 우리 앞을 가로지르고 있었고 세워 달라고 내가 손을 흔들 때면 더 빠른 속도로 달려오곤 했다. 그러자 그는 나에게 휠체어는 혼자서도 운전할 수 있으니 미안하지만 차도로 내려가오는 차들을 잠시 멈춰줄 수 있겠느냐고 부탁했다. 그러면서 자기처럼 장애인은 되지 않도록 조심하라는 당부를 잊지 않았다.

나는 곧바로 차도에 뛰어들어 달려오는 차들을 막아 세웠고, 그는 차도로 우회한 후 다시 ㉡ 인도로 올라와 가던 길을 계속 갈 수 있었다.

그는 비교적 말이 적은 사람이었다. 아니면 방금 벌어진 일을 되새기며 씁쓸해하고 있었는지도 모르겠다. 어쨌든 나는 엉거주춤 그의 곁에서 그와 보조를 맞추며 그렇게 한참을 걸었다. 어색해하는 나에게 그는 먼저 서둘러 가라고 권했다. 나는 결국 그와 몇 번의 인사를 나누고 먼저 앞서 걷기 시작했다. 그러나 자꾸 몇 걸음 걷다가 뒤를 돌아보지 않을 수 없었다. 그런 나를 향해 그는 가끔 조용히 손을 흔들어 주었다.

– 최재천, 「고래들의 따뜻한 동료애」

20 윗글의 갈래적 특징으로 적절하지 <u>않은</u> 것은?

① 글쓴이의 개성이 강하게 드러난다.

② 형식의 제약 없이 자유롭게 쓸 수 있다.

③ 글쓴이의 일상적인 체험을 바탕으로 한다.

④ 발단 – 전개 – 위기 – 절정 – 결말의 단계가 있다.

21 ㉠에서 말하고자 하는 내용으로 가장 적절한 것은?

① 차도에 비해 너무나 비좁은 인도

② 경적을 울리는 사람들의 비양심적 태도

③ 장애인에 대한 배려가 없는 사람들의 모습

④ 무단횡단을 계속적으로 하는 사람들의 모습

22 밑줄 친 부분이 ㉡과 같은 의미로 쓰인 것은?

① 민수는 컵을 나에게 <u>인도</u>하였다.

② <u>인도</u>에 많은 사람들이 모여 있다.

③ 영수는 범인을 형사에게 <u>인도</u>하였다.

④ 나는 친구를 새로운 교실로 <u>인도</u>하였다.

[23~25] 다음 글을 읽고 물음에 답하시오.

발효란 곰팡이와 효모와 같은 ㉠미생물이 탄수화물, 단백질 등을 ㉡분해하는 과정을 말한다. 미생물이 ㉢유기물에 작용하여 물질의 성질을 바꾸어 놓는다는 점에서 발효는 부패와 비슷하다. 하지만 발효는 우리에게 유용한 물질을 만드는 반면에, 부패는 우리에게 해로운 물질을 만들어 낸다는 점에서 차이가 있다. 그래서 발효된 물질은 사람이 안전하게 먹을 수 있지만, 부패한 물질은 식중독을 일으킬 수 있어서 함부로 먹을 수 없다.

그렇다면, 발효를 거쳐 만들어지는 전통 음식에는 무엇이 있을까? 가장 대표적인 전통 음식으로 김치를 꼽을 수 있다. 김치는 채소를 오랫동안 저장해 놓고 먹기 위해 조상들이 생각해 낸 음식이다. 김치는 우리가 채소의 영양분을 계절에 상관없이 섭취할 수 있도록 해 주고, 발효 과정에서 더해진 좋은 성분으로 우리의 건강을 지키는 데도 도움을 준다.

김치 발효의 주역은 젖산균이다. 채소를 묽은 ㉣농도의 소금에 절이면 효소 작용이 일어나면서 당분과 아미노산이 생기고, 이를 먹이로 삼아 여러 미생물이 성장하면서 발효가 시작된다.

　　　　　　　　　　－ 진소영, 「지혜가 담긴 음식, 발효 식품」

23 윗글을 읽을 때 유의할 점으로 가장 적절한 것은?

① 상징적 의미를 파악하며 읽는다.
② 감동적인 경험에 공감하며 읽는다.
③ 내용이 객관적인지 판단하며 읽는다.
④ 인물의 대사와 행동을 파악하며 읽는다.

24 윗글에 사용된 내용 전개 방법이 <u>아닌</u> 것은?

① 정의　　　　　　② 비교
③ 대조　　　　　　④ 분석

25 ㉠~㉣의 사전적 의미로 적절하지 <u>않은</u> 것은?

① ㉠: 눈으로는 볼 수 없는 아주 작은 생물.
② ㉡: 둘 이상의 것을 합쳐서 하나를 이룸.
③ ㉢: 생체 안에서 기관을 조직하고, 생명력에 의해 만들어지는 물질.
④ ㉣: 용액 따위의 진함과 묽음의 정도.

2일차 수학

제한 시간: 40분
문항 수: 20문항
배점: 1문제당 5점

정답 CHECK!
자동 채점 서비스

01 다음과 같이 54를 소인수분해하면 2×3^a이다. 상수 a의 값은?

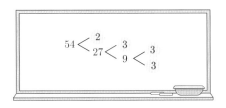

① 1   ② 2

③ 3   ④ 4

02 $a = -4$, $b = 2$일 때 $-7a - 4b$의 값은?

① 11   ② 12

③ 16   ④ 20

03 일차방정식 $\dfrac{x-1}{3} = \dfrac{3x+4}{2}$의 해는?

① -2 ② 0

③ 2   ④ 4

04 세균 수 y가 x분 동안 다음과 같이 증가할 때, ㉠에 알맞은 수는?

x	1	2	3	4	5
y	1	4	9	㉠	25

① 16   ② 17

③ 18   ④ 19

05 그림과 같이 두 직선 l과 m이 한 점에서 만날 때, $\angle a$의 크기는?

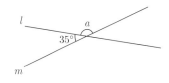

① 130°   ② 145°

③ 155°   ④ 160°

06 그림과 같은 직각삼각형 ABC를 직선 l을 축으로 하여 1회전 시킬 때 생기는 입체도형은?

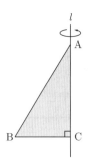

① 구
② 원뿔
③ 원기둥
④ 사각기둥

07 다음은 동계올림픽대회에서 획득한 메달의 개수에 따른 상위 30개국을 조사하여 나타낸 도수분포표이다. 이 대회에서 대한민국은 15개의 메달을 획득했을 때, 대한민국이 속하는 계급의 도수는?

메달 수(개)	국가(선수단) 수
$0^{이상}$ ~ $8^{미만}$	6
8 ~ 16	7
16 ~ 24	14
24 ~ 32	2
32 ~ 40	1
합계	30

① 1   ② 2
③ 6   ④ 7

08 다음 중 순환소수의 표현이 옳은 것은?

① $2.2222\cdots = 2.\dot{2}$

② $0.333333\cdots = 0.\dot{3}3\dot{3}$

③ $0.757575\cdots = 0.7\dot{5}$

④ $9.123123123\cdots = 9.\dot{1}2\dot{3}$

09 다음 중 계산이 옳은 것은? (단, $a \neq 0$)

① $a^2 + a^4 = a^6$

② $a^4 - a^2 = a^2$

③ $a^2 \times a^4 = a^8$

④ $a^6 \div a^4 = a^2$

10 일차부등식 $2(x-3) \leq 4$를 만족하는 자연수 x의 개수는?

① 5개   ② 6개
③ 7개   ④ 9개

11 함수 $f(x) = 2x - 1$에 대하여 $f(-4)$의 값은?

① -5 ② -7

③ -9 ④ -11

12 그림과 같이 $\overline{AB} = \overline{AC}$인 이등변삼각형 ABC에서 $\angle A = 70°$일 때, $\angle x$의 크기는?

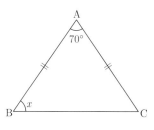

① $35°$ ② $45°$

③ $55°$ ④ $65°$

13 그림과 같이 삼각형 ABC에서 두 변 AB, AC의 중점을 각각 M, N이라고 하자. $\overline{BC} = 10\,cm$일 때, $\overline{MN}$의 길이는?

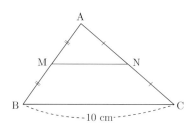

① $4\,cm$ ② $5\,cm$

③ $6\,cm$ ④ $7\,cm$

14 학교 앞 분식점의 메뉴판을 보고 분식과 음료를 각각 한 가지씩 주문할 때, 선택할 수 있는 모든 경우의 수는?

① 7   ② 10

③ 11   ④ 12

15 $2\sqrt{5} = \sqrt{a}$일 때, a의 값은?

① 20   ② 25

③ 30   ④ 35

16 다음 중 x^3+2x^2-x-2의 인수인 것은?

① $x-2$ ② x

③ $x+2$ ④ $x+3$

17 이차방정식 $(x+1)(x-2)=0$의 한 근이 -1이다. 다른 한 근은?

① 1 ② 2

③ 3 ④ 4

18 다음 그림은 이차함수 $y=(x-1)^2-k$의 그래프이다. 상수 k의 값은?

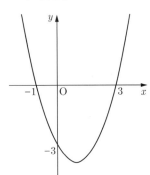

① 3 ② 4

③ 5 ④ 6

19 그림에서 $\overline{AB}\perp\overline{OH}$일 때, $\overline{AB}$의 길이는? (단, 점 O는 원의 중심이다)

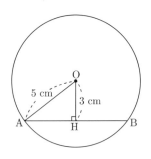

① 8 cm ② $8\sqrt{3}$ cm

③ 10 cm ④ $10\sqrt{2}$ cm

20 다음 자료는 현서네 반 학생 13명의 윗몸 일으키기 기록을 조사하여 나타낸 것이다. 이 자료의 중앙값은?

(단위: 회)

| 31, 19, 42, 54, 26, 32, 29, |
| 16, 28, 60, 46, 21, 56 |

① 26회 ② 28회

③ 29회 ④ 31회

2일차 영어

제한 시간: 40분
문항 수: 25문항
배점: 1문제당 4점

정답 CHECK!
자동 채점 서비스

01 다음 밑줄 친 단어의 뜻으로 가장 적절한 것은?

> Most of my friends <u>attended</u> my farewell party.

① 방문하였다　　② 초대하였다

③ 참석하였다　　④ 연기하였다

02 다음 밑줄 친 두 단어의 의미 관계와 다른 것은?

> The students <u>ask</u> and <u>answer</u> the questions each other.

① pass − fail

② begin − start

③ borrow − return

④ same − different

03 다음 빈칸에 들어갈 말로 가장 적절한 것은?

> He should _____ the first train to Chicago tomorrow.

① take　　　　② took

③ takes　　　 ④ taking

[04~06] 다음 대화의 빈칸에 들어갈 말로 가장 적절한 것을 고르시오.

04

> A: Is the new chair hard?
> B: _____. It's made of wood.

① Yes, it is

② Yes, it does

③ No, it isn't

④ No, it doesn't

05

> A: Can you help me clean the kitchen, Chris?
> B: Sorry, maybe later. I have to _____ my science homework.

① do　　　　　② put

③ come　　　　④ turn

06

> A: I heard you're going to Busan tomorrow.
> _____?
> B: At my uncle's house. He lives near the beach.

① How do you feel

② Who do you go with

③ Where are you staying

④ Why are you going there

1일차　2일차　3일차　4일차　5일차　6일차　7일차

07 다음 빈칸에 공통으로 들어갈 말로 가장 적절한 것은?

> ○ I can move this box because it's _____.
> ○ Where does the _____ come from?

① fly
② wave
③ kind
④ light

08 다음은 Grace의 방과 후 계획이다. 화요일에 할 일은?

Tuesday	Wednesday	Thursday	Friday
Exercising at the gym	Taking a cello lesson	Walking my dogs	Cleaning the house

① 체육관에서 운동하기
② 첼로 레슨하기
③ 개 산책시키기
④ 집안 청소하기

09 다음 그림으로 보아 빈칸에 들어갈 말로 가장 적절한 것은?

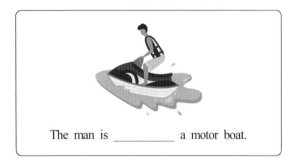

The man is _____ a motor boat.

① going
② pulling
③ catching
④ driving

10 다음 대화의 빈칸에 들어갈 말로 가장 적절한 것은?

> A: Ben, can you bring me the car key?
> B: Okay. Is it in your backpack?
> A: _____.

① Oh, I see
② I think so
③ That sounds great
④ I'm glad to hear that

11 다음 대화의 주제로 가장 적절한 것은?

> A: Excuse me. Is this the right way to the hospital?
> B: Yes. Go straight and turn right at the corner.
> A: Thank you very much.

① 길 안내
② 교통수단
③ 병원 예약
④ 의약품 구입

12 다음 공연 포스터를 보고 알 수 없는 것은?

> **Night K-pop Concert**
> When? September 19th
> Where? The Olympic Stadium
> How much? $35 per ticket
> Doors open 9 a.m. until 5 p.m.

① 공연 장소
② 공연 날짜
③ 티켓 가격
④ 티켓 판매 시간

13 다음 방송의 목적으로 가장 적절한 것은?

> Attention, visitors. Our library will be closed in ten minutes. Please put the books back on the shelves. We hope you've enjoyed reading books here. Thank you.

① 새로운 책 홍보
② 도서관 마감 공지
③ 자원 봉사자 모집 안내
④ 독서 모임 회원 모집 공지

14 다음 대화에서 Robert가 숙제를 돕지 못하는 이유로 가장 적절한 것은?

> A: Robert, can you help me with my homework tomorrow?
> B: I'm sorry, but I can't. I have to take care of my younger brother.

① 가족 모임이 있어서
② 여행 계획이 있어서
③ 남동생을 돌봐야 해서
④ 시험 준비를 해야 해서

15 다음 Kevin's Restaurant에 대한 설명과 일치하지 않는 것은?

> Kevin's Restaurant opens on Sun Avenue this Saturday. We serve many kinds of Italian food. The chef of our restaurant is from Italy. He won the first prize in the cooking contest. Come and enjoy our delicious food!

① 이번 주 토요일에 문을 연다.
② 첫날에 무료 음료가 제공된다.
③ 식당의 요리사는 이탈리아 사람이다.
④ 요리사는 요리 대회에서 1등 상을 받았다.

16 주어진 말에 이어질 두 사람의 대화를 〈보기〉에서 찾아 순서대로 배열한 것은?

> My alarm clock is not working.

| 보기 |
(A) Then, you'd better buy a new one.
(B) Did you check the batteries?
(C) Yes, I changed them this morning.

① (A) - (C) - (B)
② (B) - (A) - (C)
③ (B) - (C) - (A)
④ (C) - (A) - (B)

17 다음 동아리 홍보문을 보고 알 수 <u>없는</u> 것은?

We are looking for new members!
Join the Guitar Club
○ We sing and play the guitar.
○ We meet every Friday after school.
○ To sign up, call Mr. Kim
  at 013-567-2594.

① 활동 장소　　　② 활동 내용
③ 활동 요일　　　④ 신청 방법

18 다음 글의 흐름으로 보아 어울리지 <u>않는</u> 문장은?

　　Yesterday was my sister's wedding day. She was wearing a white dress. ⓐ <u>She looked shy but happy.</u> ⓑ <u>I thought she was as beautiful as an angel.</u> ⓒ <u>She ordered more balloons.</u> ⓓ <u>She smiled happily throughout the wedding.</u> Everyone enjoyed the wedding.

① ⓐ　　　　　② ⓑ
③ ⓒ　　　　　④ ⓓ

19 다음 글에서 개를 키우는 것이 우리에게 좋은 이유로 가장 적절한 것은?

　　Today, many people raise dogs. We can see many kinds of dogs on the street. I think raising dogs is good for our health. It helps us relax when we're with our dogs.

① 집을 지켜 주어서
② 함께 산책할 수 있어서
③ 함께 놀이할 수 있어서
④ 마음을 안정시켜 주어서

20 그래프로 보아 빈칸에 들어갈 말로 가장 적절한 것은?

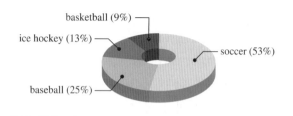

My classmate's Favorite Sports

basketball (9%)
ice hockey (13%)
soccer (53%)
baseball (25%)

My classmates like _____ the most.

① soccer
② baseball
③ basketball
④ ice hockey

21 Jessica가 지난 주말에 한 일이 <u>아닌</u> 것은?

　　Last weekend, Jessica went to Sydney with her relatives. On Saturday, she went fishing. She caught more than 10 fish. On Sunday, she went to the beach and made a sand castle. She collected seashells, too.

① 낚시하기
② 모래성 쌓기
③ 조개껍데기 모으기
④ 친척 집 방문하기

22 다음 밑줄 친 It이 가리키는 것으로 가장 적절한 것은?

> Minsu visited his grandmother to help her yesterday. In the morning, he watered some plants in the garden. He found a small bag under the tree. It had a big pocket.

① the tree

② the garden

③ a small bag

④ Minsu's grandmother

23 박물관에서 지켜야 할 사항으로 언급되지 않은 것은?

\<Museum Rules\>

○ Don't lean on walls.

○ Talk quietly with others.

○ Don't touch the paintings.

○ Don't eat food in the gallery.

① 벽에 기대지 않기

② 사람들과 대화하지 않기

③ 그림 작품에 손대지 않기

④ 박물관 안에서 음식 먹지 않기

24 다음 글의 주제로 가장 적절한 것은?

> What habits are good for our teeth? We should brush our teeth after eating meals. We should not eat too much sweet food such as chocolates and candies. We should avoid eating hard food.

① 올바른 식사 예절

② 건강을 해치는 음식

③ 치아에 좋은 습관

④ 고른 영양 섭취의 중요성

25 다음 글의 바로 뒤에 이어질 내용으로 가장 적절한 것은?

> There are many kinds of festivals in the world. For example, there is a snow festival in China. People can take pictures of the beautiful art pieces made of snow. There are also some other things you can do in the snow festival.

① 눈 축제장의 위치

② 눈 축제에서의 여러 활동

③ 눈 축제를 예약하는 방법

④ 다른 나라의 눈 축제 종류

2일차 사회

제한 시간: 30분
문항 수: 25문항
배점: 1문제당 4점

정답 CHECK!
자동 채점 서비스

01 다음 설명에 해당하는 개념으로 옳은 것은?

○ 주변 경관 중 가장 눈에 잘 띄는 것이 위치를 파악하는 데 도움을 주는 사물을 말한다.
○ 파리의 에펠탑, 서울의 남산 타워 등을 예로 들 수 있다.

① 위도
② 경도
③ 행정구역
④ 랜드마크

02 다음 기후 그래프에서 나타나는 지역의 기후 특징으로 옳은 것은?

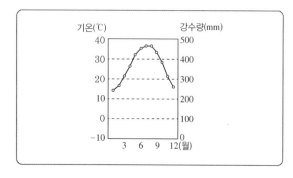

① 일교차가 매우 작다.
② 증발량보다 강수량이 많다.
③ 겨울이 길어 추운 기후이다.
④ 나무가 자라기 어려운 기후이다.

03 용암 동굴에 대한 설명으로 옳은 것만을 〈보기〉에서 고른 것은?

| 보기 |
ㄱ. 대표적인 화산 지형이다.
ㄴ. 제주도에 주로 분포한다.
ㄷ. 파도로 인해 침식되어 형성된다.
ㄹ. 석회암이 물에 녹으면서 형성된다.

① ㄱ, ㄴ
② ㄴ, ㄷ
③ ㄴ, ㄹ
④ ㄷ, ㄹ

04 문화의 세계화에 대한 설명으로 옳은 것은?

① 국가 간 문화 단절이 나타나고 있다.
② 문화의 획일화 현상이 심화되고 있다.
③ 과거에 비해 문화 변용의 사례가 줄어들었다.
④ 교통이나 통신의 발달로 인해 문화의 고착화가 발생하였다.

05 다음 배경으로 인해 나타난 사회 현상으로 옳은 것은?

○ 여성의 사회 진출 증가
○ 자녀에 대한 가치관의 변화

① 인구 고령화
② 오존층 파괴
③ 저출산 현상
④ 도시 인구 집중

06 다음 설명에 해당하는 현상은?

도시의 성장 및 도시화로 인해 농촌 인구가 농촌을 떠나 도시로 이동하는 현상

① 세계화
② 과도시화
③ 역도시화
④ 이촌향도

07 다음 설명에 해당하는 식량 자원은?

○ 벼보다 기온이 낮고 강수량이 적은 지역에서도 재배가 가능하여 오스트레일리아, 아르헨티나, 미국 대평원 등에서 많이 생산된다.
○ 생산지와 소비지가 달라 이동량이 많은 편이다.

① 밀   ② 쌀
③ 보리   ④ 옥수수

08 다음 설명에 해당하는 개념은?

농업(Agriculture)과 인플레이션(Inflation)을 합친 신조어로서 농산물 가격 상승에 따른 물가 상승을 말한다.

① 인플레이션
② 디플레이션
③ 애그플레이션
④ 스태그플레이션

09 빈칸 ㉠에 들어갈 말로 알맞은 것은?

인간이라면 누구나 마땅히 누려야 할 기본적 권리는 무엇인가요?

㉠ 이야. 이를 제대로 보장받지 못하면 인간다운 삶을 살 수 없어.

① 주권   ② 인권
③ 공정   ④ 평등

10 다음 설명에 해당하는 개념은?

문화를 그 사회의 특수한 환경과 역사적 상황을 고려하여 그 사회의 입장에서 이해하고 존중하는 태도

① 문화 사대주의
② 문화 상대주의
③ 문화 제국주의
④ 자문화 중심주의

11 이익 집단에 대한 설명으로 적절하지 <u>않은</u> 것은?

① 정치적 책임이 없다.

② 특수 이익 실현이 목적이다.

③ 구성원은 정치적 견해를 같이하는 사람들이다.

④ 해당 분야의 전문성을 살려 정책 결정에 도움이 된다.

12 다음 설명에 해당하는 기본권으로 옳은 것은?

○ 헌법으로 보장된 기본적 인권
○ 인간다운 생활을 위해 국가에 대해 요구할 수 있는 권리
○ 교육권, 환경권, 근로의 권리 등

① 사회권   ② 참정권
③ 평등권   ④ 청구권

13 다음 설명에 해당하는 개념의 사례로 옳은 것은?

생산 활동에 대한 기여를 시장 가격으로 보상 받는 것을 말한다.

① 음악 감상

② 영화 관람

③ 의사가 환자를 진료

④ 직장에서 받는 월급

14 다음 그래프로 설명할 수 있는 상황으로 옳은 것은?

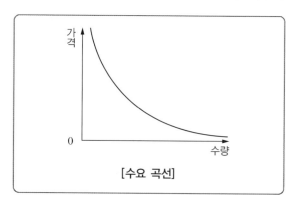

[수요 곡선]

① 떡 가격이 오르자 떡 생산량이 늘었다.

② 빵 가격이 오르자 제과점의 손님이 줄었다.

③ 밀가루 가격이 오르자 쌀의 수요가 늘었다.

④ 고기 가격이 오르자 고기를 사려는 사람이 늘었다.

15 다음 사회 문제들을 발생시킨 현대 사회의 변동으로 옳은 것은?

○ 환경오염
○ 자원 고갈
○ 빈부 격차
○ 노동력 부족

① 세계화   ② 다원화
③ 산업화   ④ 정보화

16 빈칸 ㉠에 들어갈 말로 알맞은 것은?

국민의 의사를 바르게 반영하고, 선거구를 자주 변경하지 못하도록 선거구를 국회에서 법률로 정하는 제도는 무엇일까요?

(㉠) 입니다.

① 게리맨더링
② 선거 공영제
③ 비밀 선거 제도
④ 선거구 법정주의

17 신석기 시대에 사용된 유물로 옳은 것은?

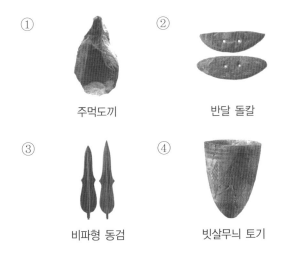

① 주먹도끼
② 반달 돌칼
③ 비파형 동검
④ 빗살무늬 토기

18 고구려 소수림왕의 업적으로 옳은 것은?

① 불교 도입
② 진대법 실시
③ 평양 천도 추진
④ 백제 공격으로 한강 유역 차지

19 다음 설명에 해당하는 책은?

○ 통일 신라 때 혜초가 인도에 다녀와서 쓴 기행문
○ 인도와 중앙아시아의 실상이 잘 기록되어 있음

① 『동의보감』
② 『삼국사기』
③ 『조선왕조실록』
④ 『왕오천축국전』

20 고려 태조 왕건의 업적으로 옳지 <u>않은</u> 것은?

① 호족을 말살시켰다.
② 북진 정책에 앞장섰다.
③ 민족 융합 정책을 펼쳤다.
④ 유교를 인정하고, 불교를 장려하였다.

21 빈칸 ㉠에 들어갈 인물로 옳은 것은?

> ㉠ 은 토지의 공동 소유, 공동 경작, 생산물의 공동 분배를 주장하였으며, 실학을 집대성하였다. 저서로는 『목민심서』가 있다.

① 이익
② 유형원
③ 정약용
④ 홍대용

22 광해군이 실시한 정책으로 옳은 것만을 〈보기〉에서 모두 고른 것은?

> ┤ 보기 ├
> ㄱ. 대동법 시행
> ㄴ. 균역법 실시
> ㄷ. 중립 외교 추진
> ㄹ. 장용영 설치

① ㄱ, ㄷ
② ㄱ, ㄹ
③ ㄴ, ㄷ
④ ㄴ, ㄹ

23 다음 정책을 시행한 조선 시대의 왕으로 옳은 것은?

> ○ 집현전 설치
> ○ 훈민정음 창제
> ○ 4군 6진 개척

① 태조
② 세종
③ 세조
④ 성종

24 일본의 수탈 정책으로 옳지 않은 것은?

① '위안부' 동원
② 산미 증식 계획
③ 토지 조사 사업
④ 국채 보상 운동

25 빈칸 ㉠에 들어갈 사건으로 알맞은 것은?

> **㉠ 의 배경**
> ○ 북조선 공산 정권이 수립되고, 임시 인민 위원회가 구성되었다.
> ○ 애치슨 선언이 발표되었으나, 미국의 태평양 방위선에서 한국이 제외되었다.

① 4 · 19 혁명
② 6 · 25 전쟁
③ 한산도 대첩
④ 청산리 대첩

2일차 과학

제한 시간: 30분
문항 수: 25문항
배점: 1문제당 4점

정답 CHECK!
자동 채점 서비스

01 다음 설명에 해당하는 힘은?

> ○ 물체가 액체나 기체 속에서 위쪽으로 받는 힘이다.
> ○ 이러한 힘을 이용한 예로는 튜브, 화물선, 비행선 등이 있다.

① 부력
② 탄성력
③ 마찰력
④ 전기력

02 그림은 어떤 물체가 운동한 것을 나타낸 시간 – 속력 그래프이다. 이 물체가 0~6초 동안 이동한 거리는?

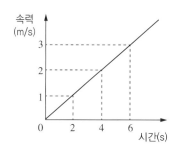

① 3 m
② 6 m
③ 9 m
④ 12 m

03 그림은 저항이 3 Ω인 꼬마전구에 12 V의 전압을 걸어 준 전기회로를 나타낸 것이다. 이때 전류계에 흐르는 전류의 세기는? (단, 꼬마전구를 제외한 모든 저항은 무시한다.)

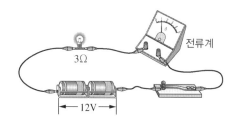

① 2 A
② 4 A
③ 12 A
④ 36 A

04 전기다리미를 사용할 때 일어나는 에너지 전환 과정으로 옳은 것은?

① 전기 에너지 → 열에너지
② 화학 에너지 → 전기 에너지
③ 전기 에너지 → 운동 에너지
④ 전기 에너지 → 화학 에너지

05 빛의 삼원색에 해당하지 <u>않는</u> 것은?

① 빨간색
② 노란색
③ 파란색
④ 초록색

06 대전된 풍선을 실에 매달았을 때의 모습 중 척력이 작용하는 경우를 옳게 나타낸 것은?

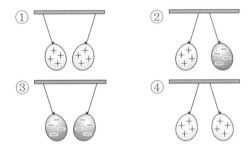

07 다음 표는 온도가 일정할 때 기체의 압력과 부피의 관계를 나타낸 것이다. 빈칸 ㉠에 들어갈 기체의 압력은?

압력(기압)	1	2	(㉠)
부피(mL)	80	40	20

① 3
② 4
③ 6
④ 8

08 그림은 액체와 기체 사이의 상태 변화를 나타낸 것이다. A에 해당하는 상태 변화의 예로 옳은 것은?

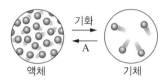

① 물이 얼어 얼음이 된다.
② 드라이아이스가 작아진다.
③ 물이 증발하여 수증기가 된다.
④ 공기 중의 수증기가 이슬이 된다.

09 그림은 암모니아(NH_3)의 분자 모형이다. 암모니아 분자 1개를 구성하는 수소 원자의 개수는?

① 1개
② 2개
③ 3개
④ 4개

10 원자 모형을 바르게 나타낸 것만을 〈보기〉에서 모두 고른 것은?

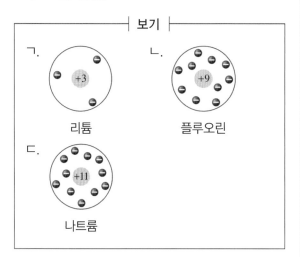

보기

ㄱ. +3 리튬

ㄴ. +9 플루오린

ㄷ. +11 나트륨

① ㄱ
② ㄴ
③ ㄱ, ㄷ
④ ㄴ, ㄷ

11 다음 설명에 해당하는 물질의 특성은?

○ 액체가 끓어 기체가 되는 동안 일정하게 유지되는 온도이다.
○ 1기압에서 순수한 물은 100 ℃에 끓는다.

① 밀도
② 끓는점
③ 어는점
④ 용해도

12 다음은 메테인(CH_4)이 산소(O_2)와 반응하여 이산화 탄소와 물을 생성하는 화학 반응식이다. ㉠에 알맞은 숫자는?

$$CH_4 + 2O_2 \rightarrow CO_2 + (㉠)H_2O$$

① 1
② 2
③ 3
④ 4

13 환경과 생물 다양성에 대한 설명 중 ㉠과 ㉡에 들어갈 말을 알맞게 짝지은 것은?

생물이 각기 다른 환경에 (㉠)하는 과정에서 각 환경에 유리한 (㉡)을/를 가진 생물만이 살아남아 자손을 남기고, 서로 멀리 떨어져 교류하지 못하는 상태에서 오랜 시간이 지나면 서로 다른 종류가 될 수 있다.

	㉠	㉡
①	변이	다양성
②	적응	다양성
③	변이	적응
④	적응	변이

14 그림은 생물을 5계로 분류한 것이다. A에 속하는 생물의 예로 옳은 것은?

식물계　A　동물계
원생생물계
원핵생물계

① 효모
② 고사리
③ 대장균
④ 짚신벌레

15 광합성에 대한 설명으로 옳지 <u>않은</u> 것은?

① 광합성은 모든 세포에서 일어난다.
② 광합성은 빛이 있을 때 일어난다.
③ 광합성을 하면 포도당과 산소가 생성된다.
④ 물, 이산화 탄소가 있어야 광합성이 일어난다.

16 다음 중 사람의 기관계와 해당하는 기관의 예가 옳게 짝지어진 것은?

① 호흡계 – 코, 기관지, 폐
② 순환계 – 위, 소장, 대장
③ 배설계 – 심장, 혈관, 혈액
④ 소화계 – 콩팥, 오줌관, 방광

17 그림은 서로 다른 뉴런이 연결된 모습이다. A~D 중 연합 뉴런에서 전달받은 명령을 운동 기관에 전달하는 역할을 하는 것은?

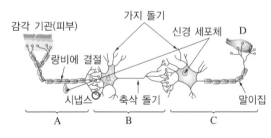

① A
② B
③ C
④ D

18 빈칸 ㉠에 들어갈 말은?

> ㉠ 은 수정란이 체세포 분열을 거듭하여 세포의 수를 늘리고, 몸의 각 조직과 기관을 만들어 새로운 개체로 되는 과정이다.

① 배란
② 수정
③ 착상
④ 발생

19 다음 설명에 해당하는 멘델의 유전 원리는?

> ○ 순종끼리 교배하면 자손(잡종 제1대)에서는 우성 형질만 나타난다.
> ○ 순종의 키 큰 완두(TT)와 순종의 키 작은 완두(tt)를 교배하여 얻은 잡종 1대에서는 모두 키 큰 형질(Tt)만 나타난다.

① 대립 형질
② 우열의 원리
③ 분리의 법칙
④ 독립의 법칙

20 그림은 지권의 층상 구조를 나타낸 것이다. A~D의 명칭으로 옳지 <u>않은</u> 것은?

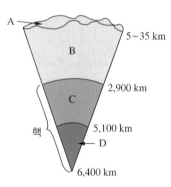

① A – 지각
② B – 판
③ C – 외핵
④ D – 내핵

21 그림과 같이 대륙에서 해양쪽으로 부는 북서 계절 풍의 영향을 받아 춥고 건조한 날씨가 나타나는 계절은?

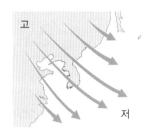

① 봄 　　　　 ② 여름
③ 가을 　　　 ④ 겨울

22 그림은 우리나라 부근의 해류이다. 우리나라 동해 에서 만나 조경 수역을 이루는 두 해류를 옳게 짝 지은 것은?

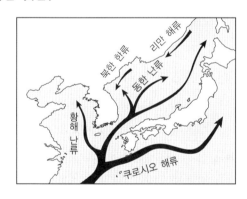

① 황해 난류, 동한 난류
② 황해 난류, 북한 한류
③ 동한 난류, 북한 한류
④ 북한 한류, 리만 해류

23 태양계에서 다음 설명에 해당하는 것은?

○ 스스로 빛을 낸다.
○ 표면의 평균 온도가 6000 ℃ 이다.

① 달 　　　　 ② 지구
③ 태양 　　　 ④ 천왕성

24 그림은 절대 등급이 같은 별 A~D의 위치를 나타 낸 것이다. A~D 중 지구에서 가장 밝게 보이는 별은? (단, pc은 거리 단위이다.)

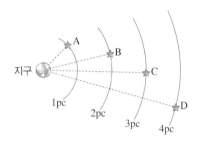

① A 　　　　 ② B
③ C 　　　　 ④ D

25 다음 설명에 해당하는 것은?

○ 수백~수천 개의 별들이 엉성하게 흩어져 있다.
○ 고온의 푸른색 별이 많으며, 젊은 별의 집단 이다.

① 반사 성운
② 암흑 성운
③ 산개 성단
④ 구상 성단

2일차　도덕

제한 시간: 30분
문항 수: 25문항
배점: 1문제당 4점

정답 CHECK!
자동 채점 서비스

01 도덕의 의미로 옳지 <u>않은</u> 것은?

① 인간이 살아가야 할 도리
② 인간의 바람직한 행동 기준
③ 잘못된 행동을 규제하는 법적 제재
④ 개인의 양심에 맡겨진 삶의 규범적 양식

02 다음 설명에 해당하는 개념으로 옳은 것은?

> 상대방의 입장을 생각해서 그 사람에게 도움이 되는 행동의 결과를 예측하는 능력

① 연역적 사고
② 비판적 사고
③ 도덕적 상상력
④ 도덕 원리 검사

03 법을 지켜야 할 필요성에 대한 설명으로 옳은 것은?

① 맹목적 애국심을 발휘하게 할 수 있다.
② 사적 이익을 실현할 수 있는 수단이 된다.
③ 차별적인 대우가 가능한 사회 정의를 구현한다.
④ 국가 권력으로부터 개인의 자유와 권리를 지킨다.

04 다음 설명에 해당하는 가치의 예로 옳은 것은?

> ○ 물질을 통해 만족감을 얻을 수 있는 것
> ○ 즐거움을 주는 쾌락 가치와 생활에 필요한 것을 주는 유용 가치

① 사랑
② 음식
③ 행복
④ 지혜

05 이성 친구 간에 지켜야 할 예절로 옳은 것은?

① 사랑으로 통제하고 구속한다.
② 성적 호기심의 대상으로 본다.
③ 친구 생각을 절대적으로 추종한다.
④ 친구를 있는 그대로 인정하고 존중한다.

06 다음 설명에 해당하는 가족 간의 도리로 옳은 것은?

> ○ 잘못을 저지른 자녀를 훈육하는 모습
> ○ 자식에게 대가를 바라지 않는 부모님의 헌신 적인 사랑

① 자애
② 체벌
③ 우애
④ 방관

07 경쟁의 단점으로 옳지 않은 것은?

① 부정행위의 발생 가능성
② 사회 전체적인 갈등과 혼란 유발
③ 구성원 간의 신뢰와 협력의 붕괴
④ 개인의 가치 향상과 사회적 발전

08 다음 설명에 해당하는 개념으로 옳은 것은?

> ○ 의미: 상대방이 원하는 것을 이루어 주고 싶은 마음
> ○ 형태: 부모와 자식 간, 스승과 제자 간, 친구 간
> ○ 종류: 에로스(eros), 필리아(philia), 아가페 (agape)

① 사랑
② 쾌락
③ 중독
④ 평등

09 다음 대화의 설명에 해당하는 삶의 유한성에 대한 자세로 옳은 것은?

> 지금 이 순간은 다시 돌아오지 않으니 열심 히 살아야 해.

> 맞아. 그래서 나도 지금 하는 일에 최선을 다해 보 려고 해.

① 현재의 삶에 충실한 자세
② 수동적이고 무책임한 자세
③ 자기반성과 내면 성찰의 자세
④ 도덕적 이상을 추구하는 자세

10 다음을 실천하기 위한 도덕적 자세로 옳은 것은?

> ○ 지역 아동 돌보기
> ○ 독거노인 밑반찬 배달
> ○ 장애인 외출 동반 보조

① 봉사
② 경쟁
③ 편견
④ 성찰

11 다음 설명에 해당하는 개념으로 옳은 것은?

> ○ 장애인, 이주 노동자, 결혼 이주 여성, 독거노인, 결식아동 등
> ○ 사회적으로 불리한 조건에 처해 있어 인간다운 삶을 사는 데 어려움을 겪는 사람들

① 성 소수자
② 인종 주의자
③ 사회적 약자
④ 무정부주의자

12 빈칸 ㉠에 공통으로 들어갈 말로 알맞은 것은?

> 습관은 ㉠ 의 기초가 되며, 이것이 쌓여 이루어진 좋은 ㉠ 은/는 행복을 불러온다.

① 지식   ② 문화
③ 도구   ④ 성품

13 남북한의 통일을 위한 노력으로 옳지 <u>않은</u> 것은?

① 상호 존중
② 적대 행위 조장
③ 지속적인 협력과 교류
④ 국가 안보 및 평화의 중요성 인식

14 다음 설명에 해당하는 개념으로 옳은 것은?

> ○ 단 한 사람의 생명이라도 소중하게 여기는 가치
> ○ 인간이 태어날 때부터 가지는 권리이자 기본적인 인권

① 양성 평등
② 인간 존엄성
③ 도덕적 신념
④ 인권 감수성

15 평화적 갈등 해결의 방식으로 옳지 <u>않은</u> 것은?

① 회피
② 협상
③ 중재
④ 조정

16 진정한 우정을 맺는 방법으로 옳지 <u>않은</u> 것은?

① 진실한 배려
② 존중하는 자세
③ 믿음의 말과 행동
④ 시기·질투의 표현

17 다음 설명에 해당하는 문화 이해의 태도로 옳은 것은?

> ○ 영어 조기 교육 열풍
> ○ 무조적인 외국 브랜드 상표 선호

① 다문화 사회
② 문화 사대주의
③ 문화 상대주의
④ 자문화 중심주의

18 다음 대화의 설명에 해당하는 도덕 원리 검사로 옳은 것은?

상대방의 입장에서 생각해 봐.

그래, 내일 다시 대화를 해봐야겠어.

① 포섭 검사
② 보편화 검사
③ 역할 교환 검사
④ 반증 사례 검사

19 다음 사례의 설명에 해당하는 폭력의 유형으로 옳은 것은?

> ○○는 오늘 단체 채팅방에 갑자기 홀로 남겨졌다. 얼마 전부터 단체 채팅방에 올라온 욕설과 비난이 꼭 자신을 향한 것 같아 불안했었는데, 친구들이 일제히 단체 채팅방을 나가버린 것이다.

① 성폭력
② 언어적 폭력
③ 정서적 폭력
④ 신체적 폭력

20 다음 설명에 해당하는 개념으로 옳은 것은?

> 자신이 살아가는 공동체를 소중히 여기고, 국가의 정신과 가치를 존중하고 지키려는 마음이다.

① 관용
② 애국심
③ 주인 의식
④ 시민 불복종

21 고통을 극복할 수 있는 방법으로 옳지 <u>않은</u> 것은?

① 고통 상황을 인정하는 태도
② 고통을 극복하려는 희망을 가짐
③ 굳은 의지와 적극적 해결 방안 모색
④ 미해결 문제에 대한 포기 및 좌절감

22 과학 기술 발달에 따른 삶의 긍정적 변화로 옳은 것만을 〈보기〉에서 모두 고른 것은?

┌─────── 보기 ───────┐
ㄱ. 환경오염의 심화
ㄴ. 풍요롭고 안락한 삶
ㄷ. 다양한 지식과 문화의 교류
ㄹ. 과학 기술에 대한 지나친 의존
└─────────────────────┘

① ㄱ, ㄴ   ② ㄱ, ㄷ
③ ㄴ, ㄷ   ④ ㄷ, ㄹ

23 빈칸 ㉠에 들어갈 말로 알맞은 것은?

성별에 따라 사회에서 기대하는 행동 방식은 무엇인가요?

㉠

① 인권
② 성 역할
③ 성 차별
④ 양성 평등

24 정보화 시대의 문제점으로 옳지 <u>않은</u> 것은?

① 사이버 폭력
② 저작물의 표절
③ 자유로운 의사소통
④ 게임 및 인터넷 중독

25 다음 설명에 해당하는 소비의 종류로 옳은 것은?

┌─────────────────────────────┐
○ 상품, 서비스 유통의 전체 과정을 윤리적인 가
   치 판단에 따라 구매하고 사용하는 소비이다.
○ 공정 무역, 슬로푸드 운동, 로컬푸드 운동 등
   이 있다.
└─────────────────────────────┘

① 녹색 소비
② 과시 소비
③ 모방 소비
④ 윤리적 소비

3일차
제3회 실전 모의고사

3일차　국어

제한 시간: 40분
문항 수: 25문항
배점: 1문제당 4점

정답 CHECK!
자동 채점 서비스

01 다음 설명에 해당하는 담화의 유형은?

> 어떤 사실에 대한 자신의 생각이나 의견을 여러 사람 앞에서 전달하는 말하기 방식이다.

① 대화　　　　　② 발표
③ 강연　　　　　④ 면담

02 토론에서 사회자의 역할로 적절하지 <u>않은</u> 것은?

① 토론이 열리게 된 배경과 토론의 논제를 소개한다.
② 논제의 초점이 흐려지면 논점을 다시 정리해서 토론자들에게 알려준다.
③ 토론자의 발언이 모호할 경우에는 질문을 하여 그 의미를 명확히 해야 한다.
④ 토론 규칙을 지키며 공동의 문제를 바람직한 방향으로 해결하기 위해 힘쓴다.

03 다음 모음자 중 창제 원리가 나머지와 다른 것은?

① ㅏ　　　　　② ㅗ
③ ㅡ　　　　　④ ㅓ

04 다음 설명에 해당하는 음운 변동이 일어나는 예로 적절하지 <u>않은</u> 것은?

> 자음 'ㄷ, ㅌ'이 모음 'ㅣ'를 만나 'ㅈ, ㅊ'으로 바뀌어 소리 나는 현상

① 난로　　　　　② 같이
③ 굳이　　　　　④ 해돋이

05 밑줄 친 단어의 품사가 나머지와 <u>다른</u> 것은?

① 아버지는 구두를 <u>신으셨다</u>.
② 비행기가 하늘을 <u>날고</u> 있다.
③ 어머니는 머리카락을 <u>자르셨다</u>.
④ 내 친구 중에 내가 키가 제일 <u>작다</u>.

06 다음 설명에 해당하는 단어의 예로 가장 알맞은 것은?

> '밤나무'는 '밤＋나무', '밤송이'는 '밤＋송이'로 구성되었다. 이처럼 '어근＋어근'으로 구성된 단어를 '합성어'라고 한다.

① 봄바람　　　　② 개살구
③ 풋사랑　　　　④ 헛소문

07 밑줄 친 부분의 예로 적절하지 <u>않은</u> 것은?

> 문장에서 주어와 서술어의 관계가 한 번씩만 이루어진 문장을 홑문장이라고 하며, 주어와 서술어의 관계가 두 번 이상 맺어지는 문장을 겹문장이라고 한다.

① 눈이 예쁘다.
② 언니가 노래를 부른다.
③ 지혜가 집으로 돌아왔다.
④ 나는 언니가 합격하기를 바랐다.

08 다음 개요에서 ㉠의 세부 내용으로 가장 적절한 것은?

> **제목**: 아시아의 세계 문화유산을 찾아 떠나는 여행
>
> | 처음 | 세계 문화유산의 의미 |
> |------|---------------------|
> | 중간 | 아시아의 세계 문화유산
• 우리나라의 세계 문화유산
• 인도의 세계 문화유산 |
> | 끝 | 세계 문화유산 보존의 필요성 강조 ·············· ㉠ |

① 세계 시민 의식 함양
② 수원 화성의 보존 방법
③ 국민의 문화적 자긍심 고취
④ 자연 환경 보호의 필요성 대두

09 ㉠~㉣에 대한 고쳐 쓰기 방안으로 적절하지 <u>않은</u> 것은?

> 석빙고가 한여름에도 저온 상태를 유지할 수 있었던 비밀은 또 있다. 우리 조상들은 얼음 보관에 치명적인 물을 재빨리 밖으로 빼내려고 바닥에 배수로를 만들었다. ㉠ <u>공기는 에어 포켓에 갇혀 아래로 내려올 수 없게 된다.</u> 또한 빗물이 석빙고 안으로 새어 들어가는 것을 막으려고 석빙고 외부에 석회와 진흙으로 방수층을 만들었다. 얼음과 벽, 얼음과 천장, 얼음과 얼음 사이에는 밀짚, 왕겨, 톱밥 등의 ㉡ <u>대체재</u>를 채워 넣어 외부 열기를 차단하였다. 또 석빙고 외부에 ㉢ <u>잔듸</u>를 심었는데, 이는 햇빛을 ㉣ <u>흐트러뜨려</u> 열전달을 방해하는 효과가 있었다.

① ㉠: 글의 흐름에서 벗어난 내용이므로 삭제한다.
② ㉡: 문맥에 맞지 않으므로 '단열재'로 고친다.
③ ㉢: 한글 맞춤법에 어긋나므로 '잔디'로 고친다.
④ ㉣: 한글 맞춤법에 어긋나므로 '흐트러트려'로 고친다.

10 ㉠에 대한 설명으로 가장 적절한 것은?

> 방학이 거의 다 끝나가도록 방학 숙제에 손도 안 대서 걱정하고 있는데, 할머니가 등을 툭툭 두드리며 이렇게 말씀하시기도 한다. "인석아, ㉠ <u>만 리 길도 한 걸음으로 시작된다</u>고 하였으니 지금부터 부지런히 하면 돼."

① 느닷없는 일을 당하였을 때 쓰는 말이다.
② 아무리 가르쳐도 알아듣지 못한다는 말이다.
③ 아무리 큰일도 작은 일로부터 비롯된다는 말이다.
④ 일의 순서를 무시하고 서두르고 재촉한다는 말이다.

[11~13] 다음 글을 읽고 물음에 답하시오.

> 높은 가지를 흔드는 매미 소리에 묻혀
> 내 울음 아직은 노래 아니다.
>
> 차가운 바닥 위에 토하는 울음,
> 풀잎 없고 이슬 한 방울 내리지 않는
> 지하도 콘크리트 벽 좁은 틈에서
> 숨 막힐 듯, 그러나 나 여기 살아 있다.
> 귀뚜르르 뚜르르 보내는 ㉠ 타전 소리가
> 누구의 마음 하나 울릴 수 있을까.
>
> 지금은 매미 떼가 하늘을 찌르는 시절
> 그 소리 걷히고 맑은 가을이
> 어린 풀숲 위에 내려와 뒤척이기도 하고
> 계단을 타고 이 땅 밑까지 내려오는 날
> 발길에 눌려 우는 내 울음도
> 누군가의 가슴에 실려 가는 노래일 수 있을까.
>
> — 나희덕, 「귀뚜라미」

11 윗글에 관한 설명으로 적절하지 않은 것은?

① 의인화를 사용하여 독자들에게 친근감을 주고 있다.
② 각 연의 행수를 갖게 하여 통일성을 형성하고 있다.
③ 비슷한 문장 구조를 반복하여 운율을 형성하고 있다.
④ 의문형의 형식을 사용하여 시적 의미를 강조하고 있다.

12 윗글에 나타난 화자의 주된 정서로 가장 적절한 것은?

① 달관적   ② 의지적
③ 절망적   ④ 체념적

13 ㉠에 대한 설명으로 적절하지 않은 것은?

① 귀뚜라미가 내는 소리이다.
② 나뭇가지를 흔드는 힘찬 소리이다.
③ 누군가의 마음을 울리기를 바라는 소리이다.
④ 사전적 의미는 '전보나 무전을 치는 소리'이다.

[14~16] 다음 글을 읽고 물음에 답하시오.

[앞부분의 줄거리] 남의 집에서 머슴살이를 하는 아버지를 두었다는 이유로 자신도 아이들의 머슴 노릇을 하는 용이는 학교에 가기 싫어한다. 어머니의 설득으로 억지로 학교로 향한 용이에게 아이들은 책보를 들게 한다.

저 밑에서 따라 올라오던 2학년, 3학년 아이들이 모두 책보를 허리에 둘러매고 용이를 앞질러 올라갑니다. 그 아이들은 용이를 돌아보면서 저희들끼리 무엇을 수군거렸습니다.

"헤헤, 4학년이 됐다는 아이가 남의 책보나 메다 주고……."

"참 못난 아이제."

모두 이런 말로 수군거리는 것 같았습니다.

'뭐, 못난 아이라고?'

용이는 화가 났습니다. 벌써 고개 위에 다 올라갔는지 아이들의 고함이 산 위에서 들려왔을 때, 용이는 눈앞에 있는 책보를 그냥 콱콱 짓밟아 버리고 싶은 충동이 일었습니다. 발밑에 돌멩이 하나가 밟혔습니다. 용이는 벌떡 일어나 그 돌멩이를 집어 힘껏 골짜기 아래로 던졌습니다. 돌멩이가 저 밑에 떨어지자, 갑자기 온 산골을 뒤흔드는 소리를 치면서 ㉠ 커다란 뭉텅이 하나가 솟아올랐습니다.

"꼬공 꼬공, 푸르륵!"

그것은 온 산골의 가라앉은 공기를 뒤흔들어 놓고 하늘을 날아오르는, 정말 살아 있는 ㉡ 목숨이 부르짖는 소리였습니다.

'야, 참 멋지다!'

날개를 쫙 펴고 꽁지를 쭉 뻗고 아침 햇빛에 눈부신 모습으로 산을 넘어가는 ㉢ 꿩을 쳐다보는 용이의 온몸에 갑자기 어떤 힘이 마구 솟구쳤습니다. ㉣ 용이는 그 자리에서 한번 훌쩍 뛰어올라 보았습니다. ⓐ 하늘에라도 날아오를 듯합니다. 용이는 발에 채이는 책보 하나를 집어 들었습니다. 그리고 그것을 하늘 위로 던졌습니다.

횡! 공중에서 몇 바퀴 돌던 책보가 '퍽' 소리를 내면서 골짜기에 떨어졌을 때, 용이는 두 번째 책보를 집어던졌습니다.

또 하나, 또 하나……

마지막에 던진 작대기는 건너편 벼랑의 소나무 가지를 철썩 치도록 멀리 떨어졌습니다.

'됐다!'

용이는 인제 하늘이 탁 트이고 가슴이 시원해져서, 저 건너 산을 보고 하하하. 웃었습니다.

– 이오덕, 「꿩」

14 윗글에 대한 설명으로 가장 적절한 것은?

① 2, 3학년 아이들은 용이의 편을 들어주었다.
② 용이는 아이들의 책보를 던지고 불안함을 느꼈다.
③ 산골에서 꿩을 만나고 난 후 용이의 갈등은 심화되었다.
④ 서술자가 전지적 위치에서 인물이나 사건을 서술하고 있다.

15 ㉠~㉣ 중 가리키는 대상이 다른 것은?

① ㉠
② ㉡
③ ㉢
④ ㉣

16 ⓐ에 쓰인 표현 방법으로 가장 적절한 것은?

① 대구법
② 직유법
③ 설의법
④ 영탄법

[17~19] 다음 글을 읽고 물음에 답하시오.

(가)

하루는 길동이 어머니의 침소에 가 울면서 아뢰었다.

"소자가 모친과 더불어 전생연분이 중하여 이번 세상에 모자가 되었으니, 그 은혜가 지극하옵니다. 그러나 소자의 팔자가 사나워서 천한 몸이 되었으니, 품은 한이 깊사옵니다. 장부가 세상에 살면서 남의 천대를 받음이 불가한지라 소자는 자연히 설움을 억제하지 못하여 어머니의 슬하를 떠나려 하오니, 엎드려 바라건대 모친께서는 소자를 염려하지 마시고 귀체를 잘 돌보십시오."

길동의 어머니가 듣고, 크게 놀라 말했다.

"재상 집안의 천한 출생이 너뿐이 아닌데, 어찌 마음을 좁게 먹어 어미의 간장을 태우느냐?"

길동이 대답했다.

"옛날, 장충의 아들 길산은 천한 출생이지만 열세 살에 그 어머니와 이별하고 운봉산에 들어가 도를 닦아 아름다운 이름을 후세에 전하였습니다. 소자도 그를 본받아 세상을 벗어나려 하오니, 모친은 안심하고 후일을 기다리십시오. 근래에 곡산댁의 눈치를 보니 상공의 사랑을 잃을까 하여 우리 모자를 원수같이 알고 있습니다. 큰 화를 입을까 하오니 모친께서는 소자가 나감을 염려하지 마십시오." 하니 그 어머니 또한 슬퍼하더라.

(나)

그때 길동이 이 말을 듣고 즉시 고관의 복장인 사모관대에 서띠를 띠고 덩그런 수레에 의젓하게 높이 앉아 큰 길로 버젓이 들어오면서 말하기를,

"이제 홍판서 사은(謝恩)하러 온다."고 했다. 병조의 하급 관리들이 맞이해 궐내에 들어간 뒤, 여러 관원들이 의논하기를,

"길동이 오늘 사은하고 나올 것이니 도끼와 칼을 쓰는 군사를 매복시켰다가 나오거든 일시에 쳐 죽이도록 하자." 하고 약속을 하였다. 길동이 궐내에 들어가 엄숙히 절하고 아뢰기를,

"소신이 죄악이 지중하온데, 도리어 은혜를 입사와 ㉠ 평생의 한을 풀고 돌아가면서 전하와 영원히 작별하오니, 부디 만수무강하소서." 하고, 말을 마치며 몸을 공중에 솟구쳐 구름에 싸여 가니, 그 가는 곳을 알 수가 없었다. 임금이 보고 도리어 감탄을 하기를, "길동의 신기한 재주는 고금에 드문 일이로다. 제가 지금 조선을 떠나노라 하였으니, 다시는 폐 끼칠 일이 없을 것이요, 비록 수상하기는 하나 일단 대장부다운 통쾌한 마음을 가졌으니 염려 없을 것이로다." 하고, 팔도에 사면(赦免)의 글을 내려 길동 잡는 일을 그만두었다.

– 작자 미상, 「홍길동전」

17 윗글의 갈래에 대한 설명으로 적절하지 <u>않은</u> 것은?

① 권선징악을 주제로 한다.
② 대체로 행복한 결말로 끝이 난다.
③ 입체적이고 개성적인 인물이 등장한다.
④ 우연적이고 비현실적인 사건이 발생한다.

18 (가)에서 '길동'이 집을 떠나려는 이유로 적절하지 <u>않은</u> 것은?

① 상공의 지극한 사랑을 잃지 않으려고
② 자신을 천대하는 사회 제도에 저항하려고
③ '곡산댁'에게서 화를 입을까 봐 걱정되어서
④ 천한 신분으로 능력을 발휘하지 못하는 상황에서 벗어나려고

19 (나)의 ㉠의 의미로 가장 적절한 것은?

① 천한 신분 때문에 입신양명하지 못한 서러움
② 자신을 직접 만나 주지 않는 '임금'에 대한 원망
③ 조선을 떠나 다른 곳에 나라를 세우려는 뜻의 좌절
④ 가족과 함께 행복하게 살지 못하는 데에서 오는 서러움

[20~22] 다음 글을 읽고 물음에 답하시오.

(가)
엄마와 딸 사이에, 형제끼리, 그리고 사랑하는 사람끼리 서로 몸 여기저기를 손으로 간질이면서 분위기가 화기애애해지곤 합니다. 그런데 좀 이상하지 않나요? 촉감이라는 자극만으로 사람이 웃는다는 사실 말입니다. 단순히 살살 만지기 때문에 웃는 것일까요? 그렇다면 왜 바람이 옆구리를 지나갈 때나, 벌레가 팔 위를 기어가고 있을 때는 웃음이 나지 않는 것일까요. 손으로 간질이는 것보다 훨씬 가벼운 자극인데 말이지요. 사실 사람을 웃게 하는 간지럼은 아주 오래된 수수께끼입니다. 그럼 지금부터 이 수수께끼를 살펴볼까요?

(나)
'예측'과 '행동', '피드백'은 사람에게는 매우 자연스러운 행위입니다. 예를 들어 사람은 공을 목표 지점에 던질 때 감각으로 거리를 가늠하고 그만큼 던집니다. 만약 공이 목표 지점보다 멀리 갔다면 다시 던질 때 힘을 약하게 조절해서 던지지요. 그런데 간지럼은 예외적인 사례입니다. 아무리 예측하려 해도 예측을 벗어나기 때문에 간지럼이 나타나고, 피드백 과정을 거쳐도 또다시 예측을 벗어날 수밖에 없습니다. 우리는 간지럼에서 '예측 불가능성'에 대처하는 법을 배울 수 있고, 이를 인공 지능에도 활용할 수 있습니다.

– 서동주, 「우리는 왜 간지럼을 느낄까」

20 윗글을 읽는 방법으로 적절하지 <u>않은</u> 것은?

① 주장에 대한 근거가 타당한지 판단하며 읽는다.
② 글의 구조가 체계적으로 되어 있는지 파악하며 읽는다.
③ 어떤 방식으로 글의 내용이 전개될까를 예측하며 읽는다.
④ 글쓴이가 사용한 설명 방법을 중심으로 글의 내용을 이해하며 읽는다.

21 (가)에 대한 설명으로 가장 적절한 것은?

① 글의 구성 단계에서 끝 부분에 해당한다.

② 독자에게 질문을 던져 호기심을 유발한다.

③ 설명 대상에 대한 명확한 정의를 내리고 있다.

④ 글쓴이는 수수께끼에 대해서 설명하려고 한다.

22 (나)에 사용된 설명 방법으로 가장 적절한 것은?

① 예시　　　　② 인과

③ 인용　　　　④ 정의

[23~25] 다음 글을 읽고 물음에 답하시오.

어머니는 내가 집에서 책만 읽는 것을 싫어하셨다. 그래서 방과 후 골목길에 아이들이 모일 때쯤이면 어머니는 대문 앞 계단에 작은 방석을 깔고 나를 거기에 앉히셨다. 아이들이 노는 것을 구경이라도 하라는 뜻이었다.

딱히 놀이 기구가 없던 그때 친구들은 대부분 술래잡기, 사방치기, 공기놀이, 고무줄놀이 등을 하고 놀았지만 나는 공기놀이 외에는 어떤 놀이에도 참여할 수 없었다. 하지만 골목 안 친구들은 나를 위해 꼭 무언가 역할을 만들어 주었다. 고무줄놀이나 달리기를 하면 내게 심판을 시키거나 신발주머니와 책가방을 맡겼다. 그뿐인가. 술래잡기를 할 때는 한곳에 앉아 있는 내가 답답할까 봐, 미리 내게 어디에 숨을지를 말해 주고 숨는 친구도 있었다.

우리 집은 골목 안에서 중앙이 아니라 구석 쪽이었지만 내가 앉아 있는 계단 앞이 친구들의 놀이 무대였다. 놀이에 참여하지 못해도 나는 전혀 소외감이나 박탈감을 느끼지 않았다. 아니, 지금 생각하면 내가 소외감을 느낄까 봐 친구들이 배려를 해 준 것이었다.

그 골목길에서의 일이다. 초등학교 1학년 때였던 것 같다. 하루는 우리 반이 좀 일찍 끝나서 나는 혼자 집 앞에 앉아 있었다. 그런데 그때 마침 깨엿 장수가 골목길을 지나고 있었다. 그 아저씨는 가위만 쩔렁이며 내 앞을 지나더니 다시 돌아와 내게 깨엿 두 개를 내밀었다. 순간 그 아저씨와 내 눈이 마주쳤다. 아저씨는 아무 말도 하지 않고 아주 잠깐 미소를 지어 보이며 말했다.

"괜찮아."

무엇이 괜찮다는 것인지는 몰랐다. 돈 없이 깨엿을 공짜로 받아도 괜찮다는 것인지, 아니면 목발을 짚고 살아도 괜찮다는 것인지······. 하지만 그건 중요하지 않다. 중요한 건 내가 그날 마음을 정했다는 것이다. ⊙ 이 세상은 그런대로 살 만한 곳이라고. 좋은 사람들이 있고, 선의와 사랑이 있고, '괜찮아'라는 말처럼 용서와 너그러움이 있는 곳이라고 믿기 시작했다는 것이다.

– 장영희, 「괜찮아」

23 윗글의 갈래에 대한 설명으로 적절하지 <u>않은</u> 것은?

① 글쓴이의 경험을 적은 고백적인 글이다.

② 현실에서 있을 법한 일을 꾸며 쓴 글이다.

③ 일상에서 일어나는 모든 일이 소재가 된다.

④ 체험을 통해 얻은 감동을 자유롭게 표현하고 있다.

24 윗글에서 알 수 있는 내용으로 적절하지 <u>않은</u> 것은?

① '나'의 집은 골목 정중앙에 있었다.

② 친구들은 놀 때 '나'를 끼워 주고 배려해 주었다.

③ 어머니는 집에서 책만 읽는 '나'의 모습을 싫어하셨다.

④ '깨엿 장수'의 말은 '나'에게 세상에 대한 믿음을 주었다.

25 '나'가 ⊙처럼 느낄 수 있는 이유로 가장 적절한 것은?

① 경제적 지원을 받았기 때문에

② 구체적인 직업이 생겼기 때문에

③ 상대로부터 배려를 받았기 때문에

④ 모든 것을 내 마음대로 할 수 있었기 때문에

3일차　수학

제한 시간: 40분
문항 수: 20문항
배점: 1문제당 5점

정답 CHECK!
자동 채점 서비스

01 다음은 96을 소인수분해하는 과정을 나타낸 것이다. 96을 소인수분해한 결과로 옳은 것은?

```
2 ) 96
2 ) 48
2 ) 24
2 ) 12
2 )  6
      3
```

① 2×3

② $2^3 \times 3$

③ $2^5 \times 3$

④ $2^7 \times 3^2$

02 다음 수 중에서 음의 정수의 개수는?

$$-3, \ 3, \ -2, \ 2, \ -1, \ 1, \ 0$$

① 1개

② 3개

③ 5개

④ 7개

03 다음을 문자를 사용한 식으로 바르게 나타낸 것은?

한 병에 a mL인 음료수 4병의 양

① $(a+4)$ mL

② $(a-4)$ mL

③ $(a \times 4)$ mL

④ $(a \div 4)$ mL

04 일차방정식 $0.2x - 0.3 = 0.6x + 1.3$의 해는?

① -4

② -1

③ 1

④ 4

05 다음은 어느 학급 학생 25명을 대상으로 지난 일주일 동안 게임한 시간을 조사하여 나타낸 도수분포표이다. 일주일 동안 게임한 시간이 13시간인 학생이 속한 계급의 계급값은?

게임 시간(시간)	도수(명)
$0^{이상} \sim \ 4^{미만}$	7
$4 \ \sim \ 8$	3
$8 \ \sim \ 12$	4
$12 \ \sim \ 16$	6
$16 \ \sim \ 20$	5
합계	25

① 13시간

② 14시간

③ 15시간

④ 16시간

06 그림과 같이 평행한 두 직선 l, m이 다른 한 직선 n과 만날 때, $\angle x$의 크기는?

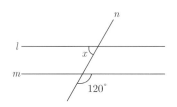

① $30°$　　　　② $40°$

③ $50°$　　　　④ $60°$

07 그림의 삼각형 ABC에서 $\angle A = 35°$, $\angle B = 40°$일 때, $\angle x$의 크기는?

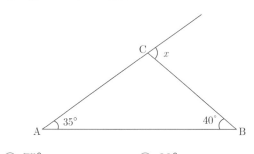

① $75°$　　　　② $80°$

③ $85°$　　　　④ $90°$

08 다음 분수 중 유한소수로 나타낼 수 <u>없는</u> 것은?

① $\dfrac{5}{10}$　　　　② $\dfrac{2}{3}$

③ $\dfrac{3}{4}$　　　　④ $\dfrac{4}{5}$

09 $(xy^3)^2 \div (x^2y)^3$을 간단히 한 것은?

(단, $x \neq 0$, $y \neq 0$)

① $\dfrac{x^3}{y^4}$　　　　② $\dfrac{x^4}{y^3}$

③ $\dfrac{y^3}{x^4}$　　　　④ $\dfrac{y^4}{x^3}$

10 연립방정식 $\begin{cases} 3y = 9x \\ 2x + 5y = 17 \end{cases}$의 해는?

① $x = -1$, $y = -3$

② $x = -1$, $y = 3$

③ $x = 1$, $y = -3$

④ $x = 1$, $y = 3$

11 그림은 일차함수 $y = ax + 3$의 그래프이다. 상수 a의 값은?

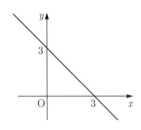

① -1 ② -2

③ -3 ④ -4

12 한 개의 주사위를 한 번 던질 때, 짝수의 눈이 나오는 경우의 수는?

① 2   ② 3

③ 4   ④ 5

13 그림에서 $\triangle ABC \backsim \triangle DEF$일 때, x의 값은?

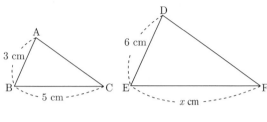

① 9   ② 10

③ 11   ④ 12

14 $3\sqrt{5} - 2\sqrt{5}$ 를 간단히 한 것은?

① $\sqrt{5}$ ② $2\sqrt{5}$

③ $3\sqrt{5}$ ④ $4\sqrt{5}$

15 $x^2 + 2x - 8$을 인수분해하면?

① $(x-4)^2$

② $(x+2)^2$

③ $(x+4)(x-2)$

④ $(x+2)(x-4)$

16 다음 이차함수 중 그래프의 폭이 가장 좁은 것은?

① $y = -3x^2$

② $y = -\dfrac{1}{3}x^2$

③ $y = \dfrac{1}{2}x^2$

④ $y = 4x^2$

17 예담이의 수학 점수의 평균은 3회까지 81점이었다. 그 후 한 번 더 시험을 보고 평균을 내었더니 2점이 상승하였다. 예담이의 마지막 시험의 수학 성적은?

① 82점

② 83점

③ 87점

④ 89점

18 다음 그림에서 △ABC의 넓이는?

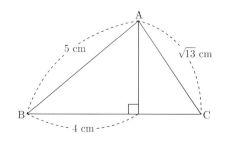

① 3 cm^2

② 7 cm^2

③ 9 cm^2

④ 11 cm^2

19 그림과 같이 △ABC의 꼭짓점 A에서 변 BC에 내린 수선의 발을 H라 하고, $\overline{AB} = 2 \text{ cm}$, $\overline{HC} = 3 \text{ cm}$, ∠C = 30°일 때, $\overline{BC}$의 길이는?

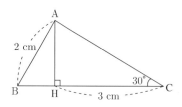

① 2 cm

② 3 cm

③ 4 cm

④ 5 cm

20 그림에서 점 O는 원의 중심이다. ∠AOB = 80°일 때, ∠x의 크기는?

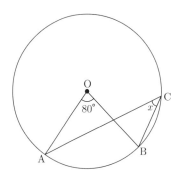

① 40°

② 45°

③ 50°

④ 55°

3일차　영어

제한 시간: 40분
문항 수: 25문항
배점: 1문제당 4점

정답 CHECK!
자동 채점 서비스

01 다음을 모두 포함할 수 있는 단어로 가장 적절한 것은?

nurse　firefighter　scientist　reporter

① body ② job
③ sports ④ place

02 다음 두 단어의 의미 관계가 나머지 셋과 <u>다른</u> 것은?

① thin − thick
② fast − slow
③ kind − friendly
④ wet − dry

03 다음 빈칸에 들어갈 말로 가장 적절한 것은?

_____ are very expensive.

① It ② This
③ That ④ These

[04~06] 다음 대화의 빈칸에 들어갈 말로 가장 적절한 것을 고르시오.

04

A: How _____ is that fish you caught?
B: It's about three kilograms.

① far ② large
③ heavy ④ often

05

A: What's the matter with you?
B: I'm _____. I have a cold.

① sick ② happy
③ smart ④ exited

06

A: _____?
B: I like beans.

① How often do you eat beans
② Where did you buy the beans
③ Would like some more beans
④ What kind of vegetables do you like

07 다음 대화의 빈칸에 공통으로 들어갈 말로 가장 적절한 것은?

> A: I bought this wallet for Dad.
> B: Oh, it looks nice. Is it _____ of leather?
> A: Yes, it is. What are you going to give him for his birthday?
> B: I _____ a birthday cake.

① took　　　　　② made
③ bought　　　　④ cooked

08 다음 현장 체험 학습 안내문을 보고 알 수 <u>없는</u> 것은?

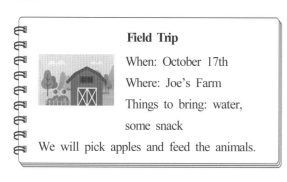

> **Field Trip**
>
> When: October 17th
> Where: Joe's Farm
> Things to bring: water, some snack
> We will pick apples and feed the animals.

① 체험 학습 장소
② 체험 학습 대상
③ 체험 학습 준비물
④ 체험 학습 활동 내용

09 다음 그림으로 보아 빈칸에 들어갈 말로 가장 적절한 것은?

> The boy is _____ a picture.

① taking　　　　② getting
③ making　　　　④ painting

10 다음 대화에서 두 사람이 방과 후에 할 일로 가장 적절한 것은?

> A: Let's go to the park after school.
> B: Okay. I want to ride a bike there.
> A: My bike broke down. How about playing soccer?
> B: Sounds good.

① 축구하기
② 공원 산책
③ 자전거 타기
④ 운동 경기 관람

11 다음은 Emily의 주간 계획표이다. 월요일에 해야 할 일은?

Monday	Tuesday	Wednesday	Thursday	Friday
Practicing the violin	Walking my dog	Playing with friends	Cleaning my room	Visiting my grandmother

① 방 청소하기
② 개 산책시키기
③ 바이올린 연습하기
④ 할머니 댁 방문하기

12 다음 그림으로 보아 빈칸에 들어갈 말로 가장 적절한 것은?

The horse is the _____ animal of the three.

① shortest
② biggest
③ smallest
④ cheapest

13 다음 대화의 주제로 가장 적절한 것은?

A: Chris, what do you want to be in the future?
B: I want to be a singer.
A: I think you'll be a good singer.
B: Thank you. I practice singing every day.

① 장래 희망
② 수업 준비
③ 가수 소개
④ 주말 계획

14 다음 대화에서 밑줄 친 말의 의도로 가장 적절한 것은?

A: Jessie, you look tired today.
B: I didn't sleep well last night.
A: How about taking a nap? I'll do the dishes.
B: Thank you.

① 감사하기
② 칭찬하기
③ 제안하기
④ 사과하기

15 다음 대화에서 B가 직장에 늦은 이유로 가장 적절한 것은?

A: Brian, why were you late for work this morning?
B: My car broke down again. I had to go there by bike.

① 늦잠을 자서
② 자전거를 고치느라
③ 도로에 사고가 나서
④ 자동차가 고장 나서

16 다음 안내 방송을 들을 수 있는 장소로 가장 적절한 것은?

> May I have your attention, please? The train for Busan is now arriving. It will stay at our station for 10 minutes. Thank you.

① 공항
② 기차역
③ 지하철 안
④ 버스 터미널

17 주어진 말에 이어질 두 사람의 대화를 〈보기〉에서 찾아 순서대로 가장 적절하게 배열한 것은?

Where is my pencil case?

┤ 보기 ├
(A) Then check your backpack again.
(B) That's not mine. Mine is brown.
(C) It's on the sofa.

① (A) − (C) − (B)
② (B) − (A) − (C)
③ (C) − (A) − (B)
④ (C) − (B) − (A)

18 다음 글의 주제로 가장 적절한 것은?

> There are four seasons in Australia. Spring begins in November. It is warm in spring. Summer begins in February, and fall begins in March. Winter begins in June. It's not cold here in winter.

① 호주의 문화
② 호주의 공휴일
③ 호주의 사계절
④ 호주의 휴양지

19 다음 교실 규칙에서 언급되지 않은 것은?

Classroom Rules
○ Ask questions.
○ Raise your hand to speak.
○ Be quiet when the teacher is talking.
○ Be a good friend.

① 질문하기
② 친구를 도와주기
③ 손을 들고 말하기
④ 선생님이 말할 때는 조용히 하기

20 다음 밑줄 친 It(it)이 가리키는 것으로 가장 적절한 것은?

> <u>It</u> is an animal. Some people raise <u>it</u> as pets. <u>It</u> eats grass. <u>It</u> has four legs and a short tail. <u>It</u> has long ears. Sometimes <u>it</u> hops very fast.

① dog   ② goat
③ turtle   ④ rabbit

21 다음 대화의 빈칸에 들어갈 말로 가장 적절한 것은?

> A: What is your goal for this year?
> B: I'll do my homework before watching TV. What about you?
> A: _____.

① I am excited
② It's interesting
③ I'll learn to swim
④ I did my homework

22 다음 글을 쓴 목적으로 가장 적절한 것은?

> Dear Emily,
> I have a problem. One of my friends always uses my pens. Sometimes she takes them home and never returns them. What should I do?

① 상품 홍보   ② 물건 찾기
③ 친구 소개   ④ 고민 상담

23 다음 글의 주제로 가장 적절한 것은?

> Air is very important for life. We can't see it, but it is everywhere. We can't live without it. All the living things need it to breathe. We should try to keep air clean.

① 공기의 중요성
② 환경오염의 문제점
③ 공기 좋은 장소 소개
④ 공기를 깨끗이 하는 법

24 다음 글의 바로 뒤에 이어질 내용으로 가장 적절한 것은?

> There are many good habits to make a healthy life. Getting up early and doing exercises regularly are good examples. Here are some other ways you can do to make a healthy life.

① 건강식 요리 방법
② 건강에 해가 되는 음식
③ 건강을 망치는 수면 습관
④ 건강을 위해 할 수 있는 활동

25 다음 글에서 어제 Brian이 한 일로 가장 적절한 것은?

> Brian was busy yesterday. He went shopping with his mother. He also helped her make cookies. In the evening, he walked his dog with his cousin. He even washed the dog after he came home.

① 개 산책시키기
② 요리 수업 듣기
③ 사촌의 집 방문하기
④ 생일 선물 구입하기

3일차 사회

제한 시간: 30분
문항 수: 25문항
배점: 1문제당 4점

정답 CHECK!
자동 채점 서비스

01 다음 설명에 해당하는 내용에 포함되는 지도로 옳은 것은?

> 지형, 건물, 도로 등 지역의 자연 환경과 인문 환경을 종합하여 나타낸 지도이다.

① 지형도
② 기후도
③ 통계 지도
④ 인구 분포도

02 다음 중 열대 기후 지역의 특징에 해당하는 것만을 〈보기〉에서 모두 고른 것은?

┤ 보기 ├
ㄱ. 적도 주변에 분포되어 있다.
ㄴ. 기온이 온화하고 강수량이 풍부하다.
ㄷ. 연 강수량이 500mm 미만이며, 기온의 일교차가 크다.
ㄹ. 다양한 종류의 나무들이 빽빽한 밀림을 형성하고 있다.

① ㄱ, ㄴ
② ㄴ, ㄷ
③ ㄷ, ㄹ
④ ㄱ, ㄹ

03 다음 대화의 설명에 해당하는 자연재해로 옳은 것은?

주로 사막 주변의 건조 기후 지역에서 발생해.

이 자연재해에 대응하려면 다목적 댐 건설, 지하수 개발, 물 절약, 삼림을 조성해야 해.

① 가뭄
② 지진
③ 홍수
④ 산사태

04 다음 설명에 해당하는 지형은?

> ○ 형성: 지하수의 용식 작용으로 생성된 지형
>   → 석회암 지대
> ○ 주요 지형: 석회동굴, 돌리네

① 화산 지형
② 빙하 지형
③ 건조 지형
④ 카르스트 지형

05 기본권의 종류와 설명으로 옳지 <u>않은</u> 것은?

① 자유권: 국가에 대해 일정한 청구를 할 수 있는 권리
② 사회권: 국가에 대해 인간다운 생활의 보장을 요구할 수 있는 권리
③ 평등권: 모든 영역에서 부당한 차별을 받지 않고 동등하게 대우 받을 권리
④ 참정권: 국가 기관의 형성과 국가의 정치적 의사 형성 과정에 참여할 수 있는 권리

06 빈칸 ㉠에 들어갈 말로 알맞은 것은?

> ㉠ 은/는 화산 폭발 후 화산의 정상부가 무너지며 형성된 지형으로, 이곳에는 물이 고여 호수를 형성한다.

① 호른　　　　　② 칼데라
③ 용암 동굴　　　④ 주상 절리

07 우리나라의 산지 지형에 대한 설명으로 옳지 <u>않은</u> 것은?

① 국토의 70% 이상을 차지한다.
② 대부분의 산지가 북동부에 분포한다.
③ 동쪽이 높고 서쪽이 낮은 동고서저의 지형이다.
④ 울창한 삼림으로 덮여 있는 흙산에는 대표적으로 설악산, 북한산 등이 있다.

08 빈칸 ㉠에 들어갈 말로 알맞은 것은?

> 연안국이 바다의 경제적 자원에 대해 배타적 권리를 행사할 수 있는 ㉠ 은/는 한 나라의 연안으로부터 200해리까지의 수역 중 영해를 제외한 수역이다.

① 영공
② 영토
③ 영해
④ 배타적 경제 수역(EEZ)

09 다음 설명에 해당하는 정치 주체는?

> ○ 정치적 견해를 같이하는 사람들이 정치권력의 획득을 목표로 결성된 조직이다.
> ○ 선거에 후보자를 추천하고, 국민의 심판을 통해 정치적 책임을 진다.

① 언론
② 정당
③ 행정부
④ 이익 집단

10 다음 설명에 해당하는 문화의 속성은?

> 정보 · 통신의 발달로 연락 수단이 우편에서 인터넷과 핸드폰으로 변화하였다.

① 전체성   ② 축적성

③ 변동성   ④ 학습성

11 다음 설명에 해당하는 사건을 해결하기 위한 재판의 종류는?

> 위층 아파트 배관이 터져 아랫집 A씨 소유 아파트에 누수가 발생하였지만 윗집 주인이 피해보상비를 못주겠다고 하였다. 이에 A씨는 법원에 윗집 주인을 상대로 손해 배상 청구 소송을 제기하였다.

① 행정 재판   ② 형사 재판

③ 가사 재판   ④ 민사 재판

12 다음 권한을 행사하는 국가 기관은?

> ○ 법의 제정과 개정
> ○ 탄핵 소추권 행사
> ○ 국정 조사와 국정 감사

① 법원   ② 국회

③ 감사원   ④ 행정부

13 인권에 대한 설명으로 옳은 것은?

① 다른 사람에게 줄 수 있다.

② 성인만 가질 수 있는 권리이다.

③ 자연권, 천부 인권이라고도 한다.

④ 법의 테두리 안에서만 보장 가능하다.

14 조력 발전의 특징으로 옳지 않은 것은?

① 발전량을 예측할 수 있다.

② 입지 조건이 까다롭지 않다.

③ 에너지원의 양이 고갈되지 않는다.

④ 기후나 계절의 영향을 크게 받지 않는다.

15 우리나라 국내 총생산에 대한 설명으로 옳은 것만을 〈보기〉에서 모두 고른 것은?

> | 보기 |
> ㄱ. 외국인이 우리나라에서 벌어들인 소득이다.
> ㄴ. 외국인이 자신의 나라에서 벌어들인 소득이다.
> ㄷ. 우리나라 사람이 외국에서 벌어들인 소득이다.
> ㄹ. 우리나라 사람이 우리나라에서 벌어들인 소득이다.

① ㄱ, ㄴ   ② ㄱ, ㄹ

③ ㄴ, ㄷ   ④ ㄴ, ㄹ

16 다음 설명에 해당하는 경제 개념은?

> 인간의 욕구는 무한한 데 비해 이를 충족해 줄 수 있는 자원의 양이 상대적으로 부족한 현상을 말한다.

① 재화
② 서비스
③ 기회비용
④ 자원의 희소성

17 다음 유물이 처음 제작되었던 시기로 옳은 것은?

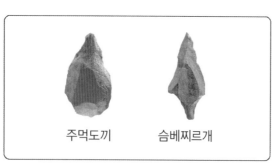

주먹도끼   슴베찌르개

① 철기 시대
② 구석기 시대
③ 신석기 시대
④ 청동기 시대

18 삼별초에 대한 설명으로 옳지 <u>않은</u> 것은?

① 개경 환도를 반대하였다.
② 무신 정권의 군사적 기반이었다.
③ 신진 사대부와 위화도 회군을 주도하였다.
④ 강화도, 진도, 제주도 순으로 이동하며 싸웠다.

19 신진 사대부에 대한 설명으로 옳은 것만을 〈보기〉에서 모두 고른 것은?

┤ 보기 ├

ㄱ. 성리학을 수용하였다.
ㄴ. 고려 말에 등장한 새로운 정치 세력이다.
ㄷ. 기철은 고려 말 신진 사대부의 대표적 인물이다.
ㄹ. 원의 세력을 등에 업은 군인, 역관, 환관 출신이었다.

① ㄱ, ㄴ
② ㄱ, ㄹ
③ ㄴ, ㄷ
④ ㄷ, ㄹ

20 다음 설명에 해당하는 신라의 왕은?

○ 율령 반포
○ 공복 제정
○ 불교 공인

① 법흥왕
② 내물왕
③ 지증왕
④ 진흥왕

21 빈칸 ㉠에 들어갈 인물로 알맞은 것은?

○ 이름: ㉠
○ 주요 저서: 『북학의』
○ 주요 활동: 청과의 교역 확대, 소비를 통한 생산 증대 주장

① 정약용
② 박제가
③ 이수광
④ 유형원

22 다음 설명에 해당하는 사건은?

> 청이 조선에 군신 관계를 요구하였으나, 조선의 거절로 침략 → 남한산성에서 항전, 척화와 주화의 대립 → 청의 요구 수용(삼전도의 굴욕)

① 임진왜란   ② 병인양요

③ 병자호란   ④ 임오군란

23 빈칸 ㉠에 들어갈 말로 알맞은 것은?

> ○ 사건 이름: ㉠
> ○ 배경: 운요호 사건
> ○ 내용: 부산·원산·인천을 개항, 치외 법권 인정 등
> ○ 성격: 최초의 근대적 조약이자 불평등 조약

① 신미양요

② 갑신정변

③ 강화도 조약

④ 동학 농민 운동

24 독립 협회에 대한 설명으로 옳지 <u>않은</u> 것은?

① 김구가 결성하였다.

② 만민 공동회를 열었다.

③ 독립문 건립에 앞장섰다.

④ 자유 민권 운동을 전개하였다.

25 빈칸 ㉠에 들어갈 말로 알맞은 것은?

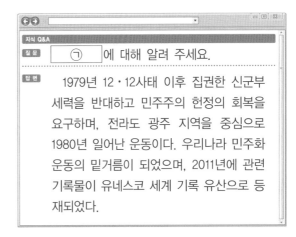

> 지식 Q&A
> 질문 | ㉠ 에 대해 알려 주세요.
> 답변 | 1979년 12·12사태 이후 집권한 신군부 세력을 반대하고 민주주의 헌정의 회복을 요구하며, 전라도 광주 지역을 중심으로 1980년 일어난 운동이다. 우리나라 민주화 운동의 밑거름이 되었으며, 2011년에 관련 기록물이 유네스코 세계 기록 유산으로 등재되었다.

① 4·19 혁명

② 6월 민주 항쟁

③ 5·18 민주화 운동

④ 광주 학생 항일 운동

1일차 2일차 3일차 4일차 5일차 6일차 7일차

3일차 과학

제한 시간: 30분
문항 수: 25문항
배점: 1문제당 4점

정답 CHECK!
자동 채점 서비스

01 다음 중 일정한 속력으로 운동하는 물체의 시간에 따른 이동 거리 그래프로 옳은 것은?

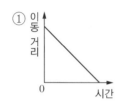
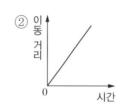
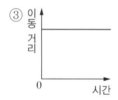
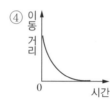

02 다음 설명에 해당하는 열의 이동 방법은?

○ 액체나 기체 상태의 분자들이 직접 순환하여 열을 전달한다.
○ 난로를 방 아래쪽에 두면 따뜻한 공기가 순환하여 방 전체가 따뜻해진다.

① 전도
② 복사
③ 대류
④ 열평형

03 빈칸 ㉠에 들어갈 말로 알맞은 것은?

빛이 공기에서 렌즈나 물을 지날 때 두 물질의 경계면에서 진행 방향이 꺾이는 현상을 빛의 ㉠ (이)라고 한다.

① 직진
② 합성
③ 반사
④ 굴절

04 물체의 높이가 일정할 때, 물체의 질량과 위치 에너지의 관계를 옳게 나타낸 것은?

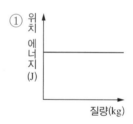
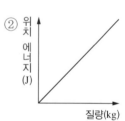
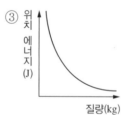
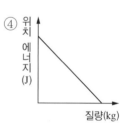

05 그림은 대전시킨 3개의 금속구를 줄에 연결한 모습이다. ⓛ이 (+)전하를 띨 때 ⓟ과 ⓒ이 띤 전하의 종류를 옳게 짝지은 것은?

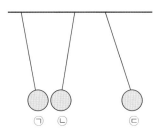

	ⓟ	ⓒ
①	(+)	(+)
②	(+)	(−)
③	(−)	(+)
④	(−)	(−)

06 소비 전력이 200 W인 청소기를 2시간 사용하였을 때, 사용한 전력량은?

① 50 Wh   ② 100 Wh

③ 200 Wh   ④ 400 Wh

07 다음 설명에 해당하는 원소의 이름과 원소 기호를 옳게 짝지은 것은?

> ○ 가장 가벼운 원소이다.
> ○ 산소와 반응하여 물을 생성한다.

① 수소 – H

② 수소 – O

③ 헬륨 – He

④ 탄소 – C

08 그림과 같이 2기압일 때 부피가 40 L인 어떤 기체가 있다. 압력을 4기압으로 높일 때 이 기체의 부피는? (단, 온도는 일정하고 기체의 출입은 없다.)

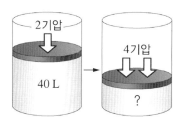

① 10 L   ② 20 L

③ 40 L   ④ 80 L

09 물질마다 고유한 값을 갖는 물질의 특성이 <u>아닌</u> 것은?

① 무게   ② 밀도

③ 끓는점   ④ 용해도

10 그림은 구리와 산소가 4 : 1의 질량비로 반응하여 산화 구리(Ⅱ)를 생성하는 것을 나타낸 모형이다. 구리와 산소가 모두 반응하였을 때, 질량 ⓟ은?

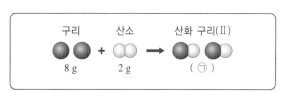

① 5 g   ② 6 g

③ 8 g   ④ 10 g

11 다음 중 화학 변화가 <u>아닌</u> 것은?

① 컵이 깨진다.

② 철이 녹슨다.

③ 양초가 빛과 열을 내며 탄다.

④ 깎아 놓은 사과의 색이 변한다.

12 한낮에 광합성량과 호흡량을 비교한 것으로 옳은 것은?

① 광합성량 > 호흡량

② 광합성량 < 호흡량

③ 광합성량 = 호흡량

④ 광합성만 일어난다.

13 그림은 물질의 상태 변화를 나타낸 것이다. A~D 중 물이 끓어 수증기가 되는 현상에 해당하는 것은?

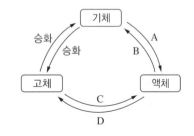

① A   ② B

③ C   ④ D

14 다음 설명에 해당하는 개념은?

○ 반달 모양으로, 기공을 형성한다.
○ 엽록체가 있어 광합성을 할 수 있다.

① 엽록소   ② 표피세포

③ 공변세포   ④ 상피세포

15 그림은 사람의 배설 기관을 나타낸 것이다. A~D 에 대한 설명으로 옳은 것은?

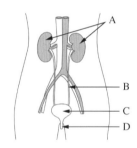

① A는 요도로, 오줌이 몸 밖으로 빠져나가는 통로이다.

② B는 콩팥으로, 혈액 속의 노폐물을 걸러 오줌을 만드는 기관이다.

③ C는 방광으로, 오줌을 저장하였다가 몸 밖으로 내보내는 기관이다.

④ D는 오줌관으로, 콩팥에서 만들어진 오줌을 방광으로 보내는 기관이다.

16 다음 설명에 해당하는 혈액의 성분은?

> ○ 혈액 응고에 관여한다.
> ○ 핵이 없고, 파편 모양이다.

① 혈장　　　　② 적혈구
③ 백혈구　　　④ 혈소판

17 그림은 뇌의 구조를 나타낸 것이다. 다음 중 혈당량 조절, 체온 유지 등 항상성을 조절하는 중추는?

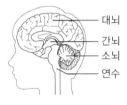

① 대뇌　　　　② 간뇌
③ 소뇌　　　　④ 연수

18 다음 설명에 해당하는 체세포 분열 시기는?

> ○ 핵분열기 중 가장 짧은 시기이다.
> ○ 염색체가 세포 가운데 배열된다.

① 전기　　　　② 중기
③ 후기　　　　④ 말기

19 빈칸 ㉠에 들어갈 말로 알맞은 것은?

> ㉠ 은/는 퇴적암의 특징 중 하나로, 알갱이 크기나 색이 다른 퇴적물이 번갈아 쌓여 만들어진 줄무늬이다.

① 층리　　　　② 화석
③ 엽리　　　　④ 재결정

20 남성의 염색체 구성을 옳게 나타낸 것은?

① 44 + XX
② 44 + XY
③ 46 + XX
④ 46 + XY

21 해수의 염분을 낮게 만드는 요인이 <u>아닌</u> 것은?

① 해수가 언다.
② 빙하가 녹는다.
③ 육지의 물이 흘러든다.
④ 증발량보다 강수량이 많다.

1일차　2일차　3일차　4일차　5일차　6일차　7일차

22 그림은 기권의 높이에 따른 기온 변화를 나타낸 것이다. 오존층이 존재하며, 비행기 항로로 이용되는 곳의 기호와 명칭을 옳게 짝지은 것은?

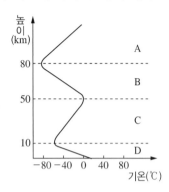

① A – 열권
② B – 중간권
③ C – 성층권
④ D – 대류권

23 우리나라의 계절별 날씨에 관한 설명으로 옳은 것은?

① 봄에는 이동성 고기압과 저기압의 영향으로 날씨의 변화가 심하다.
② 한여름에는 오호츠크해 기단의 영향으로 덥고 습한 날씨가 이어진다.
③ 가을에는 중국에서 발생한 황사의 영향을 받는다.
④ 겨울에는 꽃샘추위가 나타난다.

24 다음 설명에 해당하는 현상은?

○ 지구의 그림자에 달 전체가 가려지는 현상이다.
○ 태양 – 지구 – 달의 순서로 일직선을 이루어 달이 망의 위치일 때 일어난다.

① 개기 일식
② 부분 일식
③ 개기 월식
④ 부분 월식

25 표는 별의 겉보기 등급과 절대 등급을 나타낸 것이다. A~D 중 실제로 가장 밝은 별은?

별	A	B	C	D
겉보기 등급	1.3	0.5	0.1	−1.5
절대 등급	−0.3	−0.1	0.1	3.5

① A
② B
③ C
④ D

3일차 도덕

제한 시간: 30분
문항 수: 25문항
배점: 1문제당 4점

정답 CHECK!
자동 채점 서비스

---

01 빈칸 ㉠에 공통으로 들어갈 말로 알맞은 것은?

> ○ ㉠ 은/는 인간이 살아가는 동안 지켜야
> 할 도리 또는 바람직한 행동 기준이다.
> ○ ㉠ 적인 삶은 생활 속에서 규범을 실천
> 하고 지키는 것으로부터 시작된다.

① 도덕
② 당위
③ 욕구
④ 존중

02 도덕적인 삶의 자세로 옳지 <u>않은</u> 것은?

① 이웃을 배려하는 삶
② 도리를 배우고 실천하는 삶
③ 사회 질서를 따르며 살아가는 삶
④ 자기 자신만을 사랑하는 이기적인 삶

03 다음 설명에 해당하는 상부상조의 전통으로 옳은
것은?

> 농촌에서 농번기나 노동이 필요할 때 주민들이
> 함께 모여 작업하던 노동 조직

① 계
② 두레
③ 향약
④ 품앗이

04 빈칸 ㉠에 들어갈 말로 적절하지 <u>않은</u> 것은?

> ○ 주제: 바람직한 우애를 실천하기 위한 노력
> ○ 내용: ㉠

① 서로 가깝고 정답게 지낸다.
② 서로를 함부로 대하지 않아야 한다.
③ 형은 아우를 사랑하고 아우는 형을 따른다.
④ 각자 역할이 있으므로 서로 관심을 두지 않
는다.

05 다음 설명에 해당하는 개념으로 옳은 것은?

> 도덕적인 문제에 처한 상황에서 무엇이 도덕적
> 으로 문제가 되는지 느끼고 섬세하게 반응하는
> 것이다.

① 도덕적 해이
② 도덕적 무지
③ 도덕적 민감성
④ 도덕적 상상력

1일차
2일차
3일차
4일차
5일차
6일차
7일차

06 다른 문화를 존중하는 태도로 옳은 것은?

① 다른 문화를 맹목적으로 추종한다.
② 자신의 문화만이 우월하다고 여긴다.
③ 다른 문화는 부정적으로 열등하게 평가한다.
④ 타 문화의 장점은 받아들이고, 자문화는 바르게 성찰한다.

07 빈칸 ㉠에 들어갈 이웃 관계의 덕목으로 알맞은 것은?

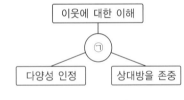

① 배려
② 갈등
③ 회피
④ 공격

08 녹색 소비 방법으로 옳은 것은?

① 불필요한 소비 대신 필수품만 구입한다.
② 합리성과 효율성이 높은 상품을 선택한다.
③ 최소 비용, 최대 만족을 추구하는 소비를 한다.
④ 인권을 생각하는 윤리적인 제품만을 소비한다.

09 빈칸 ㉠에 들어갈 도덕 추론 과정으로 알맞은 것은?

○ 도덕 원리: 법을 준수해야 한다.
○ 사실 판단: 무단횡단은 법을 어기는 행동이다.
○ ㉠ : 무단횡단을 해서는 안 된다.

① 자아 성찰
② 자아 발견
③ 진로 탐색
④ 도덕 판단

10 사이버 공간의 특성으로 옳지 <u>않은</u> 것은?

① 대면성
② 익명성
③ 개방성
④ 공유성

11 바람직한 국가의 역할로 옳은 것만을 〈보기〉에서 모두 고른 것은?

┤ 보기 ├
ㄱ. 사회 질서의 확립
ㄴ. 국민의 생명 보호
ㄷ. 특정 국민의 재산 보호
ㄹ. 집단 간 갈등을 조장

① ㄱ, ㄴ
② ㄱ, ㄷ
③ ㄴ, ㄷ
④ ㄷ, ㄹ

12 도덕적 자아를 형성하는 방법으로 옳지 <u>않은</u> 것은?

① 훌륭한 사람의 인격을 본받는다.

② 자신에 대해 끊임없이 성찰한다.

③ 물질적인 가치만을 추구하며 중요시한다.

④ 가치 있는 삶의 방향을 추구하려 노력한다.

13 과학 기술 발달에 따른 부작용으로 옳지 <u>않은</u> 것은?

① 환경오염

② 시 · 공간상의 제약 극복

③ 과학 기술에 대한 지나친 의존

④ 정보 · 통신 기술 발달에 따른 개인 정보 유출

14 다음 설명에 해당하는 사회적 덕목은?

○ 부패 행위를 용납하지 않으려는 자세
○ 성품과 행실이 높고 맑으며, 탐욕이 없는 태도

① 부패   ② 경쟁
③ 청렴   ④ 준법

15 사회적 약자를 보호하기 위한 자세로 옳지 <u>않은</u> 것은?

① 사회적 약자를 차별하지 않기

② 사회적 약자에 대한 선입견 갖기

③ 사회적 약자들이 겪는 어려움 공감하기

④ 사회적 약자들의 정당한 권리 존중하기

16 폭력에 대처하는 바람직한 방법으로 옳지 <u>않은</u> 것은?

① 폭력이 발생하면 주변에 도움을 요청한다.

② 보복을 피하기 위해 폭력을 방관하고 묵인한다.

③ 화가 나더라도 분노를 적절하게 조절하여 평화적으로 대화한다.

④ 폭력을 당하는 상황에서는 자신의 의사를 명확히 표현해야 한다.

1일차
2일차
3일차
4일차
5일차
6일차
7일차

17 다음 설명에 해당하는 문화 간 갈등에 대처하는 도덕적 태도로 옳은 것은?

> ○ 상대의 입장에서 생각해 보려 노력하는 마음이나 자세
> ○ 자신의 문화적 배경을 기초로 하는 것이 아니라 다른 나라를 기준으로 타문화를 바라보는 자세

① 편견　　　　　② 배척
③ 독선　　　　　④ 역지사지

18 북한 이탈 주민의 어려움을 해결하기 위한 정부의 지원으로 옳지 않은 것은?

① 취업 알선 제도
② 직업 훈련 제도
③ 시민들의 배려와 포용
④ 사회 적응 교육 프로그램

19 폭력의 해악으로 옳지 않은 것은?

① 개인의 자유 보장
② 권리에 대한 침해
③ 사회 정의의 파괴
④ 인간의 존엄성 훼손

20 다음 설명에 해당하는 개념으로 옳은 것은?

> 정신적 가치보다 물질적 가치를 중요시하고, 본래적 가치보다 도구적 가치를 중요하게 생각하여 가치의 위치나 순서가 뒤바뀐 상태

① 무관심
② 이기주의
③ 가치 전도
④ 문화 상대주의

21 다음 설명에 해당하는 사회로 옳은 것은?

> ○ 모든 사람이 더불어 잘 살 수 있는 조화로운 사회
> ○ 유교에서 제시하는 이상 사회로 공동체 전체를 한 가족처럼 여겨서 모든 사람이 보호받는 평화로운 사회

① 소국과민　　　② 유토피아
③ 철인 국가　　　④ 대동 사회

22 도덕적 행동을 위한 판단의 방법으로 옳지 <u>않은</u> 것은?

① 이익 판단　　　② 사실 판단
③ 가치 판단　　　④ 도덕 판단

24 빈칸 ㉠에 들어갈 말로 알맞지 <u>않은</u> 것은?

○ 탐구 주제: 환경 친화적인 삶을 추구하는 방법에는 뭐가 있을까?
○ 탐구 내용: 환경 친화적인 삶을 위한 사회적 실천 방안
　• ㉠

① 탄소 포인트 제도
② 환경 영향 평가 제도
③ 대량 살상 무기의 발명
④ 환경 개선 부담금 제도

23 다음 설명에 해당하는 진정한 행복을 얻기 위한 삶의 태도로 옳지 <u>않은</u> 것은?

자신에게 주어진 상황에 감사하고 만족하는 태도를 가지며, 사소한 것에서도 기쁨과 정서적인 행복감을 느낄 수 있다.

① 긍정적인 태도
② 감사하는 태도
③ 만족하는 태도
④ 비관적인 태도

25 인권의 특징으로 옳은 것만을 〈보기〉에서 모두 고른 것은?

| 보기 |
ㄱ. 천부성　　　　ㄴ. 독단성
ㄷ. 폭력성　　　　ㄹ. 불가침성

① ㄱ, ㄴ　　　② ㄱ, ㄷ
③ ㄱ, ㄹ　　　④ ㄷ, ㄹ

남에게 이기는 방법의 하나는 예의범절로 이기는 것이다.

- 조쉬 빌링스 -

4일차
제4회 실전 모의고사

4일차 국어

제한 시간: 40분
문항 수: 25문항
배점: 1문제당 4점

정답 CHECK!
자동 채점 서비스

01 다음 대화에서 '선생님'의 말하기 목적으로 가장 적절한 것은?

선생님, 도서관은 어디에 있나요?

 저기 앞쪽에 보이는 건물이 도서관이야.

① 공감하기
② 칭찬하기
③ 배려하기
④ 정보 제공하기

02 외래어를 고유어로 다듬은 예로 적절하지 않은 것은?

① 네티즌 → 누리꾼
② 로드뷰 → 거리보기
③ 인플루엔자 → 감기
④ 인터체인지 → 나들목

03 다음 표준 발음법 규정에 해당하는 단어의 예로 적절하지 않은 것은?

■ 표준 발음법 ■
[제20항] 'ㄴ'은 'ㄹ'의 앞이나 뒤에서 [ㄹ]로 발음한다.

① 난로
② 강릉
③ 칼날
④ 물난리

04 밑줄 친 부분과 문장 성분이 같은 것은?

가을 하늘은 매우 높다.

① 친구의 행동이 귀엽다.
② 동생이 과자를 먹는다.
③ 소년은 어른이 되었다.
④ 영진이가 운동장에서 달린다.

05 다음에서 알 수 있는 언어의 특성으로 알맞은 것은?

> 한 학생이 '칠판'을 '의자'로 바꾸어 부른다면 듣는 사람은 학생의 말을 제대로 이해할 수 없다.

① 사회성   ② 역사성

③ 창조성   ④ 자의성

06 문장 종결 방식과 예가 적절하게 연결된 것만을 〈보기〉에서 모두 고른 것은?

┤ 보기 ├

ㄱ. 평서형: 떡볶이 먹으러 가자.
ㄴ. 감탄형: 정말 아름답구나!
ㄷ. 의문형: 너, 어제 책을 다 읽었니?
ㄹ. 명령형: 누나는 도서관에 갔을 것이다.
ㅁ. 청유형: 컴퓨터 그만하고 도서관에 가 보렴.

① ㄱ, ㄴ   ② ㄴ, ㄷ

③ ㄷ, ㄹ   ④ ㄹ, ㅁ

07 밑줄 친 상황과 어울리는 관용 표현으로 가장 적절한 것은?

> 동생은 엄마의 허락 없이 학용품을 <u>한꺼번에 많이 사서</u> 엄마께 꾸중을 들었다.

① 발이 길다.

② 손이 크다.

③ 시치미를 떼다.

④ 눈이 번쩍 뜨이다.

08 다음 중 매체의 종류가 <u>다른</u> 하나는?

① 잡지

② 신문

③ 전단지

④ 블로그

09 밑줄 친 단어를 한글 맞춤법에 맞게 고쳐 쓴 것으로 적절하지 <u>않은</u> 것은?

> ○ <u>김치찌게</u>를 먹고 <u>설겆이</u>를 하였다.
> ○ 간식으로 순대와 <u>떡볶기</u>를 먹었다.
> ○ 오늘도 모임에 늦으면 <u>어떡해</u>?

① 김치찌게 → 김치찌개

② 설겆이 → 설거지

③ 떡볶기 → 떡볶이

④ 어떡해 → 어떻게

10 다음은 보고서 작성을 위한 메모의 일부이다. ㉠~㉣에 들어갈 내용으로 적절하지 <u>않은</u> 것은?

보고서 쓰기 계획

㉠	우리 지역의 향토 음식인 '두부'에 대해 알아보기 위해
㉡	두부의 의미, 유래, 재료, 만드는 방법
㉢	2023년 ○○월 ○○일~○○월 ○○일
㉣	○ 도서관에서 '두부'와 관련된 책을 찾아봄 ○ 인터넷을 검색하여 관련 내용을 조사함 ○ 두부 만드는 방법을 동영상으로 시청함

① ㉠: 조사 목적
② ㉡: 조사 동기
③ ㉢: 조사 기간
④ ㉣: 조사 방법

[11~13] 이 글을 읽고 물음에 답하시오.

내가 그의 이름을 불러 주기 전에는
그는 다만
하나의 몸짓에 지나지 않았다.

내가 그의 이름을 불러 주었을 때
그는 나에게로 와서
꽃이 되었다.

내가 그의 이름을 불러 준 것처럼
나의 이 빛깔과 향기에 알맞는
누가 나의 이름을 불러 다오.
그에게로 가서 나도
그의 꽃이 되고 싶다.

우리들은 모두
무엇이 되고 싶다.
너는 나에게 나는 너에게
잊혀지지 않는 하나의 눈짓이 되고 싶다.

– 김춘수, 「꽃」

11 윗글에 대한 설명으로 가장 적절한 것은?

① 자연과 인간의 태도를 대조하고 있다.
② 두 사람이 대화하는 형식을 취하고 있다.
③ 의미 있는 관계를 맺고 싶다는 소망은 없다.
④ 상징적인 시어를 통해 추상적이고 관념적인 의미를 전달한다.

12 윗글에서 다음에 해당하는 시어로 가장 적절한 것은?

'나'가 '그'를 인식하기 이전의 '무의미한 존재'를 의미하는 시어

① 꽃
② 몸짓
③ 무엇
④ 하나의 눈짓

13 윗글에 나타난 화자의 바람이 적절하게 연결된 것만을 〈보기〉에서 모두 고른 것은?

┤ 보기 ├
ㄱ. 누군가와 진정한 관계를 맺고 싶다.
ㄴ. 사람들 속에서 나만의 개성을 찾고 싶다.
ㄷ. 누군가에게 의미 있는 존재가 되고 싶다.
ㄹ. 어디에서나 사람들의 주목을 받는 존재가 되고 싶다.

① ㄱ, ㄷ
② ㄴ, ㄷ
③ ㄴ, ㄹ
④ ㄷ, ㄹ

[14~16] 다음 글을 읽고 물음에 답하시오.

(가)

새침하게 흐린 품이 ⊙ 눈이 올 듯하더니 눈은 아니 오고 얼다가 만 ⓛ 비가 추적추적 내리는 날이었다.

이날이야말로 동소문 안에서 인력거꾼 노릇을 하는 김 첨지에게는 오래간만에도 닥친 운수 좋은 날이었다. 문안에(거기도 문밖은 아니지만) 들어간답시는 앞집 마마님을 전찻길까지 모셔다드린 것을 비롯으로 행여나 손님이 있을까 하고 ⓔ 정류장에서 어정어정하며 내리는 사람 하나하나에게 거의 비는 듯한 눈결을 보내고 있다가, 마침내 교원인 듯한 양복쟁이를 동광학교까지 태워다 주기로 되었다.

첫 번에 삼십 전, 둘째 번에 오십 전 – 아침 댓바람에 그리 흉치 않은 일이었다. 그야말로 재수가 옴 붙어서 근 열흘 동안 돈 구경도 못 한 김 첨지는 십 전짜리 백동화 서 푼, 또는 다섯 푼이 찰깍하고 손바닥에 떨어질 제 거의 눈물을 흘릴 만큼 기뻤다. 더구나 이날 이때에 이 팔십 전이라는 돈이 그에게 얼마나 유용한지 몰랐다. 컬컬한 목에 모주 한 잔도 적실 수 있거니와 그보다도 앓는 아내에게 ⓔ 설렁탕 한 그릇도 사다 줄 수 있음이다.

(나)

발로 차도 그 보람이 없는 걸 보자 남편은 아내의 머리맡으로 달려들어 그야말로 까치집 같은 환자의 머리를 꺼들어 흔들며,

"이년아, 죽었단 말이냐, 왜 말이 없어?"

"……"

"으응, 또 대답이 없네. 정말 죽었나 보이."

이러다가 누운 이의 흰창이 검은창을 덮은, 위로 치뜬 눈을 알아보자마자,

"이 눈깔! 이 눈깔! 왜 나를 바라보지 못하고 천장만 보느냐? 응."

하는 말끝엔 목이 메었다. 그러자 산 사람의 눈에서 떨어진 닭똥 같은 눈물이 죽은 이의 뻣뻣한 얼굴을 어룽어룽 적신다. 문득 김 첨지는 미친 듯이 제 얼굴을 죽은 이의 얼굴에 한데 비비며 중얼거렸다.

"설렁탕을 사다 놓았는데 왜 먹지를 못하니, 왜 먹지를 못하니? 괴상하게도 오늘은 운수가, 좋더니만……."

– 현진건, 「운수 좋은 날」

14 윗글에 대한 설명으로 적절하지 않은 것은?

① 비속어를 사용하여 생생하게 표현하였다.

② 비극적 상황을 심화시키는 소재는 '인력거'이다.

③ 도시 하층민의 비참한 삶을 사실적으로 표현하였다.

④ 어둡고 음산한 분위기의 날씨가 비극적 결말을 암시한다.

15 윗글에서 '비'의 역할로 가장 적절한 것은?

① 주제 제시

② 갈등의 매개체

③ 인물의 성격 제시

④ 비극적 사건의 암시

16 작품의 제목을 고려할 때, 윗글의 결말에 대한 설명으로 가장 적절한 것은?

① 극적 반전을 통해 행복한 결말을 암시한다.

② 상황적 반어를 통해 비극적 상황을 강조한다.

③ 인물의 행동을 통해 권선징악의 교훈을 강조한다.

④ 비속어 사용을 통해 하층민의 삶을 구체적으로 강조한다.

'양반'이란 선비를 높여 부르는 말이다.

정선군에 한 양반이 살았다. ㉠ 양반은 어질고 책 읽기를 좋아해서 고을에 군수가 새로 부임할 때마다 반드시 그 집을 찾아와서 인사를 차렸다. 그런데 이 양반은 집이 가난해서 해마다 고을의 환자를 빌려다가 먹었는데, 몇 해가 지나고 보니 빌린 곡식이 일천 섬에 이르렀다.

관찰사가 각 고을을 순시하다가 환자 장부를 살펴보고는 몹시 노하여 말했다.

"어떤 놈의 양반이 관아 곡식을 이처럼 축냈단 말이냐!"

㉡ 관찰사는 양반을 옥에 가두도록 명했다. 군수는 그 양반이 가난해서 빌린 곡식을 갚을 길이 없는 형편임을 딱하게 여겨 차마 가두지 못했지만, 그렇다고 해서 달리 뾰족한 방법을 찾을 수도 없었다. 양반은 밤낮으로 울기만 할 뿐 아무런 대책이 없었다. 그러자 양반의 아내가 나무랐다.

"평생 당신은 책 읽기만 좋아하더니 환자 갚는 데는 아무 소용도 없구려. 쯧쯧, 양반! ㉢ 양반은 한 푼어치도 안 되는구려!"

그 마을에 사는 한 부자가 가족들과 의논하기를,

"양반은 아무리 가난해도 늘 존귀하게 대접받고 나는 아무리 부자라도 항상 비천하지 않으냐. 말도 못하고, 양반만 보면 굽신굽신 두려워해야 하고, 엉금엉금 가서 정하배를 하는데 코를 땅에 대고 무릎으로 기는 등 우리는 이런 수모를 받는단 말이다. 이제 동네 양반이 가난해서 타먹은 환자를 갚지 못하고 아주 난처한 판이니 ㉣ 그 형편이 도저히 양반 신분을 지키지 못할 것이다. 내가 장차 그의 양반 신분을 사서 가져보겠다."

부자는 양반을 찾아가 보고 자기가 대신 환자를 갚아 주겠다고 청했다. 양반은 크게 기뻐하며 이를 승낙했다. 그러자 부자는 즉시 곡식을 관가에 실어가서 양반의 환자를 갚았다.

– 박지원, 「양반전」

17 윗글의 갈래에 대한 설명으로 가장 적절한 것은?

① 자신의 경험을 자유롭게 쓴 글이다.
② 19세기 이전에 쓰인 허구적인 이야기이다.
③ 옛날부터 말로 전하여 내려오는 이야기이다.
④ 역사적인 사건을 사실 그대로 기록한 글이다.

18 윗글의 등장인물에 대한 설명으로 적절하지 <u>않은</u> 것은?

① '양반'은 현실 문제를 해결할 능력이 없다.
② '부자'는 돈을 이용하여 신분 상승하고자 한다.
③ '양반의 아내'는 '양반'의 무능력함을 비판한다.
④ 등장인물 중 작가의 의식을 대변하는 인물은 '부자'이다.

19 ㉠~㉣ 중 '양반'에 대한 작가의 생각이 가장 잘 드러난 것은?

① ㉠   ② ㉡
③ ㉢   ④ ㉣

[20~22] 다음 글을 읽고 물음에 답하시오.

(가)

 몇 해 전까지만 해도 '도시'가 유행이더니 어느덧 대세는 '마을'이다. 왜 갑자기 마을일까? 우리 사회는 산업화, 근대화, 도시화를 겪으면서 물질적으로 풍요로워졌지만, 그 과정에서 '우리'가 아닌 '나', '협동'이 아닌 '경쟁'이 최우선의 가치가 되었다. 이러한 무한 경쟁에 지친 사람들은 콩 한 쪽도 이웃과 나누어 먹고, 네 일 내 일 할 것 없이 서로 도우며 살던 옛 공동체의 모습을 그리워하며 마을로 돌아가자는 목소리를 높이고 있다.

(나)

 우리나라의 지방 자치 단체들도 '지역 만들기', '마을 만들기', '마을 공동체 만들기' 등의 이름을 달고 마을 중심 사업을 적극적으로 추진하고 있다. 사람들의 관계가 중심이 되는 마을을 만들고자 체계적으로 노력하고 있다. 이 중심에 있는 것이 바로 '마을학교'이다.

(다)

 '마을학교'가 무엇인지는 다음의 네 가지 측면에서 살펴보면 이해할 수 있다. 첫째, '마을학교'를 '누가 주도하는가'이다. '마을학교'는 행정 관청의 주도하에 만들어지는 것이 아니라 마을 주민이 그들의 필요에 따라 만드는 것이다. 또한 '마을학교'에서는 누구라도 이웃을 가르치는 선생님이 될 수도, 이웃에게 배우는 학생이 될수도 있다. 배울 내용 역시 주민이 스스로 결정한다. 그래서 주민은 '마을학교'의 주체이자 학습의 원천이 된다.

(라)

 둘째, '마을학교'는 '어디에서 이루어지는가'이다. 우리는 '학교'라고 하면 대체로 그 안에 여러 교실이 있고 교탁과 책걸상, 칠판 등이 있는 시설을 떠올린다. 그러나 공간으로서의 '마을학교'란 일반 학교처럼 '이런 시설이어야 해.'라는 틀에서 벗어난다. 주민 센터나 학교뿐만 아니라 마을에 있는 찻집, 도서관, 식당, 놀이터 등 마을 주민들이 활동하는 공간이면 모두 '마을학교'가 될 수 있다.

 – 이희수, 「마을 학교에서 '마을학교'로」

20 윗글의 내용으로 적절하지 <u>않은</u> 것은?

① 무한 경쟁에 지친 사람들은 옛 공동체로 돌아가고자 한다.

② 지방 자치 단체는 마을 중심 사업을 적극 추진하고 있다.

③ '마을학교'에서는 누구든지 선생님이나 학생이 될 수 있다.

④ '마을학교'는 일반 학교와 같이 정해진 틀 안에서만 운영되어야 한다.

21 '마을학교'를 이끌어 가는 주체로 가장 적절한 것은?

① 행정 관청

② 일반 학교

③ 마을 주민

④ 지방 자치 단체

22 (라)의 중심 화제로 가장 적절한 것은?

① '마을학교'가 이루어지는 공간

② '마을학교'의 중요성과 문제점

③ 여러 가지 측면에서 본 '마을학교'

④ '마을학교'가 앞으로 해야 할 과제

[23~25] 다음 글을 읽고 물음에 답하시오.

이처럼 악의가 섞이지 않은 실수는 봐줄 만한 구석이 있다. 그래서인지 ㉠ 내가 번번이 저지르는 실수는 나를 곤경에 빠뜨리거나 어떤 관계를 불화로 이끌기보다는 의외의 수확이나 즐거움을 가져다줄 때가 많았다. 겉으로는 비교적 차분하고 꼼꼼해 보이는 인상이어서 나에게 긴장을 하던 상대방도 이내 나의 모자란 구석을 발견하고는 긴장을 푸는 때가 많았다. 또 실수로 인해 웃음을 터뜨리다 보면 어색한 분위기가 가시고 초면에 쉽게 마음을 트게 되기도 했다. 그렇다고 이런 효과 때문에 상습적으로 실수를 반복하는 것은 아니지만, 한번 어디에 정신을 집중하면 나머지 일에 대해서 거의 백지상태가 되는 버릇은 쉽사리 고쳐지지 않는다. 특히 풀리지 않는 글을 붙잡고 있거나 어떤 생각거리에 매달려 있는 동안 내가 생활에서 저지르는 사소한 실수들은 내 스스로도 어처구니가 없을 지경이다.

☐ㄴ☐ 실수의 '어처구니없음'은 어디서 오는 것일까. 원래 어처구니란 엄청나게 큰 사람이나 큰 물건을 가리키는 뜻에서 비롯되었는데, 그것이 부정어와 함께 굳어지면서 어이없다는 뜻으로 쓰이게 되었다. 크다는 뜻 자체는 약화되고 그것이 크든 작든 우리가 가지고 있는 상상이나 상식을 벗어난 경우를 지칭하게 된 것이다. 그러니 상상에 빠지기 좋아하고 상식으로부터 자유로워지려는 사람에게 어처구니없는 실수가 그림자처럼 따라다니는 것은 아주 자연스러운 일이다.

– 나희덕, 「실수」

23 윗글에 나타난 글쓴이의 성격으로 적절하지 <u>않은</u> 것은?

① 꼼꼼하지 못하고 덜렁거리는 편이다.
② 집중하는 대상에 강하게 몰입하는 편이다.
③ 어떤 일에 집중할 경우 자주 실수를 한다.
④ 상대방의 말에 쉽게 상처를 받고 가볍게 행동한다.

24 ㉠에 대한 글쓴이의 생각으로 적절하지 <u>않은</u> 것은?

① 상대방에게 믿음을 주는 역할을 한다.
② 서로 긴장을 풀게 만드는 효과가 있다.
③ 초면에 쉽게 마음을 트게 되기도 한다.
④ 의외의 수확이나 즐거움을 가져다 줄 때가 많다.

25 문맥상 빈칸 ㉡에 들어갈 말로 가장 적절한 것은?

① 또한
② 만약
③ 그러면
④ 그렇지만

4일차 수학

제한 시간: 40분
문항 수: 25문항
배점: 1문제당 4점

정답 CHECK!
자동 채점 서비스

01 다음은 120을 소인수분해하는 과정을 나타낸 것이다. 120을 소인수분해한 것은?

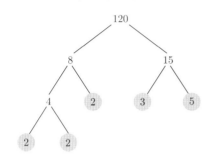

① $2 \times 3 \times 5$

② $2^3 \times 3 \times 5$

③ $2^5 \times 3$

④ $2^5 \times 3^2$

02 다음 중 정수가 아닌 유리수는?

① -1 ② 0

③ 1 ④ $\dfrac{5}{2}$

03 가로의 길이가 $x+2$, 세로의 길이가 $2y+3$인 직사각형 모양의 그림이 있다. 이 그림의 둘레의 길이를 나타낸 식은?

① $2(x+2y+5)$ ② $(x+2)(2y+3)$

③ x^2+4x+4 ④ $(2y+3)^2$

04 해가 $x=-\dfrac{1}{2}$인 일차방정식은?

① $x+2=3$ ② $x-2=-3$

③ $2x-1=0$ ④ $2x+1=0$

05 다음에서 일차함수 $y=-2x+2$의 그래프에 대한 설명으로 옳은 것은?

① 점 $(2, 0)$을 지난다.

② x절편은 2, y절편은 1이다.

③ 제3사분면을 지나지 않는다.

④ x의 값이 증가할 때, y의 값도 증가한다.

06 다음은 현서네 반 학생 20명의 3분 동안의 줄넘기 횟수를 조사하여 줄기와 잎 그림으로 나타낸 것이다. 줄넘기 횟수가 7번째로 많은 학생의 횟수는?

(2 | 3은 23)

줄기	잎
2	3 4 5 6 7 9
3	1 4 5 8
4	0 2 7 8 9
5	3 5 7
6	4 7

① 29회　　　　② 38회
③ 48회　　　　④ 53회

07 다음 그림에서 $l /\!/ m$일 때, $\angle x$의 크기는?

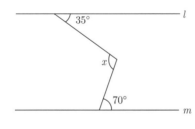

① 90°　　　　② 95°
③ 100°　　　　④ 105°

08 원 O에서 $\angle AOB = 20°$, $\angle COD = 80°$, $\overarc{AB} = 4\,cm$이다. x의 값은?

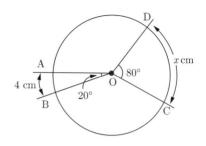

① 16　　　　② 20
③ 24　　　　④ 28

09 $x = 3$일 때, 참인 부등식을 〈보기〉에서 모두 고른 것은?

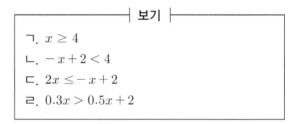

보기
ㄱ. $x \geq 4$
ㄴ. $-x + 2 < 4$
ㄷ. $2x \leq -x + 2$
ㄹ. $0.3x > 0.5x + 2$

① ㄴ　　　　② ㄹ
③ ㄴ, ㄷ　　　　④ ㄷ, ㄹ

10 일차함수 $y = 2x + 3$의 그래프는 일차함수 $y = ax + b$의 그래프와 일치하고, 일차함수 $y = cx$의 그래프와 평행이다. 세 상수 a, b, c에 대하여 $a + b - c$의 값은?

① 1　　　　② 3
③ 5　　　　④ 7

11 한 개의 주사위를 두 번 던져서 첫 번째로 나오는 눈의 수를 x, 두 번째로 나오는 눈의 수를 y라고 할 때, $2x+y=7$을 만족시키는 경우의 수는?

① 1 　　　　② 2

③ 3 　　　　④ 4

12 점 O는 △ABC의 외심이다. $\overline{OB}=3$일 때, $\overline{OA}$의 길이는?

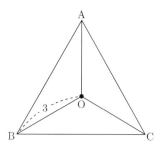

① 2 　　　　② 3

③ 4 　　　　④ 5

13 다음 〈보기〉에서 사각형 ABCD가 평행사변형인 것은 모두 몇 개인가?

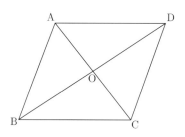

보기
ㄱ. $\overline{AB}=\overline{BC}=3$ cm, $\overline{AD}=\overline{DC}=4$ cm
ㄴ. $\overline{AB}=\overline{CD}$, $\overline{AD}=\overline{BC}$
ㄷ. $\angle A = \angle C = 105°$, $\angle B = 75°$
ㄹ. $\overline{OA}=\overline{OB}=\overline{OC}=\overline{OD}$ (단, 점 O는 두 대각선의 교점이다.)

① 1개 　　　　② 2개

③ 3개 　　　　④ 4개

14 삼각형 ABC의 무게중심이 G이고, 삼각형 ABG의 넓이가 $4\ \text{cm}^2$일 때, 삼각형 AMC의 넓이는?

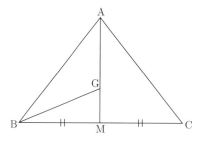

① $3\ \text{cm}^2$ 　　　　② $6\ \text{cm}^2$

③ $9\ \text{cm}^2$ 　　　　④ $12\ \text{cm}^2$

15 다음 중에서 옳은 것은?

① $\sqrt{2} \times \sqrt{3} = \sqrt{6}$

② $\sqrt{7} - \sqrt{3} = 2$

③ $\sqrt{2} + \sqrt{7} = 3$

④ $\sqrt{(-5)^2} = -5$

16 $9a^2 + xab + 4b^2$이 완전제곱식이 될 때, 양수 x의 값은?

① 2   ② 3

③ 10   ④ 12

17 이차함수 $y = ax^2 - 3$의 그래프가 점 $(-1,\ 1)$을 지날 때, 상수 a의 값은?

① 1   ② 2

③ 3   ④ 4

18 15, 17, x, 19, y의 평균이 18이고 최빈값이 17일 때, y의 값은? (단, $x < y$)

① 22   ② 23

③ 24   ④ 25

19 다음과 같은 직각삼각형에서 $\cos B \times \tan B$의 값은?

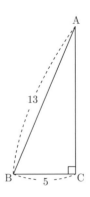

① $\dfrac{5}{13}$ ② $\dfrac{5}{12}$

③ $\dfrac{12}{13}$ ④ $\dfrac{13}{5}$

20 그림과 같이 원 O위에 점 A를 지나는 접선을 $\overline{TT'}$이라 할 때, $\angle x$의 크기는?

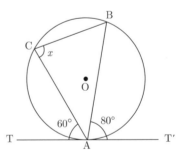

① $55°$ ② $60°$

③ $70°$ ④ $80°$

4일차 영어

제한 시간: 40분
문항 수: 25문항
배점: 1문제당 4점

정답 CHECK!
자동 채점 서비스

01 다음을 모두 포함할 수 있는 단어로 가장 적절한 것은?

> jacket   vest   skirt   coat

① fruit

② subject

③ season

④ clothes

02 다음 중 두 단어의 의미 관계가 나머지 셋과 <u>다른</u> 것은?

① high − low

② gift − talent

③ thin − thick

④ strong − weak

03 다음 빈칸에 들어갈 말로 가장 적절한 것은?

> They _____ at the meeting last night.

① is   ② are

③ was   ④ were

[04~06] 다음 대화의 빈칸에 들어갈 말로 가장 적절한 것을 고르시오.

04

> A: Look at that boy. Is he Larry's younger brother?
> B: _____.

① Yes, I am

② Yes, he is

③ No, he can't

④ No, he doesn't

05

> A: How _____ are these glasses?
> B: They are 27 dollars.

① far   ② much

③ often   ④ heavy

06

> A: _____?
> B: I go to school by bus.

① Do you go to school

② Why do you take the bus

③ How do you go to school

④ What time do you go to school

07 그림이 의미하는 것으로 가장 적절한 것은?

① No fishing ② No driving
③ No smoking ④ No swimming

08 다음 대화의 빈칸에 공통으로 들어갈 말로 가장 적절한 것은?

A: Do you have a _____ for this weekend?
B: Yes, I do. I _____ to go skiing with my family.
A: That sounds great!

① plan ② ride
③ play ④ enjoy

09 그래프로 보아 빈칸에 들어갈 말로 가장 적절한 것은?

Suin Middle School Students' Favorite Subjects

```
                    35(%)
        28(%)
                          22(%)
                15(%)

     English   Math  Science  History
```

_____ is the most popular subject for Suin Middle school students.

① Math ② Science
③ English ④ History

10 다음 대화에서 B가 제안을 거절한 이유는?

A: Let's eat out today.
B: Can we eat at home? I have a sore throat.

① 목이 아파서
② 숙제가 많아서
③ 다른 약속이 있어서
④ 시험 준비를 해야 해서

11 다음 대화에서 밑줄 친 말의 의도로 가장 적절한 것은?

A: It's a little cold in here.
B: I opened the window for fresh air ten minutes ago.
A: Do you mind closing the window now?
B: No. Go ahead.

① 거절하기 ② 사과하기
③ 칭찬하기 ④ 허락하기

12 다음 대화에서 A가 찾아가려는 위치로 옳은 것은?

A: Excuse me. Where can I find the shoe store?
B: Go straight one more block and turn right. It's on your left.
A: Thank you.

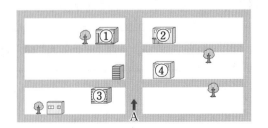

13 다음 글의 내용과 일치하지 <u>않는</u> 것은?

> My family went camping. My father set up the tent. We sang songs together and had a barbecue. We saw many stars in the sky. It was a wonderful night.

① 아빠는 텐트를 쳤다.
② 우리 가족은 노래를 불렀다
③ 우리 가족은 바비큐를 먹었다.
④ 우리 가족은 별 사진을 찍었다.

14 다음 안내 방송이 이루어진 장소로 가장 적절한 것은?

> Attention please. The bus for Busan is leaving in twenty minutes. Please go to the platform number seven on the second floor. Show your tickets to the bus driver before you get on the bus. Thank you.

① 공항
② 기차역
③ 버스 터미널
④ 실내 체육관

15 그림으로 보아 빈칸에 들어갈 말로 가장 적절한 것은?

Jessie   Kate   Ted

Ted is _____ than Kate.

① taller
② colder
③ thinner
④ shorter

16 다음 글에서 Harry Thomson에 대한 설명으로 알 수 <u>없는</u> 것은?

> Harry Thomson was born in Spain. His family moved to New York in 2011. He attended Marker highschool there. He went to the University of Minnesota and majored in economics.

① 태어난 곳
② 고등학교 성적
③ 대학에서의 전공
④ 뉴욕으로 이사한 해

17 그림으로 보아 빈칸에 들어갈 말로 가장 적절한 것은?

The woman is _____ the cart.

① diving   ② walking
③ pushing   ④ throwing

18 다음 편지에 나타난 'I'의 고민으로 가장 적절한 것은?

Dear Jessie,
   My friend Cathy gave me a concert ticket. But the concert will finish very late. It will finish almost midnight. There's no bus or subway after midnight. How can I come back home?
                                                    Lauren

① 콘서트 티켓을 살 돈이 없어서
② 콘서트에 함께 갈 사람이 없어서
③ 콘서트장으로 가는 방법을 몰라서
④ 콘서트장에서 집으로 올 방법이 없어서

19 안내문에서 도서관 이용 시 지켜야 할 규칙으로 언급되지 <u>않은</u> 것은?

Library Rules
○ Read and talk quietly.
○ Don't run. Always walk.
○ Don't draw or write in the books.

① 뛰지 않기
② 조용히 책 읽기
③ 벽에 낙서하지 않기
④ 책에 그림 그리지 않기

20 다음 밑줄 친 <u>They</u>가 가리키는 것으로 가장 적절한 것은?

   Heather went to the flower market with her sisters. She saw many kinds of beautiful flowers there. There were also pretty vases. She bought roses there. <u>They</u> are for her mother's birthday.

① roses   ② kinds
③ vases   ④ sisters

21 다음 대화의 빈칸에 들어갈 말로 가장 적절한 것은?

> A: Oh, it's raining hard. I can't play outside.
> B: How about playing this board game? I borrowed it from my friend.
> A: _____.

① Of course
② You're welcome
③ That's a good idea
④ I'm sorry to hear that

22 다음 글을 쓴 목적으로 가장 적절한 것은?

> The Korean Food Festival is going to be held on May 2nd. You can taste many kinds of Korean traditional food there. You can also buy some food product. Come and enjoy our festival!

① 행사를 홍보하기 위해
② 음식을 추천하기 위해
③ 새 상품을 광고하기 위해
④ 세일 날짜를 안내하기 위해

23 다음 글의 주제로 가장 적절한 것은?

> There are many ways to save the earth. Don't use the plastic bags. Turn off the lights if you don't use them. Walk to school. It's also good for your health. Buy an electric car.

① 건강을 관리하는 방법
② 지구를 보호하는 방법
③ 등교하는 다양한 방법
④ 좋은 상품을 고르는 방법

24 다음 글 바로 뒤에 이어질 내용으로 가장 적절한 것은?

> What do you do in your free time? Many people have their own hobbies. Some people play sports. Some people go hiking. Here are other interesting hobbies that people enjoy.

① 학생들의 방과 후 활동
② 인기 있는 운동의 종류
③ 안전한 등산을 위한 안내
④ 여러 가지 재미있는 취미 활동

25 다음 글에서 Harry가 지난 일요일에 한 일은?

> Harry was busy last weekend. On Saturday, he did his science homework. He also helped his dad make a dog house. On Sunday, he practiced the violin for the music festival. He visited his uncle and had dinner together.

① 과학 숙제를 하였다.
② 삼촌 병문안을 갔다.
③ 개 집 청소를 하였다.
④ 바이올린을 연습하였다.

4일차 사회

제한 시간: 30분
문항 수: 25문항
배점: 1문제당 4점

정답 CHECK!
자동 채점 서비스

01 다음 자연재해의 공통점으로 옳은 것은?

○ 홍수
○ 가뭄
○ 태풍

① 기상과 관련된 자연재해이다.
② 지형과 관련된 자연재해이다.
③ 산업화와 관련된 자연재해이다.
④ 지진을 동반하여 발생하는 자연재해이다.

02 다음 설명에 해당하는 기구의 사례로 옳지 <u>않은</u> 것은?

○ 의의: 세계 시민의 자발적 참여와 모금으로 구성된 비영리·비정부 조직
○ 특징: 인도주의적 차원에서 자체활동 외의 국제기구를 보조

① 옥스팜
② 그린피스
③ 공정 무역
④ 국경없는 의사회

03 빈칸 ㉠에 들어갈 말로 알맞은 것은?

㉠ 사회의 특징

○ 일상 생활: 홈쇼핑, 홈뱅킹, 재택 학습 등
○ 경제 생활: 재택근무의 보편화로 도시 집중화 현상 완화
○ 정치 생활: 국민의 정치 참여 확대

① 도시화   ② 산업화
③ 정보화   ④ 세계화

04 독도의 가치로 옳지 <u>않은</u> 것은?

① 생태계의 보고
② 군사적 요충지
③ 풍부한 자원 매장
④ 세계자연유산 등재

05 선진국과 개발 도상국의 도시화에 관한 설명으로 옳은 것은?

① 선진국은 도시화 속도가 급격하게 진행된다.
② 개발 도상국은 도시화가 오랜 시간에 진행된다.
③ 개발 도상국은 역도시화 현상, 과도시화가 일어난다.
④ 선진국은 경제 성장과 도시화의 조화로운 관계가 유지된다.

06 빈칸 ㉠에 대한 설명으로 옳은 것은?

> 석회암이 녹아서 생기는 ㉠ 에는 돌리네, 석회 동굴 등이 있다.

① 해발 고도가 높지만 비교적 평탄한 지형이다.
② 지하수의 용식 작용으로 인해 생성된 지형이다.
③ 빙하의 침식·운반·퇴적으로 형성된 지형이다.
④ 마그마 등의 물질이 지표면을 뚫고 나와 분출하여 형성된 지형이다.

07 다음 대화의 설명에 해당하는 인구 이동의 유형으로 옳은 것만을 〈보기〉에서 모두 고른 것은?

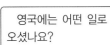

영국에는 어떤 일로 오셨나요?

저는 우크라이나에 살다가 전쟁이 일어나서 영국으로 왔습니다.

┤ 보기 ├
ㄱ. 국제적 이동
ㄴ. 경제적 이동
ㄷ. 강제적 이동
ㄹ. 정치적 이동

① ㄱ, ㄴ
② ㄱ, ㄷ
③ ㄱ, ㄹ
④ ㄴ, ㄹ

08 다음 그래프에 대한 설명으로 옳은 것은?

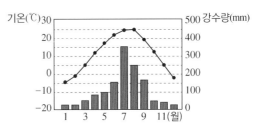

① 온대 계절풍 기후이다.
② 겨울에는 고온 다습하다.
③ 7월~8월 평균 강수량은 약 400mm이다.
④ 기온의 연교차와 강수량의 계절차가 작다.

09 빈칸 ㉠에 들어갈 말로 알맞은 것은?

> ㉠ 은 자신이 소속되지 않았지만 소속되기를 원하며, 어떤 행동의 기준으로 삼는 집단이다.

① 1차 집단
② 2차 집단
③ 준거 집단
④ 이익 집단

10 다음 대화의 설명에 해당하는 문화에 대한 태도는?

이번에 외국에서 산 신발이 우리나라 제품과는 질이 다르더라.

맞아. 역시 무조건 외국 제품이 좋아.

① 자기 문화의 주체성을 높인다.
② 자기 문화에 대한 자긍심이 있다.
③ 다른 나라 문화를 받아들이지 않는다.
④ 다른 나라 문화만을 가치 있고 우수하게 여긴다.

11 빈칸 ㉠에 들어갈 말로 알맞은 것은?

> ○○ 신문
> 2022년 ○월 ○○일
>
> **근로자들이 직접 행사한 권리**
> ○○ 상사의 근로자들은 고용 안정과 적당한 임금 보장을 위해 노동조합을 결성하였다. 이는 노동 3권 중 | ㉠ |을 행사한 것이다.

① 단결권
② 참정권
③ 공무 담임권
④ 단체 교섭권

12 빈칸 ㉠과 ㉡에 들어갈 말로 알맞은 것은?

> ○ 이혼 시 자녀에 대한 친권과 양육권을 주장할 때 | ㉠ |을 적용한다.
> ○ 다른 사람에게 상해를 입힌 자를 처벌하려고 할 때 | ㉡ |을 적용한다.

	㉠	㉡
①	공법	사법
②	사법	공법
③	사법	사회법
④	사회법	관습법

13 행정부 수반으로서의 대통령의 권한으로 옳은 것은?

① 계엄 선포권
② 조약 체결권
③ 국군 통수권
④ 감사원장 임명권

14 다음 설명에 해당하는 자산 유형은?

> 정부, 공공 기관, 금융 회사 등이 돈을 빌리면서 원금과 이자를 언제까지 갚을 것인지 표시하여 발행하는 증서

① 주식
② 채권
③ 저축
④ 부동산

15 다음에서 공통으로 나타나는 경제 개념은?

> ○ 펜과 잉크
> ○ 커피와 설탕
> ○ 자동차와 휘발유

① 보완재
② 대체재
③ 생산재
④ 사치재

16 사회적 지위 중 귀속 지위로 옳은 것만을 〈보기〉에서 모두 고른 것은?

> ┤ 보기 ├
> ㄱ. 딸   ㄴ. 교사
> ㄷ. 남자   ㄹ. 변호사

① ㄱ, ㄴ
② ㄱ, ㄷ
③ ㄴ, ㄷ
④ ㄷ, ㄹ

17 다음 유물이 쓰인 시대의 생활 모습으로 옳은 것은?

반달 돌칼

① 벼농사가 시작되었다.
② 동굴이나 강가에 막집을 짓고 살았다.
③ 농경과 목축이 시작되면서 정착 생활을 하였다.
④ 가락바퀴로 실을 뽑아 뼈바늘로 옷을 지어 입었다.

18 다음 정책을 시행한 고구려왕의 업적으로 옳은 것은?

> 교육 기관인 태학을 설립하여 인재를 양성하였다.

① 율령을 반포하여 국가 조직을 정비하였다.
② 금관가야를 공격하여 영토 확장을 꾀하였다.
③ 빈민을 구제하기 위해 진대법을 실시하였다.
④ 남진 정책을 시행하고자 수도를 평양으로 천도하였다.

19 빈칸 ㉠에 들어갈 말로 적절하지 않은 것은?

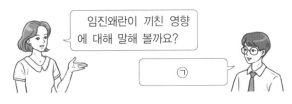

임진왜란이 끼친 영향에 대해 말해 볼까요?

㉠

① 국토가 황폐화되었습니다.
② 문화재가 불타 없어졌습니다.
③ 일본이 많은 문화재를 가져갔습니다.
④ 일본인이 들어와 인구가 증가하였습니다.

20 정조의 개혁 정치로 옳지 않은 것은?

① 규장각 설치
② 균역법 시행
③ 수원 화성 축조
④ 서얼과 노비에 대한 차별 완화

21 다음 수행 평가 주제에 대한 탐구 내용으로 옳은 것은?

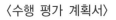

> 〈수행 평가 계획서〉
> 주제: 고려 시대 여진족이 침입하였을 때 활약한 인물 조사

① 강동 6주를 회복한 서희
② 2차 침입 때 활약한 양규
③ 별무반을 이끌고 싸운 윤관
④ 귀주에서 병사를 지휘한 강감찬

22 다음 주장을 한 인물이 일으킨 사건에 대한 설명으로 옳은 것은?

> ○ 금(金)나라를 정벌하자!
> ○ 고려를 황제국으로 칭하고, 서경으로 수도를 옮기자!

① 부곡민에 대한 차별로 일어났다.
② 김부식의 관군에 의해 진압되었다.
③ 노비들을 규합하여 반란을 도모하였다.
④ 몰락 양반 출신이 중심이 되어 난을 일으켰다.

1일차
2일차
3일차
4일차
5일차
6일차
7일차

23 일제의 국권 침탈 과정을 순서대로 바르게 나열한 것은?

> ㉠ 을사늑약
> ㉡ 러일 전쟁
> ㉢ 한일 신협약
> ㉣ 고종 강제 퇴위
> ㉤ 한일 병합 조약

① ㉠ → ㉡ → ㉢ → ㉣ → ㉤
② ㉢ → ㉣ → ㉠ → ㉡ → ㉤
③ ㉠ → ㉣ → ㉢ → ㉡ → ㉤
④ ㉡ → ㉠ → ㉣ → ㉢ → ㉤

24 빈칸 ㉠에 들어갈 사건으로 알맞은 것은?

> 질문   ㉠   에 대해 알려 주세요.
>
> 답변   1960년 4월에 학생을 중심으로 한 국민들이 이승만 자유당 정보의 독재와 부정부패, 부정 선거에 항의하여 벌인 민주 항쟁이다. 독재 정권이 학생과 시민의 반발로 무너지고, 대한민국 민주주의 발전의 토대가 되었다는 의의가 있는 사건이다.

① 4·19 혁명
② 6월 민주 항쟁
③ 물산 장려 운동
④ 5·18 민주화 운동

25 빈칸 ㉠에 들어갈 인물로 알맞은 것은?

> ■ 역사 인물 카드 ■
>
>
> ○ 이름: ㉠
> ○ 생몰 연도: 1876년~1949년
> ○ 활동
> • 대한민국 임시 정부 주석 역임
> • 한인 애국단 조직
> • 남북 협상 추진

① 김구
② 김원봉
③ 이봉창
④ 윤봉길

4일차   과학

제한 시간: 30분
문항 수: 25문항
배점: 1문제당 4점

정답 CHECK!
자동 채점 서비스

01 그림과 같이 수평면에 놓여 있는 2 kg의 나무 도막을 10 N의 힘으로 잡아당겼을 때, 나무 도막에 작용하는 탄성력의 크기는?

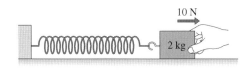

① 1 N
② 2 N
③ 10 N
④ 20 N

02 그림과 같이 파동의 진행 방향과 매질의 진동 방향이 수직인 파동에 해당하는 것은?

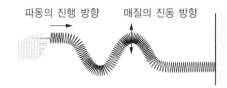

① 소리
② 물결파
③ 초음파
④ 지진파의 P파

03 전압이 일정할 때, 전류와 저항의 관계를 옳게 나타낸 그래프는?

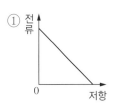
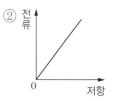
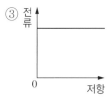
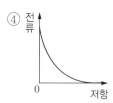

04 다음 예에 해당하는 열의 이동 방법은?

○ 컵에 뜨거운 물을 부었더니 컵이 뜨거워졌다.
○ 뜨거운 찌개에 숟가락을 담갔더니 숟가락이 뜨거워졌다.

① 전도
② 대류
③ 복사
④ 열평형

1일차
2일차
3일차
4일차
5일차
6일차
7일차

05 다음 그림과 같이 수평면 위에 놓여 있는 질량 2 kg의 물체를 10 N의 힘으로 20 m 이동시켰을 때, 이 물체에 대하여 힘이 한 일은?

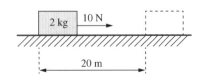

① 40 J ② 100 J
③ 200 J ④ 400 J

06 그림과 같이 지상 10 m 높이에서 1 kg의 공을 떨어뜨렸다. 공이 4 m 지점을 지날 때의 역학적 에너지의 양은? (단, 10 m 높이에서의 역학적 에너지는 98 J이다.)

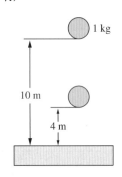

① 9.8 J ② 39.2 J
③ 49 J ④ 98 J

07 다음 중 확산이 가장 잘 일어나는 공간은? (단, 공간의 크기와 온도는 동일하다.)

① 진공 속 ② 기체 속
③ 액체 속 ④ 고체 속

08 다음 중 열에너지를 흡수하는 상태 변화가 <u>아닌</u> 것은?

① 융해
② 기화
③ 액화
④ 승화(고체 → 기체)

09 다음에 해당하는 분자식은?

○ 분자 구성 원소는 수소, 산소이다.
○ 분자 하나를 구성하는 원자의 수는 3개이다.
○ 수소와 산소 원자 수의 비율은 2 : 1이다.

① H_2O_2 ② H_2O
③ NH_3 ④ CO_2

10 원소의 이름과 기호를 옳게 짝지은 것만을 〈보기〉에서 모두 고른 것은?

┤ 보기 ├
ㄱ. 칼슘 – Cl
ㄴ. 나트륨 – Na
ㄷ. 마그네슘 – He
ㄹ. 플루오린 – F

① ㄱ, ㄴ ② ㄱ, ㄷ
③ ㄴ, ㄷ ④ ㄴ, ㄹ

11 그림은 어떤 액체 물질의 가열 곡선이다. A~D 중 기체만 존재하는 구간은?

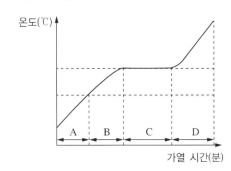

① A   ② B
③ C   ④ D

12 그림은 물 생성 반응을 원자 모형으로 나타낸 것이다. 이를 화학 반응식으로 옳게 나타낸 것은?

① $2H + 2O \rightarrow 2H_2O$

② $H_2 + O_2 \rightarrow 2HO$

③ $2H_2 + O_2 \rightarrow 2H_2O$

④ $2H_2 + O_2 \rightarrow 2H_2O_2$

13 광합성 산물의 이동과 저장에 대한 다음 설명 중 ㉠과 ㉡에 들어갈 말을 옳게 짝지은 것은?

> 광합성의 결과로 생성된 포도당은 일시적으로 잎에 ㉠ 형태로 저장되어 있다가, 주로 설탕의 형태로 ㉡ 을 통해 각 기관으로 운반된다.

     ㉠   ㉡
① 녹말   물관
② 녹말   체관
③ 지방   물관
④ 지방   체관

14 다음은 식물의 증산 작용을 알아보기 위한 실험이다. 이 실험을 통해 알아보고자 하는 것은?

> 다음과 같이 장치하고 일정 시간이 지난 후 물의 높이 변화를 측정하였더니 A는 물의 높이가 낮아졌지만 B는 변화가 없었다.

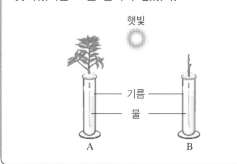

① 증산 작용은 식물의 잎에서 일어난다.
② 증산 작용은 낮에 활발하게 일어난다.
③ 증산 작용은 식물체에 물이 많을 때 일어난다.
④ 증산 작용은 바람이 불 때 활발하게 일어난다.

15 다음 중 소장 벽에 있는 융털의 모세혈관으로 흡수되는 영양소가 아닌 것은?

① 지방산
② 포도당
③ 아미노산
④ 수용성 비타민

16 들숨이 일어날 때 나타나는 변화가 아닌 것은?

① 횡격막이 내려간다.
② 갈비뼈가 올라간다.
③ 폐의 부피가 감소한다.
④ 공기가 밖에서 폐로 들어온다.

17 다음은 청각의 전달 경로이다. A~D 중 ㉠에 해당하는 귀의 구조로 옳은 것은?

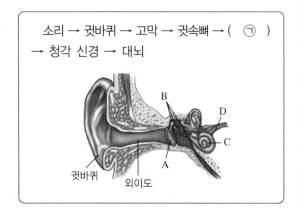

소리 → 귓바퀴 → 고막 → 귓속뼈 → (㉠)
→ 청각 신경 → 대뇌

① A
② B
③ C
④ D

18 그림은 사람의 혈액을 구성하는 성분을 나타낸 것이다. A~D 중 핵이 있으며, 일정한 모양이 없고 식균 작용을 하는 것은?

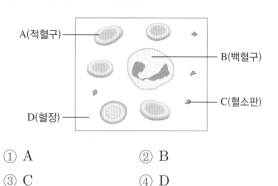

① A
② B
③ C
④ D

19 그림은 어느 집안의 색맹 가계도를 나타낸 것이다. 자손 (가)가 딸일 때, (가)의 유전자형과 색맹 여부를 옳게 나타낸 것은?

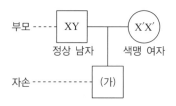

① XX, 정상
② XX′, 정상
③ XX′, 색맹
④ X′X′, 색맹

20 마그마가 굳어져 생성된 화성암 중 결정의 크기가 크고, 밝은색을 가진 것은?

① 현무암
② 유문암
③ 반려암
④ 화강암

21 다음 설명에 해당하는 것은?

○ 지구 전체 부피의 약 80 %를 차지한다.
○ 지각 아래부터 약 2,900 km 까지의 층이다.

① 맨틀　　　　　② 외핵
③ 내핵　　　　　④ 수권

22 그림은 기온에 따른 포화 수증기량 곡선을 나타낸 것이다. A~D 공기 중 포화 수증기량이 가장 작은 것은?

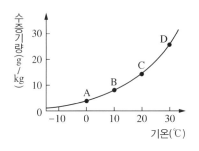

① A　　　　　② B
③ C　　　　　④ D

23 해수의 염류와 염분에 관한 설명으로 옳은 것은?

① 빙하가 녹는 지역은 해수의 염분이 높다.
② 염분의 단위로는 백분율인 퍼센트(%)를 사용한다.
③ 해수에 가장 많이 들어 있는 염류는 염화 마그네슘이다.
④ 염류 사이의 상대적 비율은 어느 바다에서나 거의 일정하다.

24 다음 설명에 해당하는 행성은?

○ 지구와 환경이 가장 비슷한 행성이다.
○ 표면이 붉은색을 띠며, 물이 흘렀던 흔적이 있다.

① 수성　　　　　② 금성
③ 화성　　　　　④ 목성

25 다음 중 태양계가 속해 있는 우리 은하의 모양으로 옳은 것은?

① 타원 은하
② 불규칙 은하
③ 정상 나선 은하
④ 막대 나선 은하

4일차 　도덕

제한 시간: 30분
문항 수: 25문항
배점: 1문제당 4점

정답 CHECK!
자동 채점 서비스

01 사람의 본성을 성무선악설로 설명한 사상가로 옳은 것은?

① 맹자　　　② 순자
③ 노자　　　④ 고자

02 다음 설명에 해당하는 개념으로 옳은 것은?

> 자신을 반성하는 것뿐 아니라 자신의 삶을 객관적 입장에서 바라보며 바람직한 삶을 살기 위한 구체적인 방법을 찾는 것을 말한다.

① 도덕적 추론
② 도적적 성찰
③ 도적적 상상력
④ 도덕적 민감성

03 다음 설명에 해당하는 가치의 종류로 옳지 <u>않은</u> 것은?

> 물질을 통해 만족감을 얻을 수 있는 것으로, 즐거움을 주는 쾌락 가치와 생활에 필요한 것을 주는 유용한 가치이다.

① 믿음　　　② 식탁
③ 컴퓨터　　④ 휴대폰

04 도덕 원리 검사 중 상대방의 도덕 원리에 반대되는 사례를 제시하여 그 부적절함을 지적하는 검사로 옳은 것은?

① 포섭 검사
② 역할 교환 검사
③ 반증 사례 검사
④ 보편화 검사 결과

05 갈등의 원인으로 옳지 <u>않은</u> 것은?

① 자원이나 기회의 제한
② 개인이나 집단 간 가치관 차이
③ 상대방의 입장에서 생각해 보는 자세
④ 소통이 원활하지 않아 비롯된 오해의 발생

06 다음 설명에 해당하는 개념으로 옳은 것은?

> ○ 인간적으로 어떻게 살아야 하는지의 기준이다.
> ○ 어떤 가치를 추구하고, 어떻게 실천할 수 있을지를 판단할 수 있다.

① 도덕
② 욕구
③ 삶의 목표
④ 도덕적 신념

07 다음 설명에 해당하는 사상가로 옳은 것은?

> ○ 프로이센의 철학자
> ○ 최고의 선을 '도덕성'과 '행복'의 완전한 결합으로 규정한다.

① 칸트
② 데카르트
③ 아리스토텔레스
④ 에피쿠로스 학파

08 현대 사회에서 노인 문제가 발생하는 원인으로 옳지 않은 것은?

① 외롭고 불안한 노후
② 인구 증가로 인한 소외감
③ 고령화에 따른 체력의 저하
④ 도시화·산업화에 따른 핵가족 증가

09 빈칸 ㉠에 공통으로 들어갈 말로 알맞은 것은?

> ○ 인권 침해 상황에 대해 민감하게 반응하고 인권을 제대로 누리지 못하는 사회적 약자들에게 공감하는 능력을 ㉠ (이)라고 한다.
> ○ ㉠ 은/는 일상생활에서 인권과 관련된 요소를 찾고 인권에 대해 고려할 때 기를 수 있다.

① 양성 평등
② 사회적 약자
③ 인간 존엄성
④ 인권 감수성

10 다음 문제에 대한 학생의 약술형 평가 답안으로 옳은 것은?

> 문제: 문화를 바르게 이해하는 태도를 간단하게 약술하시오.

① 자국의 문화는 비하하고, 다른 나라의 문화를 맹목적으로 추종해야 한다.
② 자기 문화만을 우월하다고 여기고, 다른 문화는 부정적으로 열등하게 평가한다.
③ 자신의 문화의 장점은 적극 수용하고 타 문화는 부정적으로 비판하며 배제한다.
④ 문화를 독단적으로 이해하는 것이 아니라 사회적 환경과 배경 속에서 이해해야 한다.

11 다음 설명에 해당하는 인권의 특징으로 옳은 것은?

> 인종, 성별, 나이, 사회적 신분, 피부색과 관계없이 모든 인간이 누려야 하는 것이다.

① 항구성
② 보편성
③ 천부성
④ 불가침성

12 생식 작용을 중심으로 한 육체적인 특성이며 남녀를 단순하게 구분하는 개념으로 옳은 것은?

① 생물학적 성
② 육체적인 성
③ 사회 문화적 성
④ 욕망으로서의 성

13 과학 기술 발달로 인한 삶의 긍정적 변화로 옳지 <u>않은</u> 것은?

① 지식과 문화의 확산

② 시·공간의 제약 극복

③ 건강 증진과 위험 예방

④ 대량 살상 무기의 발명

14 빈칸 ㉠에 들어갈 말로 가장 적절한 것은?

① 자연은 정복의 대상이라는 인식 전환이 필요해.

② 선진국의 문화는 무조건 적극 수용하는 자세를 가져야겠어.

③ 지역 분쟁이나 전쟁은 분쟁국들 스스로 해결하는 것이 순리야.

④ 국가 간 격차와 빈곤 해결을 위해 식량과 자원의 지원하는 태도가 필요해.

15 국가의 객관적 구성 요소로 옳지 <u>않은</u> 것은?

① 국민

② 주권

③ 영토

④ 연대 의식

16 빈칸 ㉠에 들어갈 말로 알맞은 것은?

> 새로운 정보 기술에 접할 수 있는 경제적·사회적 능력을 갖춘 사람과 그렇지 못한 사람 간의 정보의 질적·양적 격차를 ⃞ ㉠ ⃞(이)라고 부른다. 이러한 정보의 차이가 빈부의 격차를 심화시킬 수 있다.

① 정보 격차

② 인권 침해

③ 인터넷 중독

④ 사이버 폭력

17 공정하지 못한 방법으로 자신의 이익을 챙기는 행위로 옳지 <u>않은</u> 것은?

① 권력 남용

② 뇌물 수수

③ 공정 경쟁

④ 탈세 행위

18 빈칸 ㉠에 들어갈 말로 알맞은 것은?

> ⃞ ㉠ ⃞은 정신적·신체적으로 완전한 안녕(well-being)을 의미한다.

① 행복 　　② 건강

③ 만족 　　④ 책임

19 다음 설명에 해당하는 개념으로 옳은 것은?

> ○ 환경을 고려한 제품을 구매하는 것
> ○ 불필요한 소비를 줄이고 꼭 필요한 물건만을 구입하는 소비 행동

① 녹색 소비　　② 과잉 소비
③ 윤리적 소비　　④ 합리적 소비

20 폭력에 대처하는 방법으로 옳지 않은 것은?

① 주변에 도움 요청
② 명확한 자신의 의사 표현
③ 사회적 분위기에 따른 폭력 방관
④ 법, 제도, 외부 기관 등을 활용한 호소

21 다음 설명에 해당하는 세계 시민으로서의 도덕적 자세는?

> 봉사 활동, 후원 등 직접 참여할 수 있는 활동을 통해 문제를 해결한다.

① 보편적인 예절
② 적극적인 자세
③ 개방적인 자세
④ 세계 시민 의식

22 다음 설명에 해당하는 개념으로 옳은 것은?

> 삶의 질을 높이고, 국민 전체가 행복하게 살아갈 수 있도록 하는 정책적인 노력을 의미한다.

① 민주　　② 인권
③ 평등　　④ 복지

23 북한 이탈 주민이 겪는 어려움으로 옳지 않은 것은?

① 자본주의 경쟁 체제에 적응하기 어렵다.
② 북한에 남겨둔 가족에 대한 죄책감이 있다.
③ 안정된 직장에 정규직으로 취업할 수 있다.
④ 남한의 개인주의 가치관에 적응하기 쉽지 않다.

24 다음 교사의 질문에 대한 대답으로 가장 적절한 것은?

> 교사: 보편적 가치 추구의 관점에서 통일의 필요성에는 무엇이 있을까요?

① 북한 주민들의 인권을 보장할 수 있습니다.
② 우리 민족의 정통성을 계승할 수 있습니다.
③ 소모적인 국방비를 복지 사회 건설에 사용할 수 있습니다.
④ 남북한의 각종 인적·물적 자원을 활용하여 경제적 발전을 이룰 수 있습니다.

25 생명 존중에 대한 노력으로 옳지 않은 것은?

① 생명의 가치를 지켜야 한다.
② 타인의 생명은 내 생명보다 소중하다.
③ 인간의 삶은 절대 포기해서는 안 된다.
④ 타인의 생명을 위협하거나 해치면 안 된다.

1일차　2일차　3일차　4일차　5일차　6일차　7일차

아이들이 답이 있는 질문을 하기 시작하면 그들이 성장하고 있음을 알 수 있다.

– 존 J. 플롬프 –

5일차

제5회 실전 모의고사

5일차   국어

제한 시간: 40분
문항 수: 25문항
배점: 1문제당 4점

정답 CHECK!
자동 채점 서비스

01 상대를 배려하는 말하기로 적절하지 <u>않은</u> 것은?

① 왜 이렇게 자주 늦니?
② 바쁜데 나와 줘서 고마워.
③ 많이 기다리게 해서 미안해.
④ 시험을 준비하느라 힘들구나.

02 다음 답변에 대한 면접 질문으로 가장 적절한 것은?

> 저는 요리 예술사를 '요리를 예술로 승화하는 요리의 예술가'라고 표현하고 싶습니다. 요리를 아름답게 표현하여 상품 가치를 높이는 일을 한다고 생각하면 됩니다.

① 요리 예술사의 월급은 얼마인가요?
② 요리 예술사의 취미는 무엇인가요?
③ 요리 예술사가 하는 일은 무엇인가요?
④ 요리 예술사라는 직업의 전망은 어떻게 될까요?

03 밑줄 친 낱말의 품사가 적절하지 <u>않은</u> 것은?

① 부사: 가을이 <u>성큼</u> 다가왔다.
② 동사: 연이 하늘을 <u>날고</u> 있다.
③ 형용사: 언니의 방은 <u>깨끗하다</u>.
④ 대명사: <u>이</u> 사람은 내 친구이다.

04 밑줄 친 부분이 올바르게 쓰인 것은?

① 의자를 책상에 <u>부치다</u>.
② 해외로 물건을 <u>부치다</u>.
③ 친구에게 별명을 <u>부치다</u>.
④ 편지 봉투에 우표를 <u>부치다</u>.

05 다음 표준 발음법 규정이 <u>잘못</u> 적용된 단어는?

■ **표준 발음법** ■
[제15항] 받침 뒤에 모음 'ㅏ, ㅓ, ㅗ, ㅜ, ㅟ' 들로 시작되는 실질 형태소가 연결되는 경우에는, 대표음으로 바꾸어서 뒤 음절 첫소리로 옮겨 발음한다.

① 겉옷[거솓]
② 꽃 위[꼬뒤]
③ 헛웃음[허두슴]
④ 맛없다[마덥따]

06 다음 설명에 해당하는 자음으로 알맞지 <u>않은</u> 것은?

> 혀끝과 윗니의 뒷부분, 윗잇몸 사이에서 나는 소리

① ㄱ   ② ㄴ

③ ㄹ   ④ ㅅ

07 다음 밑줄 친 문장 성분 중 부사어인 것은?

> <u>친구가</u> <u>필통을</u> <u>서랍에</u> <u>넣었다.</u>
>   ①   ②   ③   ④

08 ㉠~㉣ 중 통일성을 고려할 때 적절하지 <u>않은</u> 것은?

> 여러 단계의 화산 활동으로 만들어진 독도는 다양한 암석과 지형, 지질 구조가 있기 때문에 해저 화산의 성장과 진화의 과정을 보여 주는 사례로 가치가 있다. ㉠ <u>또한, 독도는 동해를 건너는 생물의 중간 서식지이자 지금까지 사람의 접근이 어려웠던 곳이다.</u> ㉡ <u>바위섬인 독도는 비가 오면 빗물이 흘러내리기 때문에 식물이 살기 어렵다.</u> ㉢ <u>그래서 독도에서는 희귀한 생물들을 만날 수 있다.</u> ㉣ <u>독도의 하늘에는 괭이갈매기를 비롯하여 노랑부리백로, 흑비둘기, 슴새, 노랑지빠귀 등이 날고, 바다에는 파랑돔, 노랑씬벵이, 개볼락, 미역치, 말전복 등이 헤엄친다.</u>

① ㉠   ② ㉡

③ ㉢   ④ ㉣

09 ㉠~㉣에 대한 고쳐 쓰기 방안으로 적절하지 <u>않은</u> 것은?

> 길거리에 쓰레기통의 수를 늘리면 거리 환경을 ㉠ 개정할 수 있다. 쓰레기통의 수를 줄인 뒤로 많은 시민이 쓰레기를 버릴 곳을 찾지 못해 ㉡ 불안해하고, 화단이나 가로수 주변, 정류장 등에 쓰레기를 아무렇게나 버리기도 한다. 쓰레기통을 없애 거리를 깨끗하게 만들려던 본뜻은 ㉢ 온데간데없고 길거리는 오히려 예전보다 지저분해졌다. 따라서 쓰레기통을 충분히 설치한 뒤 사람들이 쓰레기통을 잘 이용하도록 ㉣ 유지한다면 함부로 버려지는 쓰레기가 줄어들어 우리 지역의 거리는 지금보다 훨씬 깨끗해질 것이다.

① ㉠: 문맥에 맞지 않으므로 '개선'으로 고친다.

② ㉡: 문맥에 맞지 않으므로 '불편해하고'로 고친다.

③ ㉢: 띄어쓰기가 바르지 않으므로 '온데간데 없고'로 고친다.

④ ㉣: 문맥에 맞지 않으므로 '유도'로 고친다.

10 ⊙에 들어갈 내용으로 가장 적절한 것은?

대구 근대 문화 골목 조사 보고서 쓰기 계획

○ 목적: 우리 지역의 관광지를 다른 지역 사람들에게 널리 알리기 위함

○ 조사 방법
  • 설문 조사: 학교 학생 100명에게 다른 지역에 소개하고 싶은 우리 지역 관광지를 추천받음
  • 자료 조사: 텔레비전 및 뉴스 보도 자료, 인터넷 자료
  • 현장 조사: 3 · 1 만세 운동길, 서상돈 고택 방문하여 찍은 사진, 문화 해설사 설명

→ 보고서를 쓸 때 유의할 점: _____ ⊙ _____

① 인용한 자료는 반드시 출처를 밝힌다.

② 조사 결과는 필요에 따라 과장할 수 있다.

③ 확인되지 않은 사실은 주관적으로 평가한다.

④ 다른 사람의 연구 결과를 수정해서 사용한다.

[11~13] 다음 글을 읽고 물음에 답하시오.

(가)

소녀는 소년이 개울둑에 앉아 있는 걸 아는지 모르는지, 그냥 날쌔게 물만 움켜 낸다. 그러나 번번이 허탕이다. 그대로 재미있는 양, 자꾸 물만 움킨다. 어제처럼 개울을 건너는 사람이 있어야 길을 비킬 모양이다.

그러다가 소녀가 물속에서 무엇을 하나 집어낸다. 하얀 조약돌이었다. 그러고는 벌떡 일어나 팔짝팔짝 징검다리를 뛰어 건너간다.

다 건너가더니만 획 이리로 돌아서며,

⊙ "이 바보."

조약돌이 날아왔다.

소년은 저도 모르게 벌떡 일어섰다.

(나)

ⓒ 다음 날부터 좀 더 늦게 개울가로 나왔다. 소녀의 그림자가 뵈지 않았다. 다행이었다.

그러나 이상한 일이었다. 소녀의 그림자가 뵈지 않는 날이 계속될수록 소년의 가슴 한구석에는 어딘가 허전함이 자리 잡는 것이었다. 주머니 속 조약돌을 주무르는 버릇이 생겼다.

그러한 어떤 날, 소년은 전에 소녀가 앉아 물장난을 하던 징검다리 한가운데에 앉아 보았다. 물속에 손을 잠갔다. 세수를 하였다. 물속을 들여다보았다. 검게 탄 얼굴이 그대로 비치었다. 싫었다.

(다)

소년이 참외 그루에 심은 무밭으로 들어가, 무 두 밑을 뽑아 왔다. 아직 밑이 덜 들어 있었다. 잎을 비틀어 팽개친 후, 소녀에게 한 개 건넨다. ⓒ 그러고는 이렇게 먹어야 한다는 듯이, 먼저 대강이를 한 입 베 물어 낸 다음, 손톱으로 한 돌이 껍질을 벗겨 우적 깨문다.

소녀도 따라 했다. 그러나 세 입도 못 먹고,

"아, 맵고 지려."

하며 집어 던지고 만다.

"참, 맛없어 못 먹겠다."

ⓔ 소년이 더 멀리 팽개쳐 버렸다.

산이 가까워졌다.

ⓐ 단풍잎이 눈에 따가웠다.

– 황순원, 「소나기」

11 윗글에 대한 설명으로 적절하지 않은 것은?

① 간결하고 평이한 문체로 서술하고 있다.

② 주인공인 '나'가 서술자가 되어 이야기를 전개한다.

③ 소년과 소녀의 순수하고 아름다운 사랑을 그리고 있다.

④ 친근감과 포근함을 느끼게 하는 시골 마을을 배경으로 하고 있다.

12 ㉠~㉢에 대한 설명으로 적절하지 <u>않은</u> 것은?

① ㉠: 마음을 몰라주는 소년에 대한 답답함이 드러나 있다.

② ㉡: 소녀와 마주치지 않기 위한 행동이다.

③ ㉢: 소녀 앞에서 자신감 있게 행동하고 있다.

④ ㉣: 소녀에게 무시를 당해서 원망하며 한 행동이다.

13 (다)의 ⓐ에 나타난 감각적 표현으로 가장 적절한 것은?

① 미각적 표현

② 시각적 표현

③ 청각적 표현

④ 공감각적 표현

[14~16] 다음 글을 읽고 물음에 답하시오.

내 고장 칠월은
청포도가 익어 가는 시절

이 마을 전설이 주저리주저리 열리고
먼 데 하늘이 꿈꾸며 알알이 들어와 박혀

하늘 밑 푸른 바다가 가슴을 열고
흰 돛단배가 곱게 밀려서 오면

내가 바라는 ㉠ 손님은 고달픈 몸으로
청포(靑袍)를 입고 찾아온다고 했으니

내 그를 맞아 이 포도를 따 먹으면
두 손은 함뿍 적셔도 좋으련

아이야 우리 식탁엔 은쟁반에
하이얀 모시 수건을 마련해 두렴

– 이육사, 「청포도」

14 윗글의 표현상 특징으로 적절하지 <u>않은</u> 것은?

① 생동감을 주는 의태어를 사용하였다.

② 도시적인 느낌을 주는 세련된 소재들을 사용하였다.

③ 각 연을 2행씩 규칙적으로 배열하여 운율감을 살렸다.

④ 상징적 소재를 사용하여 평화롭고 풍요로운 삶에 대한 소망을 그리고 있다.

15 윗글에 사용된 주된 심상이 드러난 것으로 가장 적절한 것은?

① 연분홍 살구꽃이 눈을 틉니다

② 꽃 피는 사월이면 진달래 향기

③ 귀뚜라미 귀뚜르르 가느단 소리

④ 꽃가루와 같이 부드러운 고양이의 털에

16 다음 설명을 고려하였을 때 ㉠의 의미로 가장 적절한 것은?

일제 강점기라는 시대적 배경을 고려할 때, 이육사의 「청포도」는 조국 독립의 소망과 믿음을 노래한 시라고 해석하는 것이 자연스럽다.

① 조국의 광복

② 그리운 가족

③ 사랑하는 임

④ 고달픈 현실

1일차 2일차 3일차 4일차 5일차 6일차 7일차

[17~19] 다음 글을 읽고 물음에 답하시오.

[앞부분의 줄거리] 조선 인조 때, 장안에 사는 이상공은 뒤늦게 아들을 얻었다. 그의 아들 이시백은 어려서부터 매우 총명하고 용맹하여 그 이름을 널리 떨쳤다. 어느 날 ㉠박 처사(處士)가 이 상공의 집에 찾아가 이시백과 자신의 딸을 혼인시키자고 청하고, 박 처사의 신비한 재주를 보고 감탄한 이 상공은 둘의 혼인을 허락한다. 그러나 박 처사의 딸과 혼인한 이시백은 박씨의 용모가 천하의 박색(薄色)임을 알고 박씨를 대면조차 하지 않는다. 박씨는 이 상공에게 청하여 뒤뜰에 피화당이라는 조그마한 집을 짓고 여종 계화와 함께 지낸다.

용골대는 끓어오르는 분을 참지 못해 칼로 땅을 두드리며 탄식했다.

"그러면 울대의 원수를 어떻게 갚을 수 있단 말입니까? 만리타국에 우리 형제가 같이 나와서 비록 대사를 이루었다 하지만, 동생을 죽인 원수를 갚지 못하면 결코 돌아갈 수 없습니다."

"그대가 잠시의 분을 참지 못한 채 힘만 믿고 저런 험한 곳에 들어간다면, 원수를 갚기는 고사하고 목숨조차 보전하지 못할 것이오. 잠깐 진정하고 그 신기한 재주를 살펴보도록 하시오."

용골대가 다시 투덜거렸다.

"도대체 신기한 재주라는 것이 무엇입니까? 다 소용없습니다. 한 나라의 대장으로 멀리 조선에 나와 이제 임금의 항복까지 받았는데, 무엇을 두려워하고 무엇을 겁내겠습니까?"

한유가 가소롭다는 듯이 용골대를 돌아보았다.

㉡"비록 억만 대병을 몰아 들어간다 해도 그 안은 감히 엿보지 못하고 군사는 하나도 살아 돌아올 수 없을 것이오. 하물며 저 험한 곳에 홀로 들어가고자 하니 그렇게 하고 어찌 살기를 바라겠소? 이는 스스로 화를 부르는 일이오. 그토록 식견이 부족한데 어찌 한 나라의 대장 노릇을 하겠소이까?"

머쓱해진 용골대가 감히 피화당에 들어가지는 못하고 군사들만 다그쳤다.

— 작자 미상, 「박씨전」

17 윗글에 대한 설명으로 적절하지 <u>않은</u> 것은?

① 역사적 사실을 바탕으로 하고 있다.
② 남성의 권위가 여성보다 높은 것을 알 수 있다.
③ 신비한 능력을 가진 사람을 등장인물로 설정하였다.
④ 비범한 능력을 가진 여성은 평범한 남성보다 존중받았다.

18 ㉠에 드러난 당대의 삶의 모습으로 가장 적절한 것은?

① 엄격한 신분 제도가 있었다.
② 부모끼리 자녀의 결혼을 결정하였다.
③ 신비한 재주가 있어야 결혼이 성사되었다.
④ 남성들은 과거를 급제해야 출세할 수 있었다.

19 ㉡의 의미로 가장 적절한 것은?

① 박씨에게 항복하고 목숨을 보존하자고 말하고 있다.
② 박씨는 도술을 부릴 수 있는 인물이라고 말하고 있다.
③ 박씨의 능력을 알아보지 못하는 용골대를 비판하고 있다.
④ 자신의 능력이 부족하여 박씨를 이길 수 없다고 말하고 있다.

[20~22] 다음 글을 읽고 물음에 답하시오.

초등학교 시절 ㉠ 개학을 앞둔 날이면 누구나 한 번쯤 벼락치기를 해 본 경험이 있을 것이다. 가장 미루기 쉬운 과제는 물론 일기이다. 하루하루 미루다 보면 어느새 한 달이 되고 만다. 개학하기 며칠 전부터 한 달 동안의 날씨며 하루의 일과를 떠올려 한 달 치 일기를 그야말로 거침없이 해치운다.

시험을 앞둔 학생도 마찬가지이다. 시험을 치를 때마다 벼락치기를 한다. ㉡ 시험 보는 날 아침, 너 나 할 것 없이 학생들 모두 학구열이 넘친다. 이때만큼은 평상시와 달리 필기 내용이 한눈에 들어오는 것은 물론, 잘 외워지지 않던 어려운 ㉢ 수학 공식이며 영어 단어도 술술 외워진다. 이처럼 우리는 ㉣ 시험 직전에 공부가 훨씬 잘된다는 것을 경험으로 알고 있다. 도대체 벼락치기의 힘은 어디서 나오는 것일까?

벼락치기의 비밀

벼락치기의 비밀을 풀어 보기 위해 마감이 생명이라는 한 신문사를 찾아가 원고 마감 때 기자의 뇌에 어떤 변화가 일어나는지 알아보았다. 우선 기자의 머리에 호르몬과 뇌파의 변화를 포착할 수 있는 스트레스 측정기를 부착했다. 이때 주목해서 관찰한 것은 교감 신경계이다. 교감 신경계가 활성화됐다는 것은 스트레스를 많이 받고 있다는 것인데 시간이 흐를수록 기자의 교감 신경 활성도가 크게 증가했다. 평상시보다 배가 넘는 수치를 기록한 것이다. 이는 스트레스를 받은 뇌가 긴장해 깨어 있다는 것을 의미한다.

전문가들은 이를 ⓐ'마감 증후군(Deadline syndrome)'이라고 표현한다. 글을 쓰거나 시험을 보는 경우, 막판에 몰리면 스트레스가 오히려 인지 기능을 더 좋게 해 준다는 것이다. 스트레스로 인해 눈이 커지거나 근육의 힘이 세지거나 집중력이 생기는 것이다.

– 한국 방송 공사 과학 카페 제작 팀, 「벼락치기의 두 얼굴」

20 윗글을 읽는 목적으로 가장 적절한 것은?

① 주장과 근거를 파악하기 위해
② 이야기를 통해 감동을 얻기 위해
③ 인물의 훌륭한 점을 본받기 위해
④ 모르는 사실에 대한 정보를 얻기 위해

21 ㉠~㉣ 중 문맥상 성격이 <u>다른</u> 하나는?

① ㉠
② ㉡
③ ㉢
④ ㉣

22 윗글의 ⓐ에 관한 설명으로 적절하지 <u>않은</u> 것은?

① 마감 증후군은 인지 기능을 더 좋게 해 준다.
② 마감 증후군은 스트레스 증가의 원인이 된다.
③ 마감 증후군은 교감 신경계의 활성화와 관계가 있다.
④ 마감 증후군은 스트레스를 받은 뇌가 긴장해서 자고 있는 것을 의미한다.

[23~25] 다음 글을 읽고 물음에 답하시오.

> 그의 어머니는 그렇게 팔남매를 낳았다. 집은 ㉠ 토담집이었다. 그의 아버지와 어머니가 신접살림을 나면서 손수 지은 집이었다. 판판한 ㉡ 주춧돌 위에 튼튼한 소나무 기둥을 세우고 지붕을 만들었다. 마을에서는 그렇게 새집 짓는 일을 '성주 모신다'고 했다. 마을 남정네들은 집 짓는 일을 돕고 아낙들은 음식을 만들었다. 황토에 논흙을 섞고 짚을 썰어 지붕 흙을 만들고 몇 사람들은 지붕 위로 올라가고 몇 사람은 마당에 길게 서서 다 이겨진 흙을 지붕 위로 올렸다.
>
> 대나무나 뽕나무로 미리 ㉢ 살을 만들어놓은 위에 차진 흙이 발라졌다. 흙이 마르면 노란 짚을 엮어 지붕을 이었다. 이제 그 지붕은 아무리 비가 많이 와도 아무리 거센 바람이 불어도 끄떡없을 것이었다. 지붕이 다 만들어지자 벽을 만들었다. 지붕에서처럼 대나무로 살을 만들고 흙을 바르고 그리고 ㉣ 구들장을 놓았다. 노란 송판을 반들반들하게 켜서 마루도 만들었다. 그와 그의 형제들은 바로 그 집에서 나고 그 집에서 컸다.
>
> 그와 그의 형제들은 바로 그 집에서 나고 그 집에서 컸다. 노란 흙벽, 노란 초가지붕, 노란 마루, 노란 마당, 정다운 노란 집. 그 집의 봄 여름 가을 겨울. 봄 여름 가을 겨울의 아침과 낮과 저녁과 밤이 그 집 아이들의 성장에 함께 있었다.
>
> — 공선옥, 「그 시절 우리들의 집」

23 윗글의 표현상 특징으로 적절하지 <u>않은</u> 것은?

① 글쓴이의 생각이나 느낌을 솔직하게 표현하였다.

② 전문적인 문학이므로 전문 작가가 일정한 형식으로 썼다.

③ 글쓴이의 가치관, 정서, 말투 등 독특한 개성이 드러난다.

④ 글쓴이의 주변에서 일어나는 여러 가지 일들을 소재로 삼았다.

24 윗글에서 토담집을 손수 짓는 과정을 제시한 이유로 가장 적절한 것은?

① 토담집을 짓는 과정을 알려주기 위해

② 집에 담긴 소중한 의미를 이야기하기 위해

③ 부모님의 은혜에 감사하는 마음을 갖게 하기 위해

④ 자기만의 집을 갖는 것에 대한 가치를 깨닫게 하기 위해

25 ㉠~㉣ 중 단어의 사전적 의미로 적절하지 <u>않은</u> 것은?

① ㉠: 흙으로 만든 토담만 쌓아 그 위에 지붕을 덮어 지은 집.

② ㉡: 기둥 밑에 기초로 받쳐 놓은 돌.

③ ㉢: 불길과 연기가 통해 나가는 길.

④ ㉣: 방고래 위에 깔아 방바닥을 만드는 얇고 넓은 돌.

5일차 수학

제한 시간: 40분
문항 수: 20문항
배점: 1문제당 5점

정답 CHECK!
자동 채점 서비스

01 다음은 세 수 12, 18, 24를 소인수분해하여 최소공배수를 구하는 과정이다. ㉠에 알맞은 수는?

$12 = 2^2 \times 3$
$18 = 2 \times 3^2$
$24 = 2^3 \times 3$
최소공배수: ㉠ $\times 3^2$

① 2
② 2^2
③ 2^3
④ 2^4

02 다음 중 옳지 <u>않은</u> 것은?

① $|a| + |b| = |a+b|$
② $|a| \geq 0$
③ $|a||b| = |ab|$
④ $|a|^2 = a^2$

03 $a = -2$, $b = 1$일 때, $\dfrac{a^2 b}{a+b}$ 의 값은?

① -4
② -2
③ 0
④ 2

04 일차방정식 $3\{2x - (4-4x)\} + 5x - 7 = 4$를 만족시키는 x의 값은?

① -1
② 1
③ 3
④ 5

05 다음 상황을 가장 잘 나타내는 그래프는?

일정한 속력으로 달리다가 서서히 멈추었다.

①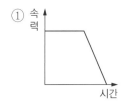
②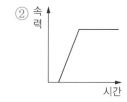
③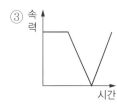
④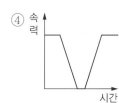

1일차
2일차
3일차
4일차
5일차
6일차
7일차

06 다음 조건을 모두 만족하는 입체도형은?

> ○ 정다면체이다.
> ○ 각 면이 정오각형이다.

① 정사면체
② 정육면체
③ 정팔면체
④ 정십이면체

07 다음은 정아네 반 학생 30명의 수학 점수를 조사하여 나타낸 도수분포표이다. A+B의 값은?

수학 점수(점)	학생 수(명)
$50^{이상} \sim 59^{이하}$	7
60 ~ 69	A
70 ~ 79	4
80 ~ 89	B
90 ~ 100	5
합계	30

① 10
② 14
③ 17
④ 19

08 분수 $\dfrac{521}{999}$ 을 순환소수로 나타내면 다음과 같다. 이 순환소수의 순환마디는?

$$\frac{521}{999} = 0.521521521 \cdots$$

① 1
② 21
③ 52
④ 521

09 $(14x^3y - 4xy^2) \div 2xy$를 간단히 나타낸 것은?

① $7x^2$
② $2y$
③ $7x^2 - 2y$
④ $7x^2 + 2y$

10 음료수 1잔의 가격이 과자 1봉지 가격의 3배인 가게가 있다. 과자 3봉지와 음료수 4잔의 가격의 합이 15000원일 때, 과자 1봉지의 가격은?

① 300원
② 500원
③ 700원
④ 1000원

11 다음 중 일차함수 $y = 3x - 2$의 그래프와 평행한 것은?

① $y = -3x - 2$

② $y = \dfrac{1}{3}x - 2$

③ $y = 3x - 6$

④ $y = -2x$

12 다음 그림과 같이 $\overline{AB} = \overline{AC}$인 이등변삼각형 ABC에서 꼭지각 A의 이등분선과 밑변 BC와의 교점을 D라 하자. $\overline{BD} = 3\,\text{cm}$일 때, $\overline{BC}$의 길이는?

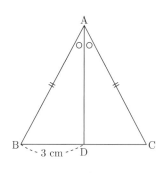

① 4 cm

② 6 cm

③ 8 cm

④ 10 cm

13 다음 그림과 같은 사다리꼴 ABCD에서 $\overline{AB} = 13\,\text{cm}$, $\overline{AD} = 10\,\text{cm}$, $\overline{BC} = 15\,\text{cm}$일 때, $\square$ABCD의 넓이는?

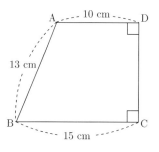

① $148\,\text{cm}^2$

② $150\,\text{cm}^2$

③ $152\,\text{cm}^2$

④ $156\,\text{cm}^2$

14 두 개의 주사위를 동시에 던질 때, 나온 눈의 합이 7이 될 확률은?

① $\dfrac{1}{6}$

② $\dfrac{1}{7}$

③ $\dfrac{1}{8}$

④ $\dfrac{1}{9}$

15 $\sqrt{243} = a\sqrt{3}$일 때, a의 값은?

① 3

② 5

③ 7

④ 9

16 $(2x-3)^2$을 바르게 전개한 것은?

① $4x^2-12x$ 　　　② $4x^2+9$

③ $4x^2-12x+9$ 　　④ $4x^2+12x+9$

17 이차함수 $y=x^2-2x$의 그래프에 대한 설명 중 옳은 것은?

① 위로 볼록한 포물선이다.

② 축의 방정식은 $x=2$이다.

③ 최솟값은 $x=2$일 때 -1이다.

④ 이차함수 $y=x^2$의 그래프를 x축의 방향으로 1만큼, y축의 방향으로 -1만큼 평행이동한 것이다.

18 그림과 같이 반지름의 길이가 6 cm인 원 밖의 점 P에서 중심 O에 이르는 길이가 10 cm일 때, 점 P에서 원에 그은 접선 $\overline{\text{PT}}$의 길이는?

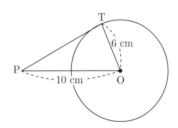

① 4 cm 　　　② 6 cm

③ 8 cm 　　　④ 10 cm

19 그림과 같이 $\angle \text{B} = 90°$인 삼각형 ABC에서 $\cos A = \dfrac{2}{3}$일 때, $\sin A + \tan A$의 값은?

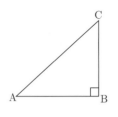

① 1 　　　　② $\dfrac{5\sqrt{5}}{6}$

③ 2 　　　　④ $\sqrt{5}$

20 다음 중 상관관계가 없는 산점도가 <u>아닌</u> 것은?

① 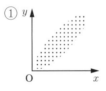 　　②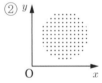

③ 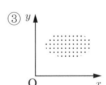 　　④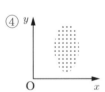

5일차 영어

제한 시간: 40분
문항 수: 25문항
배점: 1문제당 4점

정답 CHECK!
자동 채점 서비스

01 다음 밑줄 친 단어의 뜻으로 가장 적절한 것은?

> I enjoy traveling to <u>different</u> places.

① 빠른   ② 다른
③ 외국의   ③ 재미있는

02 다음 밑줄 친 두 단어의 의미 관계와 <u>다른</u> 것은?

> This green scarf is <u>cheap</u> and that gray one is <u>expensive</u>.

① poor — rich
② best — worst
③ clean — neat
④ lazy — diligent

03 다음 빈칸에 들어갈 말로 가장 적절한 것은?

> Jasmine _____ in the classroom last night.

① is   ② are
③ was   ④ were

[04~06] 다음 대화의 빈칸에 들어갈 말로 가장 적절한 것을 고르시오.

04

> A: Will you bring your camera to the concert?
> B: _____.

① Yes, I do
② Yes, I am
③ No, I can't
④ No, I won't

05

> A: What time is the last bus?
> B: It is _____ in twenty minutes. We have plenty of time.

① taking   ② turning
③ arriving   ④ catching

06

> A: What is that green thing on the shelf?
> B: _____.

① It's not on the shelf
② My new hat is brown
③ I think it's Jake's kite
④ Please put it on the table

07 다음 대화의 빈칸에 공통으로 들어갈 말로 가장 적절한 것은?

> A: I'm going to _____ my bike to the library.
> B: Please wait. I'll give you a _____ to the library.

① ride
② help
③ carry
④ finish

08 다음은 Holly의 주간 계획이다. 화요일에 할 일은?

Monday	Tuesday	Wednesday	Thursday	Friday
Doing history homework	Practicing the flute	Helping Dad paint the wall	Going to the beach	Cleaning the bathroom

① 역사 숙제하기
② 플룻 연습하기
③ 바닷가에 가기
④ 욕실 청소하기

09 그림으로 보아 빈칸에 들어갈 말로 가장 적절한 것은?

> A: What is the man doing?
> B: He is _____.

① ironing the shirt
② planting the tree
③ cleaning the floor
④ washing the dishes

10 다음 대화가 끝난 후 A가 할 일은?

> A: Oh, it stopped raining. Let's go to the park and play baseball.
> B: Sounds great. I'll get the baseball bat.
> A: Okay. Let me get the ball and gloves.

① 운동복 입기
② 야구 배트 찾기
③ 비 오는지 살펴보기
④ 야구공과 글러브 가져오기

11 다음 대화의 빈칸에 들어갈 말로 가장 적절한 것은?

> A: What do you think of the new movie about space?
> B: _____. Some people even fell asleep.

① Everyone liked it
② It's a little boring
③ Let's go to the theater
④ I learned about the space

12 다음 대화의 주제로 가장 적절한 것은?

> A: The photography club is looking for new members.
> B: I heard that. Are you going to join that club?
> A: I haven't decided yet. How about you?
> B: I've already joined the history club. I'm interested in European history.

① 운동회 일정
② 동아리 가입
③ 새로운 음식점
④ 좋아하는 과목

13 다음 방송의 목적으로 가장 적절한 것은?

> Attention, students. There will be a spring camp next month. All scout members must participate. The camp will last for five days. There will be many fun activities you can enjoy. Please contact Mr. Kim for more information. Thank you.

① 학교 규칙 소개
② 학교 소풍 공지
③ 행사 연기 공지
④ 스카우트 캠프 안내

14 다음 대화에서 B가 시카고에 간 이유는?

> A: I heard that you went to Chicago last month. Did you have fun there?
> B: I went there to take part in the book fare. I just worked there.

① 가족 여행을 위해
② 책을 구입하기 위해
③ 박람회에 참가하기 위해
④ 결혼식에 참석하기 위해

15 다음 대화의 빈칸에 들어갈 말로 가장 적절한 것은?

> A: I saw Jim working out at the gym this morning.
> B: Oh, he was there last night, too. How often does he go to the gym?
> A: _____.

① Almost every day
② It is not that far
③ He goes to the park
④ He often goes jogging

16 다음 대화의 내용에 따라 (a)~(c)를 순서대로 배열한 것은?

> A: Excuse me. How can I use this vending machine?
> B: First, press the button on the snack you chose. Next, put coins or paper money in the slot. Then press the green button above the slot.

> (a) 구멍 위의 초록 버튼을 누른다.
> (b) 선택한 간식의 버튼을 누른다.
> (c) 동전이나 지폐를 구멍에 넣는다.

① (a) − (c) − (b)
② (b) − (a) − (c)
③ (b) − (c) − (a)
④ (c) − (b) − (a)

17 다음 생일 초대장을 보고 알 수 없는 것은?

> **Invitation for Ted's Birthday Party**
> Please come to my party!
>
> Date: April 17th
> Time: 5p.m.
> Place: "Joe's Stove" on Pine Street
>
> Pizza, chicken, cake, cookies, and ice cream will be served.

① 생일의 주인공
② 파티가 끝나는 시간
③ 파티가 열리는 장소
④ 파티에서 먹을 음식

18 다음 글의 내용과 일치하지 <u>않는</u> 것은?

> Kevin was much interested in computers. He started making computer programs at the age of fifteen. He spent a lot of time making computer programs. One of his computer programs became popular among students. He built a computer company when he was in college.

① Kevin은 대학 졸업 후에 컴퓨터 회사를 차렸다.
② Kevin은 15세에 컴퓨터 프로그램을 만들기 시작하였다.
③ Kevin의 컴퓨터 프로그램은 학생들에게 인기가 많았다.
④ Kevin은 컴퓨터 프로그램을 만드는 데 많은 시간을 썼다.

19 다음 글에서 일벌이 춤을 추는 이유로 가장 적절한 것은?

> Bees live in large groups in a hive. Most bees in the hive are worker bees. Worker bees gather honey from the flowers. They fly out of the hive to find the flowers. When they find flowers, they dance to communicate the location of the flowers to other bees.

① 벌집을 찾기 위해
② 여왕벌을 지키기 위해
③ 적에게서 도망가기 위해
④ 꽃의 위치를 알려주기 위해

20 그래프로 보아 빈칸에 들어갈 말로 가장 적절한 것은?

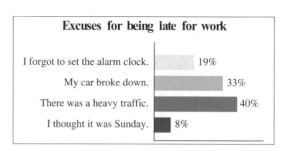

> About a third of workers say "_____." when they are late for work.

① My car broke down
② I thought it was Sunday
③ There was a heavy traffic
④ I forgot to set the alarm clock

21 다음 글에서 언급된 내용이 <u>아닌</u> 것은?

> I bought a book, *Far from the City*, at the bookstore last week. It is my favorite writer's new book. It is about a boy lost in the jungle. In the story, the boy survives in the jungle thanks to many friendly animals. I think it's the most interesting book among his books.

① 책 제목
② 책의 내용
③ 책을 구입한 장소
④ 정글에서 살아남는 방법

22 다음 밑줄 친 it이 가리키는 것으로 가장 적절한 것은?

> I went to the space museum with my friend. It opened just a month ago. I could see many kinds of pictures taken in space. I could also see space food. I even tried <u>it</u>. We were very lucky because we met an astronaut there. He told us interesting stories about space.

① space

② astronaut

③ space food

④ space museum

23 다음 글을 쓴 목적으로 가장 적절한 것은?

> Hi Jenny. I heard that you're traveling to Korea for holiday. I have lived there, so I'll give you some tips. You should take off your shoes in some restaurants. There are special seats for the old in the subway, so avoid sitting there. I hope you have a good time there.

① 여행 정보를 주기 위해

② 좋은 식당을 추천하기 위해

③ 함께 여행할 것을 제안하기 위해

④ 가장 안전한 교통수단을 알려주기 위해

24 다음 글의 주제로 가장 적절한 것은?

> It is important to follow the safety rules when you swim in the sea. Check if there is a lifeguard. Don't go into the sea when the waves are high. Stretch before going into the sea. Never swim alone. Wear life jackets.

① 인기 있는 바다 여행 지역

② 수상 구조 요원이 되는 방법

③ 안전한 바다 수영을 위한 방법

④ 바다에서 할 수 있는 레저 활동

25 다음 글의 바로 뒤에 이어질 내용으로 가장 적절한 것은?

> Global warming is a problem for the whole world. It is getting more serious, so we have to do something together. We should recycle things like plastic and paper. Here are some other ways we can do to help stop global warming.

① 다양한 재활용품을 분류하는 방법

② 지구 온난화가 가져온 심각한 문제점

③ 플라스틱이 생활용품으로 재활용되는 과정

④ 지구 온난화를 막기 위해 실천할 수 있는 방법

5일차 사회

제한 시간: 30분
문항 수: 25문항
배점: 1문제당 4점

정답 CHECK!
자동 채점 서비스

01 위도의 영향으로 옳은 것은?

① 기후대별 기온이 같게 나타난다.
② 북반구와 남반구는 계절이 같다.
③ 우리나라는 계절의 변화가 나타난다.
④ 세계 표준시와 날짜 변경선에 영향을 준다.

02 빈칸 ㉠에 들어갈 기후에 대한 설명으로 옳은 것은?

> 〈 ㉠ 기후 지역의 모습〉
>
> ○ 여름: 이끼류가 자라고, 백야가 나타난다.
> ○ 겨울: 지표면이 눈과 얼음으로 뒤덮이고 극야가 나타난다.

① 적도를 중심으로 분포한다.
② 주로 사막 주변에 분포한다.
③ 중위도 지역을 중심으로 분포한다.
④ 북극해를 중심으로 한 북반구 고위도에 분포한다.

03 제주도에 대한 설명으로 옳지 <u>않은</u> 것은?

① 소규모 화산인 오름이 있다.
② 카르스트 지형을 볼 수 있다.
③ 용암이 흘러 굳으면서 형성된 용암 동굴을 볼 수 있다.
④ 유네스코가 인정하는 지질 공원, 생물권 보전 지역이다.

04 문화의 변동 중 문화 동화에 대한 설명으로 옳은 것은?

① 한 문화가 다른 문화에 흡수되는 현상
② 서로 다른 문화가 같이 공존하는 현상
③ 서로 다른 문화가 지속적으로 접촉하는 현상
④ 서로 다른 문화가 결합하여 새로운 문화가 만들어지는 현상

05 노인을 위한 복지 정책으로 옳지 <u>않은</u> 것은?

① 실버산업 축소
② 복지 시설 지원
③ 노인 일자리 확대
④ 노인 연금 제도 실시

06 다음 그래프에서 종착 단계에 대한 설명으로 옳은 것은?

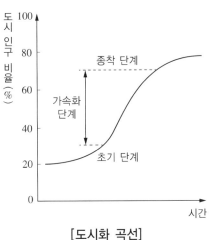

[도시화 곡선]

① 1차 산업에 종사하는 단계이다.
② 매우 낮은 인구 비율을 보인다.
③ 도시 인구가 급증하는 단계이다.
④ 도시 인구가 80%를 넘어서면서 도시 인구 증가가 둔화되는 단계이다.

07 다음 설명에 해당하는 자원의 특징은?

> 대부분의 자원은 매장량이 한정되어 있어 자원을 사용하면 고갈되는 성질이 있다.

① 가변성   ② 편재성
③ 유한성   ④ 상대성

08 우리나라 지형의 특징으로 옳은 것만을 〈보기〉에서 모두 고른 것은?

┤ 보기 ├

ㄱ. 동고서저 지형이 나타난다.
ㄴ. 북동부 지역에는 낮은 산지가 나타난다.
ㄷ. 대부분의 큰 하천은 동해로 흘러간다.
ㄹ. 서해안보다 동해안의 해안선이 더 단조롭다.

① ㄱ   ② ㄹ
③ ㄱ, ㄷ   ④ ㄱ, ㄹ

09 빈칸 ㉠에 들어갈 민주 정치의 기본 원리로 알맞은 것은?

> 〈   ㉠   의 원리〉
>
> ○ 입법부: 법을 제정
> ○ 행정부: 법을 집행
> ○ 사법부: 법을 적용하고 판단

① 입헌주의   ② 권력 분립
③ 국민 주권   ④ 국민 자치

10 문화의 특징에 대한 설명으로 옳은 것은?

① 한번 만들어지면 고정된다.
② 시간이 흐르면서 그 내용이 풍부해진다.
③ 유전이나 생물적 본능도 문화로 볼 수 있다.
④ 법이나 관습과 관련된 제도는 문화가 아니다.

1일차 2일차 3일차 4일차 5일차 6일차 7일차

11 빈칸 ㉠에 들어갈 퀴즈에 대한 정답으로 알맞은 것은?

법질서에 대한 침해가 있거나 법적 분쟁이 발생하였을 때 법을 적용하는 국가 기관의 구성원은 누구인가요?

㉠

① 대통령
② 국무총리
③ 대법원장
④ 감사원장

12 다음 권리의 공통점으로 옳은 것은?

○ 청원권
○ 재판 청구권
○ 국가 배상 청구권

① 정치에 능동적으로 참여할 수 있는 권리
② 국가에 대해 일정한 청구를 할 수 있는 권리
③ 인간다운 생활을 위해 국가에 요구할 수 있는 권리
④ 국가 권력의 간섭을 받지 않고 자신의 의사에 따라 행동할 수 있는 권리

13 빈칸 ㉠~㉢에 들어갈 경제 주체로 알맞은 것은?

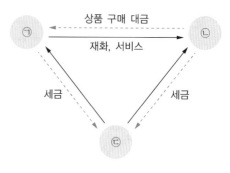

	㉠	㉡	㉢
①	가계	정부	기업
②	기업	정부	가계
③	기업	가계	정부
④	정부	기업	가계

14 다음 표는 빵의 수요량과 공급량을 나타낸 것이다. 빵의 균형 가격으로 옳은 것은? (단, 다른 조건은 일정하다.)

가격(원)	수요량(개)	공급량(개)
1,000	400	200
1,100	300	300
1,200	200	400
1,300	100	500

① 1,000원
② 1,100원
③ 1,200원
④ 1,300원

15 다음 ㉠에 대한 설명으로 옳지 <u>않은</u> 것은?

> 현대 사회의 주요 문제로는 인구 문제, 노동 문제, ㉠ <u>환경 문제</u>, 정보화 문제 등이 있다.

① 환경오염
② 자원의 고갈
③ 지구 온난화
④ 여성의 임금 차별

16 빈칸 ㉠에 들어갈 말로 알맞은 것은?

〈　　㉠　　〉

> ○ 목적: 주민의 복지 증진
> ○ 기능: 주민주권 실현, 권력의 지방 분권화
> ○ 의의: 풀뿌리 민주주의, 주민 정치 참여

① 선거 공영제
② 의원 내각제
③ 지방 자치제
④ 입헌 군주제

17 구석기 시대의 생활 모습으로 옳은 것만을 〈보기〉에서 모두 고른 것은?

> ┤ 보기 ├
> ㄱ. 동굴이나 바위 그늘, 강가의 막집에서 살았다.
> ㄴ. 주로 사냥, 채집, 물고기 잡이를 통해 생활하였다.
> ㄷ. 돌낫이나 돌보습 등의 간석기를 사용하여 농사를 지었다.
> ㄹ. 장신구 제사용 도구로 거친 무늬 거울, 청동 방울을 사용하였다.

① ㄱ, ㄴ
② ㄱ, ㄹ
③ ㄴ, ㄷ
④ ㄷ, ㄹ

18 다음 설명에 해당하는 지역은?

> ○ 장수왕이 새로운 도읍으로 삼은 곳
> ○ 물산 장려 운동이 시작된 곳
> ○ 남북 정상 회담이 최초로 개최된 곳

① 원산
② 서울
③ 파주
④ 평양

19 신라 진흥왕의 업적으로 옳지 <u>않은</u> 것은?

① 화랑도를 재편하였다.
② 대가야를 정복하였다.
③ 연호 건원을 사용하였다.
④ 북한산 순수비를 건립하였다.

20 빈칸 ㉠에 들어갈 말로 가장 적절한 것은?

> 지방의 호족을 견제하고 지방 통치를 강화하기 위해 사심관 제도와 기인 제도를 실시했던 왕의 업적을 말해 보자.

> ㉠

① 북진 정책을 추진했어.
② 시무 28조를 수용했어.
③ 노비안검법을 실시했어.
④ 쌍성총관부를 탈환했어.

1일차　2일차　3일차　4일차　5일차　6일차　7일차

21 조선 후기 문화에 대한 설명 중 옳지 <u>않은</u> 것은?

① 김정희가 추사체를 창안하였다.
② 분청사기가 처음 만들어져 유행하였다.
③ 정선은 진경산수화인 「인왕제색도」를 그렸다.
④ 서민들이 문화의 중심이 되어 한글 소설이 유행하였다.

22 다음 설명에 해당하는 역사적 사건으로 옳은 것은?

○ 의병의 활약: 유생, 농민, 승려들이 자발적으로 조직하여 활약
○ 수군의 활약: 이순신의 옥포, 사천, 당포, 한산도 등에서 승리

① 병자호란   ② 정묘호란
③ 임진왜란   ④ 살수대첩

23 다음 설명에 해당하는 인물이 시행한 정책으로 옳은 것은?

○ 신흥 무인 세력으로 홍건적과 왜구를 격퇴함
○ 신진 사대부와 협력하여 조선을 건국하고 왕으로 즉위함

① 한양으로 천도하였다.
② 장용영을 설치하였다.
③ 직전법을 실시하였다.
④ 『경국대전』을 완성하였다.

24 빈칸 ㉠에 들어갈 말로 알맞은 것은?

일본의 식민지 지배에 저항하여 1919년 고종의 인산일을 기점으로 일어난 전국적인 항일 독립운동은 무엇인가요?

㉠ 입니다.

① 3·1 운동
② 위정척사 운동
③ 국채 보상 운동
④ 광주 학생 항일 운동

25 다음 설명에 해당하는 정부 시기에 일어난 사실로 옳은 것은?

○ 유신 헌법 제정
○ 경제 개발 5개년 계획 추진

① 베트남에 국군을 파병하였다.
② 북방 외교 정책을 시행하였다.
③ 집권 말기 외환 위기가 발생하였다.
④ 처음으로 남북 정상 회담을 개최하였다.

5일차 과학

제한 시간: 30분
문항 수: 25문항
배점: 1문제당 4점

정답 CHECK!
자동 채점 서비스

01 용수철 저울로 추의 무게를 재었더니 10 N이었다. 동일한 추의 무게를 물속에서 측정하였더니 3 N이었다면 이 추에 작용한 부력의 크기는?

① 3 N   ② 5 N

③ 7 N   ④ 10 N

02 그림은 직선상을 굴러가는 장난감 자동차를 1초 간격으로 찍은 다중 섬광 사진이다. 이 장난감 자동차의 운동 시간에 따른 속력 그래프로 옳은 것은?

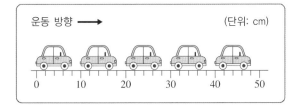

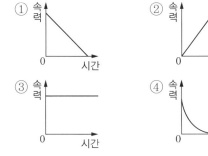

03 그림과 같이 저항을 병렬 연결하였을 때 특징으로 옳은 것은?

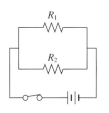

① 회로의 전체 저항이 커진다.

② 각 저항에 걸리는 전압이 같다.

③ 회로 전체에 흐르는 전류의 세기는 작아진다.

④ 전기 기구 중 한 개가 고장나면 전체 전류가 흐르지 않는다.

04 다음은 A 지점에서 공을 가만히 놓았을 때, A~D에서의 위치 에너지와 운동 에너지를 나타낸 것이다. ㉠의 크기는? (단, 공기 저항은 무시한다.)

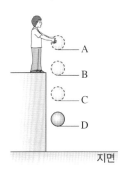

지점	위치 에너지(J)	운동 에너지(J)
A	40	0
B	30	10
C	20	20
D	10	(㉠)

① 30   ② 20

③ 10   ④ 0

05 다음 설명에 해당하는 것은?

○ 항상 물체보다 작고 바로 선 상이 생긴다.
○ 반사된 빛을 퍼뜨려 넓은 지역의 모습이 상으로 생긴다.

① 평면 거울
② 오목 거울
③ 볼록 거울
④ 볼록 렌즈

06 털가죽으로 문질러 (−)전기를 띤 에보나이트 막대를 검전기의 금속판에 가까이 가져갔을 때 나타나는 현상으로 옳은 것만을 〈보기〉에서 모두 고른 것은?

에보나이트 막대
금속판
금속막대
금속박

──────┤ 보기 ├──────
ㄱ. 금속박이 벌어진다.
ㄴ. 금속박이 오므라든다.
ㄷ. 금속박이 (+)전하를 띤다.
ㄹ. 금속박이 (−)전하를 띤다.

① ㄱ, ㄷ
② ㄱ, ㄹ
③ ㄴ, ㄷ
④ ㄴ, ㄹ

07 압력이 일정할 때, 기체의 부피는 온도에 비례한다. 이와 관련 있는 생활 속 예는?

① 높은 산에서는 과자 봉지가 부풀어 오른다.
② 물속의 기포가 수면 위로 올라올수록 커진다.
③ 찌그러진 탁구공을 뜨거운 물에 담그면 펴진다.
④ 헬륨 풍선이 높이 올라갈수록 크기가 점점 커진다.

08 그림과 같이 드라이아이스가 담긴 비커에 물을 부었더니 물속에서는 기포가 발생하였고, 비커 주위에는 흰 연기가 생겼다. 이때 일어난 상태 변화는?

물
드라이아이스

① 응고
② 액화
③ 승화
④ 융해

09 그림은 어떤 분자의 모형을 나타낸 것이다. 이 모형의 분자식으로 옳은 것은?

① H_2
② CO
③ H_2O
④ NH_3

10 그림은 수소 원자가 수소 이온이 되는 과정을 나타낸 것이다. 수소 이온을 옳게 나타낸 것은?

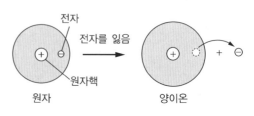

전자
전자를 잃음
원자핵
원자
양이온

① H^+
② H^-
③ H^{2+}
④ H^{2-}

11 생물을 분류할 때 생물이 가진 고유 특징을 기준으로 분류한 것이 <u>아닌</u> 것은?

① 생김새
② 쓰임새
③ 호흡 방법
④ 번식 방법

12 다음과 같이 마그네슘 6 g과 산소 4 g이 모두 반응하여 산화 마그네슘 10 g이 생성될 때, 마그네슘과 산소의 질량비는?

$$2Mg + O_2 \rightarrow 2MgO$$

마그네슘	산소	산화 마그네슘
6 g	4 g	10 g

① 1 : 4
② 2 : 3
③ 3 : 2
④ 4 : 1

13 그림은 어떤 액체 물질의 냉각 곡선이다. 이 물질의 어는점은?

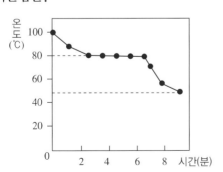

① 100 ℃
② 80 ℃
③ 50 ℃
④ 40 ℃

14 그림은 생물을 5계로 분류한 것이다. 우산이끼가 속하는 계는?

① 균계
② 식물계
③ 원생생물계
④ 원핵생물계

15 그림은 잎에서 일어나는 광합성 과정을 나타낸 것이다. A~D에 해당하는 물질을 옳게 짝지은 것은?

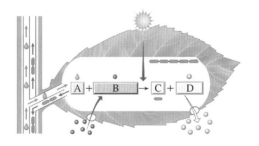

	A	B	C	D
①	물	산소	포도당	이산화 탄소
②	산소	포도당	물	이산화 탄소
③	포도당	이산화 탄소	산소	물
④	물	이산화 탄소	포도당	산소

16 그림에서 폐로 가서 이산화 탄소를 내보내고 산소를 받아 심장으로 돌아오는 폐순환 경로를 옳게 나타낸 것은?

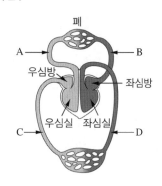

① 우심실 → A → 폐 → B → 좌심방

② 좌심실 → B → 폐 → A → 우심방

③ 우심실 → C → 온몸 → D → 좌심방

④ 좌심실 → D → 온몸 → C → 우심방

17 다음은 자극의 전달 경로를 나타낸 것이다. A에 들어갈 전달 경로를 옳게 나타낸 것은?

자극 → 감각기 → (A) → 반응기 → 반응

① 감각 뉴런 → 운동 뉴런 → 연합 뉴런

② 감각 뉴런 → 연합 뉴런 → 운동 뉴런

③ 운동 뉴런 → 연합 뉴런 → 감각 뉴런

④ 운동 뉴런 → 감각 뉴런 → 연합 뉴런

18 다음 설명에 해당하는 과정은?

수정란이 발생 초기에 빠르게 세포 분열하여 세포 수를 늘리는 과정이다. 이때 세포 수는 늘어나지만, 세포 하나의 크기는 점점 작아진다.

① 수정   ② 난할

③ 착상   ④ 출산

19 다음은 순종의 둥근 완두(RR)와 순종의 주름진 완두(rr)를 교배하여 얻은 잡종 제1대의 둥근 완두(Rr)를 자가 수분하여 잡종 제2대를 얻은 결과를 나타낸 것이다. 잡종 제2대의 둥근 완두(RR, Rr)와 주름진 완두(rr)의 분리비는?

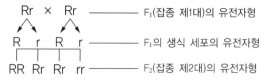

① 1 : 2   ② 1 : 3

③ 2 : 1   ④ 3 : 1

20 지구의 자전으로 나타나는 현상이 <u>아닌</u> 것은?

① 별의 일주 운동

② 달의 일주 운동

③ 계절에 따라 별자리가 달라지는 현상

④ 지역에 따라 일출 시각과 일몰 시각이 달라지는 현상

21 다음 설명에 해당하는 전선은?

> ○ 더운 공기가 찬 공기를 타고 올라가는 전선
> 이다.
> ○ 전선면 기울기가 완만하며, 층운형 구름이 생
> 성된다.

① 온난 전선

② 한랭 전선

③ 정체 전선

④ 폐색 전선

22 해수에 녹아 있는 염류 중 가장 많은 양을 차지하는 것은?

① 황산 칼슘

② 염화 나트륨

③ 염화 마그네슘

④ 황산 마그네슘

23 지구의 공전 궤도보다 안쪽에서 공전하는 행성은?

① 금성 　　　② 화성

③ 목성 　　　④ 토성

24 겉보기 등급이 6등급인 별의 거리가 10배 가까워진다면 이 별의 겉보기 등급은?

① −6등급

② −5등급

③ 0등급

④ 1등급

25 그림은 지구에서 관측한 별 S의 연주 시차를 나타낸 것이다. 별 A~D 중 연주 시차가 가장 작은 별은?

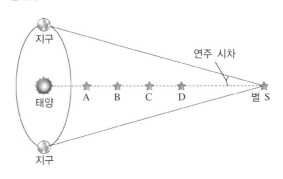

① A 　　　　　　　② B

③ C 　　　　　　　④ D

5일차   도덕

제한 시간: 30분
문항 수: 25문항
배점: 1문제당 4점

정답 CHECK!
자동 채점 서비스

01 도덕의 요소로 옳지 <u>않은</u> 것은?

① 욕망
② 배려
③ 존중
④ 자율성

02 도덕적 사고와 행동의 불일치 요인으로 옳은 것은?

① 진정한 이해와 앎
② 타인에 대한 공감 능력
③ 사회 구조나 잘못된 관행
④ 불의에 저항할 수 있는 용기

03 다음 설명에 해당하는 시민 불복종의 정당화 조건으로 옳은 것은?

> 폭력은 문제 해결의 근본적인 수단이 될 수 없고 서로에게 분노와 증오를 남길 우려가 있다.

① 비폭력성
② 처벌의 감수
③ 최후의 수단
④ 목적의 정당성

04 빈칸 ㉠에 들어갈 말로 알맞지 <u>않은</u> 것은?

본래적 가치에는 어떤 것들이 있을까요?

㉠ 와/과 같은 것들이 있습니다.

① 행복
② 배려
③ 사랑
④ 현금

05 청소년기의 바람직한 이성 교제로 옳지 <u>않은</u> 것은?

① 양성평등 의식을 형성한다.
② 이성을 인격체로 대우할 수 있다.
③ 상대방을 성적 호기심 상대로 본다.
④ 자신의 성격과 행동을 파악할 수 있다.

06 가족 간 도리의 실천 방법으로 옳은 것은?

① 평소에 충분한 대화를 한다.
② 상처가 되는 말을 하며 허물없이 대한다.
③ 자립심 형성을 위해 서로 도와주지 않는다.
④ 가족 구성원과 친밀함을 교류를 하지 않는다.

07 부패 행위 예방법 중 사회 제도적 차원에서의 활동으로 옳은 것은?

① 청렴 의식이 필요하다.

② 부패 방지법 등 제도적 노력을 한다.

③ 이익을 보면 의로움을 먼저 생각한다.

④ 공적 일을 우선하고 사적 행동을 나중에 한다.

08 빈칸 ㉠~㉢에 들어갈 말로 알맞은 것은?

> 사랑은 상대방에 대한 존중과 배려이며, 헌신의 마음이다. 이러한 사랑의 종류에는 성적인 사랑을 의미하는 ㉠ , 친구나 동료와의 우정을 뜻하는 ㉡ , 신이나 부모의 무조건적인 사랑을 말하는 ㉢ 가 있다.

	㉠	㉡	㉢
①	필리아	에로스	아가페
②	아가페	에로스	필리아
③	에로스	필리아	아가페
④	아가페	필리아	에로스

09 빈칸 ㉠에 공통으로 들어갈 말로 알맞은 것은?

> 습관은 ㉠ 의 기초가 되며, 이것이 쌓여 이루어진 좋은 ㉠ 은 행복을 불러온다.

① 탐욕 ② 편견

③ 고집 ④ 품성

10 이웃에 대한 배려를 적극적으로 표현하고 실천하는 자세로 옳은 것은?

① 평화 ② 성찰

③ 절제 ④ 봉사

11 다음 설명에 해당하는 사람으로 옳지 않은 것은?

> ○ 사회적으로 불리한 조건에 처해 있는 사람
> ○ 인간다운 삶을 살아가는 데 어려움을 겪는 사람

① 비장애인

② 독거노인

③ 이주 노동자

④ 결혼 이주 여성

12 빈칸 ㉠에 들어갈 말로 알맞은 것은?

> ㉠ : 공동체 내에서 타인과 소통하며, 상대의 상황을 이해하여 원만한 관계를 지속하는 상태

① 행복

② 습관화

③ 사회적 건강

④ 회복 탄력성

13 남북한 통일 후 바람직한 모습으로 적절하지 <u>않은</u> 것은?

① 국제 경쟁력 강화
② 국제적 지위 하락
③ 국토 공간의 효율적 활용
④ 국토 공간의 불균형 성장 극복

14 다음 설명과 관련 있는 통일의 필요성으로 가장 적절한 것은?

> ○ 이산가족 및 실향민의 고통 해소
> ○ 북한 주민의 인간다운 삶을 보장하기 위함

① 인도주의적 관점에서의 통일
② 평화 체제 장착을 위한 통일
③ 경제 발전과 번영을 위한 통일
④ 새로운 민족 공동체 건설을 위한 통일

15 다음 설명에 해당하는 갈등 해결 방식은?

> 갈등 상황이 없는 것처럼 무시하거나 상황을 외면해 버리는 경우로 근본적인 원인의 해결이 어렵다.

① 순응하는 유형
② 공격적인 유형
③ 협력하는 유형
④ 회피하는 유형

16 평화적인 문제 해결의 방법 중 갈등 당사자 간의 문제점을 확인하고 합의하는 방법으로 옳은 것은?

① 차별   ② 조정
③ 중재   ④ 협상

17 다문화 사회가 확산하는 원인으로 옳지 <u>않은</u> 것은?

① 국제 교류의 증가
② 국제 결혼의 감소
③ 교통과 통신의 발달
④ 경제적 성장과 신문화 요소 도입

18 도덕적 추론 과정에서 제시된 근거나 문제점을 합리적으로 검토하는 과정으로 옳은 것은?

① 포섭 검사
② 비판적 사고
③ 역할 교환 검사
④ 보편화 결과 검사

19 폭력적인 상황을 알고도 외면하거나 방관하는 유형으로 옳은 것은?

① 정신적 폭력
② 물리적인 폭력
③ 구조적인 폭력
④ 부작위에 의한 폭력

20 준법의 필요성으로 옳지 <u>않은</u> 것은?

① 정의로운 사회의 형성
② 공정한 사회 질서 확립
③ 국가 권력 체제의 유지
④ 개인의 자유와 권리 수호

21 신체적 고통의 역할로 옳은 것은?

① 욕심과 집착에 대한 반성
② 자신을 보호해야 한다는 신호
③ 타인에 대한 이해 범위의 확대
④ 함께 하는 사람이 소중하다는 깨달음

22 과학 기술 발달에 대한 설명으로 가장 적절한 것은?

① 교통수단의 발달로 물자의 교류가 축소되고 있다.
② 의학 기술의 발달로 인류의 수명이 연장되고 있다.
③ 정보·통신 기술의 발달로 개인의 사생활이 보장되고 있다.
④ 유전 공학의 발달로 인류의 식량 문제가 완전히 해결되었다.

23 사회적 약자에 대한 사회 제도적 관점에서의 배려로 옳지 <u>않은</u> 것은?

① 최저 생계비 지원
② 인권 감수성 키우기
③ 기본적인 의료비 지원
④ 장애인 차별금지법 제정

24 교사의 질문에 대한 대답으로 적절하지 <u>않은</u> 것은?

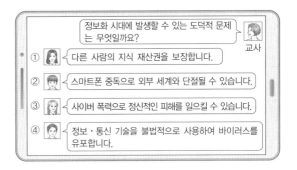

25 다음 설명에 해당하는 환경 친화적 제도로 옳은 것은?

> 오염 물질을 배출한 자가 그 물질 처리 비용을 부담하도록 한 제도이다.

① 로컬푸드 운동
② 환경 마크 제도
③ 환경 개선 부담금
④ 저탄소 녹색성장 정책

1일차
2일차
3일차
4일차
5일차
6일차
7일차

작은 기회로부터 종종 위대한 업적이 시작된다.

– 데모스테네스 –

6일차
제6회 실전 모의고사

6일차　국어

제한 시간: 40분
문항 수: 25문항
배점: 1문제당 4점

정답 CHECK!
자동 채점 서비스

01 공감하며 대화하기의 목적으로 가장 적절한 것은?

① 상대방에게 교훈과 감동을 준다.

② 상대방에게 유익한 정보를 전달한다.

③ 상대방의 생각을 객관적으로 평가한다.

④ 상대방을 이해하고 좋은 관계를 형성한다.

02 밑줄 친 단어 중 다음 설명에 해당하는 예로 적절하지 <u>않은</u> 것은?

> 겹받침이 모음으로 시작된 조사나 어미, 접미사와 결합되는 경우에는, 뒤엣것만을 뒤 음절 첫소리로 옮겨 발음한다. (이 경우, 'ㅅ'은 된소리로 발음함.)

① 의자에 <u>앉아서</u> 기다리세요.

② 어머니의 <u>몫을</u> 가져가세요.

③ 저 물건의 <u>값어치</u>는 얼마일까요?

④ 학교 운동장의 <u>넓이</u>는 얼마나 될까요?

03 다음 낱말 중 같은 품사끼리 묶이지 <u>않은</u> 것은?

① 책상, 그냥

② 숨다, 꺾다

③ 맑다, 빠르다

④ 서넛, 다섯째

04 다음은 토론 '논제 정하기' 중의 대화이다. 빈칸 ㉠에 들어갈 말로 가장 적절한 것은?

> (가)
>
> "동물원 코끼리, 독방에 갇힌 사람처럼 스트레스 극심"
>
> –『연합뉴스』, 2017년 10월 27일 자
>
> (나)
>
> ○○ 대공원 '순수 혈통' 백두산 호랑이 4마리 탄생……"세계적으로 희귀"
>
> –『국제신문』, 2018년 6월 9일 자
>
> (다)
>
> 민재: (가)는 동물원에 갇힌 동물이 심한 스트레스를 받는다는 내용으로, 동물원에서 동물이 고통 받는 모습을 보여 주는 자료야.
>
> 세윤: (나)는 동물원이 멸종 위기의 동물을 보존한다는 내용으로, 동물원의 필요성을 보여 주는 자료야.
>
> 민재: (가)와 (나)는 동물원의 동물 보호 역할과 관련하여 의견이 엇갈리고 있구나. 여기에서 (　㉠　)(이)라는 쟁점을 설정할 수 있겠다.

① 동물원은 동물을 보호하는가?

② 동물원은 유지 보수가 어려운가?

③ 동물원 동물들은 스트레스를 받는가?

④ 동물원의 희귀 동물을 보호해야 하는가?

05 다음 대화에서 밑줄 친 어휘에 대한 설명으로 적절한 것은?

> 영주: 은수야, 오늘 미주 생파에 갈 거니?
> 은수: 응 갈거야. 선물로 문상 샀어.
> 영주: 그래. 우리 미주 깜놀해 주자.

① 우리말의 어휘를 풍부하게 한다.
② 지역에 따라 다르게 쓰는 말이다.
③ 같은 집단 내에서 의사소통의 효율성을 높인다.
④ 추상적인 개념이나 전문 분야의 개념을 나타내는 어휘가 많다.

06 다음 설명에 해당하는 문장으로 적절하지 않은 것은?

> 주어와 서술어의 관계가 두 번 이상 나오는 문장

① 해가 지고, 새가 울었다.
② 승주가 집으로 돌아왔다.
③ 새해가 되니 마음이 새롭다.
④ 바람이 불어서 꽃잎이 흩날린다.

07 ㉠에 따라 자음자를 바르게 배열한 것은?

> 민수: 세종 대왕님, 그럼 기본자를 제외한 나머지 글자들은 어떻게 만드셨나요?
> 세종 대왕: 자음은 기본자에 획을 하나씩 더해서 만들기도 했어요. 이를 ㉠ 가획의 원리라고 합니다.

① ㄱ - ㄴ - ㄷ
② ㅅ - ㅈ - ㅎ
③ ㅁ - ㅂ - ㅍ
④ ㄴ - ㄷ - ㄸ

08 다음 개요에서 ㉠의 세부 내용으로 가장 적절한 것은?

처음	우리의 전통 놀이인 '줄다리기'
가운데	1. 줄다리기의 뜻과 유래 2. 줄다리기를 하는 방법 …… ㉠ 3. 줄다리기의 의의
끝	줄다리기의 보존 및 계승에 대한 당부

① 줄다리기의 가치
② 줄다리기의 규칙
③ 줄다리기의 발전 방향
④ 줄다리기를 응용한 다른 놀이

09 ㉠을 〈보기〉의 특성을 지닌 표현으로 나타낼 때 가장 적절한 것은?

> 아버지께서 산을 오르다 보이는 나무를 가리키며 말을 거셨지만 나는 들은 척도 하지 않고 앞만 보고 걸어 올라갔다. 빨리 등산을 끝내고 집에 가고 싶은 마음뿐이었다. 아버지는 나의 이런 모습에 언짢아하셨다. 그런 아버지께 ㉠이 정도는 쉬운 일이라고 으스대며 앞서가는 것도 잠시, 경사진 길을 올라가다 보니 숨이 턱에 닿아 걸음이 느려졌다.

| 보기 |
> 일상생활 속에서 얻은 지혜를 비유적이고 간결하게 나타낸다.

① 시작이 반
② 시치미 떼기
③ 누워서 떡 먹기
④ 천 리 길도 한 걸음부터

10 ㉠~㉣에 대한 고쳐 쓰기 방안으로 적절하지 않은 것은?

> 초등학교 ㉠2학년때, 어느 봄날이었다. 한 할머니께서 병아리를 나누어 주시는 걸 보았다. 노란 털로 ㉡덮여 있는 병아리는 정말 매력적이었다. ㉢그런데 난 그 앞에 쪼그리고 앉아 한참이나 병아리를 바라보았다. 나는 병아리를 키우게 해 달라고 엄마께 ㉣타이르기 시작하였다. 처음에는 반대하셨던 엄마도 결국은 허락해 주셨다. 그렇게 나와 민들레의 인연이 시작되었다.

① ㉠: 띄어쓰기가 맞지 않으므로 '2학년 때'로 바꾼다.
② ㉡: 한글 맞춤법에 어긋나므로 '덮여'로 바꾼다.
③ ㉢: 문장의 호응을 고려하여 '그래서'로 바꾼다.
④ ㉣: 문맥에 맞지 않으므로 '달래기'로 바꾼다.

[11~13] 다음 글을 읽고 물음에 답하시오.

(가)
'국어(國語) 상용(常用)의 가(家)'
해방되던 날 떼어서 집어넣어 둔 것을 그동안 깜박 잊고 있었다.

그는 액자 틀 뒤를 열어 음식점 면허장 같은 두터운 모조지를 빼내어 글자 한 자도 제대로 남지 않게 손끝에 힘을 주어 꼼꼼히 찢었다.

이 종잇장 하나만 해도 일본인과의 교제에 있어서 얼마나 떳떳한 구실을 할 수 있었던 것인가. 야릇한 미련 같은 것이 섬광처럼 머릿속에 스쳐 갔다.

환자도 일본 말 모르는 축은 거의 오는 일이 없었지만 ㉠대외 관계는 물론 집 안에서도 일체 일본 말만을 써 왔다. 해방 뒤 부득이 써 오는 제 나라 말이 오히려 의사 표현에 어색함을 느낄 만큼 그에게는 거리가 먼 것이었다.

마누라의 솔선수범하는 내조지공도 컸지만 애들까지도 곧잘 지켜 주었기에 이 종잇장을 탄 것이 아니던가. 그것을 탄 날은 온 집안이 무슨 경사나 난 것처럼 기뻐들 했다.

"잠꼬대까지 국어로 할 정도가 아니면 이 영예로운 기회야 얻을 수 있겠소."

하던 국민 총력 연맹 지부장의 웃음 띤 치하 소리가 떠올랐다.

그 순간, 자기 자신은 아이들을 소학교부터 일본 학교에 보낸 것을 얼마나 다행으로 여겼던 것인가.

(나)
'북한 소련 유학생 서독으로 탈출'
바둑돌 같은 굵은 활자의 제목. 왼편 전단을 차지한 외신 기사. 손바닥만 한 사진까지 곁들여 있다.

그는 코허리에 내려온 안경을 올리면서 눈을 부릅떴다.

그의 시각은 활자 속을 헤치고 머릿속에는 아들의 환상이 뒤엉켜 들이차 왔다. 아들을 모스크바로 유학시킨 것은 자기의 억지에서였던 것만 같았다.

출신 계급, 성분, 어디 하나나 부합될 조건이 있었단 말인가. 고급 중학을 졸업하고 의과 대학에 입학된 바로 그해다.

이인국 박사는 그때나 지금이나 자기의 처세 방법에 대하여 절대적인 자신을 가지고 있다.

"얘, 너 그 노어(露語) 공부를 열심히 해라."

"왜요?"

아들은 갑자기 튀어나오는 아버지의 말에 의아를 느끼면서 반문했다.

"야 원식아, 별수 없다. 왜정 때는 그래도 일본 말이 출세를 하게 했고 이제는 노어가 또 판을 치지 않니. ⓐ 고기가 물을 떠나서 살 수 없는 바에야 그 물속에서 살 방도를 궁리해야지. 아무튼 그 노서아 말 꾸준히 해라."

— 전광용, 「꺼삐딴 리」

11 윗글에 대한 설명으로 적절하지 <u>않은</u> 것은?

① 인물 사이의 갈등을 중심으로 하여 사건이 진행되고 있다.

② 인물이 살아가는 모습을 풍자하여 주제 의식을 전달하고 있다.

③ 급변하는 시대 상황에 대응하는 인물의 모습이 잘 나타나 있다.

④ 일제 강점기 이후 격변하는 시대적 상황을 주된 배경으로 하고 있다.

12 ㉠의 의미로 가장 적절한 것은?

① 이인국이 지조와 절개를 지키는 인물임을 나타낸다.

② 이인국이 독립 운동에 적극적이지 못해 부끄러움을 느낌을 나타낸다.

③ 이인국이 변화하는 시대상에 정착하지 못하고 방황하고 있음을 나타낸다.

④ 이인국이 식민 지배 정책을 충실히 따르며 친일파로 살아왔음을 나타낸다.

13 (나)의 ⓐ를 고려할 때 이인국에 대한 평가로 가장 적절한 것은?

① 타인을 배려하고 돕고자 하는 이타적인 인물이로군.

② 다른 사람의 시선을 의식하며 살아가는 인물이로군.

③ 자신의 의견만 옳다고 생각하는 독선적인 인물이로군.

④ 시대의 변화에 따라 빠르게 변신하는 기회주의적인 인물이로군.

[14~16] 다음 글을 읽고 물음에 답하시오.

가난하다고 해서 외로움을 모르겠는가
너와 헤어져 돌아오는
눈 쌓인 골목길에 새파랗게 달빛이 쏟아지는데.
가난하다고 해서 두려움이 없겠는가
두 점을 치는 소리
㉠ 방범대원의 호각 소리 ㉡ 메밀묵 사려 소리에
눈을 뜨면 멀리 ㉢ 육중한 기계 굴러가는 소리.
가난하다고 해서 그리움을 버렸겠는가
어머님 보고 싶소 수없이 뇌어 보지만
집 뒤 감나무에 까치밥으로 하나 남았을
㉣ 새빨간 감 바람 소리도 그려 보지만.
가난하다고 해서 사랑을 모르겠는가
내 볼에 와 닿던 네 입술의 뜨거움
사랑한다고 사랑한다고 속삭이던 네 숨결
돌아서는 내 등 뒤에 터지던 네 울음.
가난하다고 해서 왜 모르겠는가
가난하기 때문에 이것들을
ⓐ 이 모든 것들을 버려야 한다는 것을.

— 신경림, 「가난한 사랑 노래」

14 윗글에 대한 설명으로 적절하지 <u>않은</u> 것은?

① 다양한 감각적 이미지를 활용한다.

② 의문문 형식의 문장 구조를 반복한다.

③ 시적 화자의 감정을 진솔하게 전달한다.

④ 현실을 개혁하고자 하는 의지가 드러난다.

15 ㉠~㉣ 중 밑줄 친 부분이 드러난 시구로 적절하지 **않은** 것은?

> 이 작품은 1970년대 급격한 산업화라는 사회·문화적 상황을 바탕으로 도시 노동자의 가난한 삶을 나타내고 있다.

① ㉠   ② ㉡
③ ㉢   ④ ㉣

16 다음 중 ⓐ에 해당하는 시어가 **아닌** 것은?

① 사랑   ② 까치밥
③ 외로움   ④ 두려움

[17~19] 다음 글을 읽고 물음에 답하시오.

> ㉠ **등장인물**: 토끼, 자라, 용왕, 문어, 뱀장어, 전기뱀장어, 고등어, 꼴뚜기, 도루묵
> **장소**: 바닷속 궁궐(용궁), 산속
>
> ㉡ 용왕이 있는 용궁이 무대이다. 용궁은 온갖 해초들이 넘실대는 화려한 궁전이다. 가운데 용왕의 의자가 놓여 있다. 막이 오르면 시름시름 앓고 있는 용왕이 의자에 앉아 있다. 양옆으로 신하들이 늘어서 있다. 신하들은 용왕의 부름을 받고 분부를 기다리는 중이다.
>
> 용왕: ㉢ (악단치며) 내가 물속에 사는 온갖 약초를 다 먹어 보았지만, 아직도 아프질 않느냐!
> 고등어: ㉣ 황공하오이다, 마마.
> 용왕: 그놈의 황공 소리도 듣기 싫다.
> 문어: (머리를 조아리며) 황공무지로소이다, 마마.
> 용왕: 듣기 싫어! 황공이고 무지고 그런 소리 말고 내 병이 깔끔히 나을 묘수를 말하란 말이다.

> 꼴뚜기: 폐하! 약초보다는 어패류가 나은 줄 아뢰오.
> 용왕: 어패류가 무엇을 말하는고? 신약이 나왔단 말이냐?
> 문어: 어패류란 물고기나 조개 종류를 말하는 것인 줄 아뢰오.
> 용왕: ⓐ 물고기…… 너희를 먹으라고?
>
> 용왕 놀란다. 용왕 구역질을 한다. 신하들은 깜짝 놀라 꼴뚜기를 두드려 팬다.
>
> – 엄인희, 「토끼와 자라」

17 윗글에 대한 설명으로 적절하지 **않은** 것은?

① 현실적인 내용을 담고 있다.
② 고전 소설을 희곡으로 각색하였다.
③ 권위적 행태에 대한 비판 의식이 드러나 있다.
④ 동물을 의인화하여 인간 사회를 풍자하고 있다.

18 윗글을 연극으로 공연할 때 ⓐ의 대사를 말하는 방법으로 가장 적절한 것은?

① 힘차고 당당하게 말한다.
② 등장인물의 감정을 최대한 절제한다.
③ 말이 끝나는 부분에 여운을 두며 한다.
④ 슬프고 애도하는 감정을 드러내며 말한다.

19 ㉠~㉣에 대한 설명으로 적절하지 **않은** 것은?

① ㉠: 해설
② ㉡: 시간적 배경
③ ㉢: 지시문
④ ㉣: 대사

[20~22] 다음 글을 읽고 물음에 답하시오.

(가)

겨울만 되면 정전기가 ㉠ 기승을 부린다. 자동차 문의 손잡이를 잡을 때 찌릿하기도 하고, 스웨터를 벗을 때 '찌지직' 소리와 함께 머리가 폭탄 맞은 것처럼 변하기도 한다. 심지어 친구의 손을 잡을 때 정전기가 튀어 깜짝 놀라는 경우도 있다. 우리를 깜짝 놀라게 하는 정전기. 도대체 이런 정전기는 왜 생기는 것일까?

(나)

정전기란 전하가 정지 상태로 있어 그 분포가 시간적으로 변화하지 않는 전기 및 그로 인한 전기 현상을 말한다. 쉽게 설명하면 흐르지 않고 그냥 머물러 있는 전기라고 해서 "움직이지 아니하여 조용하다."는 뜻을 가진 한자 '정(靜)'을 써 정전기라고 부르는 것이다. 우리가 실생활에서 쓰는 전기가 흐르는 물이라면, 정전기는 높은 곳에 고여 있는 물이다. 정전기의 전압은 수만 볼트(V)에 달하지만, 우리가 실생활에서 쓰는 전기와는 다르게 전류가 거의 없어 위험하지는 않다. 어마어마하게 높은 곳에 고여 있는 물이지만 떨어지는 것은 한두 방울뿐이라 별 피해가 없다고나 할까.

그런데 정전기로 고생하는 정도는 사람마다 다르다. 우리 주변에는 정전기로 유별나게 고생하는 사람이 꼭 있다. 다른 사람이 만졌을 때에는 괜찮았는데 이들이 만지면 어김없이 튀는 정전기. 왜 정전기로 고생하는 정도가 사람마다 다른 것일까?

(다)

정전기가 언제 잘 생기는지를 보면 답을 알 수 있다. 우선 정전기는 건조할 때 잘 생긴다. 습도가 높으면 공기 중의 수분이 ㉡ 전하가 흘러갈 수 있는 ㉢ 도체 역할을 하여 정전기가 수시로 ㉣ 방전된다. 따라서 습도가 높으면 정전기도 잘 생기지 않는다. 여름보다 겨울에 정전기가 기승을 부리는 것은 이런 까닭에서이다.

– 김정훈, 「정전기가 겨울로 간 까닭은?」

20 윗글의 표현상 특징으로 가장 적절한 것은?

① 글쓴이가 경험한 사실을 개성적으로 표현한다.
② 대체로 발단, 전개, 위기, 절정, 결말의 형식을 따른다.
③ 여러 가지 표현 방법으로 언어의 함축성을 잘 드러낸다.
④ 말하고자 하는 대상에 대한 정보를 객관적으로 전달한다.

21 (다)에 쓰인 설명 방법의 예로 가장 적절한 것은?

① 꾸준히 공부하였더니 성적이 향상되었다.
② 봄에 피는 꽃에는 벚꽃, 진달래, 목련 등이 있다.
③ 된장과 치즈는 모두 발효 과정을 거쳐 건강에 좋은 음식이다.
④ 지구 온난화란 지구의 평균 기온이 올라가는 현상을 말한다.

22 ㉠~㉣의 사전적 의미로 적절하지 **않은** 것은?

① ㉠: 기운이나 힘 따위가 성해서 좀처럼 누그러들지 않음을 이르는 말.
② ㉡: 굴러 내려가거나 굴러떨어짐을 이르는 말.
③ ㉢: 열 또는 전기의 전도율이 비교적 큰 물체를 통틀어 이르는 말.
④ ㉣: 전지나 축전기 또는 전기를 띤 물체에서 전기가 외부로 흘러나오는 현상.

[23~25] 다음 글을 읽고 물음에 답하시오.

그러면 아홉은 정녕 열보다 적거나 작은 수일까요? 그렇지 않습니다. 예를 들어 보겠습니다.

끝없이 높고 너른 하늘을 십만 리 장천이라고 하지 않고 구만리장천이라고 합니다. 젊은이더러 ㉠ 앞길이 구만 리 같은 사람이라고 하는 말과 같은 뜻이지요.

굽이굽이 한없이 서린 마음을 구곡간장이라고 하고, 굽이굽이 에워 도는 산굽이가 얼마인지 모르는 길을 구절양장이라고 하고, 통과해야 할 문이 몇이나 되는지 모르는 왕실을 구중궁궐이라고 하고, 죽을 고비를 수도 없이 넘기고 살아난 것을 구사일생이라고 표현하고 있습니다.

또 있습니다. 끝 간 데가 어디인지 모르는 땅속이나 저승을 구천이라고 하고 임금보다 한 계급 모자라는 대신인 삼공육경을 구경이라고 합니다. 문화재로 남아 있는 탑들을 보면, 구 층 탑은 부지기수로 많아도, 십 층 탑은 아직 보지 못하였습니다.

㉡ 동양에서는, 그 중에서도 특히 우리나라에서는, 오랜 옛날부터 열보다 아홉을 더 사랑했습니다. 얼마나 사랑했으면 아홉 구 자가 두 번 든 음력 구월 구일을 중양절이니, 중굿날이니 하는 이름으로 부르면서, 천 년이 넘도록 큰 명절로 정하고 쉬어 왔겠습니까.

우리 조상들이 열보다 아홉을 더 사랑한 것은 무슨 까닭이었을까요? 간단히 말해서 모든 일에 완벽함을 기대하지 않았다는 뜻이 아니었을까요? 다시 말하면, 이 세상에 완전한 것은 없다는 사실을, 우리의 선조들은 아주 오랜 옛날부터 익히 알고 있었다는 것입니다.

– 이문구, 「열보다 큰 아홉」

23 윗글에 대한 설명으로 적절하지 <u>않은</u> 것은?

① 문답법을 사용하여 내용을 강조하고 있다.
② 숫자 아홉에 담긴 의미를 주제로 하고 있다.
③ 각종 일화를 정해진 형식에 따라 생각을 전달하고 있다.
④ 역설적 표현을 제목으로 하여 글쓴이의 생각을 강조하고 있다.

24 ㉠과 같은 표현의 특징으로 적절하지 <u>않은</u> 것은?

① 우리 민족의 문화가 담겨 있기도 하다.
② 일반적인 표현에 비해 내용을 더 강조할 수 있다.
③ 말하고자 하는 바를 보다 명확하게 전달할 수 있다.
④ 시대가 변해도 변형되거나 새로 만들어지지 않는다.

25 ㉡에 대한 이유로 가장 적절한 것은?

① 성공을 보장하는 수로 알았기 때문에
② 아홉 가지 덕목으로 완벽을 추구하려 하였기 때문에
③ 세상은 완전한 것은 없다는 것을 알고 있었기 때문에
④ 선조들의 미덕을 본받아 따뜻한 마음을 전달하려 하였기 때문에

6일차 수학

제한 시간: 40분
문항 수: 20문항
배점: 1문제당 5점

정답 CHECK!
자동 채점 서비스

01 56의 약수의 개수는?

① 2개 ② 4개
③ 6개 ④ 8개

02 $x+y=-2\sqrt{2}$, $xy=3$일 때, $x^2+5xy+y^2$의 값은?

① 17 ② 18
③ 19 ④ 20

03 다음 두 일차방정식의 해가 서로 같을 때, 상수 a의 값은?

$$6-5x=-x+2 \qquad 2x+a=-1$$

① -6 ② -5
③ -4 ④ -3

04 다음 공식을 이용하여 화씨온도가 59 °F일 때, 섭씨온도는?

$$섭씨온도\,(°C)=\frac{5}{9}\times(화씨온도\,(°F)-32\,°F)$$

① 13 ℃ ② 14 ℃
③ 15 ℃ ④ 16 ℃

05 그림에서 ∠AOD가 평각일 때, ∠BOC의 크기는?

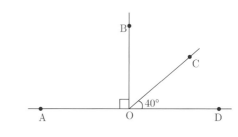

① 30° ② 40°
③ 50° ④ 60°

1일차
2일차
3일차
4일차
5일차
6일차
7일차

06 원뿔대를 회전축을 포함하는 평면으로 자를 때 생기는 단면의 모양은?

① 삼각형　　　　② 사다리꼴
③ 직사각형　　　④ 정오각형

07 다음은 예빈이네 반 학생 25명을 대상으로 지난 일주일 동안의 TV 시청 시간을 조사하여 나타낸 도수분포표이다. 이 학급의 학생들 중 시청 시간이 6시간 미만인 계급의 상대도수는?

시청 시간(시간)	학생 수(명)
$0^{이상} \sim 3^{미만}$	1
$3 \sim 6$	4
$6 \sim 9$	7
$9 \sim 12$	10
$12 \sim 15$	3
합계	25

① 0.2　　　　② 0.25
③ 0.3　　　　④ 0.35

08 분수 $\dfrac{x}{2 \times 3^2}$를 유한소수로 나타낼 수 있을 때, x의 값이 될 수 있는 한 자리 자연수는?

① 3　　　　② 5
③ 6　　　　④ 9

09 어떤 다항식에 $-2a^2b^3$을 곱해야 하는데 잘못하여 나누었더니 $\dfrac{1}{2}ab - 3a^4b^3$이 되었다. 이때 바르게 계산한 식은? (단, $a \neq 0$, $b \neq 0$)

① $-12a^5b^7 - 2a^8b^9$
② $2a^5b^7 - 12a^8b^9$
③ $2a^5b^7 + 12a^8b^9$
④ $12a^5b^7 - 2a^8b^9$

10 다음 중 부등식 $5x + 2 < -8$의 해를 수직선 위에 바르게 나타낸 것은?

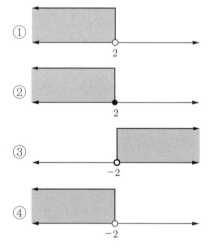

11 일차함수 $f(x) = 2x - a$에 대하여 $f(-1) = 3$일 때, $f(1)$의 값은?

① 7 ② 8

③ 9 ④ 10

12 그림과 같이 $\overline{AB} = \overline{AC}$인 이등변삼각형 ABC에서 꼭지각 A의 이등분선과 밑변 BC와의 교점을 D라 하자. $\overline{BD} = 3$ cm이고 $\overline{AD} = 5$ cm일 때, 이등변삼각형 ABC의 넓이는?

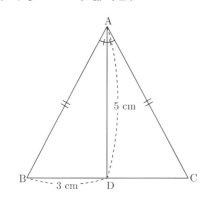

① 12 cm^2 ② 15 cm^2

③ 18 cm^2 ④ 21 cm^2

13 다음 그림과 같이 $\overline{AD}\,/\!/\,\overline{BC}$인 사다리꼴 ABCD에서 $\overline{AE} = \overline{BE}$, $\overline{EF}\,/\!/\,\overline{BC}$, $\overline{AD} = 4$ cm, $\overline{BC} = 10$ cm일 때, $\overline{EF}$의 길이는?

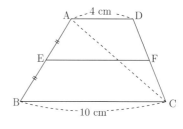

① 6 cm ② 6.5 cm

③ 7 cm ④ 7.5 cm

14 다음 중 서빈이네 조 5명 중에서 3명을 뽑아 한 줄로 세우는 경우의 수는?

① 60 ② 70

③ 80 ④ 90

15 $x = \dfrac{1}{\sqrt{2}+1}$ 일 때, $x - \sqrt{2}$의 값은?

① $-2\sqrt{2}$ ② -1

③ $2\sqrt{2}$ ④ $3\sqrt{2}-1$

16 $(2x+1)(3x+a)$의 전개식에서 x의 계수가 11일 때, 상수 a의 값은?

① 4   ② 3

③ 2   ④ 1

17 이차방정식 $x^2+ax+b=0$의 해가 $x=-2$ 또는 $x=3$이라 할 때, 두 상수 a, b에 대하여 ab의 값은?

① -6 ② -3

③ 3   ④ 6

18 다음 그림은 이차함수 $y=ax^2+bx+c$의 그래프이다. 세 실수 a, b, c에 대하여 $a+b+c$의 값은?

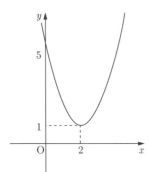

① 1   ② 2

③ 3   ④ 4

19 그림에서 $\overline{AB}$는 원 O의 지름이고 $\overline{CD}\perp\overline{OM}$이다. $\overline{AB}=12\,\text{cm}$, $\overline{CD}=8\,\text{cm}$일 때, $\overline{OM}$의 길이는?

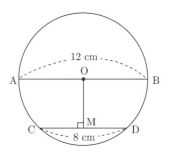

① $\sqrt{3}\ \text{cm}$ ② $\sqrt{5}\ \text{cm}$

③ $2\sqrt{5}\ \text{cm}$ ④ $3\sqrt{3}\ \text{cm}$

20 다음은 도현이의 중간고사 점수를 나타낸 표이다. 이 자료의 중앙값은?

과목	국어	영어	수학	과학	사회	도덕
점수(점)	88	92	49	68	73	94

① 80.5점   ② 87점

③ 87.5점   ④ 90점

6일차 영어

제한 시간: 40분
문항 수: 25문항
배점: 1문제당 4점

정답 CHECK!
자동 채점 서비스

01 다음 밑줄 친 단어의 뜻으로 가장 적절한 것은?

> The girl became <u>calm</u> and started studying.

① 기쁜   ② 차분한
③ 영리한   ④ 성실한

02 다음 밑줄 친 두 단어의 의미 관계와 <u>다른</u> 것은?

> I have short <u>curly</u> hair and my sister has long <u>straight</u> hair.

① light − heavy
② easy − difficult
③ safe − dangerous
④ strong − powerful

03 다음 빈칸에 들어갈 말로 가장 적절한 것은?

> Jessie must _____ out now to take the last train.

① go   ② goes
③ went   ④ going

[04~06] 다음 대화의 빈칸에 들어갈 말로 가장 적절한 것을 고르시오.

04

> A: Does Jason have pets?
> B: _____. He has two kittens.

① Yes, he is
② Yes, he does
③ No, he isn't
④ No, he doesn't

05

> A: This picture is too heavy. Can you help me, Chris?
> B: Sure. Do you want to _____ it on the wall?

① hang   ② hope
③ climb   ④ laugh

06

> A: I found this wallet on the shelf. _____?
> B: I thinks it's Brian's. He showed it to me yesterday.

① Where is Brian
② How much is it
③ Whose wallet is this
④ What does Brian have

07 다음 빈칸에 공통으로 들어갈 말로 가장 적절한 것은?

> ○ The ball _____ on the parked car.
> ○ Some of the students _____ asleep during the class.

① fell   ② flew

③ broke   ④ caught

08 다음은 Sam의 휴가 계획이다. 금요일에 할 일은?

Wednesday	Thursday	Friday	Saturday
Watching birds	Riding a bike around the lake	Going to the cave	Eating Spanish food

① 새 관찰하기

② 동굴에 가기

③ 스페인 음식 먹기

④ 호수 주변에서 자전거 타기

09 그림으로 보아 빈칸에 들어갈 말로 가장 적절한 것은?

They are _____ the street.

① drawing   ② turning

③ packing   ④ crossing

10 다음 대화의 빈칸에 들어갈 말로 가장 적절한 것은?

> A: Stanley, are you feeling better?
> B: Not really. I have a fever and a cough.
> A: _____.

① Suit yourself

② How wonderful

③ Here's some water

④ I'm sorry to hear that

11 다음 대화의 주제로 가장 적절한 것은?

> A: Hello. Do you need any help?
> B: Yes, please. I'm looking for a vest for my mother.
> A: Okay. I'll show you some popular ones.

① 의상 구입

② 세탁 요청

③ 음식 주문

④ 생일 파티 준비

12 다음 전시회 포스터를 보고 알 수 <u>없는</u> 것은?

Summer Art Exhibition

When: August 15th~
         August 31st
Where: Rose Hall,
Modern Gallery Opening Event: Friday 6 p.m.
Come and enjoy paintings and sculptures of
young artists.

① 전시 품목　　　② 전시회 장소
③ 전시회 날짜　　④ 평일 운영 시간

13 다음 방송의 목적으로 가장 적절한 것은?

Attention, passengers for Flight 202. The flight
has been delayed due to bad weather. Our new
departure time is 11:30. The flight will depart
from Gate 27A. Thank you.

① 날씨 예보
② 모임 장소 안내
③ 비행기 좌석 안내
④ 비행기 출발 지연 공지

14 다음 대화에서 Harry가 파티에 오지 <u>못한</u> 이유는?

A: Harry didn't come to the party. What
   happened to him?
B: He fell on the floor and hurt his toes this
   morning.

① 몸을 다쳐서
② 초대를 받지 못해서
③ 대회 준비를 하느라
④ 집안일을 도와야 해서

15 Jenny에 관한 다음 글의 내용과 일치하지 <u>않는</u> 것은?

Jenny had difficulty speaking in front of others.
Whenever she spoke in public, she sweated. Her
close friends wanted to help her. So Jenny
practiced speaking in front of them every day. She
finally got over her problem and became a good
speaker.

① Jenny는 사람들 앞에서 말을 잘 못하였다.
② Jenny는 친구들 앞에서만 말을 잘 하였다.
③ Jenny는 친구들 덕분에 문제를 극복할 수 있었다.
④ Jenny는 많은 사람들 앞에서 말할 때 땀을 흘렸다.

16 주어진 말에 이어질 두 사람의 대화를 〈보기〉에서 찾아 순서대로 배열한 것은?

I heard a new Italian restaurant is going to open
tomorrow.

┤ 보기 ├

(A) Yes. Let me make a reservation.
(B) Oh, I must try the food there. I love Italian food.
(C) Me too. Will you go there with me next week?

① (A) − (C) − (B)
② (B) − (A) − (C)
③ (B) − (C) − (A)
④ (C) − (A) − (B)

17 다음 동아리 홍보문을 보고 알 수 <u>없는</u> 것은?

> We are looking for new members.
> **Join Basketball Club**
> ○ We meet every Friday at the Central Park and play basketball with other teams.
> ○ The coach will also help you to learn basketball.
> ○ To sign up, come to our club room.

① 신청 기간
② 신청 장소
③ 활동 내용
④ 활동 요일

18 다음 글의 흐름으로 보아 어울리지 <u>않는</u> 문장은?

> There are various types of table manners around the world. ⓐ <u>For example, in China, some people leave some food on the plates to express their politeness.</u> ⓑ <u>In India, most people eat food using their right hand.</u> ⓒ <u>Indian food is popular around the world.</u> ⓓ <u>In Korea, it's rude to make sounds when they eat.</u>

① ⓐ
② ⓑ
③ ⓒ
④ ⓓ

19 다음 글에서 한지로 옷을 만드는 이유로 가장 적절한 것은?

> People think that paper is not strong enough to make clothes with. However, we can make clothes or shoes with traditional Korean paper, hanji. How is it possible? Hanji is made from the bark of the dak tree[1]. So it is very strong and not easily torn.
>
> 1) dak tree: 닥나무

① 색이 다양해서
② 강한 재질이어서
③ 외국에서 인기가 있어서
④ 쉽게 바느질할 수 있어서

20 그래프로 보아 빈칸에 들어갈 말로 가장 적절한 것은?

Rapid School Students'
Favorite Leisure Time Activity

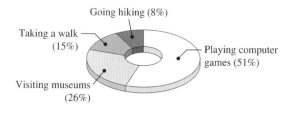

> More than half of the students like _____.

① going hiking
② taking a walk
③ visiting museums
④ playing computer games

21 다음 글에서 언급된 내용이 <u>아닌</u> 것은?

> Here are some easy ways to save energy. Turn off the lights you're not using. Wash clothes in cold water. Walk short distances instead of driving your car. It's good for your health too.

① 찬물에 세탁하기
② 사용하지 않는 전등 끄기
③ 자동차 대신 자전거 타기
④ 짧은 거리는 걸어 다니기

22 다음 밑줄 친 <u>them</u>이 가리키는 것으로 가장 적절한 것은?

> Growing vegetables is good for our health. It makes our mind calm. It also provides us with some exercise because we have to water <u>them</u> almost every day. Most of all, we can eat fresh vegetables after we grow <u>them</u>.

① our mind
② our health
③ vegetables
④ some exercise

23 아이들에게 가르쳐야 할 예절로 언급되지 <u>않은</u> 것은?

> <Manners to teach kids>
> ○ Respect other's opinion.
> ○ Share with others.
> ○ Greet everyone who comes home.
> ○ Knock on doors before entering.

① 들어가기 전에 노크하기
② 사람들에게 공손히 말하기
③ 다른 사람들과 물건을 나누기
④ 다른 사람의 의견을 존중하기

24 다음 글의 주제로 가장 적절한 것은?

> Anteaters live in South and Central America. They don't have teeth. They catch insects with their long tongues. Anteaters have large claws on their front feet. They use them to tear insect nests. Some anteaters live in the trees.

① 개미핥기의 먹이 종류
② 개미핥기가 사는 지역
③ 개미핥기의 특징과 습성
④ 개미핥기가 개미를 먹는 이유

25 다음 글의 바로 뒤에 이어질 내용으로 가장 적절한 것은?

> These days, jobs related to computer science are popular. If you have a computer science degree, you can get jobs more easily. Some examples of the jobs are software developers, web developers, and AI engineers. Here are some other jobs related to computers.

① 컴퓨터와 관련된 다양한 직업
② AI 기술이 사회에 가져온 변화
③ 아이들에게 인기 있는 컴퓨터 프로그램
④ 컴퓨터 과학을 배울 수 있는 교육 기관

1일차 2일차 3일차 4일차 5일차 6일차 7일차

6일차 사회

제한 시간: 30분
문항 수: 25문항
배점: 1문제당 4점

정답 CHECK!
자동 채점 서비스

01 빈칸 ㉠에 들어갈 말로 알맞은 것은?

> 특정 목적을 위해 필요한 지표 현상만을 선택
> 하여 표현한 지도를 ㉠ 라 한다.

① 주제도
② 일반도
③ 대축척 지도
④ 소축척 지도

02 그래프를 통해 알 수 있는 지역의 특성으로 가장 적절한 것은?

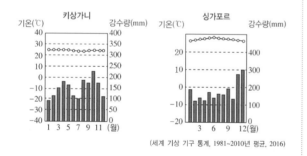

(세계 기상 기구 통계, 1981~2010년 평균, 2016)

① 적은 강수량을 보인다.
② 겨울에만 기온이 저하된다.
③ 적도를 중심으로 분포되어 있다.
④ 일교차보다 큰 연교차를 보인다.

03 빈칸 ㉠에 들어갈 말로 알맞은 것은?

> 우리나라 서·남해안 지형은 해안선이 복잡하
> 고 섬이 많은 ㉠ 해안으로 이루어져 있다.

① 돌리네
② 리아스식
③ 카르스트
④ 동고서저

04 빈칸 ㉠에 들어갈 말로 알맞은 것은?

> ㉠ 의 사례
> ○ 미국 LA 한인 타운의 한글 간판 음식점
> ○ 강제 이주 아프리카인들로 인한 아프리카 음
> 악의 대중화

① 문화 전파
② 문화 변용
③ 문화 접촉
④ 문화 융합

05 고령화에 대한 설명으로 적절하지 않은 것은?

① 우리나라의 고령화 사회로의 진입이 다른 선진국보다 빠른 것은 아니다.

② 고령 사회는 65세 이상 노인 인구가 전체 인구의 14~20%를 차지하는 사회이다.

③ 고령화 사회는 65세 이상 노인 인구가 전체 인구의 7% 이상을 차지하는 사회이다.

④ 초고령 사회는 65세 이상 노인 인구가 전체 인구의 20% 이상을 차지하는 사회이다.

06 빈칸 ⊙과 ⓒ에 들어갈 말로 알맞은 것은?

〈도시화 단계〉

○ 초기 단계: 1차 산업에 종사하는 단계
→ 매우 낮은 인구 비율

○ 가속화 단계: 도시 인구가 급증하는 단계
→ [⊙] 현상 발생

○ 종착 단계: 도시 인구가 80%를 넘어서면서 도시인구 증가가 둔화되는 단계
→ [ⓒ] 현상 발생

	⊙	ⓒ
①	과도시화	역도시화
②	과도시화	종주 도시화
③	역도시화	종주 도시화
④	이촌향도	역도시화

07 다음 설명에 해당하는 농업 방식은?

○ 건조한 사막 기후 지역의 농업 방식이다.
○ 지하 수로를 이용한 관개 농업이다.
○ 주로 밀, 보리, 대추야자 등을 수확한다.

---

① 혼합 농업
② 플랜테이션
③ 오아시스 농업
④ 이동식 화전 농업

08 다국적 기업의 성장 배경이 아닌 것은?

① 노동 인력 전문화
② 교통·통신의 발달
③ 기업의 생산·판매 기능의 규모 확대
④ 세계무역기구(WTO)와 자유무역협정(FTA) 확대

09 증거 재판주의의 필요성에 대한 설명으로 가장 적절한 것은?

① 법관의 재판상 독립을 보장하기 위해서이다.
② 법관의 주관적 판단에 의한 판결을 방지하기 위해서이다.
③ 소송 당사자의 인권 침해와 불공정한 판결을 방지하기 위해서이다.
④ 사회의 분쟁을 해결하고, 개인의 권리 보호와 정의를 실현하기 위해서이다.

10 다음 중 문화에 해당하는 것은?

① 몽고반점
② 동양인과 흑인의 피부색
③ 줄을 서서 버스를 타는 것
④ 졸리거나 피곤할 때 자는 것

11 다음 설명에 해당하는 집단은?

> ○ 다양한 사람들의 이익을 대변하는 집단이다.
> ○ 해당 분야의 전문성을 살려 정책 결정에 도움을 주는 집단이다.
> ○ 이기적 행동으로 사회적 혼란을 초래하기도 한다.

① 이익 집단　　　② 또래 집단
③ 시민 단체　　　④ 지방 의회

12 빈칸 ㉠에 들어갈 기관으로 알맞은 것은?

> **　㉠　의 권한**
> ○ 법률이 헌법에 위배되는지 여부를 심판하는 위헌 법률 심판을 해요.
> ○ 국가 권력에 의해 침해된 기본권을 구제하기 위한 헌법 소원 심판을 해요.

① 대법원
② 고등 법원
③ 지방 법원
④ 헌법 재판소

13 분배 활동에 해당하는 것만을 〈보기〉에서 모두 고른 것은?

> ┤ 보기 ├
> ㄱ. 회사에서 월급을 받는다.
> ㄴ. 집을 빌려주고 월세를 받는다.
> ㄷ. 네일 샵에서 네일 케어를 받는다.
> ㄹ. 화물 기사가 트럭으로 배추를 운송한다.

① ㄱ, ㄴ　　　② ㄱ, ㄷ
③ ㄴ, ㄷ　　　④ ㄷ, ㄹ

14 빈칸 ㉠에 들어갈 말로 알맞은 것은?

> 　㉠　은 한 나라의 경제 규모가 지속적으로 커지고 생산 능력이 확대되는 것으로, 경제 성장률을 통해서 나타난다.

① 경기 변동　　　② 경제 성장
③ 국민 소득　　　④ 경제 성장률

15 다음 중 ㉠에 해당하는 것으로 옳은 것은?

> 정보·통신 기술의 발달, 산업화와 도시화, 교통과 통신의 발달, 세계화 현상 등으로 인해 진입한 정보화 사회는 그 이점에도 불구하고 점차 ㉠ 문제점을 드러내고 있다.

① 자원 고갈
② 정보 격차
③ 문화 정체성 상실
④ 전쟁 및 테러 발생 위험

16 주민의 지역 정책 참여 방법이 <u>아닌</u> 것은?

① 공청회

② 공익 실현

③ 지방 선거

④ 주민 참여 예산제

17 다음 유물이 처음 제작되었던 시기에 대한 설명으로 옳은 것은?

가락바퀴

① 동굴 벽화가 발견되었다.

② 벼농사를 짓기 시작하였다.

③ 농사 비파형 동검, 반달 돌칼을 사용하였다.

④ 농경과 목축을 하며 정착 생활을 하게 되었다.

18 고구려에 대한 설명으로 옳지 <u>않은</u> 것은?

① 미천왕 때 대동강 유역을 확보하였다.

② 태조왕 때 왕위의 부자 상속이 확립되었다.

③ 소수림왕 때 율령을 반포하고 불교를 수용하였다.

④ 부여 계통 이주민과 압록강 유역 토착민이 연합하여 졸본 지방에 건국되었다.

19 다음 설명에 해당하는 인물은?

○ '모든 것이 오직 한마음에서 나온다.'라는 일심 사상을 펼쳤음
○ 일심 사상을 바탕으로 종파 간 조화를 강조하는 화쟁 사상을 주장하였음
○ 불교의 대중화에 기여하였음

① 혜초   ② 의상

③ 원효   ④ 설총

20 두 사람의 대화 내용에 해당하는 것으로 옳은 것은?

강화도, 진도, 제주도로 옮기며 몽골에 대항했던 고려의 군대야.

최우 집권기에 탄생해 대몽 항전기에 큰 활약을 한 조직이기도 해.

① 중추원   ② 삼별초

③ 어사대   ④ 식목도감

21 16세기 초 왜구와 여진의 침입에 대비하기 위해 설치한 임시 회의 기구로 올바른 것은?

① 승정원   ② 의금부

③ 비변사   ④ 의정부

1일차 2일차 3일차 4일차 5일차 6일차 7일차

22 빈칸 ㉠에 들어갈 말로 알맞은 것은?

> 청나라 태종이 침략(병자호란)하자 조선은 남한산성에서 항전하였으나, 청의 요구를 수용(삼전도의 굴욕)하였고, 이후 청에 당한 치욕을 씻자며 효종 때 [　㉠　]을/를 펼쳤다.

① 세도 정치
② 중립 외교
③ 북학 운동
④ 북벌 운동

23 세종 때 백성들이 유교 생활 규범을 쉽게 알 수 있도록 효자나 충신, 열녀들의 모범 사례를 모아 편찬한 책의 이름으로 옳은 것은?

① 『소학』
② 『주자가례』
③ 『국조오례의』
④ 『삼강행실도』

24 1866년 통상을 요구하던 미국 상선이 평양 군민에 의해 불태워진 사건으로 알맞은 것은?

① 을미사변
② 운요호 사건
③ 제너럴셔먼호 사건
④ 오페르트 도굴 사건

25 빈칸 ㉠에 들어갈 말로 알맞은 것은?

> [　㉠　]
> ○ 김대중 정부의 햇볕 정책 추진
> ○ 금강산 관광 시작
> ○ 분단 이후 최초로 남북 정상회담 개최
> ○ 남북 철도 연결, 이산가족 방문 재개
> ○ 경제·사회·문화 전반에 걸쳐 교류 확대

① 판문점 선언
② 7·4 남북 공동 성명
③ 10·4 남북 공동 선언
④ 6·15 남북 공동 선언 채택

6일차 과학

제한 시간: 30분
문항 수: 25문항
배점: 1문제당 4점

정답 CHECK!
자동 채점 서비스

01 30 m/s의 일정한 속력으로 달리는 자동차가 150 m의 거리를 이동하였을 때 걸린 시간은?

① 2초　　　　② 3초
③ 5초　　　　④ 10초

02 열의 이동 방법 중 복사와 관련 있는 예는?

① 햇빛이 강할 때 양산을 쓰면 시원하다.
② 에어컨을 틀었더니 방 안 전체가 시원해졌다.
③ 뜨거운 물에 숟가락을 담갔더니 숟가락이 뜨거워졌다.
④ 쇠막대기 끝을 불을 가열하였더니 반대편 끝도 뜨거워졌다.

03 다음 설명에 해당하는 렌즈와 빛의 진행 경로를 옳게 나타낸 것은?

> ○ 나란한 빛이 렌즈에 입사하면 빛은 렌즈에서 굴절된 다음 한 점에 모인다.
> ○ 현미경, 원시용 안경 등에 사용한다.

① 　　②

③ 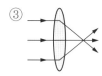　　④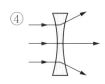

04 그림은 질량과 높이가 다른 공의 모습을 나타낸 것이다. 지표면을 기준으로 하였을 때 위치 에너지가 가장 큰 것은?

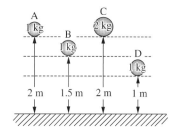

① A　　　　② B
③ C　　　　④ D

05 전기력에 대한 설명으로 옳지 <u>않은</u> 것은?

① 전기를 띤 물체 사이에 작용하는 힘이다.
② 두 대전체 사이의 거리가 가까울수록 세다.
③ 대전체가 띠고 있는 전기의 양이 많을수록 세다.
④ 다른 종류의 전하를 띤 물체 사이에서는 척력이 작용한다.

06 역학적 에너지가 전기 에너지로 전환되는 장치로 옳은 것은?

① 전구   ② 선풍기
③ 발전기   ④ 전기다리미

07 다음 원소의 불꽃 반응 색이 옳게 짝지어진 것은?

① 리튬 – 청록색   ② 구리 – 빨간색
③ 칼륨 – 주황색   ④ 나트륨 – 노란색

08 빈칸 ㉠과 ㉡에 들어갈 말로 옳은 것은?

> 압력이 일정할 때, 기체의 종류와 관계없이 기체의 부피는 온도에 (㉠)한다. 이를 (㉡) 법칙이라고 한다.

	㉠	㉡
①	비례	보일
②	비례	샤를
③	반비례	보일
④	반비례	샤를

09 다음 설명에 해당하는 물질의 특성은?

> ○ 일정한 온도에서 일정량의 용매에 녹을 수 있는 용질의 최대량이다.
> ○ 용매 100 g에 녹아 들어간 용질의 g수로 나타낸다.

① 밀도   ② 용해도
③ 끓는점   ④ 어는점

10 다음은 수소 1 g과 산소 8 g이 모두 반응하여 물이 생성된 것을 모형으로 나타낸 것이다. 질량 ㉠은?

수소 1 g   산소 8 g   물 (㉠)

① 7 g   ② 8 g
③ 9 g   ④ 18 g

11 볼트(B) 3개와 너트(N) 6개를 사용하여 같은 종류의 화합물 모형 3개를 만들었다. 이 화합물 모형으로 옳은 것은?

① BN ② BN_2
③ B_2N ④ B_3N_6

12 다음 실험을 통해 알 수 있는 광합성 생성 물질은?

> 물이 든 시험관에 물풀을 거꾸로 넣고 빛을 비춘 후, 발생하는 기포를 모아 향의 불씨를 대었더니 불씨가 되살아났다.

① 산소
② 질소
③ 포도당
④ 이산화 탄소

13 상태 변화가 일어날 때 변하는 것은?

① 입자의 수

② 입자의 모양

③ 입자의 종류

④ 입자 사이의 거리

14 그림은 광합성에 영향을 주는 환경요인 A, B와 광합성량의 관계를 나타낸 그래프이다. A와 B에 해당하는 환경요인을 옳게 짝지은 것은?

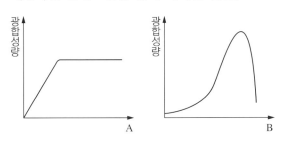

	A	B
①	온도	빛의 세기
②	온도	이산화 탄소 농도
③	빛의 세기	온도
④	빛의 세기	이산화 탄소 농도

15 다음은 오줌의 배설 경로이다. ㉠에 들어갈 배설 경로 순서를 옳게 나열한 것은?

> 콩팥 동맥 → (㉠) → 콩팥 깔때기 → 오줌관 → 방광 → 요도 → 몸 밖

① 사구체 → 보먼주머니 → 세뇨관

② 사구체 → 세뇨관 → 보먼주머니

③ 세뇨관 → 보먼주머니 → 사구체

④ 보먼주머니 → 사구체 → 세뇨관

16 우리 몸에 필요한 영양소 중 에너지원으로 쓰이지 <u>않는</u> 것은?

① 지방

② 단백질

③ 바이타민

④ 탄수화물

17 호르몬의 특성이 <u>아닌</u> 것은?

① 외분비샘에서 만들어진다.

② 혈액을 통해 온몸으로 전달된다.

③ 표적 세포 및 기관에만 작용한다.

④ 적은 양으로 생리 작용을 조절한다.

18 체세포 분열 중 두 가닥의 염색 분체가 분리되어 양극으로 이동하는 시기를 나타낸 것은?

①    ②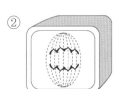

③    ④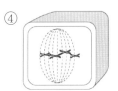

19 지구계의 구성 요소 중 다음 설명에 해당하는 것은?

> ○ 암석과 흙으로 이루어진 지구 표면과 지구 내부를 말한다.
> ○ 생명체에 서식처를 제공한다.

① 지권　　　　　② 수권
③ 기권　　　　　④ 생물권

20 다음 ㉠에 해당하는 것은?

> ㉠ 는 체세포에 존재하는 크기와 모양이 서로 같은 한 쌍의 염색체로, 부모로부터 하나씩 물려받은 것이다.

① DNA　　　　　② 상염색체
③ 성염색체　　　　④ 상동 염색체

21 우리나라 부근 해류 중 쿠로시오 해류의 일부가 우리나라 쪽으로 흘러와 황해로 흐르는 해류는?

① 동한 난류　　　② 황해 난류
③ 북한 한류　　　④ 연해주 한류

22 다음 설명에 해당하는 기권의 층은?

> ○ 공기가 희박해 낮과 밤의 기온 차가 매우 크다.
> ○ 극지방에서는 오로라가 나타난다.

① 열권　　　　　② 중간권
③ 성층권　　　　④ 대류권

23 그림은 한랭 전선을 나타낸 것이다. 한랭 전선의 특징이 <u>아닌</u> 것은?

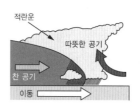

① 이동 속도가 빠르다.
② 전선면의 기울기가 급하다.
③ 전선 통과 후 기온이 높아진다.
④ 좁은 지역에 소나기성 비가 내린다.

24 지구의 공전으로 나타나는 현상은?

① 별의 일주 운동
② 달의 일주 운동
③ 태양의 일주 운동
④ 계절별 별자리의 변화

25 표는 별의 겉보기 등급과 절대 등급을 나타낸 것이다. A~D 중 10 pc보다 가까이에 있는 별은?

별	A	B	C	D
겉보기 등급	1.3	0.5	−1.5	0.1
절대 등급	−0.3	−0.1	3.5	0.1

① A　　　　　② B
③ C　　　　　④ D

6일차　도덕

제한 시간: 30분
문항 수: 25문항
배점: 1문제당 4점

정답 CHECK!
자동 채점 서비스

01 빈칸 ㉠에 들어갈 말로 알맞은 것은?

> ┌─────────────────────────────────┐
> │ 　㉠　 은/는 도덕적으로 잘못된 행동을 하 │
> │ 려고 생각하거나 행동을 할 때, 마음속에서 착한 │
> │ 행동을 하라고 끊임없이 명령하는 윤리 의식이다. │
> └─────────────────────────────────┘

① 용기　　　　　　② 양심
③ 성찰　　　　　　④ 사상

02 다음에서 알 수 있는 도덕적 사고와 행동의 불일치로 옳은 것은?

> ○월 ○일 ○요일
> 　오늘은 기분이 언짢은 날이다.
> 　새로 전학 온 친구를 몇몇 반 친구들이 괴롭혔다. 친구를 괴롭히는 것이 옳지 않은 것을 알면서도 모르는 척하고 지나쳐버렸다. 전학생의 당황하는 모습이 자꾸 아른거린다.

① 용기 부족
② 공감 능력 부족
③ 진정한 앎의 부족
④ 사회 구조의 문제

03 빈칸 ㉠에 들어갈 말로 알맞은 것은?

> ┌─────────────────────────────────┐
> │ 　전통 사회에서 지리적으로 가까이 살면서 서로 │
> │ 도움을 주고받던 사이를 　㉠　 (이)라고 한다. │
> └─────────────────────────────────┘

① 이웃　　　　　　② 친척
③ 동료　　　　　　④ 이방인

04 가정의 기능으로 옳지 <u>않은</u> 것은?

① 정서적인 안정을 취할 수 있다.
② 건전한 가치관과 올바른 습관을 배운다.
③ 도덕적 불감증을 학습하는 출발점이 된다.
④ 사회 구성원으로서 필요한 기초 지식을 배운다.

05 빈칸 ㉠에 들어갈 말로 알맞은 것은?

> ┌─────────────────────────────────┐
> │ 　㉠　 은/는 도덕적 행동을 일으키는 계기나 │
> │ 원인으로, 도덕적 행위를 이끄는 원동력이 된다. │
> └─────────────────────────────────┘

① 도덕적 추론
② 도덕적 상상력
③ 도덕적 민감성
④ 도덕적 실천 동기

06 다음 설명에 해당하는 개념으로 옳은 것은?

> 사회 안에 다른 민족, 다른 인종 등 여러 집단이 지닌 문화가 함께 존재하는 사회

① 다문화 사회
② 문화 사대주의
③ 문화 상대주의
④ 자문화 중심주의

07 다음 설명에 해당하는 공자의 가르침이 의미하는 것으로 옳은 것은?

> ○ 내가 원하지 않는 것을 남에게 하지 않는 것이다.
> ○ 배려의 기본으로 인(仁)을 실천하는 최소한의 방법이다.

① 청탁
② 봉사
③ 서(恕)
④ 갈등

08 다음에서 설명하는 자연을 바라보는 관점으로 옳은 것은?

> 인간은 자연보다 우월한 존재이므로 자연을 지배하여 풍요로운 삶을 위한 도구로 이용해야 한다.

① 자연 친화주의
② 생태 중심주의
③ 인간 중심주의
④ 생명 중심주의

09 빈칸 ㉠에 들어갈 말로 알맞은 것은?

> **〈도덕적 추론 과정〉**
> ㉠ + 사실 판단 = 도덕 판단

① 가치 전도
② 도덕 원리
③ 진로 선택
④ 자아 성찰

10 비대면적인 사이버 공간에서 지켜야 할 도덕적인 원칙으로 옳지 <u>않은</u> 것은?

① 존중의 원칙
② 정의의 원칙
③ 부작위의 원칙
④ 해악 금지의 원칙

11 바람직한 국가의 모습으로 옳은 것은?

① 특수하고 차별적 가치를 추구한다.
② 선별된 인간의 존엄성을 보장한다.
③ 최소한의 경제적 기반을 형성할 수 있도록 해 준다.
④ 지시와 명령에 복종할 수 있는 사회 제도를 만든다.

12 자아를 구성하는 요소로 옳지 <u>않은</u> 것은?

① 소망
② 능력
③ 의무
④ 자만

13 빈칸 ㉠에 들어갈 말로 적절하지 <u>않은</u> 것은?

 과학 기술을 바람직하게 활용하려면 어떤 방향으로 진행해야 할까?  ㉠

① 미래 세대에 미칠 영향을 고려해야 합니다.
② 인간 존중의 실천 방향으로 개발되어야 합니다.
③ 과학 기술 발달에 따른 부작용은 감수해야 합니다.
④ 환경오염과 생태계 파괴를 줄이는 방법을 찾아야 합니다.

14 경쟁의 장점으로 옳은 것은?

① 부정행위의 발생
② 갈등과 혼란 발생
③ 신뢰와 협력의 붕괴
④ 자신의 가치 및 경쟁력 향상

15 다음은 학생의 서술형 평가 답안이다. 밑줄 친 내용 중 옳지 <u>않은</u> 것은?

[문제] 사회적 약자를 배려하는 자세에 대해 서술하시오.
[답안]
　㉠ 사회적 약자에 대한 차별과 편견을 인권 문제로 인식하고, ㉡ 사회적 약자의 어려움에 공감하며 배려해야 한다. 또한, ㉢ 사회적 약자를 도와줄 수 있는 사회적 풍토를 조성하며, ㉣ 사회적 약자에게 무조건적인 특혜를 주고 차별해야 한다.

① ㉠　　　　② ㉡
③ ㉢　　　　④ ㉣

16 폭력에 대처하는 방법으로 옳지 <u>않은</u> 것은?

① 폭력을 묵인하거나 침묵한다.
② 주변 사람에게 도움을 요청한다.
③ 폭력에 대한 거부 의사를 명확히 한다.
④ 법, 제도, 기관 등을 이용하여 효과적으로 대처한다.

17 동양의 이상적 인간상으로 옳지 <u>않은</u> 것은?

① 자연의 흐름에 따라 살아가는 사람
② 이성적 능력을 최대한 발휘하는 사람
③ 깨달음을 추구하고 자비를 베푸는 사람
④ 옳고 그름을 판별하고 도덕적 의무를 실천하는 사람

18 남북한 평화를 위한 교류와 협력의 노력으로 옳은 것은?

① 남북한 간의 불신 형성
② 군사적 위협과 적대적 행위
③ 남북 경제적 불평등의 심화
④ 상호 이익에 따른 공동 번영 추구

19 빈칸 ㉠에 들어갈 말로 알맞은 것은?

마음의 평화를 얻기 위한 실천 방법에서 동양의 장자는 　㉠　을/를 통한 마음의 비움으로 편견을 제거할 것을 강조하였다.

① 경(經)　　　　② 심재(心齋)
③ 신독(愼獨)　　④ 참선(參禪)

20 다음 대화의 설명에 해당하는 의미 있는 삶으로 옳은 것은?

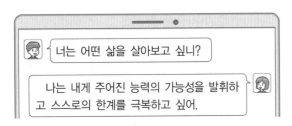

① 자신에게 당당한 삶
② 타인의 삶에 편승하는 삶
③ 타인에게 모범이 되는 삶
④ 도덕적 이상을 추구하는 삶

21 다음 설명에 해당하는 이상 사회로 옳은 것은?

> ○ 빈부 격차 없이 모든 인간이 경제적으로 풍족
> 하며 소유와 생산에 있어서 평등한 사회
> ○ 노동 시간에 제한을 두어 구성원들이 노동 이
> 외의 시간에 여가 활동을 충분히 누릴 수 있는
> 사회

① 유토피아   ② 대동 사회
③ 소국 과민   ④ 철인 국가

22 도덕의 요소에서 자신만의 기준을 세우고 이를 지키려는 마음으로 옳은 것은?

① 강제성   ② 도피성
③ 타율성   ④ 자율성

23 정서적으로 건강한 사람의 특징으로 옳지 <u>않은</u> 것은?

① 타인의 정서를 잘 고려한다.
② 늘 자신을 존중하는 마음을 가진다.
③ 힘든 상황에서도 자신의 정서를 잘 표현한다.
④ 타인과 소통이 어렵고 원만한 관계를 맺지 못한다.

24 다음 설명에 해당하는 세계 시민이 직면한 도덕적인 문제로 옳은 것은?

> ○ 국가 간의 빈부 격차
> ○ 기아와 빈곤
> ○ 식량과 자원의 불균형한 분배

① 지구 환경 문제
② 국제 평화 문제
③ 사회 정의 문제
④ 세계화와 다문화 문제

25 인간의 존엄성을 개인이 누려야 할 권리로 구체화한 것은?

① 평등   ② 인권
③ 책임   ④ 봉사

7일차
제7회 실전 모의고사

7일차 　 국어

제한 시간: 40분
문항 수: 25문항
배점: 1문제당 4점

정답 CHECK!
자동 채점 서비스

01 다음 말하기 방식과 그 특징을 옳게 짝지은 것은?

① 면담: 강의 형식으로 이루어진다.
② 협상: 갈등 해소를 위해 당사자나 대표가 협의하는 것이다.
③ 강연: 찬성과 반대의 입장으로 나뉘는 주제에 대해 의견을 나눈다.
④ 토론: 어떤 목적을 달성하기 위해 대상을 직접 만나 의견을 나누는 것이다.

02 토론에서 토론자의 유의사항으로 적절하지 <u>않은</u> 것은?

① 발언의 순서와 시간을 지킨다.
② 토론의 주제에서 벗어나는 발언을 하지 않는다.
③ 상대측 토론자의 의견을 존중하고 끝까지 듣는다.
④ 상대측 주장을 반박하기 위해 거친 말을 적극 사용한다.

03 다음 중 발음 기관의 모양을 본떠 만든 글자만으로 묶인 것은?

① ㄱ, ㄴ, ㅁ, ㅅ, ㅇ
② ㄷ, ㅂ, ㅈ, ㅎ
③ ㅊ, ㅋ, ㅌ, ㅍ, ㅎ
④ ㄹ, ㅿ, ㆁ

04 다음 설명에 해당하는 음운 변동이 일어나는 예로 가장 적절한 것은?

> '받침 'ㄱ, ㄷ, ㅂ'은 비음 'ㄴ, ㅁ' 앞에서 비음 [ㅇ, ㄴ, ㅁ]으로 발음한다.

① 국물
② 굳이
③ 실내
④ 대관령

05 다음 설명에 해당하는 단어의 예로 가장 적절한 것은?

> ○ 주로 용언이나 문장을 꾸며 주는 역할을 한다.
> ○ 문장에서 쓰일 때 형태가 변하지 않는다.

① 헌
② 모든
③ 항상
④ 온갖

06 다음 밑줄 친 단어의 특성으로 가장 적절한 것은?

> ○ 배고프지 않아? 우리 <u>피자</u> 먹을래?
> ○ 좋아. <u>인터넷</u>으로 주문하자.

① 우리말에 속하지 않는다.
② 한자를 바탕으로 만들어졌다.
③ 예전에 비해 단어의 수가 점점 줄고 있다.
④ 외국에서 들어온 사물이나 개념을 나타내는 경우가 많다.

07 밑줄 친 부분의 예로 가장 적절한 것은?

> 문장에서 주어와 서술어의 관계가 한 번만 나타나는 문장을 <u>홑문장</u>이라고 하며, 주어와 서술어의 관계가 두 번 이상 나타나는 문장을 <u>겹문장</u>이라고 한다.

① 두 친구가 화해하였다.
② 누나는 만화를 좋아한다.
③ 그는 친구에게서 다정함을 느꼈다.
④ 주희는 잠을 자고, 세아는 책을 본다.

08 글쓰기 과정에 따라 (가)~(마)를 순서대로 가장 적절하게 배열한 것은?

> (가) 계획하기
> (나) 표현하기
> (다) 고쳐 쓰기
> (라) 내용 생성하기
> (마) 내용 조직하기

① (가) – (라) – (마) – (나) – (다)
② (가) – (마) – (라) – (나) – (다)
③ (라) – (마) – (가) – (나) – (다)
④ (마) – (라) – (가) – (나) – (다)

09 문단 수준에서 글을 고쳐 쓸 때 점검할 내용으로 적절하지 <u>않은</u> 것은?

① 띄어쓰기와 맞춤법이 올바른가?
② 문단의 배열순서와 길이가 적절한가?
③ 문단의 중심 내용이 확실하게 드러나는가?
④ 중심 문장과 뒷받침 문장의 관계가 바른가?

10 다음 광고에 대한 설명으로 적절하지 <u>않은</u> 것은?

> **모든 어린이에게 배움의 기회를!**
>
> **유니세프는 이렇게 어린이들을 돕습니다.**
> ○ 15,000원이면 어린이의 꿈을 키워 주는 연필 500자루를 보낼 수 있습니다.
> ○ 300,000원이면 어린이 40명이 공부할 수 있는 학습 상자를 보낼 수 있습니다.

① 광고를 하는 이의 됨됨이를 알 수 있다.
② 구체적 숫자를 제시하여 이해하기 쉽도록 하였다.
③ 적은 돈으로 많은 아이들을 도울 수 있음을 부각한다.
④ 배움의 기회를 주기 위해 후원이 필요하다고 설득하고 있다.

[11~13] 다음 글을 읽고 물음에 답하시오.

> ㉠ 밤하늘은
> 별들의 운동장
> 오늘따라 별들 부산하게 바자닌다.
> ㉡ 운동회를 벌였나
> 아득히 들리는 함성,
> 먼 곳에서 아슴푸레 빈 우레 소리 들리더니
> 빗나간 야구공 하나
> 쨍그랑
> 유리창을 깨고
> 또르르 지구로 떨어져 구른다.
>
>   – 오세영, 「유성」

11 윗글에 대한 설명으로 적절하지 <u>않은</u> 것은?

① 시적 대상은 밤하늘의 별과 유성이다.

② 공간의 이동에 따라 시상이 전개되고 있다.

③ 의성어를 사용하여 청각적 심상을 나타내고 있다.

④ 다양한 심상을 활용하여 대상의 모습을 생생히 표현하였다.

12 윗글에 나타난 분위기로 가장 적절한 것은?

① 어둡고 무거운 분위기

② 외롭고 쓸쓸한 분위기

③ 생동감 넘치는 분위기

④ 날카롭고 차가운 분위기

13 ㉠과 ㉡에 쓰인 표현 방법을 옳게 짝지은 것은?

	㉠	㉡
①	의인법	은유법
②	직유법	은유법
③	은유법	의인법
④	반어법	직유법

[14~16] 다음 글을 읽고 물음에 답하시오.

(가)

　박 선생님은 생긴 것부터가 무척 이상하게 생긴 선생님이었다. 키가 한 뼘밖에 안 되어서 뼘생 또는 뼘박이라는 별명이 있는 것처럼, 박 선생님의 키는 키 작은 사람 가운데에서도 유난히 작은 키였다. 일본 정치 때에, 혈서로 지원병을 지원했다 체격 검사에 키가 제 척수에 차지 못해 낙방이 되었다면, 그래서 땅을 치고 울었다면, 얼마나 작은 키인지 알 일이다.

〈중략〉

　학교에서고 학교 밖에서고 조선말로 말을 하다 선생님한테 들키는 날이면 경치는 판이었다. 선생님들 중에서도 제일 심하게 밝히는 선생님이 뼘박 박 선생님이었다. 교장선생님이나 다른 일본 선생님은 나무라기만 하고 마는 수가 있어도, 뼘박 박 선생님만은 절대로 용서가 없었다.

　㉠ 나도 여러 번 혼이 나 보았다. 한 번은 상준이 녀석과 어떡하다 쌈이 붙었는데 둘이 서로 부둥켜 안고 구르면서 이 자식아, 저 자식아, 죽어 봐, 때려 봐, 하면서 한참 때리고 제기고 하는 참이었다. 그런데, 느닷없이

　"고랏! 조셍고데 껭까 스루야쓰가 이루까(이놈아! 조선말로 쌈하는 녀석이 어딨어)."

　하면서 구둣발길로 넓적다리를 걷어차는 건, 정신없는 중에도 뼘박 박 선생님이었다.

(나)

　해방 후 뼘박 박 선생님은 학과 시간마다 우리에게 여러 가지 좋은 이야기를 많이 해 주었다. 일본이 우리 조선을 뺏어 저의 나라에 속국으로 삼던 이야기도 해 주었다. 왜놈들은 천하의 불측한 인종이어서, 남의 나라와 전쟁하기를 좋아하는 백성이라고 했다. 그래서 임진왜란 때에도 우리 조선에 쳐들어왔고, 그랬다가 이순신 장군이랑 권율 도원수한테 아주 혼이 나서 쫓기어 간 이야기도 하여 주었다.

　뼘박 박 선생님은 미국을 침이 마르도록 칭찬했다. 이 세상에 미국같이 훌륭한 나라가 없고, 미국 사람같이 훌륭한 백성이 없다고 했다. 우리 조선은 미국 덕분에 해방이 되었으니까 미국을 누구보다도 고맙게 여기고, 미국이 시키는 대로 순종해야 하느니라고 했다.

　우리가 혹시 말끝에 "미국 놈…….'이라고 하면, 뼘박 박 선생님은 단박 붙잡아다 벌을 세우곤 하였다. 전에 '덴노헤이까 바가(천황 폐하 망할 자식!)'라고 한 것만큼

이나 엄한 벌을 주었다. 우리는 뻠박 박 선생님더러, 미국에도, '덴노헤이까'(천황폐하)가 있느냐고 물었다. 미국에 덴노헤이까가 있지 않고서야 우리 조선 사람을, 그렇게 일본의 '덴노헤이까'처럼 친아들과 같이 사랑하고, 우리 조선 사람들이 잘 살도록 근심을 하며, 온갖 물건을 가져다주고 할 이치가 없기 때문이었다.

뻠박 박 선생님은 미국에는 덴노헤이까는 없고, 덴노헤이까보다 훌륭한 '돌멩이'라는 양반이 있다고 대답했다.

우리는 그럼 이번에는 그 '돌멩이'라는 훌륭한 어른을 위하여 '미국 신민 노세이시(미국 신민 서사)'를 부르고, 기미가요(일본의 국가) 대신 돌멩이 가요를 부르고 해야 하나 보다고 생각했다.

아무튼 뻠박 박 선생님은 참 이상한 선생님이었다.

– 채만식, 「이상한 선생님」

14 윗글의 서술자의 특징으로 적절하지 <u>않은</u> 것은?

① 소설 밖에 존재한다.
② 관찰자로서의 역할을 한다.
③ 읽는 이의 웃음을 유발한다.
④ 주인공의 외모와 행동을 풍자한다.

15 ㉠의 이유로 가장 적절한 것은?

① 친구와 싸웠기 때문에
② 선생님을 별명으로 불렀기 때문에
③ 선생님께 인사를 하지 않았기 때문에
④ 일본 말을 쓰지 않고 조선말을 썼기 때문에

16 윗글의 '박 선생님'의 행동에 어울리는 속담으로 가장 적절한 것은?

① 낫 놓고 기역 자도 모른다.
② 간에 붙었다 쓸개에 붙었다 한다.
③ 가는 말이 고와야 오는 말이 곱다.
④ 낮말은 새가 듣고 밤말은 쥐가 듣는다.

[17~19] 다음 글을 읽고 물음에 답하시오.

토끼가 다시 여쭈었다.

[A]
"제가 비록 간을 들이고 낼 수 있으나, 그 또한 정해진 때가 있사옵니다. 매달 초하루부터 보름까지는 뱃속에 넣어 해와 달의 정기를 받아 천지의 기운을 온전히 간직하고, 보름부터 그믐까지는 배에서 꺼내 옥처럼 깨끗한 계곡물에 씻어 소나무와 대나무가 우거진 깨끗한 바위틈에 아무도 모르게 감추어 둔답니다. 그렇기에 제 간을 두고 세상 사람들이 모두 영약이라고 하는 것이지요. 별주부를 만난 때는 곧 오월 하순이었습니다. 만일 별주부가 용왕님의 병환이 이렇듯 위급함을 미리 말하였더라면 며칠 기다렸다 간을 가져왔을 것이니, 이는 모두 미련한 별주부의 탓이로소이다."

대개 수궁은 육지의 사정에 밝지 못한 까닭에 용왕은 토끼의 말을 묵묵히 듣고 있다가 속으로 헤아리되,

'만일 저 말과 같을진대, 배를 갈라 간이 없으면 애써 잡은 토끼만 죽일 따름이요, 다시 누구에게 간을 얻을 수 있으리오? 차라리 살살 달래어 육지에 나가 간을 가져오게 함이 옳도다.'

하고, 좌우에 명하여 토끼의 결박을 풀고 자리를 마련해 편히 앉도록 하였다. 토끼가 자리에 앉아 황공함을 이기지 못하거늘, 용왕이 가로되,

"㉠토 선생은 과인의 무례함을 너무 탓하지 마시게."

하고, 옥으로 만든 술잔에 귀한 술을 가득 부어 권하며 재삼 위로하니, 토끼가 공손히 받아 마신 후 황송함을 아뢰었다. 그때, 한 신하가 문득 앞으로 나와 아뢰었다.

"신이 듣자오니 토끼는 본디 ㉡간사한 짐승이라 하옵니다. 바라옵건대 토끼의 간사한 말을 곧이듣지 마시고 바삐 간을 내어 옥체를 보중하옵소서."

모두 바라보니, 간언[1]을 잘하는 자가사리였다. 하지만 토끼의 말을 곧이듣게 된 용왕은 기꺼워하지 않으며 말하였다.

"토 선생은 산중의 ㉢점잖은 선비인데, 어찌 거짓말로 과인을 속이겠는가? 경은 부질없는 말을 내지 말고 물러가 있으라."

결국 자가사리가 분함을 못 이기고 하릴없이[2] 물러났다.

〈중략〉

이때, 별주부는 토끼가 간 곳을 바라보며 길게 탄식하여 가로되,

"충성이 부족한 탓에 간특한 토끼에게 속아 빈손으로 돌아가게 되었으니 무슨 면목으로 우리 용왕과 신하들을 대하리오? 차라리 이곳에서 죽는 것만 같지 못하도다."

하고 토끼에게 속은 사연을 적어 바위에 붙이고, 머리를 바위에 부딪쳐 죽었다.

별주부가 떠난 뒤 소식이 없자 용왕은 거북을 보내어 자세한 사정을 알아 오라 분부하였다. 거북이 즉시 물가에 이르러 살펴보니, 바위 위에 글이 붙어 있고, 곁에 별주부의 시체가 있었다.

거북이 돌아와 용왕에게 아뢰니, 용왕이 별주부를 불쌍히 여겨 후하게 장사를 지내 주었다. 그 후, 여러 신하들은 산중의 하찮은 토끼가 ㉣ 수궁의 군신을 속인 죄를 묻기 위해서 토끼를 잡아들여야 한다며 용왕에게 상소를 올렸다.

– 작자 미상, 「토끼전」

1) 간언: 웃어른이나 임금에게 옳지 못하거나 잘못된 일을 고치도록 하는 말.
2) 하릴없이: 달리 어떻게 할 도리가 없이.

17 윗글에 대한 설명으로 가장 적절한 것은?

① 사실을 객관적으로 전달하는 글이다.
② 문학 작품을 해석하고 평가한 글이다.
③ 비현실적 사건과 배경이 나타나는 글이다.
④ 장과 막을 나누어 사건을 전개하는 글이다.

18 [A]에 대한 이해로 적절하지 <u>않은</u> 것은?

① 토끼는 현재 뱃속에 간이 없다고 주장하고 있다.
② 토끼는 간이 없는 책임을 자신에게 돌리고 있다.
③ 용왕과 신하들은 육지의 사정을 잘 알지 못하였다.
④ 용왕은 토끼의 거짓말에 속아 토끼를 풀어주었다.

19 ㉠~㉣ 중에서 가리키는 대상이 <u>다른</u> 것은?

① ㉠   ② ㉡
③ ㉢   ④ ㉣

[20~22] 다음 글을 읽고 물음에 답하시오.

이 ㉠ 세계 동화 전집은 중학교에 진학하여 새로운 소설을 접하기 전까지 나의 세계였다. 수없이 읽고 또 읽었다. 그 이야기들의 주인공이 되어 많은 경험을 하면서 생각 주머니를 키워 갔다. 세계 동화 전집을 만나기 전의 나와 만난 후의 나는 달라졌다. 간단히 말하면 그전까지 없었던 사유의 세계가 만들어지고, 상상력의 범위가 넓어졌다고 할까?

동화 전집을 읽기 전에는 집에서든 시골에 가서든 밤늦게까지 무조건 뛰어놀기만 했다. 특히 시골에 가면 (㉡)처럼 안 다니는 곳이 없을 정도로 천방지축 쏘다니며 놀았다. 벌레도 잡고 물고기도 잡으며 눈만 뜨면 싸돌아다니느라 방학이 끝나면 온통 새까맣게 타 있곤 했다. 생각하기보다는 마냥 몸으로 논 것이다.

그런데 세계 동화 전집을 읽고 난 후에는 세상과 자연을 대하는 태도부터 달라졌고, 당연히 행동에도 변화가 생겼다. 학교생활을 할 때는 물론이고, 뛰놀 곳 천지인 시골에서도 혼자 가만히 있는 시간을 스스로 만들기 시작했다. 산을 올라가 무덤 앞에 앉아 한참 생각에 잠기기도 하고, 작은 공책을 들고 가서 무언가를 쓰기도 했다. 소 풀을 먹이러 나가서도 소는 대충 묶어 놓고 냇가에 앉아 냇물이 흘러가는 모습을 물끄러미 바라보곤 했다.

이 모든 게 어머니가 사 주신 세계 동화 전집의 영향이었다. 초등학교 고학년이 되면 모두 성장의 시기를 겪게 마련인데, 나는 동화 덕분에 다른 아이들보다 성숙해지면서 나만의 특별한 색깔을 만들어 간 것 같다. 또래들보다 생각의 폭이 넓어지고 깊이가 깊어진 것도, 창의적으로 사고할 수 있는 밑바탕과 시인을 꿈꾸는 감성이 만들어진 것도 그 책들 덕분이었다.

– 최재천, 「과학자의 서재」

20 윗글에 대한 설명으로 가장 적절한 것은?

① 상상력을 바탕으로 지어낸 글이다.

② 글쓴이의 실제 경험이 담긴 글이다.

③ 주장을 통해 독자를 설득하는 글이다.

④ 정확한 정보 전달을 목적으로 하는 글이다.

21 ㉠이 글쓴이에게 미친 영향으로 적절하지 <u>않은</u> 것은?

① 시인을 꿈꾸는 감성이 만들어졌다.

② 세상과 자연을 대하는 태도가 달라졌다.

③ 생각의 폭이 넓어지고 깊이가 깊어졌다.

④ 글을 정확하고 빠르게 읽는 능력이 길러졌다.

22 ㉡에 들어갈 관용적 표현으로 가장 적절한 것은?

① 물 찬 제비

② 약방의 감초

③ 개밥의 도토리

④ 고삐 풀린 망아지

[23~25] 다음 글을 읽고 물음에 답하시오.

(가)

밤의 풍경으로 기억되는 도시들이 있다. 헝가리 부다페스트, 체코 프라하, 베트남 호이안은 아름다운 빛의 연출로 유명한 도시들이다. 세계에서 야경이 가장 아름다운 도시로 알려진 부다페스트는 낮에는 다른 유럽 도시에 비해 내세울 것이 없는 평범한 모습이다. 그러나 해가 저물면 도나우 강가에 자리한 국회 의사당, 부다 왕궁, 어부 요새 등이 은은한 주홍색 조명을 받아 일제히 빛을 발하고 그 빛을 다시 받은 도나우 강물은 황금빛으로 일렁인다. 여기에 빛으로 연출된 세체니 다리의 유려한 곡선이 더해져 말로 표현할 수 없는 환상적인 풍경을 만들어 낸다. 체코의 수도 프라하는 중세의 고풍스러운 건물들이 보전되어 있는 도시이다. 오래된 건물들 사이의 좁은 골목길을 따라 블타바강에 이르면 언덕 위에 우뚝 솟은 프라하성의 야경이 드러나는데 강에 비친 카렐교와 프라하성이 함께 만들어 내는 풍치는 인상적이고도 매력적이다. 또한 도시 곳곳의 빼어난 건물들에 부드러운 색조의 빛을 비추어 도시 전체에 품위 있는 밤 풍경을 연출하고 있다. 베트남 중부 지역에 위치한 호이안은 오래된 항구 도시로 노란색 건물로 채워진 옛 거리가 그대로 보존되어 있다. 어둠이 내리면 거리를 가득하게 장식한 연등들이 일제히 켜지면서 형형색색 빛의 향연이 시작된다.

(나)

야간에는 조명된 부분으로만 시선이 집중되므로 주간에 비하여 효율적인 경관 연출이 가능하다. 도시의 경관이 만들어지기까지 오랜 세월이 소요되는 것에 비해 야간 경관은 조명을 통하여 짧은 기간 내에 상대적으로 적은 예산을 투자하여 원하는 모습을 만들 수 있다는 장점이 있다. 따라서 야간 조명은 도시의 관광 정책에서도 중요한 전략 요소가 되고 있다. 경관 조명을 시의 정책으로 적극 추진하여 성공한 대표적인 사례가 프랑스 리옹이다. 리옹에서는 도시의 조명 계획이 선거 공약으로까지 내세워졌었다. 1989년 당선된 미셸 느와르 시장은 공약대로 5년간 매년 시 재정의 5%씩을 야간 경관 조성 사업에 투자하여 150개 건물과 교량에 조명 기기를 설치하여 도시 전체를 커다란 조명 예술 작품으로 바꿔 놓았다. 이 계획은 컨벤션 산업과 연계되어 리옹시를 세계적인 관광 도시와 국제회의 도시로 부상시키는 데 큰 역할을 하였고 리옹은 '빛의 도시', '밤이 아름다운 도시'라는 명성을 갖게 되었다.

(다)

　도시에 있어서 ㉠ 야간 조명은 단순히 어둠을 밝히기 위한 수단이 아니며 감성을 자극할 수 있어야 한다. 또한 조명을 무조건 밝고 화려하게 한다고 좋은 것은 아니다. 요란한 색채의 조명을 서로 경쟁하듯이 밝게만 한다면 마치 테마파크와 같은 장면이 연출될 것이며 깊이 없고 산만한 경관이 만들어질 것이다. 강조할 곳, 연출이 필요한 부분에는 과감하게 조명 시설을 설치하고, 도시 전체적으로는 인공조명을 최소한으로 줄이는 등 적극적이면서 동시에 절제된 조명 계획이 적용되어야 한다. 우리나라의 도시도 야간 조명을 통하여 도시 전체를 하나의 예술 작품으로 만들어 나가는 노력이 필요하다.

　　　　　　　　　　　　　－ 이진숙, 「밤이 아름다운 도시」

23　윗글에 대한 설명으로 적절하지 <u>않은</u> 것은?

① 글의 화제는 밤이 아름다운 도시이다.

② 부다페스트, 프라하, 호이안은 야경으로 유명한 도시들이다.

③ 부다페스트는 세계에서 낮 풍경이 가장 아름다운 도시로 알려졌다.

④ 프랑스 리옹은 경관 조명을 활용하여 세계적인 관광 도시가 되었다.

24　윗글의 표현 방법에 대한 설명으로 가장 적절한 것은?

① 두 대상을 서로 비교하고 있다.

② 다양한 사례를 제시하여 설명하고 있다.

③ 질문을 통해 독자들이 스스로 판단하도록 한다.

④ 타당한 근거를 들어 주장에 대한 반론을 펼치고 있다.

25　㉠에 대한 글쓴이의 관점으로 가장 적절한 것은?

① 어둠을 밝히기 위한 수단으로 활용해야 한다.

② 필요한 곳에 적절히 활용하여 조명 계획을 세워야 한다.

③ 도시 전체적으로 최대한 활용하여 화려하게 장식해야 한다.

④ 우리나라의 도시는 이미 충분히 활용하여 있으므로 자제해야 한다.

7일차 수학

제한 시간: 40분
문항 수: 20문항
배점: 1문제당 5점

정답 CHECK!
자동 채점 서비스

01 90을 소인수분해하면 $2 \times 3^2 \times a$이다. a의 값은?

① 4　　　　　　② 5

③ 6　　　　　　④ 7

02 다음 수를 큰 수부터 순서대로 나열할 때, 다섯 번째 수는?

> $-3, \ 23, \ -2, \ 12, \ -10, \ 31, \ 0$

① -3　　　　　② -2

③ 0　　　　　　④ 12

03 다음을 문자를 사용한 식으로 바르게 나타낸 것은?

> 수학 점수가 a점, 국어 점수가 b점, 영어 점수가 c점일 때, 세 과목의 평균

① $3abc$　　　　② $\sqrt{3}(a+b+c)$

③ $\dfrac{a+b+c}{3}$　　④ $\dfrac{3}{a+b+c}$

04 일차방정식 $-\dfrac{1}{2}x+a=\dfrac{3}{5}x+4$의 해가 $x=-1$일 때, 상수 a의 값은?

① $\dfrac{29}{10}$　　　　② $\dfrac{27}{10}$

③ $\dfrac{5}{2}$　　　　④ $\dfrac{23}{10}$

05 희철이네 반 학생들의 몸무게를 조사하여 나타낸 도수분포표이다. 다음 중 옳지 <u>않은</u> 것은?

몸무게(kg)	학생 수(명)
$40^{이상} \sim 45^{미만}$	7
45 ~ 50	13
50 ~ 55	8
55 ~ 60	5
60 ~ 65	2
합계	35

① 계급의 크기는 10 kg이다.

② 55 kg 미만인 학생은 28명이다.

③ 학생 수가 13인 계급의 계급값은 47.5 kg이다.

④ 학생 수가 가장 작은 계급은 60 kg 이상 65 kg 미만이다.

1일차
2일차
3일차
4일차
5일차
6일차
7일차

06 다음 그림에서 $l /\!/ m$이고 $p /\!/ q$일 때, $\angle x$의 크기는?

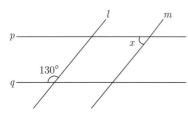

① 30° ② 40°

③ 50° ④ 60°

07 다음 그림에서 △ABC가 정삼각형일 때, $\angle x$의 크기는?

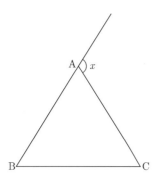

① 105° ② 110°

③ 115° ④ 120°

08 다음 중 유한소수로 나타낼 수 없는 것은?

① $\dfrac{3}{2 \times 3}$ ② $\dfrac{8}{3 \times 5}$

③ $\dfrac{7}{2 \times 5}$ ④ $\dfrac{3 \times 5}{2^3}$

09 지구에서 태양까지의 거리는 15×10^7 km이다. 빛의 속도인 초속 3×10^5 km로 날아간다면 지구에서 태양까지 가는 데 몇 초가 걸리는가?

① 150초 ② 300초

③ 400초 ④ 500초

10 연립방정식 $\begin{cases} 0.2x + 0.3y = 1.2 \\ \dfrac{1}{3}x + \dfrac{4}{5}y = -1 \end{cases}$ 의 해는?

① $x = -21,\ y = -10$

② $x = -21,\ y = 30$

③ $x = 21,\ y = -10$

④ $x = 21,\ y = 30$

11 그림은 일차함수 $y=\dfrac{1}{2}x+1$의 그래프이다. 이 그래프가 점 $(4,\ a)$를 지날 때, 상수 a의 값은?

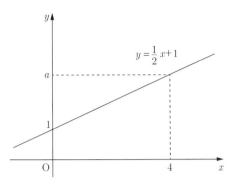

① 3

② $\dfrac{7}{2}$

③ 4

④ $\dfrac{9}{2}$

12 두 개의 주사위를 동시에 던질 때 나온 눈의 수의 합이 4인 경우의 수는?

① 3

② 5

③ 7

④ 9

13 닮은비가 3 : 4인 두 원의 넓이의 비는?

① 3 : 4

② 9 : 16

③ 27 : 64

④ 64 : 27

14 $2\sqrt{8}+3\sqrt{18}-4\sqrt{32}$ 를 간단히 하면?

① $-5\sqrt{2}$

② $-3\sqrt{2}$

③ $3\sqrt{2}$

④ $5\sqrt{2}$

15 x^2+ax-b이 $(x+3)(x-5)$로 인수분해될 때, 두 상수 a, b에 대하여 $a+b$의 값은?

① 9

② 11

③ 13

④ 15

16 이차함수 $y=4x^2$의 그래프를 x축의 양의 방향으로 3만큼, y축의 양의 방향으로 5만큼 평행이동한 포물선의 식은?

① $y=4(x+3)^2-5$

② $y=4(x+3)^2+5$

③ $y=4(x-3)^2-5$

④ $y=4(x-3)^2+5$

17 다음 자료의 평균을 a, 분산을 b라 할 때, $a-b$의 값은?

> 1, 2, 3, 4, 5

① 1   ② 2

③ 3   ④ 4

18 그림과 같이 $\angle B = 90°$인 $\triangle ABC$에서 $\overline{AD} = \overline{CD}$, $\overline{AC} = 5\,\text{cm}$, $\overline{BC} = 4\,\text{cm}$일 때, $\overline{BD}$의 길이는?

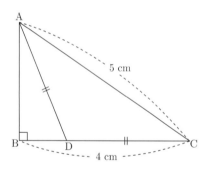

① $\dfrac{2}{3}\,\text{cm}$ ② $\dfrac{7}{8}\,\text{cm}$

③ $\dfrac{3}{2}\,\text{cm}$ ④ $4\,\text{cm}$

19 그림과 같이 $\triangle ABC$에서 $\angle B = 30°$, $\angle C = 90°$, $\angle ADC = 60°$, $\overline{BD} = 10$일 때, x의 값은?

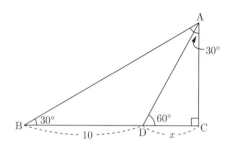

① $\dfrac{5}{2}$ ② $\dfrac{5}{2}\sqrt{3}$

③ 5 ④ $5\sqrt{3}$

20 그림과 같이 반지름의 길이가 4이고 중심이 점 O인 원에서 $\angle P = 45°$일 때, 빗금 친 부채꼴 OAB의 넓이는?

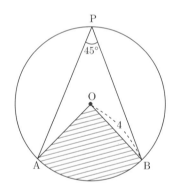

① $\dfrac{5}{2}\pi$ ② 3π

③ $\dfrac{7}{2}\pi$ ④ 4π

7일차   영어

제한 시간: 40분
문항 수: 25문항
배점: 1문제당 4점

정답 CHECK!
자동 채점 서비스

01 다음을 모두 포함할 수 있는 단어로 가장 적절한 것은?

> lettuce   cabbage   onion   pumpkin

① meat
② disease
③ season
④ vegetable

02 다음 중 두 단어의 의미 관계가 나머지 셋과 <u>다른</u> 것은?

① tiny − small
② sweet − bitter
③ wide − narrow
④ safe − dangerous

03 다음 빈칸에 들어갈 말로 가장 적절한 것은?

> _____ are made of steel.

① It
② This
③ That
④ Those

[04~06] 다음 대화의 빈칸에 들어갈 말로 가장 적절한 것을 고르시오.

04

> A: _____ wallet are you going to choose?
> B: I'll choose this brown one.

① How
② When
③ Which
④ Where

05

> A: How long does it take to get to the post office?
> B: It takes about 20 _____.

① meters
② dollars
③ minutes
④ kilograms

06

> A: _____?
> B: I don't feel like eating today.

① Can you make Spanish food
② Does the new restaurant open
③ What kind of food do you like
④ What do you want to have for dinner

07 대화의 빈칸에 공통으로 들어갈 말로 가장 적절한 것은?

> A: I think Jason got angry with me.
> B: Why? Did you do anything _____?
> A: He asked me to buy him a blue notebook, but I bought him the _____ one.
> B: Oh, you made the same mistake again.

① wrong
② special
③ diligent
④ wonderful

08 다음 영화표를 보고 알 수 없는 것은?

> Film Title: Over the Rainbow
> Theater: 7
> Seat Number: J18
> Date: October 27th
> Time: 13:20~15:10

① 영화 제목
② 영화표 가격
③ 영화 상영 날짜
④ 영화 상영 시간

09 그림으로 보아 빈칸에 들어갈 말로 가장 적절한 것은?

> The man is _____ the package.

① visiting
② delivering
③ correcting
④ decorating

10 대화에서 두 사람이 이번 주 주말에 할 일로 가장 적절한 것은?

> A: Do you have any plans this weekend?
> B: I'm going to the park to fly a kite. Will you join me?
> A: Sounds great. I'll make my own kite tomorrow.
> B: That's perfect.

① 연 만들기
② 연 날리기
③ 공원 산책
④ 곤충 채집

11 다음은 Emily의 연말 계획표이다. 금요일에 할 일은?

Wednesday	Thursday	Friday	Saturday	Sunday
Playing in the snow	Seeing a movie	Going sledding	Visiting my cousins	Having a fancy dinner

① 영화 보기
② 썰매 타러 가기
③ 사촌들 방문하기
④ 멋진 저녁 식사 하기

12 그림으로 보아 빈칸에 들어갈 말로 가장 적절한 것은?

Scott is the _____ runner of the three.

① fastest
② longest
③ thinnest
④ smartest

13 다음 대화의 주제로 가장 적절한 것은?

A: What do you like to do in your free time?
B: I like to make puzzles. What about you?
A: I often go to the river to watch birds.
B: That sounds interesting.

① 여가 활동
② 휴가 계획
③ 학교 과제
④ 여행 경험

14 다음 대화에서 밑줄 친 말의 의도로 가장 적절한 것은?

A: Heather, what are you doing here?
B: I'm looking for my glasses.
A: Why don't you check your bag first?
B: I've already checked it.

① 위로하기
② 사과하기
③ 감사하기
④ 제안하기

15 다음 대화에서 B가 신이 난 이유는?

A: Danny, you look excited today.
B: My father got me a concert ticket. Famous K-pop stars will perform there.

① 콘서트 티켓을 받아서
② 아빠와 여행을 가게 되어서
③ 음악 대회에서 상을 받아서
④ 유명한 가수와 사진을 찍어서

16 다음 안내 방송을 들을 수 있는 장소로 가장 적절한 것은?

Good morning, ladies and gentlemen. Welcome aboard this flight to Seattle. It is our pleasure to serve you today. Please fasten your seat belt.

① 병원
② 기차
③ 비행기
④ 여객선

1일차 2일차 3일차 4일차 5일차 6일차 7일차

17 주어진 말에 이어질 두 사람의 대화를 〈보기〉에서 찾아 순서대로 가장 적절하게 배열한 것은?

> Who is that man on the playground?

| 보기 |

(A) Oh, is he? What do you think of him?
(B) He's very kind. Everyone likes him.
(C) He's our new coach.

① (A) − (C) − (B)
② (B) − (A) − (C)
③ (C) − (A) − (B)
④ (C) − (B) − (A)

18 다음 글의 주제로 가장 적절한 것은?

> There are many helpful jobs around us. Doctors and nurses take care of sick people. Firefighters put out fire. Police officers help keep people safe. Thanks to these people, we can live our lives safely.

① 직업 선택의 중요성
② 안전하게 살아가는 방법
③ 어린이들에게 인기 있는 직업
④ 사람들에게 도움이 되는 직업

19 다음 동물원 규칙으로 언급되지 <u>않은</u> 것은?

> **Zoo Rules**
> ○ Do not bring pets.
> ○ Do not feed the animals.
> ○ Do not walk on the lawns.
> ○ Do not throw things at animals.

① 잔디 위에서 걷지 않기
② 애완동물 동반하지 않기
③ 동물에게 물건 던지지 않기
④ 동물 앞에서 음식 먹지 않기

20 다음 밑줄 친 They(they)가 가리키는 것으로 가장 적절한 것은?

> <u>They</u> live in deserts. There is a little food and water in the deserts. So <u>they</u> store food and water as fat in their body. When there is no food or water, <u>they</u> use the fat to get energy.

① foxes   ② camels
③ snakes   ④ horses

21 다음 대화의 빈칸에 들어갈 말로 가장 적절한 것은?

> A: Can I take your order?
> B: Yes, please. I'd like a cheese burger and French fries.
> A: Okay. _____?

① What time is it
② How much are they
③ Why are you crying
④ Would you like anything else

22 다음 글을 쓴 목적으로 가장 적절한 것은?

> Many people go hiking these days. But sometimes it can be dangerous. Here are some tips for safe hiking. Wear comfortable shoes. Take water. Hike with your friends.

① 등산 용품 소개
② 등산의 위험성 안내
③ 안전한 등산 수칙 제시
④ 유명한 등산 장소 소개

23 다음 글의 주제로 가장 적절한 것은?

> Dr. Martin was born in England but moved to Africa after he graduated from the medical school. He took care of sick people there throughout his life. He also built a school and educated children there.

① 아프리카의 교육
② Dr. Martin의 일생
③ Dr. Martin의 직업
④ 아프리카의 어린이들

24 다음 글의 바로 뒤에 이어질 내용으로 가장 적절한 것은?

> I was born and raised in Mexico. I have never traveled outside of Mexico. But thanks to Internet, I can make friends with people around the world easily. They tell me many interesting things about their culture. Let me tell you some of them.

① 다른 나라의 문화
② 멕시코의 전통 문화
③ 멕시코의 유명한 여행지
④ 인터넷으로 친구를 사귀는 방법

25 다음 글에서 지난 주말에 Scott이 한 일은?

> Last weekend, Scott visited his grandparents. They live on the farm far from his house. He helped them clean the barn. He also collected eggs and fed the chickens. After that, he made a pumpkin pie with his grandmother.

① 말 타기
② 호박 따기
③ 닭 먹이 주기
④ 계란 음식 만들기

7일차 사회

제한 시간: 30분
문항 수: 25문항
배점: 1문제당 4점

정답 CHECK!
자동 채점 서비스

01 다음 설명에 해당하는 기후는?

> ○ 백야 현상과 극야 현상이 나타난다.
> ○ 여름의 평균 기온이 10℃ 미만이다.
> ○ 기온이 낮아 지표면의 습도가 높다.

① 한대 기후
② 온대 기후
③ 냉대 기후
④ 건조 기후

02 빈칸 ㉠에 들어갈 말로 알맞은 것은?

> 선진국에서는 도시 인구가 지나치게 많아지면서 여러 가지 문제가 생기자 도시에서 교외 지역이나 농어촌으로 인구가 이동하는 ㉠ 현상이 나타났다.

① 역도시화
② 도시화 현상
③ 과도시화 현상
④ 이촌향도 현상

03 다음 설명에 해당하는 지역으로 옳은 것은?

> ○ 대로를 따라 고층 건물 밀집
> ○ 상업 지역과 주거 지역 혼재
> ○ 도심 기능 일부 분담(상업·서비스 기능)

① 도심
② 부도심
③ 중간 지역
④ 주변 신도시

04 다음 중 동아시아 문화권의 특징으로 옳지 <u>않은</u> 것은?

① 한자   ② 불교
③ 벼농사   ④ 고상 가옥

05 다음 설명에 해당하는 지역은?

> ○ 6·25 전쟁 이후 군사적 충돌을 방지하기 위해 군사 분계선을 중심으로 설정
> ○ 남방 한계선과 북방 한계선 사이의 띠 모양 지역
> ○ 남북 각각 2km씩의 구간에 설정

① 직선 기선
② 통상 기선
③ 비무장 지대(DMZ)
④ 배타적 경제 수역(EEZ)

06 지도의 '스텝 기후' 지역에 대한 설명으로 옳지 않은 것은?

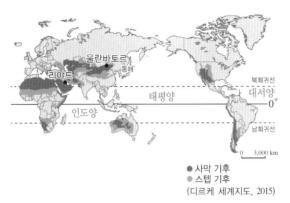

● 사막 기후
● 스텝 기후
(디르케 세계지도, 2015)

① 대부분 초원 지대이다.
② 긴 건기와 짧은 우기가 나타난다.
③ 연 강수량은 250~500mm 미만이다.
④ 모래와 암석 사막이 넓게 분포되어 있다.

07 다음 설명에 해당하는 우리나라의 도시는?

○ 세계 5대 연안 습지가 있다.
○ '국제 정원 박람회'를 개최한 곳이다.
○ 람사르 협약에 등록된 연안 습지가 있다.

① 순창   ② 순천
③ 여주   ④ 보성

08 다음 대화에서 두 사람이 말하는 지역에 해당하는 곳은?

 이 지대는 건조 기후로 인해 사막화, 가뭄 등의 자연재해가 발생해.

 그러니 다목적 댐을 건설하거나 지하수를 개발해서 자연재해에 대비해야지.

① 초원 지대
② 고산 지대
③ 사헬 지대
④ 석회암 지대

09 다음 제도가 추구하는 공통의 목적은?

○ 심급 제도
○ 공개 재판주의
○ 증거 재판주의

① 공정한 재판
② 입법부 견제
③ 재판의 정확성
④ 재판 시간 절약

10 빈칸 ㉠에 들어갈 말로 알맞은 것은?

토론 주제: (㉠   )
○ 사적인 생활에 공적인 제재를 가하는 법이다.
○ 국가가 적극적으로 개입하는 법이다.
○ 노동법, 경제법 등이 속한다.

① 헌법   ② 상법
③ 사회법   ④ 행정법

11 다음 내용과 관계 깊은 기본권은?

> ○ 가장 오래된 핵심적인 기본권이자 소극적 권리
> ○ 국가 권력의 간섭을 받지 않고 자신의 의사에 따라 행동할 수 있는 권리

① 청구권   ② 참정권

③ 자유권   ④ 평등권

12 귀속 지위에 해당하는 것만을 〈보기〉에서 모두 고른 것은?

┤ 보기 ├
> ㄱ. 아들   ㄴ. 간호사
> ㄷ. 남자   ㄹ. 손자
> ㅁ. 대통령   ㅂ. 기자

① ㄱ, ㄴ, ㄹ   ② ㄱ, ㄷ, ㄹ

③ ㄴ, ㄷ, ㅂ   ④ ㄷ, ㄹ, ㅁ

13 다음 중 선거의 기본 원칙으로 옳지 <u>않은</u> 것은?

① 여론 형성

② 비밀 선거

③ 직접 선거

④ 평등 선거

14 빈칸 ㉠에 들어갈 말로 알맞은 것은?

> ○ (㉠)는 국민이 선거를 통해 대통령과 의회의 의원을 각각 뽑고, 대통령이 행정부를 구성한다.
> ○ (㉠)의 장점은 입법부와 행정부가 상호 견제와 균형을 이루어 권력 분립의 원리를 실현할 수 있다는 점이고, 단점은 대통령이 강력한 권한을 행사할 경우 독재가 나타날 우려가 있다는 점이다.

① 대통령제

② 입헌주의

③ 국민 자치

④ 의원 내각제

15 자문화 중심주의와 문화 사대주의의 공통점만을 〈보기〉에서 모두 고른 것은?

┤ 보기 ├
> ㄱ. 문화의 상대성과 다양성을 인정하지 않는다.
> ㄴ. 다른 문화는 우수하지만, 자기 문화는 열등하다고 생각한다.
> ㄷ. 모든 문화는 문화마다 그 나름의 이유와 가치가 있다고 생각한다.
> ㄹ. 문화의 옳고 그름을 절대적인 기준에 따라 판단할 수 있다고 생각한다.

① ㄱ, ㄴ   ② ㄱ, ㄹ

③ ㄴ, ㄷ   ④ ㄷ, ㄹ

16 다음 그래프에 나타난 청년기의 경제 생활에 대한 설명으로 옳은 것은?

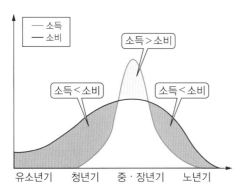

① 은퇴 이후 소득이 줄어드는 시기

② 소득이 증가하지만, 소비도 증가하는 시기

③ 부모의 경제에 의존하며 소비를 주로 하는 시기

④ 취업으로 인해 소득이 발생하지만 소득과 소비가 적은 시기

17 다음 설명에 해당하는 나라는?

> ○ 읍군, 삼로 등 정치 군장이 각 지역을 지배하였다.
> ○ 민며느리제라는 혼인 풍습이 있었다.

① 삼한   ② 동예

③ 발해   ④ 옥저

18 빈칸 ㉠에 들어갈 말로 알맞은 것은?

> 부여에는 왕이 죽으면 많은 사람을 함께 껴묻는 (㉠)(이)라는 장례 풍습이 있었다.

① 책화   ② 영고

③ 순장   ④ 서옥제

19 다음 설명에 해당하는 비석은?

> ○ 진흥왕이 한강 유역으로 진출하는 과정에서 세웠다.
> ○ 적성 지역의 유공자에 대한 공훈을 새겼다.
> ○ 충성을 다하는 자에게 포상을 약속한 내용의 비문이 새겨져 있다.

① 돌무지무덤

② 충주 고구려비

③ 진흥왕 순수비

④ 단양 신라 적성비

20 빈칸 ㉠에 들어갈 말로 알맞은 것은?

> 고려 성종은 개경에 (㉠)(이)라는 최고 교육 기관을 설치하여 경서와 문예, 산수, 의술, 법률을 가르치는 여러 학과를 두는 등 교육에 힘썼다.

① 향교

② 국자감

③ 전시과

④ 노비안검법

1일차 2일차 3일차 4일차 5일차 6일차 7일차

21 빈칸 ㉠에 들어갈 말로 알맞은 것은?

> 〈신라의 삼국 통일 과정〉
> ○ 황산벌 전투에서 계백이 이끄는 백제군에 승리
> ○ 나당 연합군의 평양성 함락으로 고구려 멸망
> ○ 매소성 전투와 (㉠)에서 당에 승리

① 관산성 전투
② 안시성 전투
③ 기벌포 전투
④ 처인성 전투

22 다음 설명에 해당하는 개념은?

> ○ 16세기 이후 전국적으로 보급되었다.
> ○ 향촌 자치 규약이면서 양반 중심의 신분 질서를 확립하게 하였다.

① 서원   ② 향청
③ 향약   ④ 호패법

23 다음 설명에 해당하는 조선의 왕은?

> ○ 노론과 서인뿐만 아니라 남인도 등용하는 탕평책을 실시하였다.
> ○ 금난전권을 폐지하여 자유로운 상업 활동 허용하는 통공 정책을 실시하였다.

① 세종   ② 중종
③ 정조   ④ 순조

24 다음 설명에 해당하는 민족 운동은?

> ○ 전남 광주에서 한·일 학생 사이에 일어난 충돌이 계기가 되었다.
> ○ 3·1 운동 이후에 일어난 반일 학생 투쟁 가운데 가장 규모가 큰 민족 운동이다.

① 물산 장려 운동
② 6·10 만세 운동
③ 민립 대학 설립 운동
④ 광주 학생 항일 운동

25 빈칸 ㉠에 들어갈 말로 알맞은 것은?

> 사건 이름: (㉠   )
> 박종철 고문치사 사건 → 진상 규명과 개헌 요구 시위 → 4·13 호헌 조치 → '호헌 철폐와 독재 타도'를 구호로 시위 전개

① 4·19 혁명
② 6월 민주 항쟁
③ 5·16 군사 정변
④ 5·18 민주화 운동

7일차　과학

제한 시간: 30분
문항 수: 25문항
배점: 1문제당 4점

정답 CHECK!
자동 채점 서비스

01 그림은 일정한 속력으로 움직이는 A와 B의 시간과 이동 거리 사이의 관계를 나타낸 그래프이다. A와 B의 속력의 비는?

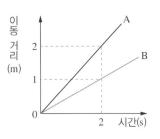

① 1 : 1　　　　② 1 : 2
③ 2 : 1　　　　④ 2 : 3

02 어떤 사람이 1 kg의 상자를 10 N의 힘으로 밀어서 4 m를 이동시켰을 때 이 사람이 물체에 한 일의 양은?

① 4 J　　　　② 10 J
③ 20 J　　　　④ 40 J

03 질량이 일정할 때 속력과 운동 에너지 사이의 관계를 나타낸 그래프로 옳은 것은?

04 그림은 니크롬선에 걸어 준 전압에 따른 전류의 세기를 나타낸 것이다. 이 니크롬선의 저항은?

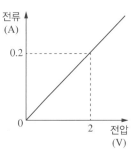

① 1 Ω　　　　② 2 Ω
③ 10 Ω　　　　④ 20 Ω

05 25 ℃의 물 1 kg에 열량 10 kcal을 가하였을 때 물의 최종 온도는? (단, 물의 비열은 1 kcal/kg · ℃ 이다.)

① 35 ℃   ② 40 ℃

③ 45 ℃   ④ 50 ℃

06 빈칸 안에 공통으로 들어갈 말로 옳은 것은?

> 소리의 크기는 (   )와/과 관련이 있다. 물체를 세게 치면 (   )이/가 커져 큰 소리가 나며, 물체를 약하게 치면 (   )이/가 작아져 작은 소리가 난다.

① 파형   ② 진폭

③ 전파   ④ 진동수

07 A~D 중 열에너지를 방출하는 상태 변화끼리 옳게 짝지은 것은?

① A, B   ② A, C

③ B, D   ④ C, D

08 다음 중 중성인 원자가 전자 2개를 얻어 형성된 이온은?

① K^+ ② Ca^{2+}

③ Cl^- ④ S^{2-}

09 다음은 수소와 산소가 반응하여 수증기가 생성되는 반응을 나타낸 화학 반응식과 모형이다. 반응하는 수소와 산소의 부피비는? (단, 온도와 압력은 일정하다.)

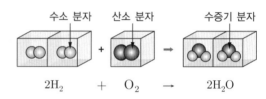

① 1 : 1   ② 1 : 2

③ 2 : 1   ④ 3 : 1

10 그림과 같이 공기가 든 용기의 끝을 고무마개로 막고 압력을 가해 고무마개를 밀 때, 증가하는 것은? (단, 온도는 일정하다.)

① 기체의 부피

② 기체 입자의 크기

③ 기체 입자 사이의 거리

④ 기체 입자의 충돌 횟수

11 그림과 같은 분자 모형을 가진 분자로 옳은 것은?

① 산소(O_2)

② 메테인(CH_4)

③ 암모니아(NH_3)

④ 이산화 탄소(CO_2)

12 다음 중 에너지를 흡수하는 흡열 반응에 해당하는 것은?

① 광합성

② 연소 반응

③ 철이 녹스는 반응

④ 산과 염기의 반응

13 오줌을 생성하는 기본 단위인 네프론을 구성하는 것만을 〈보기〉에서 모두 고른 것은?

보기
ㄱ. 방광 　　　ㄴ. 사구체
ㄷ. 세뇨관 　　　ㄹ. 오줌관
ㅁ. 보먼주머니

① ㄱ, ㄴ, ㅁ

② ㄱ, ㄷ, ㅁ

③ ㄴ, ㄷ, ㄹ

④ ㄴ, ㄷ, ㅁ

14 그림은 모형을 이용하여 호흡 운동 원리를 알아보기 위한 실험 과정이다. A~D가 나타내는 호흡기관이 옳게 짝지어진 것은?

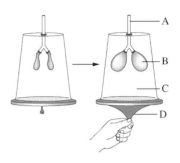

① A – 폐

② B – 기관

③ C – 흉강

④ D – 갈비뼈

15 다음 설명에 해당하는 생명체의 구성 단계는?

○ 식물에만 존재하는 단계이다.
○ 비슷한 기능을 담당하는 조직들이 모여 구성된 것이다.

① 조직

② 기관

③ 조직계

④ 기관계

16 그림은 눈의 구조를 나타낸 것이다. 시각 세포가 분포하여 상이 맺히는 부분은?

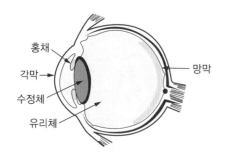

홍채
각막
수정체
유리체
망막

① 각막   ② 망막
③ 홍채   ④ 수정체

17 다음 설명에 해당하는 호르몬은?

○ 이자에서 분비된다.
○ 인슐린과 함께 혈당량 조절에 관여한다.

① 티록신
② 글루카곤
③ 생장 호르몬
④ 항이뇨 호르몬

18 생식 세포 분열에 대한 설명으로 옳지 <u>않은</u> 것은?

① 연속 2회 일어난다.
② 딸세포가 2개 생성된다.
③ 염색체 수가 절반으로 줄어든다.
④ 분열 과정에서 2가 염색체가 나타난다.

19 유전 용어 중 한 형질을 나타내는 대립 유전자의 구성이 같은 개체를 나타내는 것은?

① 순종
② 잡종
③ 표현형
④ 유전자형

20 퇴적물의 종류와 퇴적암이 옳게 짝지어진 것은?

① 자갈 – 사암
② 모래 – 역암
③ 진흙 – 셰일
④ 화산재 – 석회암

21 수권에서 가장 많은 양을 차지하는 것은?

① 해수
② 빙하
③ 지하수
④ 강물과 호수

22 그림은 기온에 따른 포화 수증기량을 나타낸 것이다. A~D 중 이슬점이 가장 높은 지점은?

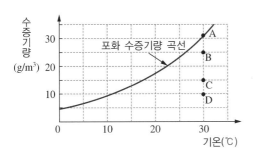

① A
② B
③ C
④ D

23 그림은 따뜻한 공기가 찬 공기 쪽으로 이동하여 찬 공기 위로 올라갈 때 생기는 전선을 나타낸 것이다. 이 전선의 명칭은?

① 한랭 전선
② 정체 전선
③ 폐색 전선
④ 온난 전선

24 달이 지구를 중심으로 태양 반대편에 위치할 때, 우리 눈에 보이는 달의 모양은?

① 삭
② 보름달
③ 상현달
④ 하현달

25 다음에서 설명하고 있는 것은?

> ○ 가스나 티끌 같은 성간 물질이 모여 구름처럼 보이는 것이다.
> ○ 주변의 별빛을 반사하여 밝게 보이며, 주로 파란색이다.

① 발광 성운
② 반사 성운
③ 암흑 성운
④ 산개 성단

1일차 2일차 3일차 4일차 5일차 6일차 7일차

7일차 도덕

제한 시간: 30분
문항 수: 25문항
배점: 1문제당 4점

정답 CHECK!
자동 채점 서비스

01 다음 설명에 해당하는 개념은?

> ○ '나를 확인하고자 하는 자신의 모습'을 의미함
> ○ 소망, 능력, 의무 등의 요소로 구성되어 있음

① 법　　　　　② 욕구
③ 명예　　　　④ 자아

02 행복한 삶을 위한 자세로 옳지 <u>않은</u> 것은?

① 다른 사람의 삶을 존중한다.
② 긍정적인 생각으로 생활한다.
③ 물질적 가치만을 중요시한다.
④ 다른 사람을 배려하며 성실하게 생활한다.

03 다음 설명에 해당하는 도덕적 성찰 방법은?

> 스스로를 성찰하여 깨달음을 구하며, 인간의 참된 삶을 성찰하고 헛된 욕심을 버려 마음에 집중하는 방법이다.

① 경　　　　　② 참선
③ 운동　　　　④ 대화법

04 빈칸 ㉠에 들어갈 말로 알맞은 것은?

> ㉠ 는 이웃에게 피해를 주지 않도록 신경을 쓰고 상대방을 존중하고 차이와 다양성을 인정하는 것이다.

① 배려　　　　② 봉사
③ 절제　　　　④ 기부

05 가족 간의 도리를 실천하기 위한 방법으로 옳지 <u>않은</u> 것은?

① 상호 존중과 배려의 태도
② 성별에 따른 엄격한 역할 분담
③ 각자의 맡은 역할과 책임 수행
④ 충분한 의사소통으로 갈등 방지

06 우정에 대한 사자성어로 옳지 <u>않은</u> 것은?

① 막역지우(莫逆之友)
② 수어지교(水魚之交)
③ 와신상담(臥薪嘗膽)
④ 간담상조(肝膽相照)

07 사이버 공간 예절에 대한 설명으로 옳지 <u>않은</u> 것은?

① 바른 말 사용
② 불확실한 정보 공유
③ 타인의 사생활 존중
④ 바이러스 유포의 금지

08 양성 평등의 실현을 위한 노력으로 옳지 <u>않은</u> 것은?

① 남녀 차별 의식의 개선
② 성에 대한 사회적 편견의 변화
③ 대중매체를 통한 문화적 편견 촉진
④ 양성평등에 대한 사회적 의식 구조 개선

09 제3자가 개입하여 당사자 간의 갈등 해결을 도와주는 방법으로 옳은 것은?

① 협상
② 중재
③ 조율
④ 수용

10 환경 친화적 삶의 자세로 옳은 것만을 〈보기〉에서 모두 고른 것은?

┌─────── 보기 ───────┐
ㄱ. 쓰레기 분리 배출하기
ㄴ. 일회용품 사용하기
ㄷ. 산림 훼손하기
ㄹ. 대중교통 이용하기
└──────────────────┘

① ㄱ, ㄴ
② ㄴ, ㄷ
③ ㄷ, ㄹ
④ ㄱ, ㄹ

11 진정한 이웃 봉사의 마음에 대한 설명으로 옳지 <u>않은</u> 것은?

① 공동체 정신을 길러 건강한 사회를 만든다.
② 늘 다른 사람을 존중하는 마음 자세를 갖는다.
③ 물질적 대가를 받아야만 어려운 이웃을 돕는다.
④ 이웃에 대한 배려의 마음을 적극적으로 표현한다.

12 이웃과의 소통이 단절된 이유로 옳지 <u>않은</u> 것은?

① 경쟁의 심화
② 개방적인 주택 형태
③ 이웃에 대한 무관심
④ 지나친 사생활 존중 분위기

13 다문화 사회의 장점으로 옳지 <u>않은</u> 것은?

① 자문화의 우월성 확인
② 전통문화 발전의 원동력
③ 새로운 문화 요소의 도입
④ 각 문화에 대한 체험의 기회

14 다음 설명에 해당하는 개념의 사례로 가장 적절한 것은?

> 도덕 판단은 사실 판단 중에서 어떤 사람의 인격이나 행위에 대해 도덕적인 관점에서 판단을 내리는 것이다.

① 밤이 되면 기온이 떨어져 춥다.
② 길에 쓰레기를 버리는 것은 옳지 않다.
③ 벽에 걸린 가을 풍경의 그림이 아름답다.
④ 학교 수업 중 체육 시간이 제일 재미있다.

15 바람직한 시민의 자질로 옳지 <u>않은</u> 것은?

① 지속적인 무관심
② 올바른 권리 추구
③ 책임과 의무의 이행
④ 주인 의식과 비판 정신

16 다음 설명에 해당하는 개념은?

> 스스로 옳다고 굳게 믿는 마음으로, 사람들은 이를 기준으로 옳고 그름을 판단한다.

① 신념   ② 인격
③ 권리   ④ 능력

17 빈칸 ㉠에 공통으로 들어갈 말로 알맞은 것은?

① 행복   ② 본성
③ 욕망   ④ 충동

18 이상적인 인간상을 실현하기 위한 노력으로 옳지 <u>않은</u> 것은?

① 삶에 대한 성찰
② 사랑과 실천의 나눔
③ 성실한 자세와 마음가짐
④ 열정적인 감정과 욕망의 추구

19 다음 설명에 해당하는 개념은?

> 인간이 생존을 위해 필요한 것들을 얻으려고 하거나 하고 싶은 일을 하고자 바라는 것

① 희망   ② 욕구
③ 도덕   ④ 양심

20 국가가 추구하는 보편적 가치로 옳지 <u>않은</u> 것은?

① 자유　　　　② 평등
③ 복지　　　　④ 근로

21 친구와의 갈등을 해결하기 위한 자세로 옳지 <u>않은</u> 것은?

① 상대방의 입장을 충분히 듣는다.
② 상대와 자신의 성격 차이를 인정한다.
③ 갈등의 원인을 사실관계에 따라 파악한다.
④ 나의 감정과 입장을 최우선적으로 생각한다.

22 사회 정의의 역할로 옳지 <u>않은</u> 것은?

① 결과 평등의 기준
② 옳고 그름의 기준
③ 갈등 조정의 기준
④ 정당한 분배의 기준

23 다음 설명에 해당하는 가치의 종류는?

> 다른 사람의 의견이나 관점과 상관없이 내가 느끼는 가치를 말한다.

① 물질적 가치
② 도구적 가치
③ 주관적 가치
④ 정신적 가치

24 다음 교사가 설명하는 도덕 원리 검사의 방법은?

육교로 돌아가는 것이 귀찮아서 무단 횡단했어요. — 학생

모든 사람들이 너처럼 행동하면 어떻게 될까? — 교사

① 포섭 검사
② 역할 교환 검사
③ 반증 사례 검사
④ 보편화 결과 검사

25 다음 설명에 해당하는 이상적 인간상은?

> 위로는 깨달음을 추구하고 아래로는 자비를 베풀며, 자신이 깨달은 지혜를 통해 조건 없이 사랑을 베푸는 사람

① 천인(天人)
② 군자(君子)
③ 지인(至人)
④ 보살(菩薩)

많이 보고 많이 겪고 많이 공부하는 것은 배움의 세 기둥이다.

– 벤자민 디즈라엘리 –

나에게 딱 맞는 한능검 교재를 선택하고 합격하자!

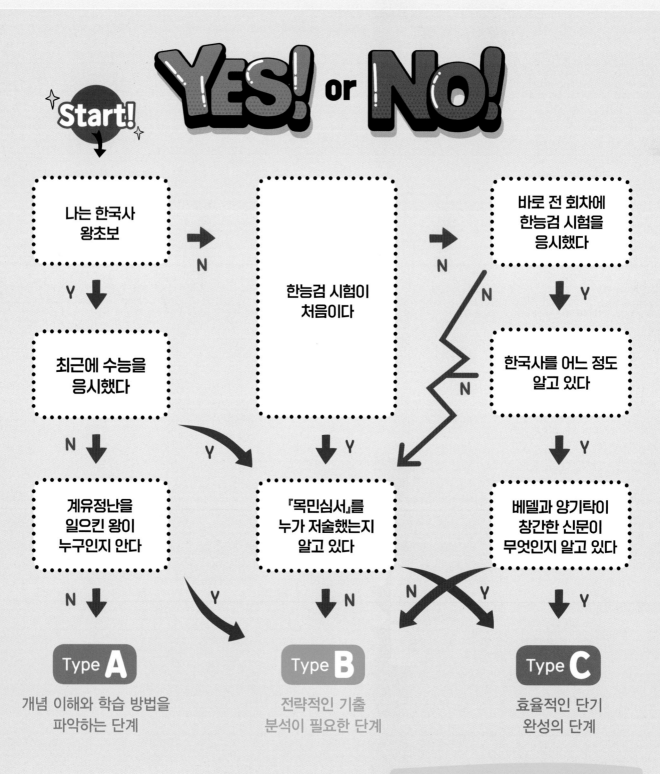

Start! YES! or NO!

나는 한국사 왕초보
→ **N**
↓ **Y**

바로 전 회차에 한능검 시험을 응시했다
→ **N**
↓ **Y**

한능검 시험이 처음이다
N
N

최근에 수능을 응시했다
↓ **N**
↓ **Y**

한국사를 어느 정도 알고 있다
↓ **Y**

계유정난을 일으킨 왕이 누구인지 안다
↓ **N**
↓ **Y**

『목민심서』를 누가 저술했는지 알고 있다
↓ **N**

베델과 양기탁이 창간한 신문이 무엇인지 알고 있다
↓ **Y**

N **Y**

Type A
개념 이해와 학습 방법을 파악하는 단계

Type B
전략적인 기출 분석이 필요한 단계

Type C
효율적인 단기 완성의 단계

옆 페이지로 커리큘럼 계획하러 가기

국어 | 수학 | 영어 | 사회 | 과학 | 도덕

편집기획실 편저

26년
명장 명품 노하우

STRONG

빛나는 당신의 내일을 위해 ──────── 시대에듀가 함께합니다.

2025
중졸 검정고시
실전 모의고사

7일
완성

정답 및 해설

시대에듀

정답 및 해설

정답 및 해설

1일차 실전 모의고사 정답 및 해설

제1교시 국어 4~10쪽

01	02	03	04	05	06	07	08	09	10
④	①	②	②	③	①	①	④	③	①
11	**12**	**13**	**14**	**15**	**16**	**17**	**18**	**19**	**20**
④	④	④	③	①	③	②	④	③	①
21	**22**	**23**	**24**	**25**					
①	③	②	③	②					

01
정답 ④

핵심체크

'지현'은 물건을 빌려달라고 '용욱'에게 부탁하고 있다. '부탁'은 어떤 일을 해달라고 청하는 말하기이다.

오답체크

① 상대편의 요구, 제안, 선물, 부탁 따위를 받아들이지 않고 물리치는 말하기이다.
② 자기의 잘못을 인정하고 용서를 비는 말하기이다.
③ 따뜻한 말이나 행동으로 괴로움을 덜어 주거나 슬픔을 달래 주는 말하기이다.

02
정답 ①

핵심체크

가족 관계는 '직업'과 관계없는 개인 정보이므로 직업 정보를 얻기 위한 질문으로는 적절하지 않다.

03
정답 ②

핵심체크

'예쁘다'는 사물의 성질이나 상태를 나타내는 형용사이다. 반면에 '먹다'는 사람이나 사물의 움직임이나 작용을 나타내는 동사이다.

오답체크

① · ③ · ④ '많다', '빠르다', '푸르다'는 형용사이다.

04
정답 ②

핵심체크

'ㅚ' 뒤에 '-어, -었-'이 어울려 'ㅙ'으로 될 적에는 준 대로 적는다.

오답체크

① '안'은 '아니'를 줄여서 쓴 말이고, '않다'는 '아니하다'를 줄여서 쓴 말이므로 '안 갔다'로 고쳐 써야 한다.
③ '반드시'는 '꼭', '틀림없이'를 나타낸다. 주어진 문장에는 '비뚤어지거나 기울거나 굽지 않고 바르게'를 나타내는 '반듯이'가 쓰여야 한다.
④ '닫히다'는 '닫다'의 피동형이다. 주어진 문장에는 '부딪쳐서 상하다'를 나타내는 '다치다'가 쓰여야 한다.

05
정답 ③

핵심체크

'맑게'의 발음은 [말께]로, 어간 말음 'ㄺ'이 'ㄱ' 앞에서 [ㄹ]로 발음된 것이다.

오답체크

① · ② · ④ '닭'은 [닥], '맑다'는 [막따], '읊고'는 [읍꼬]로 발음된다.

06
정답 ①

핵심체크

제시된 글은 잇몸소리에 대한 설명으로, 'ㄴ', 'ㄷ', 'ㄸ', 'ㄹ', 'ㅅ', 'ㅆ', 'ㅌ'가 여기에 해당한다.

오답체크

② 두 입술 사이에서 나는 소리(입술소리)이다.
③ 혓바닥과 입천장 앞쪽의 단단한 부분 사이에서 나는 소리(센입천장소리)이다.
④ 목구멍에서 나는 소리(목청소리)이다.

07

정답 ①

📋 **핵심체크**

'하늘이'는 주어이다. 주어는 동작이나 작용, 상태나 성질의 주체가 되는 문장 성분이다. 문장에서 '누가', '무엇이'에 해당한다.

🔍 **오답체크**

② '짖는다'는 서술어이다. 서술어는 동작이나 작용, 상태나 성질 등을 풀이하는 기능을 한다.

③ '친구를'은 목적어이다. 목적어는 행위나 동작의 대상을 나타내는 문장 성분이다.

④ '물이'는 보어이다. 보어는 서술어를 보충하는 문장 성분으로, 서술어 '되다, 아니다'와 사용되는 '무엇이', '누가'에 해당하는 부분이다.

08

정답 ④

📋 **핵심체크**

통일성이란 주제를 벗어나지 않고 일관성 있게 글이 전개되도록 하는 것이다. 글쓴이가 전하고자 하는 바를 분명하게 드러내기 위해서는 통일성 있게 글을 써야 한다.

09

정답 ③

📋 **핵심체크**

'그러나'는 앞의 내용과 뒤의 내용이 상반될 때 쓰는 접속 부사이다. '이와 같이'는 앞 내용의 양상을 받아 뒤의 문장을 이끌 때 쓰이므로 고쳐 쓰지 않는 것이 옳다.

🔍 **오답체크**

① '어떤 작용을 한쪽에서 다른 쪽으로 전달하는 물체'를 뜻하는 '매체'로 고치는 것이 적절하다. '개체'는 '전체나 집단에 상대하여 하나하나의 낱개'를 이르는 말이다.

② 제시된 글은 '인간 생활에 유용한 텔레비전'에 대해 설명하고 있으나, ⓛ은 텔레비전의 문제점에 대한 내용이므로 삭제하는 것이 옳다.

④ ㉣의 '수'는 의존 명사이므로 띄어 써야 한다.

10

정답 ①

📋 **핵심체크**

제시된 글의 마지막 문단에서 보고서의 끝 부분에는 보고 내용을 요약하여 제시하고, 부족하였던 점과 앞으로의 계획을 밝힌다고 설명하였다.

> ✅ **FINAL CHECK 작품 해설**
>
> 오영수, 「고무신」
> • 갈래: 현대 소설, 단편 소설
> • 성격: 서정적, 애상적
> • 제재: 고무신
> • 주제: 젊은 남녀의 애틋한 사랑
> • 특징
>   – 봄을 배경으로 하여 젊은 두 남녀의 순수한 사랑을 그려 냄
>   – 비유를 써서 풍경, 인물의 외양이나 행동 등을 생생하게 묘사함
>   – 중심 소재인 '고무신'에 상징적 의미를 부여함

11

정답 ④

📋 **핵심체크**

제시된 글은 비유적 표현을 통해 풍경, 인물의 외양이나 행동 등을 생생하게 묘사하고 있다. 비유는 표현하려는 대상의 모습이나 심리를 구체적이고 생생하게 표현할 수 있고, 상황을 참신하고 재미있게 표현할 수 있다.

12

정답 ④

📋 **핵심체크**

남이는 영이와 윤이가 아끼던 고무신을 엿과 바꿔 먹었을 때 화가 나서 아이들을 때린 것이다. 그동안은 단 한 번도 아이들에게 손찌검을 하지 않았다.

🔍 **오답체크**

①·③ 철수는 남이가 신분이 낮은 식모라는 이유만으로 아이들의 편을 들지 않는 평등한 태도를 보인다. 남이가 아이들을 때린 데에는 이유가 있을 것이라고 생각하며 가족처럼 대하고 있다.

② 철수가 남이에 대해 설명할 때 '식모아이 분수'라고 표현한 부분에서 남이가 철수 집에서 식모살이를 하고 있음을 알 수 있다.

13 정답 ④

핵심체크

(나)의 "오늘 뒤 개울에 빨래를 간 새, 영이와 윤이가 제 고무신을 들어다 엿을 바꿔 먹었어요."라는 문장으로 볼 때 ㉠의 이유를 알 수 있다.

> ✔ FINAL CHECK 작품 해설
>
> 안도현, 「우리가 눈발이라면」
> • 갈래: 자유시, 서정시
> • 성격: 의지적, 상징적, 현실 참여적
> • 제재: 함박눈
> • 주제: 이웃과 더불어 따뜻한 삶을 살고 싶은 소망
> • 특징
>   – '–라면', '–자'를 반복하여 운율을 형성함
>   – 청유형 문장을 사용하여 화자의 의지를 강조함
>   – 긍정적 시어와 부정적 시어가 대조를 이루어 주제를 효과적으로 드러냄

14 정답 ③

핵심체크

제시된 글은 긍정적 시어(함박눈, 편지, 새살)와 부정적 시어(진눈깨비, 바람, 깊고 붉은 상처)가 대조를 이루어 주제를 효과적으로 드러냈다.

오답체크

① '그이의 깊고 붉은 상처 위에 돋는'에서 색체를 활용한 시각적 심상을 사용하고 있다.
② '–자'라는 청유형 문장을 사용하여 시적 화자의 의지를 드러내고 있다.
④ '우리'를 '눈발'이라는 함축적 의미가 있는 시어에 비유하여 '상처받은 이웃에게 위안을 주는 존재가 되자'라는 시적 화자의 의지를 나타냈다.

15 정답 ①

핵심체크

제시된 글에서 '함박눈, 새살, 편지'는 긍정적인 뜻을 나타내는 시어이고, '진눈깨비, 바람, 깊고 붉은 상처' 등은 부정적인 뜻을 나타내는 시어이다.

16 정답 ③

핵심체크

제시된 글은 이웃과 더불어 따뜻한 삶을 살고 싶은 소망을 드러낸 작품으로, '어려운 이웃에게 도움이 되는 존재가 되자.'라는 화자의 따뜻한 삶의 태도가 나타난다.

> ✔ FINAL CHECK 작품 해설
>
> 작자 미상, 「춘향전」
> • 갈래: 고전 소설, 판소리계 소설, 애정 소설
> • 성격: 풍자적, 해학적
> • 제재: 춘향의 정절
> • 주제: 신분을 초월한 지고지순한 사랑 / 탐관오리의 횡포에 대한 풍자 / 평등한 사회에 대한 갈망
> • 특징
>   – 판소리의 영향으로 운문체와 산문체가 함께 나타남
>   – 서술자가 작품에 개입하여 인물과 사건에 대한 자기 생각과 판단을 직접 드러냄 (편집자적 논평)

17 정답 ②

핵심체크

제시된 글의 표면적 주제는 신분을 초월한 지고지순한 사랑이다. 이면적 주제는 탐관오리의 횡포에 대한 풍자와 신분적 갈등의 극복, 그리고 인간 해방과 평등 사회로의 갈망이다. 유교적 충효의 실천은 글의 주제와 거리가 멀다.

18 정답 ④

핵심체크

춘향은 남원을 하직할 때, 영화롭고 귀하게 되었지만 정든 고향을 이별하려니 한편으로는 기쁘고 한편으로는 울적해 하였다.

19
정답 ③

📋 **핵심체크**

'높은 절벽과 높은 바위', '푸른 솔과 대'는 '춘향'의 지조와 절개를 상징하며, '바람', '눈'은 춘향에게 닥친 시련을 상징한다.

> ✓ **FINAL CHECK 작품 해설**
>
> 이호준, 「장독대, 끝내 지켜 내던 가문의 상징」
> • 갈래: 수필
> • 성격: 회고적, 경험적
> • 제재: 장독대와 우리 고유의 정
> • 주제: 장독대와 함께 사라져가는 우리 고유의 정과 사랑에 대한 아쉬움
> • 특징
> – 작가의 어린 시절 경험을 바탕으로 함
> – 시대의 변화를 장독의 변화에 빗대어 표현함

20
정답 ①

📋 **핵심체크**

제시된 글은 수필로, 지은이가 실제로 겪은 일을 소재로 하여 깨달은 바를 표현하고 전달하는 글이다. 수필은 교훈과 감동을 주는 것을 목적으로 한다.

21
정답 ①

📋 **핵심체크**

'자질구레한'은 모두가 잘고 시시하여 대수롭지 아니한 것을 의미한다. '귀중하고 요긴한.'은 '중요한'의 의미이다.

22
정답 ③

📋 **핵심체크**

제시된 글에서 철없는 어린 동생도 그날은 아무 말 없이 신작로를 걸어갔다고 표현하고 있다.

> ✓ **FINAL CHECK 작품 해설**
>
> 장미정, 「내가 버린 전기 · 전자 제품의 행방은?」
> • 갈래: 설명문
> • 성격: 객관적, 사실적
> • 제재: 전자 폐기물
> • 주제: 전자 폐기물 문제와 그 해결 방법
> • 특징
> – 글의 내용과 관련한 영화를 소개하여 독자의 흥미를 유발함
> – 전자 폐기물 문제를 해결할 수 있는 방법을 구체적으로 소개함

23
정답 ②

📋 **핵심체크**

제시된 글은 설명문으로, 글쓴이가 알고 있는 것을 읽는 이가 쉽게 이해할 수 있도록 객관적이고 체계적으로 쓴 글이다.

🔍 **오답체크**

① 희곡에 대한 설명이다.
③ 주장하는 글인 논설문에 대한 설명이다.
④ '인물, 사건, 배경'은 소설 구성의 세 가지 요소이다.

24
정답 ③

📋 **핵심체크**

(다)에서 새 제품을 구입할 때 판매 대리점에 헌 제품을 무상으로 회수해 줄 것을 요청할 수 있다고 말하였다. 따라서 돈을 지불하는 것은 적절하지 않은 방법이다.

🔍 **오답체크**

① (다)에서 지방 자치 단체에서 판매하는 폐기물 딱지를 붙여서 버리는 것을 방법으로 제시하고 있다.
② (나)에서 쓰던 전자 제품을 업그레이드, 혹은 수리해서 쓸 것을 방법으로 제시하고 있다.
④ (나)에서 이웃에게 안 쓰는 전자 제품을 나눔하는 것을 방법으로 제시하고 있다.

1일차 2일차 3일차 4일차 5일차 6일차 7일차

25

정답 ②

📋 **핵심**체크

㉡과 ㉣는 '세거나 잴 수 있는 분량이나 수량'이라는 의미로 쓰였다.

🔍 **오답**체크

① 솟과의 동물. 가축인 양과 야생의 양을 통틀어 이르는 말이다.

③ 어떤 모양을 하고 있거나 어떤 행동을 짐짓 취함을 나타내는 말이다.

④ '둘' 또는 '두 쪽 모두'의 뜻을 나타내는 말이다.

제2교시	**수학**							11~14쪽	
01	02	03	04	05	06	07	08	09	10
①	④	④	③	③	②	①	②	④	③
11	12	13	14	15	16	17	18	19	20
④	③	②	②	①	①	③	①	④	②

01

정답 ①

📋 **핵심**체크

소인수분해를 이용하여 최대공약수를 구할 때는 공통인 소인수를 곱하여 구한다. 이때 소인수의 지수가 같으면 그대로 곱하고, 다르면 작은 것을 택하여 곱하므로 세 수 12, 18, 30의 최대공약수는 2×3이다.

$\therefore$ ㉠ $= 3$

02

정답 ④

📋 **핵심**체크

절댓값을 차례대로 구하면

① $|-13| = 13$ ② $|-12| = 12$

③ $|11| = 11$ ④ $|14| = 14$

이므로 $|14| > |-13| > |-12| > |11|$이다.

따라서 절댓값이 가장 큰 수는 ④ 14이다.

03

정답 ④

📋 **핵심**체크

$a = 4$를 $3a - 1$에 대입하면

$3a - 1 = 3 \times 4 - 1 = 11$

04

정답 ③

📋 **핵심**체크

$4x - 2 = x + 7$에서 양변을 정리하면

$4x - x = 7 + 2$, $3x = 9$

$\therefore x = 3$

따라서 주어진 일차방정식의 해는 3이다.

05 　　　　　　　　　　　정답 ③

핵심체크

주어진 그래프는 시간에 따른 이동 거리를 나타낸 그래프이므로 이 학생이 출발한 후 40분 동안 이동한 거리는 x축의 좌표가 40일 때 그래프와 만나는 점의 y축의 좌표이다. 따라서 이 학생이 이동한 거리는 4 km 이다.

06 　　　　　　　　　　　정답 ②

핵심체크

정육면체의 면의 모양은 정사각형이다.

PLUS CHECK 더 알아보기

정다면체

① 다음 조건을 모두 만족시키는 다면체를 정다면체라고 한다.
　㉠ 모든 면이 합동인 정다각형이다.
　㉡ 각 꼭짓점에 모인 면의 개수가 같다.
② 정다면체의 종류
　정다면체는 정사면체, 정육면체, 정팔면체, 정십이면체, 정이십면체의 다섯 가지 뿐이다. 이때 면의 모양이 정삼각형인 것은 정사면체, 정팔면체, 정이십면체이고, 정사각형은 정육면체이며, 정오각형은 정십이면체이다.

07 　　　　　　　　　　　정답 ①

핵심체크

주어진 도수분포표에서 자습한 시간이 0시간 이상 4시간 미만인 학생 수는 7명, 4시간 이상 8시간 미만인 학생 수는 13명이다.
따라서 구하는 학생 수는
$7 + 13 = 20$ (명)

PLUS CHECK 더 알아보기

도수분포표

① 계급: 변량을 일정한 간격으로 나눈 구간
② 계급의 크기: 변량을 나눈 구간의 너비
③ 도수: 각 계급에 속하는 자료의 개수
④ 도수분포표: 전체의 자료를 몇 개의 계급으로 나누고, 각 계급의 도수를 조사하여 만든 표
⑤ 계급값: 도수분포표에서 각 계급을 대표하는 값으로서 그 계급의 가운데 값, 즉 계급의 양 끝 값의 합의 $\frac{1}{2}$인 값

08 　　　　　　　　　　　정답 ②

핵심체크

순환소수 $0.\dot{6}$을 기약분수로 나타내면
$\frac{6}{9} = \frac{2}{3}$

09 　　　　　　　　　　　정답 ④

핵심체크

$3x \times 2x^3 = (3 \times 2)x^{1+3} = 6x^4$

PLUS CHECK 더 알아보기

지수법칙

$a \neq 0$, $b \neq 0$이고 m, n이 자연수일 때
① $a^m \times a^n = a^{m+n}$
② $(a^m)^n = a^{m \times n}$
③ $a^m \div a^n$
　㉠ a^{m-n} $(m > n$일 때$)$
　㉡ 1 $(m = n$일 때$)$
　㉢ $\frac{1}{a^{n-m}}$ $(m < n$일 때$)$
④ $(ab)^n = a^n b^n$
⑤ $\left(\frac{a}{b}\right)^n = \frac{a^n}{b^n}$

10
정답 ③

핵심체크

연립방정식 $\begin{cases} 3x + 4y = 5 & \cdots\cdots \text{㉠} \\ 2x - y = a & \cdots\cdots \text{㉡} \end{cases}$ 에서

$x = 3$을 ㉠에 대입하면

$3 \times 3 + 4y = 5$, $4y = 5 - 9$

$\therefore\ y = -1$

$x = 3$, $y = -1$을 ㉡에 대입하면

$2 \times 3 - (-1) = a$

$\therefore\ a = 7$

11
정답 ④

핵심체크

일차함수 $y = 2x$의 그래프를 y축의 방향으로 a만큼 평행이동한 것은 $y - a = 2x$, 즉 $y = 2x + a$이다.

이 그래프가 일차함수 $y = 2x + 2$의 그래프와 일치하므로

$a = 2$

12
정답 ③

핵심체크

$\triangle ABC$에서 $\angle B = 60°$, $\angle C = 60°$이므로

$\angle A = 180° - (60° + 60°) = 60°$

즉, $\triangle ABC$는 정삼각형이므로 세 변의 길이가 모두 같다.

따라서 $\overline{AB} = \overline{BC}$이고 $\overline{AB} = 6\,\text{cm}$이므로

$x = 6$

13
정답 ②

핵심체크

직각삼각형 ABC에서 피타고라스 정리에 의해

$x = \sqrt{3^2 + 4^2} = \sqrt{9 + 16} = \sqrt{5^2} = 5$

14
정답 ②

핵심체크

노란 공 4개, 하얀 공 8개가 들어있는 주머니에서 한 개의 공을 임의로 꺼낼 때, 하얀 공이 나올 확률은

$\dfrac{8}{4 + 8} = \dfrac{8}{12} = \dfrac{2}{3}$

➕ PLUS CHECK 더 알아보기

확률의 계산

① 사건 A 또는 사건 B가 일어날 확률

두 사건 A, B가 동시에 일어나지 않을 때, 사건 A가 일어날 확률을 p, 사건 B가 일어날 확률을 q라 하면

(사건 A 또는 사건 B가 일어날 확률)$= p + q$

② 사건 A와 사건 B가 동시에 일어날 확률

두 사건 A, B가 서로 영향을 주지 않을 때, 사건 A가 일어날 확률을 p, 사건 B가 일어날 확률을 q라 하면

(사건 A와 사건 B가 동시에 일어날 확률)$= p \times q$

15
정답 ①

핵심체크

$$\begin{aligned}
\sqrt{48} - 2\sqrt{3} &= \sqrt{4^2 \times 3} - 2\sqrt{3} \\
&= 4\sqrt{3} - 2\sqrt{3} \\
&= (4 - 2)\sqrt{3} = 2\sqrt{3}
\end{aligned}$$

➕ PLUS CHECK 더 알아보기

제곱근의 사칙계산

$a > 0$, $b > 0$이고, m, n은 유리수일 때

① 덧셈과 뺄셈: 동류항끼리 계산하는 것과 같이 근호 안의 수가 같은 것끼리 계산한다.

㉠ $m\sqrt{a} + n\sqrt{a} = (m + n)\sqrt{a}$

㉡ $m\sqrt{a} - n\sqrt{a} = (m - n)\sqrt{a}$

② 곱셈과 나눗셈

㉠ $\sqrt{a}\sqrt{b} = \sqrt{ab}$, $m\sqrt{a} \times n\sqrt{b} = mn\sqrt{ab}$

㉡ $\dfrac{\sqrt{a}}{\sqrt{b}} = \sqrt{\dfrac{a}{b}}$,

$m\sqrt{a} \div n\sqrt{b} = \dfrac{m}{n}\sqrt{\dfrac{a}{b}}$ (단, $n \neq 0$)

16

정답 ①

📋 핵심체크

$(x-2)(x+7) = x^2 + 7x - 2x - 14$
$= x^2 + 5x - 14$

17

정답 ③

📋 핵심체크

① 기울기 $3 > 0$이므로 아래로 볼록하다.

② $x = 1$을 $y = 3x^2 - 3$에 대입하면 $y = 3 \times 1^2 - 3 = 0$ 이므로 점 $(1, 0)$을 지난다.

③ 직선 $x = 0$을 축으로 한다.

④ 꼭짓점의 좌표는 $(0, -3)$이다.

18

정답 ①

📋 핵심체크

직각삼각형 ABC에서 피타고라스 정리에 의해

$\overline{AC} = \sqrt{5^2 + 12^2} = \sqrt{169} = 13 \, (\text{cm})$

$\therefore \sin A = \dfrac{\overline{BC}}{\overline{AC}} = \dfrac{5}{13}$

19

정답 ④

📋 핵심체크

점 P에서 원 O에 그은 두 접선의 길이는 서로 같으므로 $\overline{PA} = \overline{PB}$이다.

이때 $\overline{PA} + \overline{PB} = 14$이므로

$\overline{PB} + \overline{PB} = 14$, $2\overline{PB} = 14$

$\therefore \overline{PB} = 7 \, (\text{cm})$

20

정답 ②

📋 핵심체크

① 양의 상관관계를 나타내는 산점도이다.

② 음의 상관관계를 나타내는 산점도이다. 음의 상관관계는 x의 값이 증가함에 따라 y의 값이 대체로 감소하는 경향이 있는 관계이다.

③·④ 상관관계가 없다.

제3교시	영어							15~19쪽	
01	02	03	04	05	06	07	08	09	10
④	②	③	④	②	①	④	④	①	②
11	12	13	14	15	16	17	18	19	20
④	②	①	①	③	③	①	③	③	④
21	22	23	24	25					
②	①	①	②	④					

01

정답 ④

📋 핵심체크

밑줄 친 'popular'는 '인기 있는'이라는 의미로, 바로 뒤의 명사(actor)를 수식하는 형용사이다.

🔍 오답체크

① honest

② brave

③ wise

┌ **해석 CHECK** ┈
나의 삼촌은 스페인에서 인기 있는 배우이다.

02

정답 ②

📋 핵심체크

밑줄 친 'full(가득 찬)'과 'empty(텅 빈)'는 반의 관계인데, 'sick(아픈)'과 'ill(아픈, 병든)'은 유의 관계로, 의미 관계가 다르다.

🔍 오답체크

① 새로운 – 낡은

③ 가난한 – 부유한

④ 깨끗한 – 더러운

┌ **해석 CHECK** ┈
이 상자는 가득 찼고 저 상자는 비어 있다.

1일차 2일차 3일차 4일차 5일차 6일차 7일차

03

📖 단어체크

- strawberry: 딸기
- fresh: 신선한, 싱싱한

📋 핵심체크

빈칸 앞에는 주어(The strawberries)가 있고, 빈칸 뒤에는 주격 보어이자 형용사(fresh)가 있는 2형식 문장이다. 형용사가 주격 보어가 되기 위해서는 be동사가 필요한데, 주어가 복수이므로 'are'가 사용되어야 한다.

┌─ 해석 CHECK ─┐

딸기들이 신선하다.

└─────────────┘

04

📖 단어체크

- water: 물; 물주다
- yesterday: 어제

📋 핵심체크

일반 동사의 의문문은 조동사 do를 이용하여 만든다. 대화에서 A는 과거(yesterday)에 하였던 일에 대해 'Did'를 써서 묻고 있다. 따라서 응답으로는 'Yes, I did' 또는 'No, I didn't'가 올 수 있는데, 빈칸 뒤에서 Steve가 했다고 말하였으므로 빈칸에는 'No, I didn't(아니, 내가 하지 않았어)'가 가장 적절하다.

┌─ 해석 CHECK ─┐

A: 어제 꽃에 물을 주었니?
B: 아니, 내가 하지 않았어. 하지만 Steve가 했어.

└─────────────┘

05

📋 핵심체크

대화에서 A가 Watson 씨를 바꿔달라고 하는 말에 B가 'Sorry(죄송하지만),'라고 대답하고 있으므로 빈칸에는 일반적 전화 영어 표현인 'he's not in(그는 여기 없어요)'이 들어가는 것이 가장 적절하다.

🔍 오답체크

① 저는 바빠요
③ 그녀는 자고 있어요
④ 그는 프랑스어를 해요

┌─ 해석 CHECK ─┐

A: 여보세요. Watson 씨와 통화할 수 있을까요?
B: 죄송하지만, 그는 여기 없어요.

└─────────────┘

06

📖 단어체크

- how often: 얼마나 자주
- visit: 방문하다
- grandparents: 조부모님
- weekend: 주말

📋 핵심체크

대화에서 A는 횟수를 묻는 표현인 'How often(얼마나 자주)'을 사용하여 B에게 조부모님을 얼마나 자주 방문하는지를 묻고 있으므로 B의 응답으로는 횟수와 관련된 표현이 들어가야 한다. 따라서 빈칸에는 'Twice a month(한 달에 두 번)'가 들어가는 것이 가장 적절하다.

🔍 오답체크

② 나는 그들을 방문하는 것을 좋아해
③ 나는 거기에 기차로 가
④ 그거 좋은 생각이야

┌─ 해석 CHECK ─┐

A: 조부모님을 얼마나 자주 방문하니?
B: 한 달에 두 번. 나는 이번 주말에 그들을 방문할 예정이야.

└─────────────┘

07

📖 단어체크

- hair: 머리카락
- wear: 입다
- find: 찾다

핵심체크

대화에서 A의 발언에는 'your hair'가 나오므로 빈칸에는 'your hair'를 목적어로 취하는 타동사가 와야 한다. 이어서 B의 발언에는 'my'와 연결되는 명사가 와야 한다. 이러한 두 조건을 모두 만족하는 말은 'brush(머리를 빗다; 빗; 붓)'이다.

오답체크

① 느끼다
② 씻다
③ 잡다

해석 CHECK

A: Jessie, 머리를 빗고 이 모자를 쓰렴.
B: 네, 엄마. 제 붓 어디 있나요? 그것을 찾을 수가 없어요.

08 정답 ④

핵심체크

Stanley는 'Wednesday(수요일)'에 'Visiting a farm(농장 방문하기)'이라고 하였으므로 ④가 가장 적절하다.

해석 CHECK

화요일	수요일	목요일	금요일
축구하기	농장 방문하기	영화 보기	등산하기

09 정답 ①

단어체크

• wash: 씻다, 세탁하다
• plant: ~을 심다
• buy: 사다

핵심체크

대화에서 A가 그림 속 남자가 무엇을 하고 있는지 묻고 있으므로 빈칸에는 'riding a bike(자전거를 타고 있는)'가 들어가는 것이 가장 적절하다.

오답체크

② 가방을 세탁하고 있는
③ 나무를 심고 있는
④ 헬멧을 사고 있는

해석 CHECK

A: 남자는 무엇을 하고 있나요?
B: 그는 자전거를 타고 있어요.

10 정답 ②

단어체크

• refrigerator: 냉장고
• forget: 잊어버리다
• without: ~없이
• worry: 걱정하다
• right away: 즉시

핵심체크

대화에서 A와 B는 쿠키를 만들려다 냉장고에 버터가 없다는 것을 발견하였다. 대화 마지막에서 A가 'I'll go get it right away(내가 바로 가서 사올게).'라고 말하였으므로 A가 할 일로 가장 적절한 것은 '버터 사러 가기'이다.

해석 CHECK

A: Henry, 냉장고에 버터가 없어.
B: 오, 그걸 사는 걸 잊어버렸어. 우리 버터 없이는 쿠키를 만들 수 없는데.
A: 걱정 마. 내가 바로 가서 사올게.

11 정답 ④

단어체크

• meet: 만나다
• wake up: 일어나다
• watch: 시계
• every day: 매일
• shall: (I와 we를 주어로 하는 의문문에서) 제의·제안·조언 요청을 나타냄

핵심체크

대화에서 A가 언제 만날 것인지를 묻고 있으므로 B의 응답으로 만나고자 하는 시간이 와야 한다. 따라서 빈칸에는 'How about at 9 in the morning(아침 9시에 만나는 게 어때)?'이 들어가는 것이 가장 적절하다.

오답체크

① 너 시계 있니
② 나는 매일 아침 7시에 일어나
③ 우리 공원에서 만날까

해석 CHECK

A: 몇 시에 만날까?
B: 아침 9시에 만나는 게 어때?

12 정답 ①

단어체크

- vacation: 휴가, 방학
- live: 살다
- how long: 얼마나 오래
- stay: 머무르다
- look forward to ~: ~을 고대하다

핵심체크

대화에서 A가 방학 중에 무엇을 할 것인지 묻자 B는 영국에 있는 삼촌 댁을 방문할 것이라고 답하고 있다. 영국에 얼마나 머무를 것인지에 대한 내용도 모두 구체적인 방학 계획에 해당한다. 따라서 대화의 주제로 가장 적절한 것은 '방학 계획'이다.

해석 CHECK

A: 이번 여름 방학에 뭐 할 예정이니?
B: 나는 삼촌 댁을 방문할 예정이야. 그는 영국에 사셔.
A: 멋지다! 거기에 얼마나 머무를 거야?
B: 한 달 정도. 나는 그와 사촌들을 만나는 것을 정말 고대하고 있어.

13 정답 ②

단어체크

- attention: 주목; 주목하세요
- shopper: 쇼핑객
- look for: ~을 찾다
- leather: 가죽
- key ring: 열쇠고리
- Lost and Found: 분실물 보관소

핵심체크

제시된 글은 'Attention, shoppers(쇼핑객 여러분, 주목해 주십시오).'로 시작하므로 쇼핑 센터의 안내 방송임을 알 수 있다. 가방에 대한 자세한 설명과 함께 가방을 찾게 되면 물품 보관소로 가져다 달라고 부탁하는 것으로 보아, 방송의 목적으로 가장 적절한 것은 '분실 물품 공지'이다.

해석 CHECK

쇼핑객 여러분, 주목해 주십시오. 우리는 갈색 배낭을 찾고 있습니다. 그것은 가죽으로 만들어졌으며 두 개의 주머니가 있습니다. 배낭에는 빨간 색 열쇠고리가 달려 있습니다. 배낭을 보시게 되면, 분실물 보관소로 가져다주시기 바랍니다. 감사합니다.

14 정답 ①

단어체크

- concert: 콘서트, 음악회
- stomachache: 복통
- hospital: 병원

핵심체크

대화에서 A가 콘서트가 어땠는지를 묻자 B는 배가 아파 병원에 가느라 콘서트를 보지 못하였다고 말하고 있으므로 B가 콘서트에 가지 못한 이유로 가장 적절한 것은 '몸이 아파서'이다.

해석 CHECK

A: 어젯밤 콘서트 어땠어?
B: 나는 보지 못했어. 배가 아파서 병원에 갔어.

15

정답 ③

📖 단어체크

- finish: 끝내다
- homework: 숙제
- help: 도와주다

📑 핵심체크

대화에서 A와 B는 숙제하는 것의 장점에 대해 말하고 있다. B가 숙제를 하는 것이 자신들에게 좋다고 하자 A가 숙제는 자신들이 더 공부할 수 있도록 도와준다고 말하고 있으므로 B의 말에 긍정적으로 답하는 표현이 와야 한다. 따라서 빈칸에는 'I agree with you(나는 너에게 동의해)'가 들어가는 것이 가장 적절하다.

🔍 오답체크

① 너는 틀렸어
② 나는 그렇게 생각하지 않아
④ 그건 내 숙제가 아니야

> **해석 CHECK**
>
> A: 나는 방금 숙제를 다 했어.
> B: 나는 숙제하는 게 우리에게 좋다고 생각해.
> A: <u>나는 너에게 동의해.</u> 그것은 우리가 더 열심히 공부하도록 도와 줘.

16

정답 ③

📖 단어체크

- mix: 반죽; 반죽하다
- flour: 밀가루
- salt: 소금
- pour: 붓다

📑 핵심체크

대화에서 A와 B는 팬케이크 반죽을 만드는 방법에 대해 말하고 있다. 밀가루, 설탕과 소금을 섞고, 우유와 달걀을 넣은 후 기름을 넣어 잘 섞는 것이 순서이다. 따라서 대화의 내용에 따라 순서대로 잘 배열한 것은 (b) – (c) – (a)이다.

> **해석 CHECK**
>
> A: 엄마, 팬케이크 반죽 만드는 법 좀 알려주세요.
> B: 그래. 먼저, 밀가루, 설탕과 소금을 잘 섞어라. 그런 후에 우유와 달걀을 부어라. 기름을 약간 넣고 잘 섞어라.

17

정답 ①

📖 단어체크

- invite: 초대하다
- graduation: 졸업
- celebrate: 기념하다

📑 핵심체크

제시된 글은 Sandra Parker의 졸업을 축하하기 위한 파티 초대장이다. 파티의 날짜(17th April)와 시간(5:00~8:00 p.m.), 장소(The Marker House 371 Lincoln Road)는 모두 초대장을 통해 알 수 있지만, 파티에 입을 의상에 대한 내용은 언급되어 있지 않다.

> **해석 CHECK**
>
> Sandra Parker를 축하하기 위한
> 졸업 파티에 초대합니다.
> 날짜: 4월 17일 일요일
> 시간: 오후 5시~8시
> 장소: Lincoln Road 371번지 The Marker House

18

정답 ③

📖 단어체크

- cellphone: 휴대폰
- cameraman: 촬영 기사
- director: 연출자

📑 핵심체크

제시된 글의 세 번째 문장에서 Jason은 배우, 촬영 기사 그리고 연출자도 될 수 있다고 하였으므로 촬영 기사로만 활동한다고 하는 ③은 내용과 일치하지 않는다.

Jason은 '영화 만들기 모임'의 회원이다. 그는 휴대폰으로 영화를 만든다. 그는 그의 모임에서 배우, 촬영 감독 또는 연출자가 될 수 있다. 매주 수요일에 그들은 '시네마의 날'을 가진다. 그날에는 그들이 만든 영화들을 본다.

19
정답 ③

📖 **단어체크**
- finish: 끝내다
- history: 역사
- cousin: 사촌

🗐 **핵심체크**
제시된 글의 두 번째 문장에서 글쓴이는 역사 프로젝트를 끝내기 위해 친구들을 아침에 만날 예정이라고 하였으므로 친구들을 만나는 이유로 가장 적절한 것은 '역사 프로젝트를 끝내기 위해'이다.

해석 CHECK

나는 이번 주 일요일에 할 일이 두 가지 있다. 아침에는, 우리의 역사 프로젝트를 끝내기 위해 친구들과 만날 예정이다. 저녁에는, 사촌들과 영화를 볼 예정이다.

20
정답 ④

📖 **단어체크**
- private: 사적인
- exercise: 운동하다

🗐 **핵심체크**
제시된 그래프는 방과 후에 학생들이 하는 활동을 조사한 내용이다. 3분의 1 이상의 학생들이 하는 활동을 묻고 있으므로 빈칸에는 'take private lessons(사교육 받기)'가 들어가는 것이 가장 적절하다.

🔍 **오답체크**
① 운동하기
② 숙제를 하기
③ 친구들과 놀기

21
정답 ②

📖 **단어체크**
- live: 살다
- third grade: 3학년
- astronaut: 우주 비행사

🗐 **핵심체크**
제시된 글에서 Kevin의 학년(third grade in middle school), 사는 곳(Madrid), 장래 희망(astronaut)은 언급되어 있지만, 취미는 언급되어 있지 않다.

해석 CHECK

안녕! 내 이름은 Kevin이야. 나는 마드리드에 살고 있어. 나는 아버지, 어머니, 그리고 여동생과 함께 살아. 나는 중학교 3학년이야. 나는 방과 후에 친구들과 농구를 해. 나는 장래에 우주 비행사가 되고 싶어.

22
정답 ①

📖 **단어체크**
- among: ~중에
- favorite: 가장 좋아하는
- friendly: 다정한

🗐 **핵심체크**
제시된 글에서 'Among them, Mochi is my favorite cat (그들 중, Mochi는 내가 가장 좋아하는 고양이이다).'이라고 하였으므로 밑줄 친 them은 'three cats(고양이 세 마리)'를 가리킨다.

🔍 **오답체크**
② 초록색 눈
③ 나의 취미
④ 나의 부모님

해석 CHECK

우리 가족에게는 고양이가 세 마리 있다. 그들 중, Mochi는 내가 가장 좋아하는 고양이이다. 그는 흰색 털과 초록색 눈을 가졌다. 그는 공을 가지고 노는 것을 좋아한다. 그는 나에게 다정하지만, 나의 부모님에게는 그렇지 않다.

해석 CHECK

우리는 휴대폰으로 전화를 하거나 사진을 찍는 것과 같이, 많은 유용한 일들을 할 수 있다. 그러나, 휴대폰을 사용하는 것은 여러 문제점들을 일으키기도 한다. 우리가 휴대폰을 너무 많이 사용하면, 우리의 눈 건강이 더 나빠질 수 있다.

23 정답 ①

단어체크

• finally: 결국, 마침내

• instrument: 악기

• during: ~동안에

핵심체크

제시된 글은 새로 문을 여는 학교 음악실에 대한 간단한 안내와 운영 시간 등을 소개하고 있으므로 글을 쓴 목적으로 가장 적절한 것은 '음악실 개장 안내'이다.

해석 CHECK

모두들 안녕하세요! 우리에게 마침내 새로운 음악실이 생겼어요. 음악실에는 새 악기가 많이 있어요. 여러분은 학교에 있는 시간 동안 언제든지 음악실에서 악기를 연주할 수 있어요. 음악실은 오전 8시에 문을 열고 오후 5시에 닫아요.

24 정답 ②

단어체크

• useful: 유용한

• make a phone calls: 전화하다

• take a photo: 사진 찍다

• however: 그러나

• cause: ~의 원인이 되다

• get worse: 더 나빠지다

핵심체크

제시된 글은 휴대폰 이용의 유용한 점과 휴대폰 사용으로 인해 발생되는 문제점을 모두 언급하고 있으므로 글의 주제 가장 적절한 것은 '휴대폰 사용의 장점과 단점'이다.

25 정답 ④

단어체크

• benefit: 이점, 이익

• go fishing: 낚시하러 가다

• enjoy: 즐기다

• protect: 보호하다

핵심체크

제시된 글은 강이 우리에게 주는 여러 이점에 대한 내용으로 시작하고 있다. 글의 후반부에서 이러한 강의 이점을 잘 즐기기 위해 강을 깨끗하게 유지해야 한다고 말하고 있다. 마지막 문장에서 'Here are some ways we can do to protect the rivers(여기 강을 보호하기 위해 우리가 할 수 있는 방법들이 있다).'라고 하였으므로 이어질 내용으로 가장 적절한 것은 '강을 깨끗하게 유지하기 위해 할 수 있는 일'이다.

해석 CHECK

강은 많은 이점이 있다. 우리는 강으로부터 신선한 물을 얻는다. 우리는 강으로 낚시하러 간다. 만약 우리가 강이 우리에게 주는 좋은 것들을 즐기기를 원한다면, 우리는 강을 깨끗하게 유지해야 한다. 여기 강을 보호하기 위해 우리가 할 수 있는 방법들이 있다.

01	02	03	04	05	06	07	08	09	10
④	④	①	④	③	①	④	④	④	②
11	12	13	14	15	16	17	18	19	20
①	①	②	②	①	①	③	④	②	①
21	22	23	24	25					
③	③	②	④	①					

01
정답 ④

📑 핵심체크

홍수가 발생하면 하천 주변의 농경지, 가옥, 도로 등이 물에 잠기고, 산사태가 일어나는 등 많은 피해가 발생한다.

🔍 오답체크

①·② 열대성 저기압 현상으로 인한 긍정적인 영향이다.
③ 홍수로 인해 하천이 범람할 때 비옥한 토양이 퇴적되면 농업에 도움을 주므로 홍수의 긍정적인 영향에 해당한다.

02
정답 ④

📑 핵심체크

세계는 선진국과 개발 도상국 간의 격차로 생활 수준의 불평등 문제를 겪고 있다. 이에 따라 각 국가의 정부는 국제기구를 설치하여 평화, 안전, 아동, 난민, 질병 등의 문제를 다루고 있다. 또한, 시민 단체가 중심이 되어 비정부 기구(NGO)를 운영하여 빈곤, 환경 보호, 의료 지원, 아동 구호 사업 등을 시행하고 있다.
국경 없는 이사회는 국제 비정부 기구로, 분쟁 지역에 의료를 지원하는 기구이다.

03
정답 ①

📑 핵심체크

사회 문제는 대다수의 사회 구성원들이 문제라고 여겨 바람직한 방향으로 개선되어야 한다고 생각하는 사회 현상이다. 시대와 장소에 따라 다르게 나타나는 상대성을 지니며, 노동 문제, 환경 문제, 인구 문제 등 주로 인간의 노력으로 해결이 가능하다.

04
정답 ④

📑 핵심체크

국가의 영역은 한 나라의 주권이 미치는 공간적 범위를 말하며, 국민의 생활 공간으로서 기능한다. 국가의 주권이 미치는 육지인 영토, 국가의 주권이 미치는 바다인 영해, 영토와 영해의 상공인 영공을 합쳐 국가의 영역으로 본다.

05
정답 ③

📑 핵심체크

인구 공동화 현상은 도심의 대기 오염, 땅값 상승 등의 여러 문제로 주거 기능이 약화되면서 낮과 밤의 인구 밀도 차이가 큰 현상을 말한다.

🔍 오답체크

② 산업화와 도시화에 따라 일자리가 풍부한 도시로 농촌 인구가 이동하는 현상이다.
④ 성의 불평등으로 인해 전체 인구나 특정 직종, 계층의 성비에 불균형이 발생하는 현상이다.

06
정답 ①

📑 핵심체크

독도는 우리나라의 가장 동쪽에 위치한 화산섬으로, 연교차가 작은 해양성 기후를 가지고 있다. 영역적으로는 배타적 경제 수역 설정의 기준이라는 가치가 있다. 남쪽의 난류와 북쪽의 한류가 만나 형성된 조경 수역으로 인해 어족 자원이 풍부하여 경제적 가치도 높다.

➕ PLUS CHECK 더 알아보기

독도의 가치

- 생태계의 보고: 여러 종류의 동식물이 서식 → 천연보호 구역으로 지정
- 조경 수역의 형성: 한류와 난류가 교차하는 지역으로 좋은 어장을 이룸
- 풍부한 자원 매장: 해양 심층수 개발, 독도 부근 해저에 가스하이드레이트 발견 등
- 군사적 요충지: 항공 및 방어 기지의 역할, 태평양을 향한 해상 전진 기지
- 국가의 상징적 장소: 국토애를 심어주는 장소

07 정답 ④

핵심체크

신·재생 에너지는 지속 가능한 자원으로 인해 얻을 수 있는 에너지를 말한다. 태양광, 풍력, 지열, 조력, 수력, 바이오 등의 다양한 방법이 있다. 전 세계적으로 비교적 고르게 분포되어 있고, 고갈 가능성이 낮아 지속적으로 사용할 수 있다는 장점이 있다.

오답체크

①은 풍력 에너지, ②는 수력 에너지, ③은 조력 에너지에 관한 부작용이다.

08 정답 ④

핵심체크

대륙은 해양보다 가열 속도와 냉각 속도가 빨라 여름에는 해양보다 기온이 높고, 겨울에는 해양보다 기온이 낮다. 이러한 기온적 특징으로 대륙이 해양보다 연교차가 크다.

09 정답 ④

핵심체크

가족, 친족은 구성원 간의 접촉이 잦고 친밀한 상호 작용이 이루어지는 집단이다.

오답체크

①·③ 가족, 친족은 구성원들 사이의 친밀성, 정서적인 인간관계로 이루어진 1차 집단이다.

② 특정한 목적을 이루기 위해 조직된 것은 2차 집단이다.

10 정답 ②

핵심체크

학생은 우리나라의 전통 국악보다 외국의 클래식을 더 고급스럽다고 여기는 문화 사대주의 태도를 보이고 있다. 문화 사대주의는 자신이 속하지 않은 다른 문화를 동경하는 동시에 자신이 속한 문화는 낮게 평가하고 무시하는 잘못된 태도이다.

오답체크

① 특정한 국가나 집단의 문화가 경제력, 군사력 등을 토대로 다른 문화를 파괴하거나 지배하는 태도이다.

③ 어떤 사회의 특수한 자연환경과 사회적 맥락, 역사적 배경 등을 고려하여 그 사회의 문화를 이해하는 태도이다.

④ 자신의 문화는 우수한 것으로 여기면서 다른 문화는 수준이 낮거나 미개하다고 판단하는 태도이다.

11 정답 ①

핵심체크

국가 인권 위원회는 국민의 인권 보호와 인권의 향상을 위해 업무를 수행하는 독립 기관이다. 법과 제도의 개선을 권고하고 인권 침해와 차별 행위를 조사하여 구제하는 역할을 한다. 이러한 역할에 비해 법적 강제력이 없어 인권 위원회의 권고를 수용하지 않으면 대처할 방법이 없다는 단점이 있다.

12 정답 ①

핵심체크

법은 규율하는 생활 영역을 기준으로 공법, 사법, 사회법으로 구분한다. 공법은 국가와 관련된 공적인 생활 영역을 다루는 법으로, 헌법, 형법, 행정법, 소송법 등이 있다. 사법은 개인 간의 관계인 사적 생활 영역을 다루는 법으로, 민법과 상법이 대표적이다.

사회법은 자본주의 발달 과정에서 등장한 사회·경제적 약자를 보호하고, 국민이 최소한의 인간다운 삶을 보장할 수 있도록 규정한 법이다. 공법과 사법의 중간적 성격을 지니고 있으며, 노동법, 사회 보장법, 경제법 등이 이에 속한다.

오답체크

② 국민 경제의 발전과 공정한 경쟁 보장을 내용으로 하는 법으로, 사회법에 속한다.

③ 근로자의 근로 조건과 노동 운동을 보장하는 법으로, 사회법에 속한다.

④ 국민 모두에게 최소한의 인간다운 생활을 누릴 수 있도록 보장하는 법으로, 사회법에 속한다.

13　　　　　정답 ②

📋 핵심체크

대통령은 국가를 대표하는 국가 원수이자 행정부 수반의
지위를 가진다. 민주적인 절차에 의해 국민들의 직접 선거
로 선출되며, 5년의 임기가 끝나면 중임할 수 없다.

🔍 오답체크

① 대통령의 권한 중 국가 원수로서의 권한에 대한 설명
이다.
③ 대통령의 권한 중 행정부 수반으로의 권한에 대한 설명
이다.
④ 대통령의 권한 중 헌법 기관을 구성하는 권한에 대한
설명이다.

14　　　　　정답 ②

📋 핵심체크

생애 주기는 시간의 흐름에 따라 개인의 삶이 전개되는 양
상을 유소년기, 청년기, 장년기, 노년기 등의 일정한 단계
로 나눈 것이다. 경제생활은 일생에 걸쳐 이루어지므로 각
생애 주기에 맞게 올바른 계획을 세워야 한다.

15　　　　　정답 ①

📋 핵심체크

제시된 그래프는 공급 곡선으로, 그래프 위에서의 점의 이
동을 나타내고 있다. 이는 가격이 상승하여 공급량이 증가
하는 것을 설명한다.

16　　　　　정답 ①

📋 핵심체크

사회적 지위는 사회적 관계 속에서 개인이 갖는 위치로,
태어나면서부터 자연스럽게 주어지는 귀속 지위와 개인의
노력과 의지에 따라 얻게 되는 성취 지위로 나누어진다.
이러한 지위에 따라 기대되는 일정한 행동 방식이 있는데,
이를 사회적 역할이라 한다. 사회적 역할은 어떠한 시기나
사회적 상황에 따라 지위에 맞게 변화하기도 한다.

🔍 오답체크

ㄷ. 하나의 지위에 대해 상충되는 두 가지 이상의 역할이
요구될 수 있다. 이러한 경우에 역할 갈등이 발생한다.
ㄹ. 같은 지위라 할지라도 역할을 수행하는 방법은 개인마
다 다를 수 있다.

17　　　　　정답 ③

📋 핵심체크

청동기 시대에는 권력을 가진 군장이 등장하였고, 청동으
로 비파형 동검과 의례용인 청동 방울, 청동 거울 등을 제
작하였다. 또한, 일부 지역에서는 벼농사를 짓기 시작하면
서 반달 돌칼을 이용하여 곡식을 수확하였다.

18　　　　　정답 ④

📋 핵심체크

4세기 말의 고구려를 이끈 광개토 대왕은 백제를 공격하여
한강 이북을 차지하고, 거란과 후연을 격파하여 요동을 포
함한 만주 지역의 대부분을 차지하였다. 또한, 신라를 도와
신라에 침입한 왜를 격퇴하였으며, 이 과정에서 금관가야
에 큰 타격을 주기도 하였다. 광개토 대왕은 '영락'이라는
독자적 연호를 사용하고 스스로 '태왕'이라 칭하면서 고구
려의 강한 국력을 자랑하였다.

🔍 오답체크

① 광개토 대왕에 이어 즉위한 고구려의 왕으로, 5세기의
고구려를 이끌었다. 당시 중국 내 분열을 이용한 외교
정책을 펼쳤으며, 수도를 평양으로 이전하여 남진 정책
을 시행하였다.
② 6세기 초에 즉위한 신라의 왕으로, 국호를 '신라'라 정
하고 왕호를 마립간에서 '왕'으로 변경하였다. 이사부
를 통해 우산국(울릉도)를 정벌하고, 소를 이용한 경작
법인 우경을 시행하는 등의 정책을 펼쳤다.
③ 4세기 중후반의 백제를 이끌었던 왕으로, 고구려의 평
양성을 공격하여 대동강 이남의 황해도 일부를 차지하
였다. 또한, 마한의 잔여 세력을 흡수하여 영토를 남해
안까지 확장하였으며, 해상 교역을 장악하여 백제의 전
성기를 이끌었다.

19 　　정답 ②

핵심체크

고종이 어린 나이에 왕으로 즉위하자 아버지인 흥선 대원 군이 권력을 장악하였다. 정권을 잡은 흥선 대원군은 비변 사의 권한을 축소시키고, 의정부의 권한을 강화하였다. 또한, 왕실의 권위를 회복하기 위해 경복궁을 중건하였으며, 서구 열강과의 통상 거부 의지를 알리기 위해 전국에 척화 비를 건립하였다.

조선 세조는 과전의 세습화로 인해 토지 부족 등의 폐단이 발생하자 과전법을 혁파하고 현직 관리에게만 수조권을 지 급하는 직전법을 실시하였다.

20 　　정답 ①

핵심체크

영조는 붕당 정치의 폐해를 줄이고 왕권을 강화하기 위해 탕평책을 실시하였다. 성균관 앞에 탕평비를 건립하고 붕 당의 이름을 사용하지 못하게 하였다. 또한, 붕당의 여론을 주도하던 서원을 대거 철폐하고, 이조 전랑의 권한을 축소 시켰다.

오답체크

②·③·④ 영조에 이어 즉위한 정조는 더욱 강화된 탕평 책을 실시하였다. 세력 간 균형을 유지하고자 주된 세 력인 노론과 소론 이외에 남인도 등용하였으며, 관직 진출에 제한을 받았던 서얼을 규장각 검서관에 등용하 였다. 또한, 왕의 친위 부대인 장용영을 설치하여 군사 적 기반을 확대하고, 수원 화성을 건설하여 정치 개혁 을 실시하였다.

21 　　정답 ③

핵심체크

고려는 건국 초부터 무역을 장려하고, 적극적으로 교역을 시도하는 정책을 시행하였다. 예성강 하구의 벽란도를 중 심으로 송, 요, 금, 일본과 교류하였다. 특히, 아라비아 상 인과도 교역하였는데, 아라비아 상인들이 고려를 '코리아' 라 부르면서 서양에 널리 알려지게 되었다.

22 　　정답 ③

핵심체크

통일 신라 승려 원효는 불교 종파의 대립과 분열을 종식시 키고, 화합을 이루기 위해 화쟁 사상을 주장하였다. 또한, 나무아미타불을 외우면 극락에 갈 수 있다고 설파하면서 불교의 대중화를 위해 노력하였다.

오답체크

① 통일 신라 승려 의상은 당에서 유학하고 돌아와 화엄종 을 개창하였다. 또한, 부석사를 건립하고 관음 사상을 전파하였다.

② 통일 신라 승려 혜초는 인도와 중앙아시아를 순례하고 돌아와 『왕오천축국전』을 저술하였다.

④ 고려 승려 지눌은 불교의 타락을 비판하고 승려의 기본 인 독경, 수행, 노동에 힘쓰자는 수선사 결사 운동을 전 개하였다.

23 　　정답 ②

핵심체크

김옥균, 박영효를 중심으로 한 급진 개화파는 일본의 군사 적 지원을 약속받고 우정총국 개국 축하연 자리에서 갑신 정변을 일으켰다. 이로 인해 정권을 잡은 이들은 14개조 정강을 발표하고 개혁을 주장하였으나, 청군의 개입으로 3일 만에 실패하였다.

오답체크

① 일본의 강요로 설치된 군국기무처에서 영의정 김홍집 의 주도로 제1차 갑오개혁이 시행되었다. 이에 신분제 가 폐지되고, 조세 금납화가 추진되었다.

③ 삼국 간섭 이후 일본의 세력이 위축되면서 민씨 세력이 러시아를 통해 일본을 견제하려 하였다. 이에 일본은 자객을 보내 경복궁을 습격하여 명성 황후를 시해하는 을미사변을 일으켰다.

④ 고부 군수 조병갑의 횡포에 반발한 농민들이 전봉준을 중심으로 동학 농민 운동을 일으켰다.

24

정답 ④

📑 **핵심**체크

이승만은 6·25 전쟁 도중에 경찰과 군대를 동원하여 대통령 직선제로 헌법을 개정하여(발췌 개헌), 재집권에 성공하였다. 이후 자신의 대통령 3선을 위해 초대 대통령에 한해 중임 제한을 철폐한다는 내용의 헌법 개정안을 발표하여 부결되었으나, 1인 이하의 소수점 자리는 계산하지 않는다는 사사오입 논리로 개헌안을 통과시켜 장기 집권을 시도하였다.

25

정답 ①

📑 **핵심**체크

신민회는 1907년에 안창호와 양기탁을 중심으로 결성되었다. 국권 회복과 공화 정체에 바탕을 둔 근대 국가 건설을 목표로 하였으며, 오산 학교와 대성 학교를 세워 민족 교육을 실시하였으나, 105인 사건으로 해산되었다.

🔍 **오답**체크

② 1920년대 중반 사회주의 세력과 민족주의 세력이 민족 유일당 운동의 일환으로 함께 조직한 단체로, 민중 계몽, 노동·농민·여성 및 형평 운동을 지원하였다.

③ 서재필의 주도로 조직되었으며, 자주 국권, 자유 민권, 자강 개혁을 위한 정치 운동을 전개한 단체이다.

④ 한글 맞춤법 통일안을 제정한 단체이다.

제5교시	과학							25~29쪽	
01	02	03	04	05	06	07	08	09	10
④	③	②	①	④	③	②	①	②	④
11	12	13	14	15	16	17	18	19	20
③	③	④	④	②	②	①	①	②	①
21	22	23	24	25					
②	①	③	④	③					

01

정답 ④

📑 **핵심**체크

용수철을 당겼을 때 본래의 상태로 되돌아가려는 성질을 탄성이라 하고, 이때 되돌아가려는 힘을 탄성력이라고 한다.

🔍 **오답**체크

① 물체가 액체나 기체 속에서 위쪽으로 받는 힘을 의미한다. 부력은 중력과 반대 방향으로 작용한다.

② 전기를 띤 물체 사이에 작용하는 힘을 의미한다. 전기력의 방향에 따라 인력과 척력으로 구분된다.

③ 자석과 자석 사이에 작용하는 힘을 의미한다. 자기력이 작용하는 공간을 자기장이라 한다.

02

정답 ③

📑 **핵심**체크

파장은 마루에서 다음 마루까지 또는 골에서 다음 골까지의 거리, 즉 같은 모양이 반복되는 최소 길이이므로 파장은 C이다.

🔍 **오답**체크

① A는 마루로, 주기적으로 반복되는 파동을 관찰하였을 때, 공간적으로 가장 높은 부분을 말한다.

② B는 골로, 주기적으로 반복되는 파동을 관찰하였을 때, 공간적으로 가장 낮은 부분을 말한다.

④ D는 진폭의 2배이다. 진폭은 파동의 진동 중심에서 마루 또는 골까지의 높이이다.

03

정답 ②

핵심체크

전기 회로에 전류를 흐르게 하는 원인 또는 능력을 전압이라고 하며, 단위는 V(볼트)를 사용한다.

오답체크

① 전류가 흐르는 것을 방해하는 정도로, 단위는 Ω(옴)을 사용한다.

04

정답 ①

핵심체크

단위 질량(1 kg)의 물질을 단위 온도(1℃)만큼 높이는 데 필요한 열량을 나타내는 것은 비열이며, 비열의 단위는 kcal/kg · ℃ 또는 cal/g · ℃ 를 사용한다. 온도가 쉽게 변하지 않는 물질은 비열이 큰 물질, 온도가 쉽게 변하는 물질은 비열이 작은 물질이다.

오답체크

② 물체의 온도가 높아질 때 부피가 커지는 현상이다.

③ 온도가 상이한 두 물체가 접촉하여 같은 온도가 된 이후 더 이상의 온도 변화가 없는 상태이다.

④ 온도가 높은 물체에서 낮은 물체로 열이 이동하는 현상을 의미한다.

05

정답 ④

핵심체크

사람이 중력에 대하여 한 일(J)

＝물체의 무게(N)×들어 올린 높이(m)

이므로 $20 \text{ N} \times 1.5 \text{ m} = 30 \text{ J}$

06

정답 ③

핵심체크

높이가 가장 낮을 때가 위치 에너지가 운동 에너지로 가장 많이 전환된 지점이므로 운동 에너지가 가장 큰 지점은 C이다.

07

정답 ②

핵심체크

차가운 물컵에 물방울이 맺히는 것은 수증기의 응결에 의한 것이다.

오답체크

①·③·④ 입자들이 스스로 기체나 액체 속으로 퍼져 나가는 현상인 확산에 해당한다.

08

정답 ①

핵심체크

이글루 안에 물을 뿌리면 물이 얼면서 응고열을 방출하므로 주위가 따뜻해진다.

• 응고열: 액체가 고체로 변할 때 방출하는 열에너지이다.

오답체크

② 기체가 액체로 변할 때 방출하는 열에너지이다.

③ 고체가 기체 상태로 승화할 때 흡수하는 열에너지이다.

④ 고체를 융해하여 액체로 바꾸는 데 소요되는 열에너지이다.

09

정답 ②

핵심체크

원자는 원자핵의 (+)전하량과 전자의 총 (−)전하량이 같아 전기적으로 중성이다. 따라서 헬륨(He) 원자의 양성자 개수가 2개이므로 전자 개수도 2개이다.

10

정답 ④

핵심체크

암모니아의 분자식은 NH_3이다.

오답체크

① 산소의 분자식은 O_2이다.

② 이산화 탄소의 분자식은 CO_2이다.

③ 물의 분자식은 H_2O이다.

11

정답 ③

핵심체크

액체에서 기체로 상태 변화가 일어날 때 온도가 일정하게 유지되는 구간이 나타난다. 따라서 A ~ D 중 액체가 기체로 상태가 변화하는 구간은 C이다.

12

정답 ③

핵심체크

메테인(CH_4)은 산소(O_2)와 반응하여 이산화 탄소(CO_2)와 물(H_2O)을 생성한다.

따라서 ㉠에 해당하는 물질은 H_2O이다.

13

정답 ④

핵심체크

광합성은 녹색 식물이 빛에너지를 받아 물과 이산화 탄소를 이용하여 포도당과 산소를 생성하는 작용이다.

➕ PLUS CHECK 더 알아보기

광합성

녹색 식물이 빛에너지를 받아 물과 이산화 탄소를 이용하여 양분인 포도당과 산소를 생성하는 작용이다.

> 빛에너지
> 물 + 이산화 탄소 ──────→ 포도당 + 산소
> 엽록체

14

정답 ④

핵심체크

식물체 내의 물이 잎의 기공을 통해 증발되는 현상인 증산 작용은 바람이 불 때 잘 일어난다.

🔍 **오답**체크

①·②·③ 증산 작용이 잘 일어나는 조건에 해당한다.

15

정답 ②

핵심체크

위에서의 연동 운동으로 음식물과 위액이 골고루 섞이며, 위샘에서 분비되는 펩신과 염산에 의해 단백질의 분해와 살균 작용이 일어난다.

16

정답 ②

핵심체크

사람의 호흡 기관 중 늑골과 횡격막(가로막)으로 둘러싸여 있으며, 수많은 폐포로 구성되어 있는 기관은 폐이다.

➕ PLUS CHECK 더 알아보기

사람의 호흡 기관

• 코: 공기의 온도를 체온과 비슷하게 해 주고, 공기 속의 먼지와 세균을 걸러 낸다.
• 기관: 점액과 섬모를 통해 먼지와 세균을 다시 한 번 걸러 낸다.
• 기관지: 기관이 두 개의 기관지로 갈라져 양쪽 폐와 연결된다.
• 폐: 늑골과 횡격막으로 둘러싸여 있으며, 수많은 폐포로 구성된다.

17

정답 ①

핵심체크

후각은 감각 기관 중 코를 통해 느끼는 감각으로, 기체 상태의 화학 물질이 자극이 되어 냄새를 느끼게 된다.

18

정답 ①

핵심체크

동맥은 심장에서 나오는 혈액이 흐르는 혈관으로, 혈관벽이 두껍고 탄력성이 좋아 심장의 수축으로 밀려나온 혈액의 압력을 잘 견딜 수 있다. 혈압이 높아 혈액의 흐름이 빠르고 몸속 깊은 곳에 위치한다.

오답체크

② 심장에서 들어오는 혈액이 흐르는 혈관으로, 혈압이 낮고 혈관벽이 얇으며 판막이 있다.

④ 동맥과 정맥을 연결하며, 조직세포와 물질을 교환하는 혈관이다.

19 　　정답 ②

핵심체크

순종 둥근 완두(RR)와 순종 주름진 완두(rr)를 교배하여 얻은 잡종 제1대(F_1)에서는 둥근 완두만 나오는데, 이때 유전자형은 어버이 생식 세포의 유전자형 R과 r로부터 생성된 Rr이다.

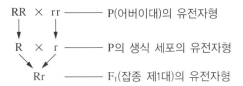

$$RR \times rr \text{ ——— P(어버이대)의 유전자형}$$
$$R \times r \text{ ——— P의 생식 세포의 유전자형}$$
$$Rr \text{ ——— } F_1(\text{잡종 제1대)의 유전자형}$$

20 　　정답 ①

핵심체크

A는 퇴적암, 화성암 등이 높은 열과 압력을 받아 생성된 변성암이다.

오답체크

② B는 퇴적물이 다져지고 굳어져 생성된 퇴적암이다.

③ C는 마그마가 식어서 생성된 화성암이다.

④ D는 암석이 녹아 생성된 마그마이다.

21 　　정답 ②

핵심체크

풍화는 물리적 풍화와 화학적 풍화가 있다. 물리적 풍화는 압력과 온도의 변화에 의해서 암석이 잘게 부서지는 것으로, 물이 암석의 틈을 따라 스며들어 얼면서 부피가 커져서 사이가 벌어지는 작용, 나무의 뿌리가 성장하면서 암석의 틈 사이를 벌어지게 하는 작용 등이 있다. 화학적 풍화는 이산화 탄소가 있는 물이나 나무 뿌리에 있는 화학 물질 등으로 암석이 부서지는 작용이다.

22 　　정답 ①

핵심체크

A는 혼합층으로, 태양 복사 에너지를 많이 흡수하여 수온이 높고, 바람의 혼합 작용으로 깊이에 따라 수온이 일정한 층이다. 바람이 강하게 불수록 혼합층의 두께가 두꺼워진다. 또한, 위도와 계절에 따라 다르게 나타난다.

오답체크

② B는 수온 약층이다. 수온 약층은 깊어질수록 수온이 급격하게 낮아지는 층이다. 위쪽에 따뜻한 해수, 아래쪽에 차가운 해수가 있으므로 연직 운동이 일어나지 않아 안정하다. 수온 약층은 안정한 층이므로 혼합층과 심해층 사이에서 물질과 에너지 교환이 일어나는 것을 차단한다.

③·④ C와 D는 심해층이다. 심해층은 태양 복사 에너지가 거의 도달하지 않기 때문에 수온이 낮고 일정한 층이다. 위도와 계절에 따라 수온 변화가 거의 없다.

23 　　정답 ③

핵심체크

수증기가 응결하기 시작할 때의 온도를 이슬점이라고 하며, 이슬점은 공기 중에 수증기량이 많을수록 높아진다.

오답체크

① 물질을 가열하여 액체가 기체 상태로 변화될 때의 온도이다. 외부 압력이 높아지면 끓는점이 높아지고, 외부 압력이 낮아지면 끓는점이 낮아진다. 끓는점은 물질의 특성이므로 물질의 종류에 따라 다르며 물질의 양에 관계없이 일정하다.

② 물질을 가열하여 고체가 액체 상태로 변화될 때의 온도이다. 어는점 또한 물질의 특성이므로 물질의 종류에 따라 다르며 물질의 양에 관계없이 일정하다.

④ 포화 상태의 공기 1 kg에 함유된 수증기의 양을 g으로 나타낸 것이다. 포화 수증기량은 온도가 높을수록 증가하고 온도가 낮을수록 감소하며, 포화 상태에 이르면 증발이 더 이상 일어나지 않는다.

24

정답 ④

📗 핵심체크

토성은 목성형 행성에 속한다.

➕ **PLUS CHECK 더 알아보기**

지구형 행성과 목성형 행성

구분	지구형 행성	목성형 행성
행성	수성, 금성, 지구, 화성	목성, 토성, 천왕성, 해왕성
반지름	작다	크다
질량	작다	크다
밀도	크다	작다
고리	없다	있다
위성수	없거나 적다	많다
구성 물질	철, 규소	수소, 헬륨
자전속도	느리다	빠르다

25

정답 ③

📗 핵심체크

흑점은 태양의 표면에서 볼 수 있는 크기와 모양이 불규칙한 어두운 무늬이다.

🔍 오답체크

① 태양의 가장자리에 보이는 불꽃 모양의 가스이다.

② 분홍색을 띤 얇은 대기층으로, 광구 바깥쪽에 나타난다.

④ 광구에 쌀알 모양처럼 생긴 무늬로, 대류 현상 때문에 나타난다.

01	02	03	04	05	06	07	08	09	10
②	④	④	④	②	②	③	①	②	①
11	12	13	14	15	16	17	18	19	20
③	③	④	④	①	③	③	②	③	④
21	22	23	24	25					
④	②	③	②	③					

01

정답 ②

📗 핵심체크

당위는 인간의 삶에서 반드시 해야만 하는 것을 말한다. 사람이 동물과 구별되는 이유는 욕구를 절제할 줄 알고 당위를 지킬 줄 알기 때문이다. 또한, 우리 사회는 모두가 더불어 살아가는 세상이므로 갈등 상황이 발생할 경우 당위가 반드시 필요하게 된다.

🔍 오답체크

① 인간을 존엄한 존재로 여겨 귀하게 대우하는 것을 말한다.

③ 어떤 정도를 넘지 않고 알맞게 조절하며 제한하는 것을 말한다.

④ 타인의 처지에 공감하며, 타인을 도와주거나 보살펴 주려는 마음을 말한다.

02

정답 ④

📗 핵심체크

도덕적 추론 과정의 형식에는 도덕 원리, 사실 판단, 도덕 판단 등이 있다. 위험에 처한 사람을 도와야 한다는 것은 도덕 원리로, 모든 사람이나 행위 전체에 대해 보편적으로 적용되는 원리를 말한다.

🔍 오답체크

① 도둑질에 대해 '나쁘다'라는 판단자의 주관적 가치관과 평가를 개입하여 판단하는 가치 판단에 해당한다.

② 흡연에 대해 '건강을 해친다'라는 사실적 근거를 바탕으로 참과 거짓을 객관적으로 판단하는 사실 판단에 해당한다.

③ 무단횡단이라는 문제에 대해 도덕 원리와 사실 판단을 바탕으로 '안 된다'라는 판단을 한 도덕 판단에 해당한다.

03 정답 ④

📋 핵심체크

가치는 사람들이 소중하게 생각하고 얻고자 노력하는 것으로, 물질적 가치, 정신적 가치, 도구적 가치, 본래적 가치로 나눌 수 있다. 돈, 음식, 주택 등은 목표를 이루기 위한 도구로, 다른 목적의 수단이 되는 도구적 가치이다.

🔍 오답체크

①·②·③ 사랑, 배려, 행복 등은 본래적 가치로, 그 자체가 귀중하고 목적이 없는 궁극적 가치이다. 도구적 가치와 본래적 가치 외에 가치의 종류는 물질을 통해 만족감을 얻을 수 있는 물질적 가치와 물질과 상관없이 보람을 느끼는 가치인 정신적 가치가 있다.

04 정답 ④

📋 핵심체크

신념은 어떤 것에 대해 옳다고 믿는 마음으로, 삶의 기준과 목표를 세우고 사회가 긍정적인 방향으로 발전하는 데 중요한 역할을 한다. 그중 도덕적 신념은 도덕적으로 옳다고 생각하는 것에 대한 확고한 믿음과 그 믿음에 따라 행동하는 것을 말한다. 따라서 도덕적 신념에 따라 스스로 떳떳하다고 믿으며 지속적으로 실천하는 행동이 뒤따라야 한다.

🔍 오답체크

① 내가 할 수 있는 것이 무엇인지 분별하여 최선을 다하는 힘을 말한다.
② 보편적 가치를 추구하여 공동체를 우선하는 가치관을 가진 인물을 말한다.
③ 자신의 목표, 역할, 가치관 등을 통합적으로 이해하며 나 자신을 일관되게 인식하는 것을 말한다.

05 정답 ②

📋 핵심체크

친구 간에 갈등이 생겼을 때는 친구를 존중하는 자세로 친구의 입장에서 생각해야 한다. 부정적인 방법 대신 대화를 통해 상대방의 입장을 충분히 듣고 갈등의 원인이 무엇인지 정확한 사실 관계를 파악하고 해결하려 노력해야 한다.

➕ PLUS CHECK 더 알아보기

갈등을 해결하려는 자세

• 친구를 선택하는 가치 기준 확립: 친구 관계는 존중하고 신뢰하는 관계, 서로의 입장과 처지를 이해하는 관계, 서로의 발전에 도움을 주고받는 관계라는 점을 명심한다.
• 상대방의 입장을 충분히 듣고 갈등의 원인이 무엇인지 정확한 사실 관계에 따라 파악한다.
• 자신의 감정과 생각을 제대로 전달하며, 역지사지의 관점에서 상대방의 입장에 대해서도 고민해 본다.
• 상대와 자신의 성격 차이에 대해 인정하고, 이를 이해하고 배려해야 한다.

06 정답 ②

📋 핵심체크

도덕 공부의 목적은 올바른 인격을 형성하고, 바람직한 삶의 목적을 설정하는 것이다.

07 정답 ③

📋 핵심체크

정서적 건강은 자신과 타인의 정서를 이해하고 이를 바탕으로 감정을 적당히 표출하며, 자신의 감정을 편안하게 유지할 수 있는 상태를 말한다. 정서적으로 건강한 사람은 자신의 삶을 존중하고 주체적으로 살기 때문에 회복 탄력성이 좋아 어려움을 겪어도 이를 이겨 내고 건강한 상태로 돌아올 수 있는 힘이 있다.

오답체크

① 정신적·신체적으로 아무 탈이 없이 튼튼한 상태를 말한다.

② 어떤 행위를 오래 되풀이하여 저절로 익혀진 행동이 자동적으로 일어나는 것을 말한다.

④ 공동체 내에서 타인과 원활하게 소통하며, 상대방의 상황을 잘 이해하여 원만한 관계를 지속하는 상태를 말한다.

08 　　　　　　　정답 ①

핵심체크

세대는 같은 시대에 살면서 공동의 의식과 가치관을 가지는 비슷한 연령대를 말하며, 이러한 세대 간의 문화와 가치관의 차이로 의사소통이 원활하게 이루어지지 않는 현상을 세대 차이라 한다. 세대 간에 원활하게 소통하기 위해서는 오해와 편견을 멀리하고, 서로의 입장을 경청하고 이해하려 노력해야 하며, 솔직한 자세로 꾸준한 노력이 필요하다.

오답체크

② 각 세대가 자존감을 가지고 그들의 문화와 가치관을 지킬 수 있도록 서로 공감과 배려를 해 주어야 한다.

④ 다른 세대의 가치관을 존중하며, 세대 간 협력을 할 수 있어야 한다.

09 　　　　　　　정답 ②

핵심체크

우리 사회의 소외된 이웃과 약자에 대한 사회적 무관심 및 일상화된 차별은 모든 인간이 평등하며 존중되어야 한다는 사회적 정의를 실현할 수 없는 요인이 된다.

오답체크

① 사회적 약자가 겪고 있는 어려움에 공감하고 배려해야 한다.

③ 사회적 약자에 대한 차별이나 편견에 대해 인권 문제로 민감하게 인식해야 한다.

④ 사회적 약자에 대한 차별 금지에 대한 법률을 제정하고, 최저 생계비 및 기본적인 의료비·교육비 지원 등 사회적인 대책을 마련해야 한다.

10 　　　　　　　정답 ①

핵심체크

다문화 사회에서 타 문화에 대한 이해가 부족할 경우에 서로 다른 문화를 지닌 사람들 간에 갈등이 발생할 수 있다. 이때 자신과 다른 것을 틀린 것으로 받아들이는 태도는 갈등을 더욱 심화시킬 수 있다. 따라서 갈등 해결을 위해 다른 문화를 존중하고 이해하는 관용의 자세로 서로 다른 문화를 이해하려고 노력해야 한다.

오답체크

② 권리, 의무, 자격 등이 모든 사람에게 고르게 적용되는 상태를 말한다.

③ 사람으로서 당연히 누려야 할 인간답게 살 권리를 말한다.

④ 서로 맞서고 있는 의견·주장 등을 서로 양보하여 맞추려는 태도를 말한다.

11 　　　　　　　정답 ③

핵심체크

인간은 태어날 때부터 하늘이 부여한 권리인 천부적 인권을 가지며, 인간이라는 이유만으로도 모두 존엄하게 대우받아야 한다.

오답체크

① 정치에 능동적으로 참여할 수 있는 권리이다.

② 성별이나 인종 등에 관계없이 인간이라면 누구나 갖는 권리이다.

④ 일정 기간에만 한정되는 것이 아니라 영구히 보장되는 권리이다.

12 　　　　　　　정답 ③

핵심체크

성은 생물학적 가치, 쾌락적 가치, 인격적 가치를 가진다. 그중 쾌락적 가치는 기본적 욕구이자 감각적인 욕구를 충족시켜 주는 기능을 한다. 서로 긍정적 감정을 기반으로 공유할 수 있어야 하며, 반드시 적정선에서 절제할 수 있는 태도가 필요하다.

오답체크

① 다른 인격체와 공감하고 삶을 공유하는 과정에서 인격적 성장을 이루는 가치이다. 이에 따라 상대방에 대한 배려, 예의, 존중 등의 윤리적 자세를 가져야 한다.

④ 기본적으로 종족 보존의 가치를 말하며, 이러한 가치를 보존하기 위해 아이를 하나의 인격으로 키울 수 있는 마땅한 환경을 조성하고 책임 있는 자세를 가져야 한다.

13 정답 ④

핵심체크

과학 기술의 발달은 물질적 풍요와 안락한 삶, 교통·정보 통신 기술 발달로 인한 시·공간의 제약 극복, 생명 과학과 의료 기술 발달로 건강 증진과 위험 예방, 지식과 문화가 확산되는 등의 긍정적인 변화를 가져왔다.

오답체크

①·②·③ 과학 기술의 발달은 과학 기술에 지나치게 의존하는 현상, 환경 파괴로 인한 인류 생존의 위협, 대량 살상 무기의 생산, 물질 만능주의 등 여러 부작용을 가져왔다. 최근에는 더 나아가 생명 과학 기술의 발달로 인한 생명 존엄성의 훼손, 정보·통신 기술의 발달로 인한 개인 정보 유출 등으로 인한 사생활 침해의 문제도 발생하고 있다. 과학 기술의 바람직한 활용을 위해서는 미래 세대에 미칠 영향을 고려하고, 인간 존중을 실천하는 방향으로 개발을 해야 한다. 또한, 환경오염과 생태계 파괴 방지를 위해 노력해야 한다.

14 정답 ④

핵심체크

오늘날 세계화의 진행으로 각 지역·국가에서 나타나는 문제점들이 전 세계로 퍼져 모두가 다 함께 해결해야 하는 문제로 발전하고 있다. 세계적 문제로는 빈곤과 질병, 분쟁과 난민, 환경오염, 자연 재해 등이 있으며, 그중 환경오염은 지구 온난화, 사막화, 해수면 상승, 자원 부족 등의 문제를 야기한다. 이로 인해 지구의 생태계가 파괴되면서 생물 다양성이 감소되는 문제까지 발생하고 있다.

오답체크

① 지역별 각종 분쟁과 전쟁, 테러로 인해 국제적 평화 문제가 야기된다.

② 국가 간 빈부 격차, 식량 자원의 불균형한 분배, 기아와 빈곤 등은 분배와 관련한 사회 정의 문제가 나타난다.

③ 세계화로 인해 문화적 다양성과 문화 간 이해 부족으로 각종 갈등과 문화적 대립이 나타나기도 한다.

15 정답 ①

핵심체크

시민 불복종은 정의롭지 못한 법에 저항하고 복종하지 않는 행위를 말한다. 이는 개인의 이익이 아닌 사회 전체의 이익을 목적으로 해야 하며, 비폭력적인 방법으로 이루어져야 한다. 또한, 법을 지키는 범위 내에서 최후의 수단으로 사용해야 하고, 부당한 법일지라도 해당 법을 지키지 않았을 때 일어나는 모든 결과는 감수해야 한다.

16 정답 ③

핵심체크

최근 정보화 시대의 발달로 스마트폰의 사용량이 늘면서 여러 부작용이 발생하고 있다. 통신 매체의 발달이 시공간의 제약을 줄여 여러 사람과의 소통을 원활하게 해 주고, 생활의 즐거움과 편의를 주고 있지만 과한 사용은 규칙적인 일상의 붕괴와 사고 등을 야기한다. 이에 일상에 피해를 주지 않는 선에서 적절하게 사용하는 절제의 태도가 필요하다.

오답체크

① 사이버 공간에서 상대방이 원하지 않는 언어, 이미지 등의 폭력을 이용하여 정신적으로 피해를 줌으로써 인간 존엄성을 훼손하는 문제이다.

② 저작물 표절, 불법 다운로드 등 타인의 지식 재산권을 침해하는 문제이다.

④ 바이러스 유포나 해킹 등 불법적인 기술의 사용으로 타인에게 해를 끼치는 문제이다.

17

핵심체크

사회 윤리적 차원의 부패 행위 예방법으로는 불공정한 이익을 얻으려는 행위가 없는지 적극적으로 감시하고 문제를 제기하는 것이 가장 중요하며, 부패방지법, 공익 신고자 보호 제도 등과 같이 사회 정책이나 제도를 통해 부정과 비리를 근절하려는 노력 또한 필요하다.

오답체크

①·②·④ 견리사의, 청렴 의식, 선공후사는 개인 윤리적 차원의 부패 행위 예방법이다.

18
정답 ②

핵심체크

행복은 삶 속에서 느끼는 만족과 즐거움 등의 느낌을 말한다. 진정한 행복을 느끼는 삶을 위해서는 정신적인 즐거움과 풍요로움을 궁극적인 목표로 삼아야 한다.

오답체크

① 인간에게서 비교적 일관되고 독자적으로 나타나는 성격 및 행동 경향을 말한다.
③ 어떤 일이 이루어지거나 성공하기를 바라는 태도를 말한다.
④ 평온하고 화목한 상태를 말한다.

19
정답 ③

핵심체크

생명 중심주의는 도덕적 고려의 대상을 생명을 가진 모든 존재로 확대하여 인간과 다른 생명체를 동등한 관계로 인식해야 한다고 주장하는 관점이다.

오답체크

② 생명체뿐만 아니라 흙, 바위 등 자연에 속한 모든 환경을 존중하는 관점으로, 자연의 본래적 가치를 중시하는 관점이다.
①·④ 인간을 자연보다 우월한 존재로 인식하며, 자연을 인간의 풍요로운 삶을 위한 도구로 개발·이용해야 한다고 주장하는 관점이다.

20
정답 ④

핵심체크

토마스 모어는 구성원 모두가 빈부의 차이 없이 경제적으로 풍요롭고 생산과 소유가 평등하며, 제한된 노동 시간 이외에는 충분한 여가 활동을 누릴 수 있는 사회를 이상 사회라 보았으며, 이를 '유토피아'라고 하였다.

오답체크

① 공자는 재화가 공평하게 분배되어 사람들이 빈곤을 걱정할 필요가 없고 남녀노소 모두가 서로 신뢰하며 화목하게 지내는 사회, 즉 모든 사람이 더불어 잘 살 수 있는 조화로운 사회를 이상 사회로 보고, 이를 '대동 사회'라고 하였다.
② 노자는 나라의 규모와 백성 수가 적은 사회로 무위무욕이 실현된 나라를 이상 사회로 보고, 이를 '소국과민'이라고 하였다.
③ 플라톤은 이성과 지혜를 가진 철학자가 통치하는 국가를 이상 사회로 보고, 이를 '철인 국가'라고 하였다.

21
정답 ④

핵심체크

세계의 문제는 어느 한 지역이나 국가에 한정된 것이 아니며, 우리 모두에게 영향을 줄 수 있으므로 세계 시민으로서 어려움에 처한 다른 국가에 당연히 관심을 가져야 한다. 국가 간 격차와 전쟁, 낙후된 시설과 미비한 복지 제도 등으로 어려움을 겪고 있는 국가를 위해 식량이나 자원을 지원하는 공적 원조 등이 필요하다.

오답체크

① 각 지역과 국가는 그들만의 문화를 지니고 있으므로 문화적 다양성을 인정하고 문화적 차이를 이해하고 존중하려 노력해야 한다.
② 세계 평화를 실현하기 위해 분쟁 및 전쟁을 저지하고 예방하기 위해 노력해야 한다.
③ 자연은 정복의 대상이 아니라 공존하고 조화해야 하는 대상으로 인식하고, 친환경적인 생활을 하도록 개인적·제도적으로 노력해야 한다.

22

정답 ②

📋 **핵심체크**

평화적 갈등 해결을 위한 단계

• 1단계 – 갈등 상황 바라보기: 갈등 상황을 객관적으로 바라보고, 다양한 관점에서 갈등 원인을 찾는다.

• 2단계 – 멈추고 성찰하기: 갈등 상황에 있는 자신을 성찰하며 평화적으로 해결할 방법을 찾는다.

• 3단계 – 갈등 해결하기: 평화적으로 갈등을 해결한다.

23

정답 ③

📋 **핵심체크**

북한 이탈 주민은 전반적인 생활 환경의 변화로 경제적·문화적·심리적 어려움에 직면할 수 있다. 그중 북한에서 취득한 학력에 대한 불인정은 경제적 어려움에 속하는데, 학력 불인정으로 인해 남한에서 안정된 직장을 구하는 것이 어려워 경제적 문제를 겪을 수 있다.

🔍 **오답체크**

①·②·④ 북한 이탈 주민의 심리적 어려움에 해당한다.

➕ **PLUS CHECK 더 알아보기**

북한 이탈 주민이 겪는 어려움

경제적 어려움	• 북한에서 취득한 학력이나 자격은 남한에서 인정받기 힘듦 • 자신이 원하는 안정된 직장을 구하기 힘들며, 비정규직으로 채용될 가능성이 높음 • 자본주의 경쟁 체제에 적응하는 데 어려움
심리적 어려움	• 북한에 남은 가족에 대한 그리움과 죄책감 • 새로운 생활에 대한 불안감 • 남한 사람들의 편견과 무시
문화적 어려움	• 언어가 다름 • 남한의 개인주의적 가치관에 대한 부적응

24

정답 ②

📋 **핵심체크**

북한 주민의 인간다운 삶을 보장하는 것은 인도주의적 관점에서의 통일의 필요성에 해당한다.

25

정답 ③

📋 **핵심체크**

의미 있는 삶을 위해서는 삶에 대해 명확한 목표를 설정하는 것이 중요하다. 또한, 시련과 고난이 와도 좌절하지 않고 이를 극복하는 과정에서 행복과 기쁨을 느끼는 노력이 필요하다.

🔍 **오답체크**

ㄴ. 사회적 관계를 단절하는 것을 옳지 않으며, 내 삶에 관해 내가 좋아하는 것과 원하지 않는 것을 파악하고 주체적인 삶을 영위하는 것이 옳다.

ㄷ. 자신의 한계를 극복하고 자신에게 주어진 가능성을 능동적으로 발휘할 때 의미 있는 삶의 실현이 가능하다.

2일차 실전 모의고사 정답 및 해설

제1교시 **국어** 36~42쪽

01	02	03	04	05	06	07	08	09	10
④	③	①	②	①	④	①	④	②	③
11	12	13	14	15	16	17	18	19	20
②	③	③	①	④	①	②	④	③	④
21	22	23	24	25					
③	②	③	④	②					

01 　　　　　　　　　　　　　　　　　정답 ④

📋 **핵심체크**

대화를 할 때에는 상대의 마음을 살피며 말해야 한다. 상대 방의 상황과 감정에 공감하며 말하는 방법으로는 ④가 가장 적절하다.

02 　　　　　　　　　　　　　　　　　정답 ③

📋 **핵심체크**

반대 측에서는 학생들의 학습권을 보호하기 위해 에어컨 사용을 자율화하면 안 된다는 것을 주장하고 있다. 그 근거로 한정된 학교 운영 예산에서 전기 요금의 비율이 커지면 학생들을 위한 교육 예산이 줄어들 수 있다는 근거를 제시하는 것이 적절하다.

03 　　　　　　　　　　　　　　　　　정답 ①

📋 **핵심체크**

표준 발음법 [제10항]에 의하면 '밟–'은 예외적으로 자음 앞에서 [밥]으로 발음한다. 따라서 밟다[밥ː따]로 발음해야 한다.

🔍 **오답체크**

②·③·④ 'ㄼ, ㄳ, ㄾ'은 'ㄹ'로 발음되어 여덟[여덜], 외곬[외골], 핥다[할따]가 된다.

04 　　　　　　　　　　　　　　　　　정답 ②

📋 **핵심체크**

제시된 단어들은 동사에 해당한다. 동사는 주체가 되는 말의 움직임을 나타내는 품사이다.

🔍 **오답체크**

① 명사는 사물의 이름을 나타내는 품사이다.
③ 관형사는 체언 앞에 놓여서 그 말을 꾸며 주는 품사이다.
④ 형용사는 주체가 되는 말의 모양, 성질, 상태 등을 나타내는 품사이다.

05 　　　　　　　　　　　　　　　　　정답 ①

📋 **핵심체크**

은어는 다른 사람들이 알아듣지 못하도록 특정 집단의 구성원끼리만 사용하는 말이다. 또한, 은어는 다른 집단에 알려지면 그 기능을 상실하고 즉시 새로운 은어로 변경된다는 특징이 있다.

🔍 **오답체크**

② 어떤 특정 분야에서 전문적인 개념을 표현하기 위해 쓰는 말이다.
③ 다른 나라에서 들어와 우리말처럼 쓰이는 말이다.
④ 지역에 따라 다르게 쓰는 말로, 해당 지역의 고유한 문화와 정서를 느낄 수 있다.

06 　　　　　　　　　　　　　　　　　정답 ④

📋 **핵심체크**

제시된 문장에서 '사탕을'은 '먹는다'라는 행위의 대상인 목적어에 해당한다. 목적어는 행위나 동작의 대상을 나타내는 문장 성분이다.

🔍 **오답체크**

① '떨어진다'라는 동작의 주체인 주어에 해당한다. 주어는 동작이나 작용, 상태나 성질 등의 주체이다.

② '~이다'와 결합하여 주체의 상태를 나타낸 서술어에 해당한다. 서술어는 동작이나 작용, 상태나 성질 등을 풀이하는 기능을 한다.

③ '아니다'라는 서술어를 보충하는 보어에 해당한다. 보어는 서술어를 보충하는 문장 성분으로, 서술어 '되다, 아니다' 앞에 오는 '무엇이', '누가'에 해당하는 부분이다.

07 　　　　　정답 ①

目 핵심체크

'ㆍ'는 하늘의 둥근 모양을 본떠 만들었으며, 오늘날 사용하지 않는 중세 국어 문자이다.

Q 오답체크

② 땅의 평평한 모양을 본떠 만든 모음의 기본자이다.
③ 사람이 서 있는 모양을 본떠 만든 모음의 기본자이다.
④ 'ㅇ'에 획을 더해 만든 가획자로, 오늘날 사용하지 않는다.

08 　　　　　정답 ④

目 핵심체크

'독도를 관광하는 방법'은 독도의 역사뿐만 아니라 개요 전체의 내용과 관련이 없으므로 삭제한다.

09 　　　　　정답 ②

目 핵심체크

'세 치밖에 안 되는 짧은 혀라도 잘못 놀리면 사람이 죽게 되는 수가 있다.'라는 뜻으로, 말을 함부로 해서는 안 됨을 비유적으로 이른 말이다.

Q 오답체크

① 가까운 곳에서 생긴 일을 도리어 잘 모르는 상황을 일컫는 말이다.
③ 모든 일에는 질서와 차례가 있는 법인데 일의 순서도 모르고 성급하게 덤빈다는 말이다.
④ 여러 사람이 모여 제 뜻대로만 하면 오히려 일이 제대로 되기 어렵다는 말이다.

10 　　　　　정답 ③

目 핵심체크

'체하다'는 앞말이 뜻하는 행동이나 상태를 거짓으로 그럴 듯하게 꾸밈을 나타내는 보조 동사이므로 앞의 '모른'과 띄어 써야 한다.

Q 오답체크

① 사람이 머리를 써서 사물을 헤아리고 인식하고 판단하는 작용을 뜻하는 '생각'으로 바꾸는 것이 옳다. '기억'은 이전의 인상이나 경험을 의식 속에 간직하거나 도로 생각해 낸다는 말이다.

② 화제를 앞의 내용과 관련시키면서 다른 방향으로 이끌어 화제를 전환시키는 접속어 '그런데'로 바꾸는 것이 옳다. '그러나'는 앞의 말에 맞세워서 반박하거나 상반되는 사실을 진술할 때 쓰이는 접속 부사이다.

③ 생각이나 느낌 같은 것이 갑자기 떠오르는 모양을 나타내는 '문득'으로 바꾸는 것이 옳다. '결코'는 '어떤 경우에도 절대로'라는 뜻을 나타내는 말이다.

✓ **FINAL CHECK 작품 해설**

김유정, 「동백꽃」
- 갈래: 단편 소설, 농촌 소설
- 성격: 토속적, 해학적, 향토적
- 제재: 사춘기 남녀의 사랑
- 주제: 사춘기 산골 남녀의 순박한 사랑
- 특징
  - 역순행적 시간 순서에 따라 사건을 전개함
  - 사투리와 토속적 문체로 향토적 정서를 잘 표현함
  - 어리숙한 '나'를 화자로 설정하여 해학적 분위기를 조성함

11 　　　　　정답 ②

目 핵심체크

제시된 글은 1930년대 농촌을 배경으로 삼고 있지만, 당시의 피폐한 삶을 드러내고 있지는 않다.

12 　　　정답 ③

핵심체크

‘나’는 "느 집엔 이거 없지?"와 같이 생색내는 듯한 점순이의 말에 마음이 상해서 감자를 거절하였음을 짐작할 수 있다.

13 　　　정답 ③

핵심체크

제시된 글의 제목이기도 한 ‘동백꽃’은 ‘나’와 점순이의 갈등이 해소되었음을 드러내는 소재이다. 또한, ‘노란 동백꽃’이 핀 산의 모습은 봄이라는 계절적 배경을 알려주면서 동시에 향토적·서정적·낭만적 분위기를 형성한다.

✓ FINAL CHECK 작품 해설

신경림, 「동해 바다 – 후포에서」

• 갈래: 자유시, 서정시
• 성격: 교훈적, 반성적, 사색적
• 제재: 동해 바다
• 주제: 동해 바다처럼 너그럽게 살고 싶은 소망
• 특징
　– 자연에 대한 감상을 통해 삶에 대한 진지한 성찰에 이름
　– 시어, 종결 어미 ‘–다’, ‘–까’의 반복으로 운율을 형성함
　– ‘티끌’, ‘맷방석, 동산’과 같이 대조적 소재를 통해 주제를 강조함

14 　　　정답 ①

핵심체크

제시된 글은 ‘많다’, ‘보다’, ‘생각한다’ 등 현재형 어미를 사용하여 시상을 전개하고 있다.

오답체크

② 제시된 글의 1연에서 남에게만 엄격하였던 자기 자신을 돌아보고, 동해 바다와 같아지고 싶다는 자기 반성적인 어조를 드러내고 있다.

③ ‘너그러워질 수는 없을까’, ‘받아들일 수는 없을까’와 같이 독백적 어조로 올바른 삶에 대한 바람을 드러내었다.

④ 시적 화자는 자연물 ‘동해 바다’의 모습을 보며 타인에게 너그럽지 못하였던 자신의 삶을 성찰하고 있다.

15 　　　정답 ④

핵심체크

시적 화자는 동해 바다처럼 ‘맵고 모진 매’로 스스로를 엄격하게 채찍질하며 성숙한 인격과 올바른 삶의 자세를 갖고자 하였다.

오답체크

① ‘–지다’와 같이 비슷한 표현으로 끝맺으며 운율을 형성하고 있다.

② 화자가 현재 있는 공간이 ‘동해 바다’가 보이는 곳이라는 사실을 드러내고 있다.

③ 질문의 형식으로 화자가 생각하는 바람직한 삶의 태도를 드러내고 있다.

16 　　　정답 ①

핵심체크

1연에서는 잘고 굳은 ‘돌’을 통해 옹졸하였던 자신의 과거 모습을 떠올리며 후회하고, 남에게는 엄격하고 자신에게는 너그러웠던 태도를 반성하고 있다.

✓ FINAL CHECK 작품 해설

박지원, 「허생전」

• 갈래: 고전 소설, 한문 소설, 풍자 소설
• 성격: 비판적, 풍자적
• 제재: 허생의 비범한 능력과 기이한 행적
• 주제: 무능한 지배층에 대한 비판 및 개혁 촉구
• 특징
　– 실학을 바탕으로 당대 현실을 비판함
　– 전형적 고전 소설의 형식에서 벗어난 미완의 결말 구조를 취하고 있음

17

정답 ②

핵심체크

제시된 글은 신분에 따라 빈부의 격차가 뚜렷하지 않으며, 양반일지라도 가난하다면 상공업에 종사해서라도 먹고 살아야 하는 시대가 왔음을 나타낸다.

18

정답 ④

핵심체크

호구지책(糊口之策)은 가난한 살림에서 그저 겨우 먹고 살아가는 방책을 뜻하므로 ⓐ와 어울리는 사자성어이다.

오답체크

① 남의 환심을 사려고 아첨하는 교묘한 말과 보기 좋게 꾸미는 얼굴빛을 말한다.
② 내 논에 물을 끌어들인다는 뜻으로, 자기의 이익만을 추구함을 말한다.
③ 인생의 길흉화복은 변화가 많아 예측하기 어려움을 말한다.

19

정답 ③

핵심체크

변 부자는 처음 보는 허생에게 앞뒤 따지지 않고 대뜸 만 냥을 내주는 배포가 크고 대범한 성격이다. 허생은 처음 보는 변 부자에게 위축되지 않고 만 냥을 빌릴 만큼 당당한 성격이라고 볼 수 있다.

✓ FINAL CHECK 작품 해설

최재천, 「고래들의 따뜻한 동료애」
• 갈래: 수필
• 성격: 비판적, 설득적, 체험적
• 제재: 고래들의 따뜻한 동료애
• 주제: 장애인에 대한 따뜻한 이해와 배려
• 특징: 고래들의 모습과 우리 사회의 모습을 비교하여 자신의 생각을 드러냄

20

정답 ④

핵심체크

제시된 글의 갈래는 수필이다. 발단 – 전개 – 위기 – 절정 – 결말의 단계가 있는 것은 소설, 즉 서사 갈래에 대한 내용이다.

➕ PLUS CHECK 더 알아보기

수필의 특징
• 1인칭의 문학: 작가가 자신의 경험이나 생각을 쓴 글이기 때문에 1인칭의 문학이다.
• 개성의 문학: 글쓴이의 체험과 사상을 표현한 주관적인 문학이다. 따라서 수필에는 글쓴이의 개성이 강하게 드러난다.
• 자유로운 형식: 수필은 무형식의 문학이라고도 하는데, 이는 정해진 틀 없이 자유롭게 쓰는 것을 의미한다.
• 제재의 다양성: 생활 속의 모든 것이 수필의 소재가 될 수 있다.
• 비전문적인 문학: 글을 쓰는 데 특별한 재능이나 조건이 요구되지 않으므로 누구나 쓸 수 있는 대중적인 문학 갈래이다.

21

정답 ③

핵심체크

글쓴이는 ㉠에서 장애인을 만난 경험을 통해 장애인에 대한 배려가 없는 사람들의 모습을 이야기하고 있다.

22

정답 ②

핵심체크

'인도'는 '보행자의 통행에 사용하도록 된 도로.'라는 의미로, ②가 같은 의미로 쓰였다.

오답체크

①·③ '물건이나 권리 따위를 넘겨주다.'라는 의미로 쓰였다.
④ '길이나 장소를 안내하다.'라는 의미로 쓰였다.

진소영, 「지혜가 담긴 음식, 발효 식품」
• 갈래: 설명문
• 성격: 객관적, 논리적
• 제재: 우리 나라의 전통 발효 식품
• 주제: 우리나라 전통 발효 식품의 우수성
• 특징
　－ 구체적인 예시를 통해 발효 식품의 우수성을 설명함
　－ 발효 식품을 만드는 과정을 순서대로 제시함

23   정답 ③

📋 **핵심**체크

설명문을 읽기 위해서는 글쓴이가 설명하는 대상과 전달하는 정보를 파악하며 읽고, 설명하는 내용이 사실인지, 객관적인지 판단하며 읽어야 한다. 또한, 글의 구성과 글에 쓰인 설명 방법을 파악하며 읽는다.

24   정답 ④

📋 **핵심**체크

① 첫 번째 문장 '발효란 곰팡이와 ~ 과정을 말한다.'에서 발견할 수 있다.
② 두 번째 문장 '미생물이 유기물에 ~ 부패와 비슷하다.'에서 발견할 수 있다.
③ 세 번째 문장 '하지만 발효는 ~ 먹을 수 없다.'에서 발견할 수 있다.

25   정답 ②

📋 **핵심**체크

'둘 이상의 것을 합쳐서 하나를 이룸.'이라는 의미는 '합성'이다. '분해'는 '여러 부분이 결합되어 이루어진 것을 그 낱낱으로 나눔, 한 종류의 화합물이 두 가지 이상의 간단한 화합물로 변화함.'을 의미한다.

제2교시　수학　43~46쪽

01	02	03	04	05	06	07	08	09	10
③	④	①	①	②	②	④	③	④	①
11	12	13	14	15	16	17	18	19	20
③	③	②	④	①	③	②	②	①	④

01   정답 ③

📋 **핵심**체크

54를 소인수분해하면 $2 \times 3 \times 3 \times 3 = 2 \times 3^3$이므로
$a = 3$

02   정답 ④

📋 **핵심**체크

$a = -4$, $b = 2$를 $-7a - 4b$에 각각 대입하면
$-7 \times (-4) - 4 \times 2 = 28 - 8 = 20$
이때, 음수를 대입할 때는 반드시 괄호를 사용한다.

03   정답 ①

📋 **핵심**체크

일차방정식 $\dfrac{x-1}{3} = \dfrac{3x+4}{2}$의 양변에 분모의 최소공배수인 6을 곱하면
$2(x-1) = 3(3x+4)$이므로
$2x - 2 = 9x + 12$, $2x - 9x = 12 + 2$
$-7x = 14$
$\therefore \ x = -2$

04   정답 ①

📋 **핵심**체크

y는 x의 거듭제곱이므로 y를 x에 대한 식으로 나타내면
$y = x^2$
$x = 4$를 위의 식에 대입하면
$y = 4^2 = 16$
따라서 ㉠에 알맞은 수는 16이다.

05

정답 ②

📋 핵심체크

$35° + \angle a = 180°$이므로

$\angle a = 180° - 35° = 145°$

06

정답 ②

📋 핵심체크

직각삼각형에서 직각을 이루는 한 변을 축으로 하여 1회전 시키면 원뿔이 생긴다.

① 반원을 지름을 축으로 1회전 시키면 구가 생긴다.

③ 사각형의 한 변을 축으로 하여 1회전 시키면 원기둥이 생긴다.

07

정답 ④

📋 핵심체크

15개는 8개 이상 16개 미만 계급에 속하므로 이 계급의 도수는 7이다.

08

정답 ③

📋 핵심체크

① $2.2222\cdots = 2.\dot{2}$

② $0.333333\cdots = 0.\dot{3}$

④ $9.123123123\cdots = 9.\dot{1}2\dot{3}$

➕ **PLUS CHECK 더 알아보기**

순환소수의 표현

순환마디는 한 번만 쓰고, 첫 번째 순환마디의 양 끝의 숫자 위에 점을 찍어서 나타낸다.

즉, a, b, c가 0 또는 한 자리 자연수일 때

• $0.aaa\cdots = 0.\dot{a}$ (단, $a \neq 0$)

• $0.ababab\cdots = 0.\dot{a}\dot{b}$

• $0.abcabcabc\cdots = 0.\dot{a}b\dot{c}$

09

정답 ④

📋 핵심체크

③ $a^2 \times a^4 = a^{2+4} = a^6$

④ $a^6 \div a^4 = a^{6-4} = a^2$

10

정답 ①

📋 핵심체크

일차부등식 $2(x-3) \leq 4$의 양변을 2로 나누면

$x - 3 \leq 2$

위 부등식의 양변에 3을 더하면

$x \leq 5$

따라서 주어진 일차부등식을 만족하는 자연수 x는 1, 2, 3, 4, 5의 5개이다.

11

정답 ③

📋 핵심체크

$f(x) = 2x - 1$에 $x = -4$를 대입하면

$f(-4) = 2 \times (-4) - 1 = -8 - 1 = -9$

12

정답 ③

📋 핵심체크

삼각형의 세 내각의 크기의 합은 $180°$이고 이등변삼각형의 두 밑각의 크기는 서로 같으므로

$70° + 2\angle x = 180°$에서 $2\angle x = 110°$

$\therefore \angle x = 55°$

13

정답 ②

📋 핵심체크

삼각형의 두 변의 중점을 연결한 선분의 성질에 의해

$\overline{MN} = \dfrac{1}{2}\overline{BC}$이다.

따라서 $\overline{BC} = 10$ cm이므로

$\overline{MN} = \dfrac{1}{2} \times 10 = 5$ (cm)

14

정답 ④

핵심체크

분식 4가지와 음료 3가지가 있으므로 선택할 수 있는 모든 경우의 수는

$4 \times 3 = 12$

15

정답 ①

핵심체크

$2\sqrt{5} = \sqrt{2^2 \times 5} = \sqrt{20}$ 이므로

$a = 20$

16

정답 ③

핵심체크

$$x^3 + 2x^2 - x - 2 = x^2(x+2) - (x+2)$$
$$= (x+2)(x^2-1)$$
$$= (x+2)(x-1)(x+1)$$

따라서 다항식 $x^3 + 2x^2 - x - 2$의 인수는 ③ $x+2$이다.

17

정답 ②

핵심체크

이차방정식 $(x+1)(x-2) = 0$에서

$x+1 = 0$ 또는 $x-2 = 0$이므로

$x = -1$ 또는 $x = 2$

따라서 구하는 다른 한 근은 2이다.

18

정답 ②

핵심체크

이차함수의 그래프가 점 $(3, 0)$을 지나므로

$x = 3$, $y = 0$을 $y = (x-1)^2 - k$에 각각 대입하면

$0 = (3-1)^2 - k$에서 $4 - k = 0$

$\therefore \ k = 4$

19

정답 ①

핵심체크

$\triangle OAH$에서 피타고라스 정리에 의해

$5^2 = \overline{AH}^2 + 3^2$

$\therefore \ \overline{AH} = \sqrt{25-9} = \sqrt{16} = 4 \,(\text{cm}) \ (\because \ \overline{AH} > 0)$

원의 중심에서 현에 내린 수선은 그 현을 수직이등분하므로

$\overline{AB} = 2\overline{AH} = 2 \times 4 = 8 \,(\text{cm})$

20

정답 ④

핵심체크

주어진 자료를 크기가 작은 순서대로 나열하면

16, 19, 21, 26, 28, 29, 31, 32, 42, 46, 54, 56, 60

이다.

따라서 이 자료의 중앙값은 7번째 값인 31회이다.

➕ PLUS CHECK 더 알아보기

중앙값

① 중앙값: 어떤 주어진 값들을 크기의 순서대로 나열 하였을 때 가장 중앙에 위치하는 값

② 변량의 개수가 n인 자료의 중앙값

㉠ n이 홀수인 경우 변량을 크기순으로 나열하였을 때, 중앙값은 $\dfrac{n+1}{2}$ 번째 변량이다.

㉡ n이 짝수인 경우 변량을 크기순으로 나열하였을 때, 중앙값은 $\dfrac{n}{2}$ 번째와 $\left(\dfrac{n}{2}+1\right)$ 번째 변량의 평균이다.

제3교시	영어							47~51쪽	
01	02	03	04	05	06	07	08	09	10
③	②	①	①	①	③	④	①	④	②
11	12	13	14	15	16	17	18	19	20
①	④	②	③	②	③	①	③	④	①
21	22	23	24	25					
④	③	②	③	②					

01 　　　　　　　　　　정답 ③

📖 **단어**체크

• most: 대부분

• farewell: 이별, 작별

📑 **핵심**체크

밑줄 친 'attended'는 'attend(참석하다)'의 과거형으로, 바로 뒤에는 보통 어떤 모임의 한 종류가 온다.

🔲 **해석 CHECK**

대부분의 내 친구들은 나의 작별 파티에 <u>참석하였다</u>.

02 　　　　　　　　　　정답 ②

📖 **단어**체크

• each other: 서로

📑 **핵심**체크

밑줄 친 'ask(질문하다)'와 'answer(대답하다)'는 반의 관계이다. 'begin'과 'start'는 둘 다 '시작하다'라는 의미로, 유의 관계이기 때문에 의미 관계가 다르다.

🔍 **오답체크**

① (시험에) 합격하다 – (시험에) 실패하다

③ 빌리다 – 돌려주다

④ 같다 – 다르다

🔲 **해석 CHECK**

학생들은 서로 문제를 <u>질문</u>하고 <u>대답</u>하였다.

03 　　　　　　　　　　정답 ①

📖 **단어**체크

• first: 첫째의

📑 **핵심**체크

조동사(should) 뒤에는 동사원형을 써야 하므로 빈칸에는 'take'가 들어가는 것이 가장 적절하다.

🔲 **해석 CHECK**

그는 내일 아침 시카고로 가는 첫 기차를 <u>타야</u> 한다.

04 　　　　　　　　　　정답 ①

📖 **단어**체크

• hard: 딱딱한

• be made of: ~로 만들어진

📑 **핵심**체크

대화에서 A가 새 의자가 딱딱한지 묻자, B가 빈칸 뒤에서 나무로 만들어졌다고 답하고 있으므로 빈칸에는 긍정의 답이 들어가야 한다. A가 be동사 'is'를 써서 질문하였으므로 빈칸에는 'Yes, it is'가 들어가는 것이 가장 적절하다.

🔲 **해석 CHECK**

A: 새 의자는 딱딱하니?

B: <u>응, 그래</u>. 그것은 나무로 만들어졌어.

05 　　　　　　　　　　정답 ①

📖 **단어**체크

• help: 도와주다

• science: 과학

📑 **핵심**체크

대화에서 A가 부엌 청소를 도와달라고 묻자 B는 그럴 수 없다고 답하였다. 빈칸 뒤에 'homework'가 나와서 '숙제하다'라는 뜻이 되어야 하므로 빈칸에는 'do'가 들어가는 것이 가장 적절하다.

🔍 **오답체크**

② 놓다

③ 오다

④ 돌리다

```
해석 CHECK
```

A: Chris, 내가 부엌 청소를 하는 것을 도와줄 수 있니?

B: 미안해, 다음에 할게. 나는 과학 숙제를 해야 돼.

🔍 **오답체크**

① 파리; 날다

② 파도; (손을) 흔들다

③ 친절한; 종류

```
해석 CHECK
```

○ 이 상자는 가벼워서 나는 이 상자를 옮길 수 있다.

○ 빛이 어디에서 오는 거지?

06   정답 ③

📖 **단어체크**

• near: 근처에

📘 **핵심체크**

대화에서 B가 'At my uncle's house(우리 삼촌의 집에서).'와 같이 장소를 말하였으므로 빈칸에는 'Where are you staying(너는 어디에서 머무를 거니)'이 들어가는 것이 가장 적절하다.

🔍 **오답체크**

① 너는 기분이 어떠니

② 너는 누구와 함께 가니

④ 너는 왜 거기에 가니

```
해석 CHECK
```

A: 나는 네가 내일 부산에 간다고 들었어. 너는 어디에서 머무를 거니?

B: 우리 삼촌 집에서. 그는 해변 근처에 사셔.

07   정답 ④

📖 **단어체크**

• move: 옮기다, 이동하다

📘 **핵심체크**

첫 번째 문장의 빈칸에는 be 동사 다음에서 주격 보어로 쓰인 형용사가 와야 하고, 두 번째 문장에는 정관사 the의 뒤에 따라오는 명사가 와야 한다. 이러한 두 조건을 모두 만족하는 말은 'light(가벼운; 빛)'이다.

08   정답 ①

📖 **단어체크**

• take a lesson: 레슨을 받다

• walk: (동물을) 산책시키다

📘 **핵심체크**

Grace의 방과 후 계획표에는 'Tuesday(화요일)'에 'Exercising at the gym(체육관에서 운동하기)'이라고 적혀 있으므로 ①이 가장 적절하다.

```
해석 CHECK
```

화요일	수요일	목요일	금요일
체육관에서 운동하기	첼로 레슨하기	개 산책시키기	방 청소하기

09   정답 ④

📘 **핵심체크**

제시된 그림에서 남자는 모터보트를 몰고 있으므로 빈칸에는 'driving(운전하고 있는)'이 들어가는 것이 가장 적절하다.

🔍 **오답체크**

① 가고 있는

② 잡아당기고 있는

③ 잡고 있는

```
해석 CHECK
```

남자는 모터보트를 운전하고 있다.

10   정답 ②

📖 단어체크

- car key: 자동차 열쇠
- bring: 가져오다
- backpack: 배낭

📋 핵심체크

대화에서 A가 자동차 열쇠를 가져다 달라고 부탁하자 B가 배낭 안에 있냐고 묻고 있다. 이에 대한 대답으로 빈칸에는 'I think so(그런 것 같아)'가 들어가는 것이 가장 적절하다.

🔍 오답체크

① 아, 알겠어
③ 정말 잘 됐다
④ 그 말을 들으니 기뻐

해석 CHECK

A: Ben, 내 자동차 열쇠 좀 가져다줄 수 있니?
B: 그럼. 그것은 네 배낭 안에 있니?
A: <u>그런 것 같아.</u>

11   정답 ①

📖 단어체크

- right: 올바른, 오른쪽
- straight: 곧바로, 쭉
- corner: 모서리, 모퉁이

📋 핵심체크

대화에서 A가 병원으로 가는 길이 맞는지 물었고, 이에 대해 B가 구체적인 위치를 알려주고 있으므로 대화의 주제로 가장 적절한 것은 '길 안내'이다.

해석 CHECK

A: 실례합니다. 이 길이 병원 가는 길이 맞나요?
B: 네. 쭉 가서 코너에서 오른쪽으로 도세요.
A: 감사합니다.

12   정답 ④

📖 단어체크

- stadium: 경기장
- per: ~당, 각 ~에 대해
- until: ~까지

📋 핵심체크

제시된 공연 포스터에는 공연 장소(The Olympic Stadium), 공연 날짜(September 19th), 티켓 가격($35 per ticket)에 대한 언급은 있으나, 티켓 판매 시간은 언급되어 있지 않다.

해석 CHECK

밤 K-pop 콘서트

언제?   9월 19일
어디서?   올림픽 경기장
가격?   티켓 한 장에 35달러
(공연장의) 문은 오전 9시부터 오후 5시까지 열립니다.

13   정답 ②

📖 단어체크

- visitor: 방문객
- library: 도서관
- shelf: 책꽂이(복수형: shelves)
- hope: 희망하다, 바라다

📋 핵심체크

제시된 글의 초반부에 도서관이 10분 안에 문을 닫는다는 내용이 있으며, 도서관 방문객에게 책을 다시 책꽂이에 꽂아달라는 부탁의 내용이 뒤따른다. 따라서 방송의 목적으로 가장 적절한 것은 '도서관 마감 공지'이다.

해석 CHECK

방문객 여러분, 주목해 주십시오. 저희 도서관은 10분 후에 문을 닫습니다. 책을 책꽂이에 도로 꽂아주십시오. 저희는 여러분이 이곳에서 독서를 즐기셨기를 바랍니다. 감사합니다.

14

📖 단어체크

• help with: ~을 돕다

• homework: 숙제

• take care of: 돌보다, 보살피다

📋 핵심체크

대화에서 Robert는 A의 부탁에 'I have to take care of my younger brother(나는 내 남동생을 돌봐야 해).'라고 말하고 있으므로 Robert가 숙제를 돕지 못하는 이유로 가장 적절한 것은 '남동생을 돌봐야 해서'이다.

> **해석 CHECK**
> A: Robert, 내일 내 숙제를 도와줄 수 있니?
> B: 미안하지만, 그럴 수 없어. 나는 내 남동생을 돌봐야 해.

15

정답 ②

📖 단어체크

• Saturday: 토요일

• serve: (식당 등에서) 음식을 제공하다

• chef: 요리사

• prize: 상

• contest: 대회

📋 핵심체크

제시된 글은 Kevin's Restaurant이 새로 문을 연다는 내용으로, 문을 여는 날짜(this Saturday)와 요리사의 국적(Italy), 수상 여부(won the first prize) 등은 글에서 언급되어 있지만 첫날 무료 음료를 제공한다는 내용은 언급되어 있지 않다.

> **해석 CHECK**
> Kevin's Restaurant이 이번 주 토요일에 Sun가에서 문을 엽니다. 저희는 많은 종류의 이탈리아 음식을 제공합니다. 저희 식당의 요리사는 이탈리아 출신입니다. 그는 요리 대회에서 1등 상을 받았습니다. 오셔서 저희의 맛있는 음식을 즐기세요!

16

정답 ③

📖 단어체크

• alarm clock: 알람 시계

• battery: 배터리, 건전지

📋 핵심체크

주어진 문장인 'My alarm clock is not working(알람 시계가 작동하지 않아).' 다음에는 (B)와 같이 'Did you check the batteries(배터리를 확인해 보았니?)'라고 응답하는 것이 적절하다. 그에 대해 'Yes, I changed them this morning(응, 오늘 아침에 배터리를 바꿨어).'이라고 대답하는 (C)가 온 뒤 'You'd better buy a new one(새 알람 시계를 사는 게 좋겠다).'이라고 제안하는 (A)가 오는 것이 대화 흐름상 가장 적절하다. 따라서 주어진 문장에 이어질 대화의 순서는 '(B) – (C) – (A)'가 가장 적절하다.

> **해석 CHECK**
> 내 알람 시계가 작동하지 않아.
> (B) 배터리는 확인해 보았니?
> (C) 응, 오늘 아침에 배터리를 바꿨어.
> (A) 그러면 새 알람 시계를 사는 게 좋겠다.

17

정답 ①

📖 단어체크

• meet: 만나다

• sign up: 등록하다

📋 핵심체크

제시된 동아리 홍보문에서 활동 내용(sing and play the guitar), 활동 요일(every Friday), 동아리 신청 방법(call Mr. Kim)은 언급되어 있으나, 활동 장소는 언급되어 있지 않다.

> **해석 CHECK**
> 새로운 회원을 찾고 있어요!
> **기타 동아리에 가입하세요.**
> ○ 우리는 노래하고 기타를 연주합니다.
> ○ 우리는 매주 금요일 방과 후에 만납니다.
> ○ 등록하려면, 김 선생님에게 013-567-2594로 전화하세요.

18

정답 ③

📖 단어체크

• wedding: 결혼

• throughout: ~내내

📝 핵심체크

제시된 글은 누나의 결혼식 날에 대한 내용이다. 누나의 기분(shy but happy), 누나의 모습(beautiful like an angel), 결혼식 동안의 행동(smiled happily)은 주제와 관련이 있지만, 'She ordered more balloons(그녀는 풍선을 더 주문하였다).'는 결혼식과는 관련 없는 문장이다.

> #### 해석 CHECK
>
> 어제는 내 누나의 결혼식이었다. 누나는 하얀 드레스를 입고 있다. 그녀는 수줍었지만 행복해 보였다. 나는 그녀가 천사처럼 아름답다고 생각하였다. 그녀는 풍선을 더 주문하였다. 그녀는 결혼식 내내 미소를 지었다. 모두가 결혼식을 즐겼다.

19

정답 ④

📖 단어체크

• raise: 기르다

• street: 거리

• be good for ~: ~에 좋은

• relax: 편안하게 하다

📝 핵심체크

제시된 글에서 글쓴이는 개를 키우는 것이 우리의 건강에 좋다고 의견을 말한 후 마지막 문장에서 'It helps us relax when we're with our dogs(우리가 개와 함께 있을 때 편안함을 느낄 수 있게 돕는다).'라고 하였으므로 '개를 키우는 것이 좋은 이유는 마음을 안정시켜 주어서'이다.

> #### 해석 CHECK
>
> 오늘날 많은 사람들이 개를 기른다. 우리는 거리에서 많은 종류의 개를 볼 수 있다. 나는 개를 기르는 것이 우리의 건강에 좋다고 생각한다. (개를 키우는 것은) 우리가 개와 함께 있을 때 편안함을 느낄 수 있게 돕는다.

20

정답 ①

📖 단어체크

• classmate: 급우, 반 친구

📝 핵심체크

제시된 그래프에 따르면 반 친구들이 좋아하는 운동은 축구(53%), 야구(25%), 아이스하키(13%), 농구(9%) 순이므로 빈칸에는 'soccer(축구)'가 들어가는 것이 가장 적절하다.

🔍 오답체크

② 야구

③ 농구

④ 아이스하키

> #### 해석 CHECK
>
> *나의 반 친구들이 가장 좋아하는 운동*
>
> 축구(53%)   야구(25%)   아이스하키(13%)   농구(9%)
> 나의 반 친구들은 축구를 가장 좋아한다.

21

정답 ④

📖 단어체크

• relative: 친척

• go fishing: 낚시하러 가다

• sand castle: 모래성

• collect: 모으다, 수집하다

• seashell: 조개껍데기

📝 핵심체크

제시된 글에서 Jessica가 주말에 친척들과 함께 시드니에 갔다는 내용은 언급되어 있지만, 친척 집을 방문하였다는 말은 언급되어 있지 않다.

> #### 해석 CHECK
>
> 지난 주말에 Jessica는 친척들과 함께 시드니에 갔다. 토요일에 그녀는 낚시를 하였다. 그녀는 10마리 이상의 물고기를 잡았다. 일요일에 그녀는 해변에 가서 모래성을 만들었다. 그녀는 조개껍데기도 모았다.

22

📖 단어체크

• visit: 방문하다

• water: (화초에) 물을 주다

• plant: 식물

• pocket: 주머니

📝 핵심체크

제시된 글의 세 번째 문장에서 'He found a small bag under the tree(그는 나무 아래에서 작은 가방을 발견하였다).'라고 하였으므로 It은 'a small bag(작은 가방)' 또는 'the tree(나무)' 중 하나를 가리킨다고 짐작할 수 있다. 마지막 문장에서 It이 커다란 주머니를 가지고 있다고 하였으므로 It은 'a small bag'임을 알 수 있다.

> **해석 CHECK**
>
> Minsu는 어제 할머니를 돕기 위해 그녀를 방문하였다. 아침에 그는 정원에서 식물에 물을 주었다. 그는 나무 아래에서 작은 가방을 발견하였다. 그것은 커다란 주머니를 가지고 있었다.

23

📖 단어체크

• lean: 기대다

• wall: 벽

• quietly: 조용히

• paining: 그림

📝 핵심체크

제시된 박물관 규칙 중 'Talk quietly with others.'는 다른 사람들과 조용히 말하라는 의미로, 대화를 금지한 것은 아니다.

> **해석 CHECK**
>
> 〈박물관 규칙〉
>
> ○ 벽에 기대지 마세요.
> ○ 다른 사람들과 조용히 말하세요.
> ○ 그림 작품에 손대지 마세요.
> ○ 갤러리 안에서 음식을 먹지 마세요.

24

📖 단어체크

• brush one's teeth: 양치질하다

• meal: 식사

• such as: ~와 같은

📝 핵심체크

제시된 글의 첫 문장에서 'What habits are good for our teeth(어떤 습관이 우리의 치아에 좋을까요)?'라고 한 후, 치아의 건강에 좋은 여러 방법을 말하고 있으므로 글의 주제로 가장 적절한 것은 '치아에 좋은 습관'이다.

> **해석 CHECK**
>
> 어떤 습관이 우리의 치아에 좋을까요? 우리는 식사 후에 양치를 해야 해요. 우리는 초콜릿과 사탕 같은 단 음식을 많이 먹지 말아야 해요. 우리는 단단한 음식 먹는 것을 피해야 해요.

25

📖 단어체크

• festival: 축제

• for example: 예를 들어

• take pictures: 사진을 찍다

📝 핵심체크

제시된 글의 세 번째 문장에서 'People can take pictures of the beautiful art pieces made of snow(사람들은 눈으로 만들어진 아름다운 예술 작품 사진을 찍을 수 있다).'라고 하였고, 마지막 문장에서 'There are some other things you can do in the snow festival(눈 축제에서 여러분이 할 수 있는 다른 것들이 있다).'이라고 하였으므로 바로 뒤에 이어질 내용으로 가장 적절한 것은 '눈 축제에서의 여러 활동'이다.

> **해석 CHECK**
>
> 세계에는 많은 종류의 축제가 있다. 예를 들어, 중국에는 눈 축제가 있다. 사람들은 눈으로 만들어진 아름다운 예술 작품 사진을 찍을 수 있다. 눈 축제에서 여러분이 할 수 있는 다른 것들도 있다.

제4교시	사회							52~56쪽	
01	02	03	04	05	06	07	08	09	10
④	④	①	②	③	④	①	③	②	②
11	12	13	14	15	16	17	18	19	20
③	①	④	②	③	④	④	①	④	①
21	22	23	24	25					
③	①	②	④	②					

01
정답 ④

핵심체크

어떤 지역을 대표하거나 구별하게 하는 지형이나 시설물 등의 표지를 랜드마크(Landmark)라 한다. 랜드마크를 이용하면 어떠한 장소의 위치를 보다 쉽게 설명할 수 있다.

오답체크

① 적도를 중심으로 지역의 위치가 남북으로 떨어진 정도를 나타낸 선을 말한다.
② 본초 자오선을 중심으로 동서로 떨어진 정도를 나타낸 선을 말한다.
③ 도로명 주소 체계를 이용하여 정확한 위치를 표현한 것을 말한다.

02
정답 ④

핵심체크

제시된 그래프는 건조 기후 지역에 대한 그래프이다. 건조 기후 지역은 연강수량이 500mm 미만으로 매우 적기 때문에 물이 부족하다. 또한, 초원이나 사막이 분포하여 나무가 자라기 어려운 것이 특징이다.

03
정답 ①

핵심체크

용암 동굴은 화산 폭발로 점성이 낮은 현무암질의 용암이 흘러 공기와 맞닿은 표면이 먼저 굳은 후 안쪽의 용암이 빠져나가 형성된다. 우리나라에서는 제주도, 울릉도, 철원·평강 일대, 백두산·개마고원 일대에 분포하고 있다.

오답체크

ㄷ. 파도로 인해 침식되어 형성된 해안 지형에는 파식대와 시 아치, 시 스택이 있다. 파식대는 파도의 침식 작용으로 형성된 해식애 아래의 평평한 침식면이고, 시 아치, 시 스택은 파도의 침식 작용으로 형성된 기암괴석 등을 말한다.
ㄹ. 카르스트 지형 중 돌리네는 석회암이 빗물에 녹아 형성된 연못 형태이고, 석회 동굴은 지하에 있는 석회암층이 지하수에 녹아 형성된 것이다.

04
정답 ②

핵심체크

오늘날 교통이나 통신의 발달로 문화의 세계화가 가속화됨에 따라 전 세계 사람들은 각 나라의 문화를 함께 공유할 수 있게 되었다. 이로 인해 서로의 문화가 섞이거나 새로운 문화가 생겨나기도 한다. 반면에 서구권 문화의 확산으로 각 지역의 고유문화가 사라지거나 획일화되는 경우도 많아지고 있으므로 전통문화의 고유성과 독창성을 지키고, 이를 창조적으로 발전시키기 위해 노력해야 한다.

05
정답 ③

핵심체크

현대 사회는 여성의 경제 활동 활성화로 인한 사회 진출 증가로 결혼 적령기 미혼 남녀의 결혼과 출산이 늦어지고 있다. 또한, 결혼에 대한 인식이 변화하고, 자녀를 원하지 않는 사람들이 늘어나면서 저출산 현상이 나타나게 되었다.

06
정답 ④

핵심체크

이촌향도 현상은 산업화와 도시화에 따라 일자리가 풍부한 도시로 농촌 인구가 이동하는 현상을 말한다.

오답체크

① 정치, 경제, 사회, 문화 등의 여러 분야에서 국경이라는 장벽이 없어지는 현상을 말한다.

1일차 2일차 3일차 4일차 5일차 6일차 7일차

② 도시의 부양 능력 이상으로 지나치게 많은 인구가 몰리는 현상을 말한다.

③ 도시 인구가 지나치게 많아지면 도시에서 교외 지역이나 농촌으로 인구가 이동하는 현상으로, 유턴(U-turn) 현상이라고도 한다.

07   정답 ①

핵심체크

밀은 생산지와 소비지의 차이로 남반구에서 북반구로, 신대륙에서 구대륙으로의 국제적 이동량이 많다. 또한, 오스트레일리아, 중국 화북 지방, 미국의 대평원, 아르헨티나, 우크라이나 등에서 많이 생산된다.

08   정답 ③

핵심체크

애그플레이션(Agflation)은 농업(agriculture)과 물가상승을 의미하는 인플레이션(inflation)의 합성어로, 농산물의 가격이 오르면서 일반 물가가 상승하는 현상을 말한다.

오답체크

① 통화량의 증가로 화폐가치가 하락하고, 모든 상품의 물가가 전반적으로 꾸준히 오르는 경제 현상을 말한다.

② 인플레이션의 반대 개념으로, 지속적으로 물가가 하락하는 현상을 말한다.

④ 불경기(stagnation)와 인플레이션(inflation)의 합성어로, 경기가 침체되는 상황에서 물가가 상승하는 현상을 말한다.

09   정답 ②

핵심체크

인권은 인간이라면 누구나 가지는 기본적 권리로, 인간답게 살기 위해 꼭 필요한 권리이자 반드시 보장받아야 할 권리이다. 또한, 인간의 존엄성이라는 보편적인 가치를 개인이 누려야 할 권리로 구체화한 것이다.

10   정답 ②

핵심체크

문화 상대주의는 인류의 보편적 가치를 바탕으로 문화의 다양성을 인정하고 각 문화를 그 사회의 독특한 환경과 역사적·사회적 상황에 비추어 이해하는 태도이다. 다양한 문화가 공존할 수 있고 자문화 창조 및 발전 가능성을 가지고 있다.

오답체크

① 자기 문화를 경시하고 다른 문화를 동경하며 무조건 추종하는 태도를 말한다.

③ 특정한 국가나 집단의 문화가 경제력, 군사력 등을 토대로 다른 문화를 파괴하거나 지배하는 태도를 말한다.

④ 자기 민족의 경험과 전통에 비추어 다른 사회의 문화는 수준이 낮거나 나쁜 것으로 생각하는 태도를 말한다.

11   정답 ③

핵심체크

정치적 견해를 같이하는 사람들이 정권 획득을 목적으로 모인 단체는 정당이다. 이익 집단은 자신의 특수 이익을 실현하기 위해 정치적 영향력을 행사하고자 하는 단체로, 구성원은 자신들의 특수 이익을 실현하기 위한 사람들이다. 이익 집단은 다양한 사람들의 이익을 대변하며, 해당 분야의 전문성을 살려 정책 결정에 도움이 되지만 이기적 행동으로 사회적 혼란을 초래할 수 있다.

12   정답 ①

핵심체크

사회권은 국가로부터 인간다운 생활을 보장받을 수 있는 권리로, 교육을 받을 권리, 근로의 권리, 쾌적한 환경에서 살 권리 등이 속한다.

오답체크

② 정치에 능동적으로 참여할 수 있는 권리로, 선거권, 국민 투표권 등이 있다.

③ 성별·종교·직업 등에 의해 차별 받지 않을 권리를 말한다.

④ 국가에 대해 일정한 청구를 할 수 있는 권리로, 재판 청구권, 청원권 등이 있다.

13
정답 ④

📑 핵심체크

생산 활동에 대한 기여를 시장 가격으로 보상받는 것은 경제 활동 중 분배에 대한 설명이다. 따라서 직장에서 근무를 한 후 급여를 받는 것은 올바른 사례라고 할 수 있다.

🔍 오답체크

①·② 경제 활동 중 소비에 대한 사례이다. 소비는 재화와 서비스를 사용하거나 소모하는 것을 말한다.

③ 경제 활동 중 생산에 대한 사례이다. 생산은 재화와 서비스를 만들거나 가치를 증가시키는 것을 말한다.

14
정답 ②

📑 핵심체크

가격과 수요량의 반비례 관계를 보여 주는 수요 곡선 그래프이다. 상품의 가격이 오르면 수요량은 감소하고, 상품의 가격이 내리면 수요량이 증가하는 수요 법칙을 나타낸다. ②는 빵 가격이 올라서 빵에 대한 수요량이 줄은 것이므로 수요 법칙을 보여 주는 상황에 해당한다.

🔍 오답체크

① 공급 법칙에 대한 사례이다. 가격이 오르면 생산자들은 많은 이윤을 남기기 위해 공급량을 늘리게 된다.

③ 대체재에 대한 사례이다. 밀가루의 가격이 올라 빵의 가격이 상승하자 비슷한 효용을 얻을 수 있는 쌀에 대한 수요가 늘어난 것이다.

④ 수요 법칙에 따라 고기의 가격이 오르면 고기를 사려는 사람이 줄어들게 된다. 고기 가격이 오르자 고기를 사려는 사람이 늘었다는 설명은 옳지 않다.

15
정답 ③

📑 핵심체크

산업 혁명 이후 산업화 및 도시화로 환경오염, 자원 고갈, 빈부 격차, 노동력 부족과 같은 사회 문제가 나타났다.

🔍 오답체크

① 교통이나 통신의 발달로 세계가 거대한 공동체를 형성하여 긴밀하게 상호 의존하는 현상을 말한다.

② 현대 사회에 다양한 개인과 집단이 등장하면서 정치 과정이 복잡하고 다양해지는 현상을 말한다.

④ 지식과 정보가 생활의 중요한 자원이 되고, 지식과 정보를 다루는 정보 산업이 경제의 주축을 이루는 것을 말한다.

16
정답 ④

📑 핵심체크

선거구 법정주의는 선거구를 특정 정당과 후보에 유리하지 않게 법률로 정한 것을 말한다. 선거구 법정주의는 선거에 관한 경비 중 일부분을 국가 또는 지방 자치 단체가 부담하는 제도인 선거 공영제와 함께 공정한 선거를 목적으로 한다.

17
정답 ④

📑 핵심체크

신석기 시대의 유물로는 갈돌, 갈판 등의 간석기, 빗살무늬 토기, 옷이나 그물 등을 제작하는 데 사용한 가락바퀴, 뼈바늘 등이 있다.

🔍 오답체크

① 뗀석기의 일종으로, 구석기 시대의 대표적 유물이다.

②·③ 청동기 시대의 대표적 유물이다.

18
정답 ①

📑 핵심체크

소수림왕은 불교를 도입하고 인재를 기르기 위한 태학을 설립하였으며, 율령을 반포하여 중앙집권 체제를 강화하였다.

🔍 오답체크

② 고구려 고국천왕은 먹을 것이 부족한 봄에 곡식을 빌려주고 겨울에 갚게 하는 구휼책인 진대법을 실시하였다.

③·④ 고구려 장수왕은 남진 정책의 일환으로 평양으로 천도하고 백제를 공격하여 한강 유역을 차지하였다.

19

📑 핵심체크

『왕오천축국전』은 신라의 승려 혜초가 인도와 인근 여러 나라를 순례하고 그 행적을 적은 여행기로, 신라인의 진취적 기상을 엿볼 수 있다.

🔍 오답체크

① 조선 시대 때 허준이 지은 의학 서적으로, 광해군 때 완성되었다.
② 고려 인종 때 김부식이 편찬한 것으로, 현존하는 우리나라 가장 오래된 역사서이다.
③ 조선 태조 때부터 철종 때까지의 역사를 기록한 역사서이다.

20

📑 핵심체크

고려 태조 왕건은 호족 통합 정책으로 유력 호족의 딸과 혼인하는 혼인 정책, 왕 씨 성을 하사하는 사성 정책 등을 시행하였다. 동시에 사심관 제도와 기인 제도를 시행하여 호족을 견제하였다.

21

📑 핵심체크

조선 후기 실학자 정약용은 토지 개혁 방안으로 마을 단위의 토지 공동 소유·공동 경작과 생산물의 공동 분배를 주장하였다. 또한, 『목민심서』를 저술하여 수령이 지켜야 할 지침과 지방 행정의 개혁 방향을 제시하였다.

🔍 오답체크

① 한 가정의 생활을 유지하는 데 필요한 규모의 토지를 영업전으로 정하여 법으로 매매를 금지하고 나머지 토지만 매매가 가능하게 하는 한전론을 주장한 인물이다.
② 『반계수록』에서 신분에 따라 토지를 차등 분배하고, 자영농을 육성하는 균전제 실시를 주장한 인물이다.
④ 조선 후기 실학자로, 서양 과학을 적극적으로 수용하고 기술 혁신을 주장하였으며, 『담헌서』, 『의산문답』 등의 저서를 남겼다.

22

📑 핵심체크

조선 광해군은 즉위 원년(1608)에 경기도를 대상으로 대동법을 시범 실시하였다. 또한, 명과 후금 사이에서 중립 외교 정책을 통한 실리적 외교 노선을 추구하여 국가 안정을 도모하였다.

🔍 오답체크

ㄴ. 조선 영조는 균역법을 시행하여 농민들이 군포를 1년에 2필에서 1필만 부담하도록 하였다. 이로 인해 감소된 재정 수입은 지주에게 결작으로 부과하고, 어장세, 선박세, 염세 등의 잡세 수입으로 보충하였다.
ㄹ. 조선 정조는 왕권을 뒷받침하는 군사적 기반을 갖추기 위해 국왕 친위 부대인 장용영을 설치하였다.

23

📑 핵심체크

조선 세종은 유교 정치의 활성화를 위해 집현전을 설치하고, 우리나라의 독창적 문자인 훈민정음을 창제·반포하였다. 또한, 정초, 변효문 등에게 우리나라 풍토에 맞는 농법을 기술한 『농사직설』을 간행하도록 하였으며, 여진을 몰아내고 4군 6진을 개척하여 영토를 확장하였다.

24

📑 핵심체크

국채 보상 운동은 일본에서 도입한 차관을 갚아 경제 주권을 회복하고자 김광제, 서상돈 등의 주도로 대구에서 처음 시작된 민족 운동이다. 이후 서울에서 조직된 국채 보상 기성회를 중심으로 전국으로 확산되었다.

🔍 오답체크

① 일제는 민족 말살 통치기에 여자 정신대 근무령을 공포하여(1944) 젊은 여성들을 일본군 '위안부'로 삼는 만행을 저질렀다.
② 1920년대 일제는 자국의 부족한 쌀 생산량을 조선에서 수탈하여 채우기 위해 산미 증식 계획을 실시하였다.

③ 일제는 토지 조사국을 설치하고 토지 조사령을 공포하여 일정 기간 내 토지를 신고하도록 하였다(1912). 신고하지 않는 토지는 총독부에서 몰수하여 일본인에게 헐값으로 팔아넘겼다.

25

정답 ②

📋 **핵심체크**

6 · 25 전쟁

- 배경: 공산 정권의 수립(북조선 임시 인민 위원회 구성), 애치슨 선언 발표(미국의 태평양 방위선에서 한국 제외)
- 전개: 북한의 불법 남침(1950.6.25.) → 낙동강 유역까지 후퇴 → 유엔군 파견 → 인천 상륙 작전 → 서울 수복 → 압록강까지 진격 → 중국군 개입 → 흥남 철수 · 서울 함락(1 · 4 후퇴) → 휴전 협정(1953.7.27.)
- 결과: 남북 분단, 수많은 사람들의 생명과 재산 피해(전쟁고아 발생, 이산가족 발생), 국토의 황폐화와 경제 시설 파괴

제5교시	**과학**						57~61쪽		
01	02	03	04	05	06	07	08	09	10
①	③	②	①	②	④	②	④	③	③
11	12	13	14	15	16	17	18	19	20
②	②	④	①	①	①	③	④	②	②
21	22	23	24	25					
④	③	③	①	③					

01

정답 ①

📋 **핵심체크**

물체가 액체나 기체 속에서 위쪽으로 받는 힘은 부력이다. 부력은 물체에 작용하는 중력과 반대 방향으로 작용하며, 이러한 부력을 이용한 예로는 튜브, 화물선, 비행선, 열기구 등이 있다.

🔍 **오답체크**

② 탄성체가 변형되었을 때 원래의 상태로 되돌아가려는 힘이다.

③ 두 물체의 접촉면 사이에서 물체의 운동을 방해하는 힘이다.

④ 전기를 띤 물체 사이에 작용하는 힘이다.

02

정답 ③

📋 **핵심체크**

시간 – 속력 그래프에서 이동한 거리는 그래프의 면적과 같다.

따라서 이동 거리는 $\frac{1}{2} \times 6 \, \text{m/s} \times 3\text{s} = 9 \, \text{m}$ 이다.

03

정답 ②

📋 **핵심체크**

저항이 $3 \, \Omega$ 인 꼬마전구에 $12 \, \text{V}$ 의 전압을 걸어주었을 때 흐르는 전류의 세기는 $\frac{12 \, \text{V}}{3 \, \Omega} = 4 \, \text{A}$ 이다.

PLUS CHECK 더 알아보기

옴의 법칙

전류의 세기가 I, 전압이 V, 저항이 R일 때

$$I = \frac{V}{R}, \quad V = IR, \quad R = \frac{V}{I}$$

04   정답 ①

핵심체크

전기다리미는 전기 에너지가 열에너지로 전환되는 전기 기구이다.

05   정답 ②

핵심체크

빛의 삼원색은 빨간색, 파란색, 초록색이다. 노란색은 빛의 삼원색 중 빨간색과 초록색을 합성할 때 보인다.

06   정답 ④

핵심체크

척력은 서로 같은 종류의 전하를 띤 물체가 밀어내는 힘이다. 따라서 척력이 작용하는 경우는 둘 다 (+)전하를 띠며 서로 밀어내고 있는 ④이다.

오답체크

① · ③ 서로 같은 종류의 전하를 띠고 있으므로 척력이 작용하여 밀어낸다.

② 서로 다른 종류의 전하를 띠고 있으므로 인력이 작용하여 끌어당긴다.

07   정답 ②

핵심체크

일정한 온도에서 기체의 부피는 압력에 반비례한다. 즉, 기체의 압력과 부피의 곱은 일정하므로 $1 \times 80 = \bigcirc \times 20$에서 $\bigcirc = 4$이다.

08   정답 ④

핵심체크

A는 기체에서 액체로 상태 변화하는 액화로, 공기 중의 수증기가 이슬이 되는 것이 액화의 예이다.

오답체크

① 물이 얼음이 되는 것은 응고로, 액체가 고체로 상태 변화하는 경우이다.

② 드라이아이스가 작아지는 것은 승화로, 고체에서 기체로 상태 변화하는 경우이다. 기체에서 고체로 상태 변화하는 경우도 승화이다.

③ 물이 증발하여 수증기가 되는 것은 기화로, 액체가 기체로 상태 변화하는 경우이다.

09   정답 ③

핵심체크

암모니아(NH_3)의 분자 1개는 질소(N) 원자 1개와 수소(H) 원자 3개로 이루어져 있다. 따라서 암모니아(NH_3)의 분자 1개를 구성하는 수소(H) 원자의 개수는 3개다.

10   정답 ③

핵심체크

원자에서 원자핵의 전하량의 크기와 전자의 총 전하량의 크기는 같으므로 원자 모형을 바르게 나타낸 것은 ㄱ, ㄷ이다.

오답체크

ㄴ. 플루오린 원자는 원자핵의 전하량이 (+9)이므로 전자의 개수가 9개이어야 한다.

11   정답 ②

핵심체크

액체가 기체로 상태 변화할 때 일정하게 유지되는 온도는 끓는점이다. 끓는점은 외부 압력에 따라 변할 수 있는데, 1기압에서 순수한 물은 100 ℃에 끓는다.

오답체크

① 단위 부피에 해당하는 물질의 질량이다.

③ 액체가 고체로 되는 동안 일정하게 유지되는 온도이다.

④ 일정한 온도에서 일정량의 용매에 녹을 수 있는 용질의 최대량으로, 보통 용매 100 g에 녹아 들어간 용질의 g으로 나타낸다.

12   정답 ②

핵심체크

메테인(CH_4)의 연소 반응에서 메테인(CH_4) 1분자는 산소(O_2) 2분자와 반응하여 이산화 탄소(CO_2) 1분자, 물(H_2O) 2분자를 생성한다.

13   정답 ④

핵심체크

같은 종류의 생물들이 서로 다른 환경에 적응하는 과정에서 각 환경에 유리한 변이를 가진 생물만이 살아남아 그 특성을 자손에게 전달한다. 변이와 환경에 적응하는 과정을 통해 생물 다양성이 높아진다.

• 변이: 같은 종류의 생물들 사이에서 나타나는 생김새 및 특성의 차이

• 생물 다양성: 일정한 생태계에서 얼마나 다양한 생물이 살고 있는지를 나타내는 것

14   정답 ①

핵심체크

A는 균계이며, 균계에 속하는 생물에는 효모, 곰팡이, 버섯 등이 있다.

오답체크

② 고사리는 식물계에 속한다.

③ 대장균은 원핵생물계에 속한다.

④ 짚신벌레는 원생생물계에 속한다.

15   정답 ①

핵심체크

광합성은 엽록체가 있는 식물 세포에서만 일어난다.

16   정답 ①

핵심체크

호흡계는 코, 기관, 기관지, 폐 등으로 구성된다.

오답체크

② 순환계는 심장, 혈관, 혈액 등으로 구성된다.

③ 배설계는 콩팥, 오줌관, 방광 등으로 구성된다.

④ 소화계는 위, 소장, 대장 등으로 구성된다.

17   정답 ③

핵심체크

연합 뉴런에서 전달받은 명령을 운동 기관에 전달하는 역할을 하는 것은 C - 운동 뉴런이다.

오답체크

① A는 감각 신경을 이루는 뉴런으로, 감각 기관에서 받은 자극을 중추 신경으로 전달한다.

② B는 뇌와 척수를 이루는 뉴런으로, 운동 뉴런에 명령을 내린다.

④ D는 운동 뉴런에서 전달받은 명령에 따라 근육의 수축 및 이완이 일어난다.

18   정답 ④

핵심체크

수정란이 체세포 분열을 거듭하여 세포의 수를 늘리고, 몸의 각 조직과 기관을 만들어 새로운 개체로 되는 과정은 발생이다.

오답체크

① 난소에서 약 28일 주기로 성숙한 난자가 수란관으로 나오는 과정이다.

② 수란관에서 정자와 난자가 결합하는 과정이다.

③ 수정란이 세포 분열을 하면서 자궁 쪽으로 이동하여 자궁 내벽에 파묻히는 과정이다.

19
정답 ②

핵심체크

순종 개체끼리 교배하였을 때, 자손(잡종 제1대)에서 우성 형질만 나타나는 것을 우열의 원리라고 한다.

오답체크

① 하나의 형질에 대해 뚜렷하게 대비되는 형질을 의미한다.

③ 잡종 제1대를 자가 수분하면 잡종 제2대에서는 대립 형질이 일정한 비율로 분리되어 나온다는 법칙이다.

④ 두 쌍 이상의 대립 형질이 동시에 유전되어도 각각의 대립 형질은 우열의 원리와 분리의 법칙대로 유전된다는 법칙이다.

20
정답 ②

핵심체크

B는 맨틀로, 지각 아래부터 약 2,900 km까지의 층이다. 판은 지각과 맨틀의 윗부분 일부를 포함한 단단한 암석층을 말하며, 여러 개의 크고 작은 조각으로 이루어져 있다.

21
정답 ④

핵심체크

기온이 낮은 대륙 위에 차가운 공기가 쌓이면서 대륙에서 해양 쪽으로 바람이 부는데, 이를 북서 계절풍이라고 한다. 이러한 북서 계절풍의 영향을 받아 춥고 건조한 날씨가 나타나는 계절은 겨울이다.

오답체크

② 대륙이 해양보다 더 뜨거워져 해양에서 대륙 쪽으로 바람이 부는데, 이를 남동 계절풍이라고 한다. 남동 계절풍이 부는 계절은 여름이다.

22
정답 ③

핵심체크

조경 수역은 한류와 난류가 교차하는 지역으로, 한류성 어종과 난류성 어종이 모여 좋은 어장을 이룬다. 우리나라 동해에서는 동한 난류와 북한 한류가 만나 조경 수역을 이룬다.

23
정답 ③

핵심체크

태양은 태양계에서 스스로 빛을 내는 유일한 천체이다. 반지름이 지구의 약 109배, 질량은 지구의 약 33만 배이며, 표면의 평균 온도는 약 6000 ℃, 중심부는 약 1500만 ℃이다.

24
정답 ①

핵심체크

A~D는 절대 등급이 같은 별이라고 하였으므로 A~D의 실제 별의 밝기는 같다. 따라서 지구에 가까울수록 밝게 보이므로 A~D 중 가장 밝게 보이는 별은 A이다.

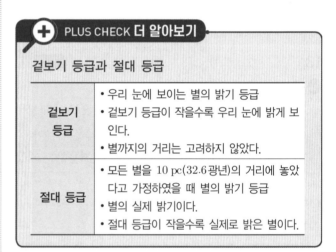

➕ PLUS CHECK 더 알아보기

겉보기 등급과 절대 등급

겉보기 등급	• 우리 눈에 보이는 별의 밝기 등급 • 겉보기 등급이 작을수록 우리 눈에 밝게 보인다. • 별까지의 거리는 고려하지 않았다.
절대 등급	• 모든 별을 10 pc(32.6광년)의 거리에 놓았다고 가정하였을 때 별의 밝기 등급 • 별의 실제 밝기이다. • 절대 등급이 작을수록 실제로 밝은 별이다.

25
정답 ③

핵심체크

수백~수천 개의 별들이 엉성하게 흩어져 있으며, 푸른색 별이 많은 젊은 별의 집단은 산개 성단이다.

오답체크

① 가스나 티끌이 빛을 반사하여 밝게 보이는 성운으로, 주로 파란색을 띤다.

② 가스나 티끌에 의해 뒤쪽에서 오는 별빛이 차단되어 검은 구름처럼 어둡게 보이는 성운이다.

④ 수십만~수백만 개의 별들이 구형으로 빽빽하게 모여 있는 성단으로, 붉은색 별이 많으며 늙은 별의 집단이다.

제6교시 도덕

62~66쪽

01	02	03	04	05	06	07	08	09	10
③	③	④	②	④	①	④	①	①	①
11	12	13	14	15	16	17	18	19	20
③	④	②	②	①	④	②	③	③	②
21	22	23	24	25
④	③	②	③	④

01

정답 ③

📋 **핵심체크**

도덕의 의미

- 인간이 살아가는 동안 지켜야 할 도리 또는 바람직한 행동 기준
- 개인의 양심적 판단에 맡겨지는 삶의 규범적 양식
- 양심이란 도덕적으로 잘못된 어떤 행동을 하려고 생각하거나 그런 행동을 하고 있을 때, 우리에게 착한 행동을 하라고 끊임없이 명령하는 윤리 의식
- 도덕적인 삶은 생활 속에서 규범을 실천하고 지키는 것으로부터 시작

02

정답 ③

📋 **핵심체크**

도덕적 상상력은 상대방의 입장에서 생각하고 도움이 되는 방향으로 결과를 예측하는 것이며, 어떤 문제에 부딪혔을 때 어떤 일들이 벌어질까 생각하고 해결책을 제시하는 역할을 한다.

🔍 **오답체크**

① 결론을 전제로 두고 그 부분에 해당하는 새로운 명제를 이끌어내는 것을 말한다.

② 어떤 생각이나 주장을 적극적으로 분석·종합·평가하는 능동적인 사고법을 말한다.

④ 어떤 행동에 대한 도덕적인 원리를 검사하는 것으로, 보편화 검사, 반증 사례 검사, 역할 교환 검사, 포섭 검사 등이 있다.

03

정답 ④

📋 **핵심체크**

한 공동체에서 정한 법률을 지키고 존중하는 것을 준법이라고 한다. 타인과 국가 권력으로부터 개인의 자유와 권리를 지키고, 사회 질서를 유지하고 발전시키기 위해 준법은 반드시 필요하다. 준법이 잘 이루어지면 타인에게 피해를 끼치지 않게 되고, 이는 곧 개인의 행복한 삶으로 이어진다.

04

정답 ②

📋 **핵심체크**

가치는 사람들이 소중하게 생각하고, 얻고자 노력하는 것을 말한다. 물질적 가치, 정신적 가치, 도구적 가치, 본래적 가치로 나눌 수 있으며, 물질적 가치의 예로는 돈, 집, 음식, 의복, 스마트폰 등이 있다.

🔍 **오답체크**

①·③·④ 사랑, 행복, 지혜, 우정, 믿음 등은 개인에게 정신적인 만족감을 주는 정신적 가치에 해당한다.

➕ PLUS CHECK 더 알아보기

가치의 종류

물질적 가치	물질을 통해 만족감을 얻을 수 있는 것으로, 즐거움을 주는 쾌락 가치와 생활에 필요한 것을 주는 유용 가치
정신적 가치	물질과 상관없이 보람을 느끼는 가치로 지적·미적·도덕적·종교적 가치
도구적 가치	목표를 이루기 위한 도구로써의 가치로 다른 목적의 수단이 되는 가치
본래적 가치	그 자체가 귀중하고 목적으로 추구되는 가치

05

정답 ④

📋 **핵심체크**

이성 간에 지켜야 할 예절

- 상대방을 있는 그대로 인정하고 존중해야 한다.
- 서로 대등한 관계여야 하며, 자신의 의사를 분명히 밝혀야 한다.
- 상대방을 성적 호기심의 대상으로만 보지 않고 상대방과 적정한 거리를 유지하여 불편하게 느끼지 않도록 한다.

1일차 2일차 3일차 4일차 5일차 6일차 7일차

06

정답 ①

핵심체크

자애는 부모가 자녀에게 지켜야 할 도리인 동시에 부모가 자녀에게 아무런 대가를 바라지 않고 베푸는 희생적이고 헌신적인 사랑이다.

오답체크

② 가정 혹은 학교에서 교육적인 목적으로 아동에게 가하는 물리적 고통의 징계이다.

③ 형제자매 간에 가깝고 정답게 지내는 개념으로, 형은 아우를 사랑하고 아우는 형을 따르는 것이다.

④ 어떤 일에 직접 나서지 않고 주변에서 보기만 하는 행동이다.

07

정답 ④

핵심체크

경쟁은 긍정적인 방향에서는 개인의 능력을 증대시킬 수 있고, 사회의 발전을 가져온다. 반면에 과한 경쟁은 사회 전체적인 갈등과 부정행위를 유발할 수 있으며, 이로 인해 사회 구성원 간 신뢰와 협력이 붕괴될 수 있다.

08

정답 ①

핵심체크

사랑은 상대방을 아끼고 소중히 여기는 마음이며, 존중, 배려, 헌신 등으로 표현되기도 한다. 사랑의 종류에는 무조건적인 사랑인 아가페, 열정적인 사랑인 에로스, 순수한 사귐을 나타내는 필리아가 있다.

오답체크

② 유쾌하고 즐거운 감정이나 그런 느낌을 말한다.

③ 어떤 생각이나 사물에 젖어 버려 정상적으로 판단할 수 없는 상태를 말한다.

④ 권리나 의무, 자격 등에 차별 없이 고르고 한결같은 상태를 말한다.

09

정답 ①

핵심체크

삶의 유한성에 대한 자세

적극적인 자세	정해진 한계에 순응하여 수동적으로 삶을 사는 것이 아니라 좌절하거나 절망하지 않고 적극적인 자세로 살아야 함
자기반성과 내면 성찰	자신의 삶에 대한 반성과 내면의 성찰을 통해 삶의 진정한 의미를 찾을 수 있음
현재의 삶에 충실	지금 이 순간은 다시 돌아올 수 없는 소중한 시간이므로 지금 해야 할 일에 최선을 다하는 삶을 살아야 함
도덕적 이상의 추구	훌륭한 인격을 갖춘 사람이 되고자 노력하며 자랑스럽고 떳떳한 삶을 살아갈 수 있도록 해야 함

10

정답 ①

핵심체크

봉사는 노인, 장애인, 지역 사회 등 도움이 필요한 곳에 실천적인 해결 방안을 마련할 수 있는 행위이다. 봉사에는 직접적인 봉사와 간접적인 봉사가 있으며, 자발적인 마음과 지속성을 지녀야 진정한 봉사라고 할 수 있다.

➕ PLUS CHECK 더 알아보기

봉사

• 이웃에게 어려움이 있을 때 도움을 주고 고통을 함께 나눈다.

• 이웃에 대한 배려를 적극적으로 표현하고 실천하는 자세를 말한다.

• 다른 사람을 존중하는 마음과 공동체 정신을 길러 건강한 사회를 만들 수 있다.

11

정답 ③

핵심체크

사회적 약자는 우리 사회에서 불리한 조건에 처해 있어 인간다운 삶을 사는 데 어려움을 겪는 사람들을 말한다. 인간은 사회적 지위나 신체적·정신적 조건과 상관없이 존중받아야 할 가치가 있는 존재이므로 사회적 약자에 대한 인권 역시 존중받아야 할 권리가 있다. 따라서 이들을 위한 제도적·개인적 노력이 필요하다.

오답체크

① 성적인 부분에서 사회적으로 수가 적은 사람을 말한다.

② 인종 간에 유전적 우열을 신봉하여 인종적인 멸시, 박해, 차별 따위를 정당화하여 따르거나 주장하는 사람을 말한다.

④ 정치권력이나 공적 강제성을 부정하고 개인의 자유를 최상의 가치로 내세우려는 주장을 믿거나 따르는 사람을 말한다.

12 [정답 ④]

핵심체크

습관은 여러 번 반복해서 행동함으로써 몸에 자리잡은 익숙한 행동 방식을 말한다. 습관은 개인이 인식하지 못하는 상황에서도 행동에 영향을 미치므로 좋은 습관은 훌륭한 성품과 태도를 가지게 한다.

오답체크

① 어떤 것을 배우거나 실천을 통해 알게 되는 명확한 인식 또는 이해를 말한다.

② 사회 구성원에 의해 습득, 공유, 전달되는 행동양식이나 생활양식을 말한다.

③ 어떤 일을 할 때 쓰이는 연장을 두루 이르는 말이다.

13 [정답 ②]

핵심체크

남한과 북한은 오랜 시간 따로 살아왔으므로 통일을 하기 위해서는 지속적인 노력이 필요하다. 서로에 대한 편견을 없애고 존중하려는 태도가 가장 중요하며, 꾸준한 교류와 협력을 통해 상호 신뢰를 쌓아야 한다. 또한, 국가 안보와 전 세계적 평화의 중요성을 인식하고, 남북한 서로의 모습을 인정하는 태도가 필요하다.

② 통일을 위한 노력으로 남북한의 교류와 협력이 필수적이다. 이를 위해서는 상대를 인정하고 군사적인 위협 및 적대적 행위를 중지하는 태도가 필요하다.

14 [정답 ②]

핵심체크

인간 존엄성은 인간은 절대적인 가치를 가지고 태어난 존재이므로 누구나 그 자체로 인격과 권리를 존중받아야 한다는 것을 의미한다.

오답체크

① 모든 성별에 권리, 의무, 자격 등이 차별 없이 고르고 한결같음을 말한다.

③ 올바른 도덕적 가치를 지켜 바르게 살아가고자 하는 믿음이다.

④ 인권에 대해 민감해진다는 것으로, 인권 침해 상황에 대해 민감하게 반응하고 인권 취약 계층인 사회적 약자들에게 공감할 수 있는 능력이다.

15 [정답 ①]

핵심체크

갈등이 발생하였을 때 아무 문제가 없는 것처럼 무시하거나 상황을 외면해 버리는 등 회피적인 방식은 근본적인 갈등 원인의 해결이 어렵다.

오답체크

②·③·④ 평화적 갈등 해결의 방안으로는 협상, 중재, 조정이 있다. 협상은 당사자들이 서로 대화를 통해 갈등을 해결하는 방법이며, 중재는 갈등 해결을 위해 제3자가 해결책을 제시하는 방법이다. 조정은 당사자들이 갈등을 해결하기 어려울 때 조정자가 중립적인 입장에서 갈등 해결을 돕는 방법이다.

16 [정답 ④]

핵심체크

진정한 우정을 맺기 위해서는 역지사지의 마음으로 감정을 헤아리는 진실한 배려의 자세, 가까운 사이도 인격적으로 존중하는 존중의 자세, 말과 행동에 믿음을 가지는 자세가 필요하다.

17

정답 ②

핵심체크

문화 사대주의는 다른 사회의 문화가 자신의 문화보다 우월하다고 생각하여 무비판적 태도로 그것을 동경하거나, 자국 문화를 업신여기고 낮게 평가하는 태도를 말한다. 영어 조기 교육과 무조건적인 외국 브랜드 상표를 선호하는 태도는 문화 사대주의에 해당한다.

오답체크

① 사회 안에 다른 민족, 다른 인종 등 여러 집단이 지닌 문화가 함께 존재하는 사회이다.

③ 문화의 다양성을 인정하고 각 문화의 독특한 환경과 역사적·사회적 상황에 비추어 이해하는 태도이다.

④ 자기 문화의 우월성에 빠져서 자기 집단의 문화만을 우월하다고 여기고 다른 문화는 부정적으로 열등하게 평가하는 태도이다.

18

정답 ③

핵심체크

도덕 원리 검사 중 역할 교환 검사는 상대방의 입장에서 생각해 보는 방법이다.

오답체크

① 선택한 도덕 원리를 더 일반적이고 포괄적인 도덕 원리에 따라 판단해 보는 검사 방법이다.

② 문제가 되는 도덕 원리를 모든 사람이 보편적으로 실천하였을 때 나타날 수 있는 결과를 예상하여 도덕 원리의 적절성 여부를 검토하는 검사 방법이다.

④ 상대방이 전제하고 있는 도덕 원리에 반대되는 사례를 제시하여 상대방의 도덕 원리가 부적절함을 지적하는 검사 방법이다.

19

정답 ③

핵심체크

폭력은 정당하지 않은 힘을 이용하여 타인에게 물리적·정신적으로 피해를 주는 행위를 말한다. 집단 따돌림과 같이 상대방을 소외시키고 수치심을 주는 폭력을 정서적 폭력이라고 한다.

오답체크

① 상대방의 동의 없이 강제적으로 성적인 행위를 하도록 강요하는 폭력 행위이다.

② 인격을 모독하는 말로 상대방에게 정신적인 피해를 주는 폭력 행위이다.

④ 살인, 구타와 같이 신체적인 상해를 입히거나 위협을 주는 폭력 행위이다.

20

정답 ②

핵심체크

애국심은 자신이 살고 있는 공동체와 국가를 소중히 여기는 마음으로, 국가를 지키고 국가의 정신과 가치를 존중하는 태도를 말한다. 과한 애국심으로 인해 국가에 대한 맹목적 사랑이나 다른 나라를 배척하는 것은 바람직한 애국심이 아니며, 옳고 그름을 분별하여 올바르게 국가를 사랑하는 마음을 가져야 한다.

21

정답 ④

핵심체크

고통은 괴롭지만 항상 부정적인 영향만 주는 것이 아니며, 개인이 삶을 성찰하도록 이끌어 주고 성장하게 돕는다. 따라서 고통이 다가와도 바로 좌절하지 않고 견뎌낼 수 있는 용기를 지녀야 하며, 쉽게 해결되지 않더라도 참고 인내하며 기다릴 수 있어야 한다.

오답체크

① 고통을 제공하는 상황에 대해 인정하고, 현실을 받아들이는 태도가 필요하다.

② 현실이 절망적이라 하더라도 고통이 지나고 난 후에 더 밝은 미래가 기다리고 있을 것이라는 희망을 잃어서는 안 된다.

③ 고통이 다가와도 좌절하거나 나약해지지 말고, 굳은 의지와 용기로 참고 인내하며 적극적인 해결 방안을 찾는 노력을 한다.

22

정답 ③

핵심체크

과학 기술의 발달로 인간은 풍요롭고 안락한 삶을 누릴 수 있게 되었으며, 다양한 통신 매체를 통해 시·공간의 제약을 극복하고 다양한 지식과 문화의 교류를 경험하게 되었다.

오답체크

ㄱ, ㄹ은 과학 기술 발달에 따른 부작용이다.

23

정답 ②

핵심체크

남성과 여성이라는 성별에 따라 사회에서 기대하는 사회적 역할과 행동 방식을 성 역할이라고 한다. 성 역할에 대한 올바른 태도를 갖기 위해 성 역할이 고정되어 있다는 편견을 버려야 하며, 특정한 성별만을 우대하지 않고 모두 평등하다는 태도를 가져야 한다.

24

정답 ③

핵심체크

정보화 시대가 시작되면서 사이버 공간에서 상대방이 원하지 않는 언어, 이미지 등으로 정신적 피해를 주고 인간 존엄성을 훼손하는 사이버 폭력 문제가 대두되었다. 또한, 저작물 표절, 불법 다운로드 등의 저작권 침해 문제, 스마트폰과 인터넷에 빠져 외부 세계와 단절되는 중독 문제도 발생하였다.

➕ PLUS CHECK 더 알아보기

정보화 시대의 도덕 문제

사이버 폭력	사이버 공간에서 상대방이 원하지 않는 언어, 이미지 등을 이용하여 정신적으로 피해를 줌으로써 인간 존엄성을 훼손한다.
저작권 침해	저작물 표절, 불법 다운로드 등 타인의 지식 재산권을 침해한다.
정보·통신 기술의 불법적인 사용	바이러스 유포나 해킹 등 불법적인 기술의 사용으로 타인에게 해를 끼친다.
인터넷·스마트폰 중독	스마트폰에 푹 빠져 외부 세계와 단절될 수 있다.

25

정답 ④

핵심체크

윤리적 소비는 인간, 동물, 환경에 해를 끼치지 않고 인권을 존중하는 태도이다. 어린이 및 노약자의 노동을 착취하지 않는 등 정상적이고 윤리적으로 생산한 제품의 소비를 말한다.

오답체크

① 환경을 고려한 제품을 구매하는 소비를 말한다.
② 남에게 자신의 사회적 지위를 인정받기 위한 소비를 말한다.
③ 다른 사람의 소비 행동을 그대로 따라 하는 소비를 말한다.

3일차　실전 모의고사 정답 및 해설

01	02	03	04	05	06	07	08	09	10
②	④	③	①	④	①	④	③	④	③
11	12	13	14	15	16	17	18	19	20
②	②	②	④	④	②	③	①	①	①
21	22	23	24	25					
②	①	②	①	③					

01
정답 ②

핵심체크
'발표'는 대중 앞에서 자신의 생각을 알리는 담화 유형이다.

오답체크
① 서로 마주 대하고 언어를 통해 서로의 의견을 주고받는 담화 유형으로, 화자와 청자가 서로 협력하여 생각이나 느낌을 교환하며 의미를 만들고 공유해 가는 과정이다.
③ 일정한 주제에 대해 청중을 이해시키는 담화 유형으로, 강의 형식으로 이루어진다.
④ 어떤 목적을 달성하기 위해 대상을 직접 만나 의견을 나누는 담화 유형이다.

02
정답 ④

핵심체크
토론에 직접 참여하여, 규칙을 지키며 바람직한 해결 방안을 찾는 것은 토론자의 역할에 해당한다.

오답체크
①·②·③ 토론은 찬성과 반대 입장으로 나뉘는 주제에 대해 각각 서로의 입장을 관철시키고자 근거를 들어 주장을 논리적으로 펼치는 말하기이다. 이때 사회자는 원활한 토론의 진행을 위해 토론의 배경, 논제, 규칙 등을 소개하고, 논제의 초점이 흐려지지 않도록 논점을 정리한다. 또한, 토론자의 모호한 발언에 질문하여 의미를 명확히 한다.

PLUS CHECK 더 알아보기
토론 참여자의 역할

사회자	• 토론이 열리게 된 배경과 토론의 논제를 소개한다. • 토론자에게 토론 규칙을 알려주어, 규칙을 지키면서 토론을 할 수 있도록 유도한다. • 토론자의 발언이 모호할 경우에는 질문을 하여 그 의미를 명확히 해야 한다. • 논제의 초점이 흐려지면 논점을 다시 정리해서 토론자들에게 알려준다.
토론자	• 자기의 주장을 조리 있고 분명하게 말한다. • 상대방의 주장을 논리적으로 반박해야 한다. • 토론 규칙을 지키며 공동의 문제를 바람직한 방향으로 해결하기 위해 힘쓴다. • 논리적 오류나 윤리에 어긋나는 발언과 행동을 하지 않는다.

03
정답 ③

핵심체크
'ㅏ, ㅗ, ㅓ'는 기본자 'ㅣ, ㅡ'와 'ㆍ'를 한 번 합성하여 만든 글자인 초출자이고, 'ㅡ'는 땅의 평평한 모양을 본떠서 만든 기본자이다.

04
정답 ①

핵심체크
난로는 자음 동화 중 유음화의 예로, 앞말의 받침 'ㄴ'이 뒷말 'ㄹ'의 영향을 받아 [날로]로 발음된다.

오답체크
②·③·④ 구개음화의 예이다. 구개음화는 'ㄷ, ㅌ' 받침 뒤에 종속적 관계를 가진 '-이-'나 '-히-'가 올 적에는 그 'ㄷ, ㅌ'이 'ㅈ, ㅊ'으로 소리 나더라도 'ㄷ, ㅌ'으로 적는다.

05

정답 ④

핵심체크

'작다'는 사람이나 사물의 상태나 성질을 나타내는 형용사이다.

오답체크

① · ② · ③ '신으셨다', '날고', '자르셨다'는 모두 사람이나 사물의 움직임이나 작용을 나타내는 동사이다.

06

정답 ①

핵심체크

'봄바람'은 '봄'과 '바람'이라는 두 어근이 결합하여 구성된 합성어이다.

오답체크

② · ③ · ④ '개살구', '풋사랑', '헛소문'은 어근 '살구', '사랑', '소문' 앞에 접두사 '개–, 풋–, 헛–'이 결합하여 구성된 파생어이다.

07

정답 ④

핵심체크

'나는 바랐다.'라는 문장 안에 '언니가 합격하기'라는 명사절이 하나의 문장 성분처럼 쓰인 것으로, 겹문장 중 안긴문장에 해당한다.

오답체크

① · ② · ③ 주어와 서술어의 관계가 한 번씩만 이루어진 홑문장이다.

08

정답 ③

핵심체크

세계 문화유산 보존의 필요성과 가장 관련이 높은 것은 '국민의 문화적 자긍심 고취'이다. 세계 문화유산으로 등재되어 올바로 보존되면 국가적 위상이 오르고, 국민의 자긍심이 고취될 수 있기 때문이다.

09

정답 ④

핵심체크

'흐트러뜨리다'와 '흐트러트리다'는 모두 표준어이자, 유의어이다. '여러 가닥으로 흩어져 이리저리 얽히다, 옷차림이나 자세 따위가 단정하지 못한 상태가 되다.'라는 의미를 가진다.

10

정답 ③

핵심체크

㉠은 '만 리 길도 한 걸음부터'라는 속담을 풀어 쓴 것으로, 아무리 큰일도 작은 일로부터 비롯된다는 의미이다.

오답체크

① 느닷없는 일을 당하였을 때는 '아닌 밤중에 홍두깨'라는 표현을 사용한다.

② 아무리 가르쳐도 알아듣지 못하는 사람에게는 '소 귀에 경 읽기'라는 표현을 사용한다.

④ 성미가 급하여 일의 순서를 무시하고 터무니없이 서두르고 재촉할 때는 '우물에 가 숭늉을 찾는다'고 표현한다.

✔ **FINAL CHECK 작품 해설**

나희덕, 「귀뚜라미」

• 갈래: 자유시, 서정시
• 성격: 감각적, 의지적
• 제재: 귀뚜라미의 울음
• 주제: 누군가에게 감동을 주는 노래르 부르고 싶은 소망
• 특징
  – 청각적 심상과 시각적 심상을 사용하여 시적 상황을 전달함
  – 대조적인 의미의 시어를 통해 화자의 처지 및 주제를 효과적으로 드러냄
  – 2, 3연을 의문형으로 마무리하면서 화자의 소망을 제시하고 시적 여운을 줌

11 정답 ②

📖 핵심체크

2연과 3연은 행수가 같아 통일성을 이루지만, 1연은 2행으로 구성되어 있어서 세 개의 연의 행수가 같다고 할 수 없다.

🔍 오답체크

① '귀뚜라미'를 의인화하여 독자들에게 친근감을 드러내고 있다.
③ 2연과 3연에서 '~ㄹ 수 있을까.'라는 유사한 문장 구조를 반복하여 운율을 형성하고 있다.
④ 2연과 3연에서 '있을까.'라는 의문형 종결 어미를 사용하여 누군가에게 감동을 주는 노래를 부르고 싶은 시적 화자의 소망과 의지를 강조하고 있다.

12 정답 ②

📖 핵심체크

시적 화자, 즉 귀뚜라미는 고된 현실 속에서도 자신의 울음이 노래가 되는 날을 꿈꾸며 소리를 낸다. 이는 살아남고자 하는 강한 생명력과 의지를 나타낸다.

13 정답 ②

📖 핵심체크

'타전 소리'는 사전적 의미로는 '전보나 무전을 치는 소리'로, 지하도 콘크리트 벽 좁은 틈에서 귀뚜라미가 자신이 살아있음을 알리기 위해 내는 작은 소리이다. 반면에 나뭇가지를 흔드는 힘찬 소리는 '매미 소리'에 해당한다.

> #### ✅ FINAL CHECK 작품 해설
>
> 이오덕, 「꿩」
> • 갈래: 단편 소설, 성장 소설
> • 성격: 교훈적, 성장 소설적
> • 제재: 꿩
> • 주제: 편견에 당당히 맞서는 용기의 중요성
> • 특징: 상징적 소재를 사용하여 주인공의 심리 변화를 나타냄

14 정답 ④

📖 핵심체크

제시된 글은 전지적 작가 시점을 바탕으로 서술된 것으로, 서술자가 인물의 행동과 태도, 내면세계까지 분석하고 설명하며 이야기를 이끌어가는 방식이다.

🔍 오답체크

① 2, 3학년 아이들은 책보를 드는 용이를 보며 수군거릴 뿐, 편을 들어주지 않았다.
② 용이는 책보를 던진 후 웃으며 시원함과 후련함을 느꼈다.
③ 산골에서 생명력 있게 날아오르는 꿩의 모습을 본 용이는 자신감과 용기를 얻어 내적 갈등이 완화되었다.

15 정답 ④

📖 핵심체크

'커다란 뭉텅이', '목숨이 부르짖는 소리'는 모두 '꿩'을 묘사하는 말이다.

16 정답 ②

📖 핵심체크

ⓐ는 용이가 날아오르는 꿩의 모습을 보고 자신도 날아오를 수 있을 것 같은 느낌이 들 정도로 자신감과 용기가 솟음을 직유법을 사용하여 비유적으로 나타낸 말이다.

> #### ✅ FINAL CHECK 작품 해설
>
> 허균, 「홍길동전」
> • 갈래: 고전 소설, 한글 소설, 영웅 소설
> • 성격: 사회 비판적, 의지적, 전기적
> • 제재: 홍길동의 영웅적 행각
> • 주제: 사회 모순에 대한 비판과 개혁 의지
> • 특징
>   - 적서 차별과 사회 제도의 모순을 적극적으로 비판함
>   - 영웅 일대기적 구성과 전기적 요소 등 고전 소설의 특징이 드러남

17 정답 ③

📋 핵심체크

제시된 글은 고전 소설이다. 고전 소설은 평면적·전형적 인물, 우연적·비현실적 사건, 시간 순서에 따른 구성, 비현실적·유교적 내용, 권선징악의 주제, 전지적 작가 시점, 대체로 행복한 결말 등의 특징이 있다.

18 정답 ①

📋 핵심체크

상공의 사랑을 잃지 않으려고 하는 인물은 '곡산댁'이다. '곡산댁'은 상공의 사랑을 얻기 위해 '길동'과 '길동 어미'를 원수같이 여겼다.

🔍 오답체크

②·③·④ '길동'은 자신을 천대하는 사회 제도에 불만을 가지고 저항하고자 집을 떠나기로 결정하였다. 또한, '곡산댁'의 질투로 화를 입지 않기 위해서, 그리고 '길산'을 본받아 이름을 후세에 알리고, 능력을 발휘할 수 있는 곳으로 나아가기 위해 집을 떠난 것이다.

19 정답 ①

📋 핵심체크

'길동'은 서자로 태어나 차별을 받아 입신양명하지 못한 한을 풀기 위해 '임금'에게 병조 판서 벼슬을 요구하였고, 마침내 병조 판서로부터 벼슬을 받아 평생의 한을 풀고 조선을 떠났다.

> **✅ FINAL CHECK 작품 해설**
>
> 서동준, 「우리는 왜 간지럼을 느낄까」
> - 갈래: 설명문
> - 성격: 객관적, 사실적
> - 제재: 간지럼
> - 주제: 간지럼을 타는 이유
> - 특징: 간지럼을 타게 된 이유와 인간의 진화를 연관지어 설명함

20 정답 ①

📋 핵심체크

제시된 글은 정보 전달을 목적으로 하는 설명문으로, 글의 구조와 내용 전개 방식, 설명 방법을 파악하고 예측하며 읽어야 한다. 주장에 대한 근거가 타당한지 판단하는 것은 주장하는 글인 논설문을 읽는 방법에 해당한다.

21 정답 ②

📋 핵심체크

(가)에서는 독자에게 질문을 던져 설명 대상에 대한 호기심을 유발하고 있다.

🔍 오답체크

① (가)는 글의 구성 단계에서 처음 부분에 해당한다.
③ (가)는 설명할 대상을 소개하고 있는 부분이다.
④ (가)는 오래된 수수께끼인 간지럼의 이유에 대한 의문을 제시하고 있다.

22 정답 ①

📋 핵심체크

(나)에서는 공을 던지는 구체적인 사례를 들어 설명하는 '예시'의 방법을 사용하였다. 이를 통해 사람에게 자연스러운 행위인 '예측, 행동, 피드백'의 특성을 이해하기 쉽도록 설명하였다.

🔍 오답체크

② 원인과 결과의 관계로 설명하는 방식이다. 주로 사회 현상, 과학의 원리 등을 설명하는 데 많이 사용된다.
③ 남의 말이나 글을 자신의 말이나 글 속에 끌어와서 설명하는 방법이다. 설명하고자 하는 대상에 대한 전문가의 의견, 믿을 수 있는 지식과 정보를 끌어와서 사용하기 때문에 설명하는 내용에 대한 신뢰도를 높인다.
④ 설명하고자 하는 대상의 의미를 밝히는 방법이다. 설명하는 대상이나 현상의 뜻을 분명히 밝히는 데 효과적이다.

장영희, 「괜찮아」

- 갈래: 수필
- 성격: 회상적, 체험적, 교훈적
- 제재: 어린 시절 골목길에서 있었던 일
- 주제: 다른 사람을 배려하고 격려하는 자세의 소중함
- 특징: 어린 시절의 일화를 통해 타인에 대한 배려와 이해의 소중함을 강조함

23　　　　　　　　　　　정답 ②

핵심체크

현실에 있을 법한 일을 꾸며 쓴 '허구성'이라는 특성은 소설에 대한 설명이다.

오답체크

①·③·④ 수필은 일정한 형식을 따르지 않고 인생이나 자연, 또는 일상생활에서의 느낌이나 체험을 생각나는 대로 쓴 산문 형식의 글이다.

24　　　　　　　　　　　정답 ①

핵심체크

'나'의 집은 골목 구석 쪽에 있었지만 친구들의 놀이 무대 역할을 하는 곳이었다.

오답체크

② 친구들은 놀이를 할 때 '나'를 배려하여 꼭 무언가 역할을 만들어 주었다.
③ '어머니'는 '나'가 집에서 책만 읽는 것을 싫어하셨다.
④ '괜찮아.'라는 깨엿 장수의 말을 듣고 '나'는 세상은 살 만한 곳이라고 믿기 시작하였다.

25　　　　　　　　　　　정답 ③

핵심체크

'깨엿 장수'는 몸이 불편한 '나'를 배려하여 '깨엿'을 공짜로 주면서 '괜찮다'고 격려해 주었다. 이에 대해 '나'는 세상은 살 만한 곳이라는 깨달음을 얻게 된다.

제2교시　수학　　　　　　74~77쪽

01	02	03	04	05	06	07	08	09	10
③	②	③	①	②	④	①	②	③	④
11	12	13	14	15	16	17	18	19	20
①	②	②	①	③	④	④	③	③	①

01　　　　　　　　　　　정답 ③

핵심체크

96을 소인수분해하면
$$96 = 2 \times 2 \times 2 \times 2 \times 2 \times 3 = 2^5 \times 3$$

02　　　　　　　　　　　정답 ②

핵심체크

주어진 수 중에서 음의 정수는 -3, -2, -1로 3개다.

03　　　　　　　　　　　정답 ③

핵심체크

$a + a + a + a = (a \times 4)\,\mathrm{mL}$

04　　　　　　　　　　　정답 ①

핵심체크

일차방정식 $0.2x - 0.3 = 0.6x + 1.3$의 양변에 10을 곱하면 $2x - 3 = 6x + 13$이므로
$$-3 + (-13) = 6x - 2x$$
$$4x = -16$$
$$\therefore\ x = -4$$

05　　　　　　　　　　　정답 ②

핵심체크

일주일 동안 게임한 시간이 13시간인 학생이 속한 계급은 게임 시간이 12시간 이상 16시간 미만인 계급이다.
따라서 이 계급의 계급값은
$$\frac{12 + 16}{2} = \frac{28}{2} = 14\ (\text{시간})$$

06 정답 ④

핵심체크

평행한 두 직선 l, m이 다른 한 직선 n과 만날 때 생기는 동위각의 크기는 서로 같으므로

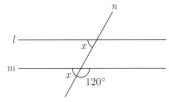

따라서 $\angle x + 120° = 180°$이므로

$\angle x = 60°$

07 정답 ①

핵심체크

삼각형의 한 외각의 크기는 이웃하지 않는 두 내각의 크기의 합과 같으므로

$\angle x = 35° + 40° = 75°$

08 정답 ②

핵심체크

분모의 소인수 중에서 2나 5 이외의 소인수가 있으면 유한소수로 나타낼 수 없다.

따라서 3을 분모의 소인수로 가지는 ② $\dfrac{2}{3}$ 는 유한소수로 나타낼 수 없다.

09 정답 ③

핵심체크

$(xy^3)^2 \div (x^2y)^3 = x^2y^6 \times \dfrac{1}{x^6y^3}$

$\qquad\qquad\qquad\qquad = \dfrac{y^3}{x^4}$

10 정답 ④

핵심체크

연립방정식 $\begin{cases} 3y = 9x & \cdots\cdots ㉠ \\ 2x + 5y = 17 & \cdots\cdots ㉡ \end{cases}$ 에서

㉠의 양변을 3으로 나누면

$y = 3x \ \cdots\cdots ㉢$

㉢을 ㉡에 대입하면

$2x + 5 \times 3x = 17$에서 $17x = 17$

$\therefore \ x = 1$

$x = 1$을 ㉢에 대입하면

$y = 1 \times 3 = 3$

11 정답 ①

핵심체크

일차함수 $y = ax + 3$의 그래프는 점 $(3, 0)$을 지나므로

$x = 3$, $y = 0$을 각각 대입하면

$0 = 3a + 3$에서 $3a = -3$

$\therefore \ a = -1$

12 정답 ②

핵심체크

한 개의 주사위를 한 번 던질 때 나올 수 있는 수는 1, 2, 3, 4, 5, 6이므로 짝수의 눈이 나오는 경우의 수는 2, 4, 6으로 3이다.

13 정답 ②

핵심체크

$\triangle ABC$와 $\triangle DEF$는 닮은 도형이므로

$3 : 6 = 5 : x$에서

$3x = 30$

$\therefore \ x = 10$

14 정답 ①

핵심체크

$3\sqrt{5} - 2\sqrt{5} = (3 - 2)\sqrt{5} = \sqrt{5}$

1일차 2일차 3일차 4일차 5일차 6일차 7일차

15 정답 ③

핵심체크

$x^2 + 2x - 8 = (x+4)(x-2)$

16 정답 ④

핵심체크

이차함수 $y = ax^2 (a \neq 0)$의 그래프에서 a의 절댓값이 클수록 그래프의 폭은 좁아진다.

따라서 $\left| -\dfrac{1}{3} \right| < \left| \dfrac{1}{2} \right| < |-3| < |4|$이므로 그래프의 폭이 가장 좁은 것은 ④ $y = 4x^2$이다.

17 정답 ④

핵심체크

3회까지 수학 점수의 총점은 $3 \times 81 = 243$(점)이고, 4회까지의 수학 점수의 평균은 83점이다.

마지막 시험의 수학 점수를 x점이라 하면

$\dfrac{243 + x}{4} = 83$이므로 $243 + x = 332$

$\therefore \ x = 89$

따라서 예담이의 마지막 시험의 수학 성적은 89점이다.

18 정답 ③

핵심체크

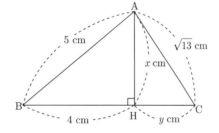

점 A에서 $\overline{BC}$에 내린 수선의 발을 H라 하면

△ABH에서 피타고라스 정리에 의해

$4^2 + x^2 = 5^2$이므로

$x = \sqrt{25 - 16} = \sqrt{9} = 3 \ (\because \ x > 0)$

△AHC에서 피타고라스 정리에 의해

$3^2 + y^2 = (\sqrt{13})^2$이므로

$y = \sqrt{13 - 9} = \sqrt{4} = 2 \ (\because \ y > 0)$

$\therefore \ \triangle ABC = \dfrac{1}{2} \times 3 \times (4+2) = 9 \ (\text{cm}^2)$

19 정답 ③

핵심체크

△AHC에서 $\tan 30° = \dfrac{\overline{AH}}{\overline{CH}} = \dfrac{\overline{AH}}{3}$이므로

$\overline{AH} = 3 \times \tan 30° = 3 \times \dfrac{1}{\sqrt{3}} = \sqrt{3} \ (\text{cm})$

△ABH에서 피타고라스 정리에 의해

$2^2 = \overline{BH}^2 + (\sqrt{3})^2$이므로

$\overline{BH} = \sqrt{4-3} = 1 \ (\text{cm}) \ (\because \ \overline{BH} > 0)$

$\therefore \ \overline{BC} = 3 + 1 = 4 \ (\text{cm})$

20 정답 ①

핵심체크

(원주각의 크기) $= \dfrac{1}{2} \times$ (중심각의 크기)이므로

$\angle x = \dfrac{1}{2} \times 80° = 40°$

제3교시 영어

78~82쪽

01	02	03	04	05	06	07	08	09	10
②	③	④	③	①	④	②	②	①	①
11	12	13	14	15	16	17	18	19	20
③	②	①	③	④	②	④	③	②	④
21	22	23	24	25
③	④	①	④	①

01
정답 ②

핵심체크

'nurse(간호사), firefighter(소방관), scientist(과학자), reporter(기자)'를 모두 포함하는 것은 'job(직업)'이다.

오답체크

① 몸
③ 스포츠
④ 장소

해석 CHECK

간호사, 소방관, 과학자, 기자

02
정답 ③

핵심체크

'kind(친절한) – friendly(우호적인)'는 유의 관계이고, 나머지는 반의 관계이므로 의미 관계가 다르다.

오답체크

① 얇은 – 두꺼운
② 빠른 – 느린
④ 젖은 – 마른

03
정답 ④

단어체크

• expensive: 비싼

핵심체크

'are'는 '~이다'라는 뜻이며, 주어가 복수일 때 사용되므로 빈칸에는 'These'가 들어가는 것이 가장 적절하다.

해석 CHECK

이것들은 매우 비싸다.

04
정답 ③

단어체크

• about: 약, ~쯤

핵심체크

대화에서 B의 응답이 물건의 무게와 관련이 있으므로 무게를 묻는 표현인 'How heavy is ~(~는 얼마나 무겁니)?'가 쓰여야 한다.

오답체크

① 먼
② 큰
④ 자주

해석 CHECK

A: 네가 잡은 물고기는 얼마나 무겁니?
B: 약 3킬로그램 정도야.

05
정답 ①

단어체크

• matter: 문제

핵심체크

'What's the matter with you(너 무슨 일 있니)?'는 상대방의 표정이 좋지 않거나 아파보일 때 쓰는 표현이므로 빈칸에는 'sick(아픈)'가 들어가는 것이 가장 적절하다.

오답체크

② 행복한
③ 똑똑한
④ 신나는

해석 CHECK

A: 너 무슨 일 있니?
B: 나는 아파. 감기에 걸렸어.

06

📖 단어체크

• bean: 콩

📑 핵심체크

대화에서 B가 'I like beans(나는 콩을 좋아해).'라고 대답하였으므로 이에 대한 질문은 'What kind of vegetables do you like(너는 어떤 종류의 채소를 좋아하니)'가 가장 적절하다.

🔍 오답체크

① 너는 얼마나 자주 콩을 먹니
② 너는 콩을 어디에서 샀니
③ 콩 좀 더 먹을래

┌─ **해석 CHECK** ────────────────
│ A: 너는 어떤 종류의 채소를 좋아하니?
│ B: 나는 콩을 좋아해.
└──────────────────────────────

07

📖 단어체크

• wallet: 지갑
• leather: 가죽

📑 핵심체크

첫 번째 빈칸에는 '~로 만들어진'이라는 표현인 'be made of'가 쓰여야 한다. 두 번째 빈칸에는 '만들다'의 과거형이 쓰여야 한다. 이러한 두 조건을 모두 만족하는 말은 'made'이다.

🔍 오답체크

① 가져오다 (take의 과거형)
③ 사다 (buy의 과거형)
④ 요리하다 (cook의 과거형)

┌─ **해석 CHECK** ────────────────
│ A: 나는 아빠를 위해서 이 지갑을 샀어.
│ B: 오, 좋아 보인다. 그거 가죽으로 만들어진 거니?
│ A: 응, 맞아. 너는 아빠 생신 선물로 무엇을 드릴거야?
│ B: 나는 생일 케이크를 만들었어.
└──────────────────────────────

08

📖 단어체크

• field trip: 현장 체험
• October: 10월
• farm: 농장
• bring: 가져가다
• pick apples: 사과를 따다
• feed: 먹이를 주다

📑 핵심체크

제시된 안내문에서 '체험 학습 장소(October 17th)', '체험 학습 준비물(water, some snack)', '체험 학습 활동 내용(pick apples and feed the animals)'은 언급되어 있지만, 체험 학습의 대상은 언급되어 있지 않다.

┌─ **해석 CHECK** ────────────────
│   현장 체험 학습
│
│ 언제: 10월 17일
│ 어디서: Joe의 농장
│ 가져갈 것: 물, 약간의 과자
│ 우리는 사과를 따고 동물들에게 먹이를 줄 거예요.
└──────────────────────────────

09

📑 핵심체크

제시된 그림에서 소년은 사진을 찍고 있다. '사진 찍다'는 'take a picture'인데 현재형 'is'가 있으므로 빈칸에는 'taking'이 들어가는 것이 가장 적절하다.

🔍 오답체크

② 가져오는
③ 만드는
④ 그리는

┌─ **해석 CHECK** ────────────────
│   소년은 사진을 찍고 있다.
└──────────────────────────────

10

정답 ①

핵심체크

대화에서 B가 자전거를 타고 싶다고 말하자 A는 자전거가 고장나서 축구를 하는 게 어떠냐고 물었다. 이에 B가 'Sounds good(좋아).'이라고 답하고 있으므로 두 사람이 방과 후에 할 일로 가장 적절한 것은 '축구하기'이다.

> **해석 CHECK**
>
> A: 방과 후에 공원에 가자.
> B: 좋아. 나는 거기서 자전거 타고 싶어
> A: 내 자전거는 고장 났어. 축구를 하는 게 어때?
> B: 좋아.

11

정답 ③

핵심체크

제시된 계획표에서 월요일(Monday)에 해야 할 일은 'Practicing the violin(바이올린 연습하기)'이다.

> **해석 CHECK**
>
> | 월요일 | 화요일 | 수요일 | 목요일 | 금요일 |
> |--------|--------|--------|--------|--------|
> | 바이올린 연습하기 | 개 산책 시키기 | 친구들과 놀기 | 내 방 청소하기 | 할머니 방문하기 |

12

정답 ②

단어체크

• horse: 말

핵심체크

세 동물 중에 말이 가장 크다는 것을 최상급을 써서 나타내고 있으므로 빈칸에는 'biggest(가장 큰)'가 들어가는 것이 가장 적절하다.

오답체크

① 가장 짧은
③ 가장 작은
④ 가장 싼

> **해석 CHECK**
>
> 말은 셋 중에 <u>가장 큰</u> 동물이다.

13

정답 ①

단어체크

• future: 미래
• singer: 가수
• practice: 연습하다

핵심체크

대화에서 A는 B에게 미래에 무엇이 되고 싶은지 물었다. 이에 대해 B는 가수가 되고 싶다고 말하고 있으므로 대화의 주제로 가장 적절한 것은 '장래 희망'이다.

> **해석 CHECK**
>
> A: Chris, 너는 미래에 뭐가 되고 싶니?
> B: 나는 가수가 되고 싶어.
> A: 나는 네가 좋은 가수가 될 거라고 생각해.
> B: 고마워. 나는 매일 노래를 연습하고 있어.

14

정답 ③

단어체크

• tired: 피곤한
• take a nap: 낮잠을 자다
• do the dishes: 설거지하다

핵심체크

대화에서 밑줄 친 문장 'how about~'이라는 표현은 '~하는게 어때?'라는 뜻으로, 상대방에게 무언가를 제안할 때 사용한다. 따라서 밑줄 친 말의 의도로 가장 적절한 것은 '제안하기'이다.

> **해석 CHECK**
>
> A: Jessie, 너 오늘 피곤해 보여.
> B: 나 어젯밤에 잠을 잘 못 잤어.
> A: <u>낮잠을 자는 게 어때?</u> 내가 설거지를 할게.
> B: 고마워.

15　　　　　　　　　　　　정답 ④

📖 단어체크

- late: 늦다
- work: (생계벌이를 위한) 일, 직장, 직업
- break down: 고장 나다

📋 핵심체크

대화에서 B가 'My car broke down again(내 차가 또 고장 났어).'이라고 말하였으므로 B가 직장에 늦은 이유로 가장 적절한 것은 '자동차가 고장 나서'이다.

> **해석 CHECK**
>
> A: Brian, 너 오늘 아침에 왜 직장에 늦은 거야?
> B: 내 차가 또 고장 났어. 나는 자전거로 거기에 가야 했거든.

16　　　　　　　　　　　　정답 ②

📖 단어체크

- arrive: 도착하다
- stay: 머무르다
- station: 역

📋 핵심체크

제시된 안내 방송에서 'train(기차)'와 'station(역)'과 같은 단어를 사용하였으므로 방송을 들을 수 있는 장소로 가장 적절한 것은 '기차역'이다.

> **해석 CHECK**
>
> 안내 말씀 드리겠습니다. 부산행 열차가 지금 도착하고 있습니다. 열차는 저희 역에 10분간 머무를 예정입니다. 감사합니다.

17　　　　　　　　　　　　정답 ④

📖 단어체크

- pencil case: 필통
- check: 확인하다
- brown: 갈색
- mine: 나의 것

📋 핵심체크

주어진 문장인 'Where is my pencil case(내 필통이 어디에 있지)?' 다음에는 (C) 'It's on the sofa(소파 위에 있어).'라고 응답하는 것이 자연스럽다. 그 후 (B)에서 'That's not mine(그것은 내 것이 아니야).'이라고 한 뒤 (A)에서 'Then check your backpack again(가방을 다시 확인해 봐).'이라고 하는 것이 옳다. 따라서 주어진 말 다음에 이어질 대화의 순서로 가장 적절한 것은 '(C) – (B) – (A)'이다.

> **해석 CHECK**
>
> 내 필통이 어디에 있지?
> (C) 소파 위에 있어.
> (B) 그건 내 것이 아니야. 내 것은 갈색이야.
> (A) 그럼 네 가방을 다시 확인해 봐.

18　　　　　　　　　　　　정답 ③

📖 단어체크

- season: 계절
- begin: 시작하다
- November: 11월
- February: 2월
- March: 3월
- June: 6월

📋 핵심체크

제시된 글의 첫 문장에서 'There are four seasons in Australia(호주에는 사계절이 있다).'라고 한 다음에 각 계절이 시작되는 시기와 날씨에 대한 설명이 나온다. 따라서 글의 주제로 가장 적절한 것은 '호주의 사계절'이다.

> **해석 CHECK**
>
> 호주에는 사계절이 있다. 봄은 11월에 시작한다. 봄에는 날씨가 따뜻하다. 여름은 2월에 시작하고, 가을은 3월에 시작한다. 겨울은 6월에 시작한다. 여기에서는 겨울에 날씨가 춥지 않다.

19 　　　　　　　　　　 정답 ②

📖 단어체크

• raise: ~을 들다
• quiet: 조용한

📄 핵심체크

주어진 교실 규칙에 '친구를 도와주기'는 언급되지 않았다.
네 번째 규칙인 'Be a good friend.'는 '좋은 친구가 되세
요.'라는 뜻이다.

> **해석 CHECK**
>
> ### 교실 규칙
>
> ○ 질문하세요.
> ○ 말하려면 손을 드세요.
> ○ 선생님이 말할 때는 조용히 하세요.
> ○ 좋은 친구가 되세요.

20 　　　　　　　　　　 정답 ④

📖 단어체크

• raise: (아이, 어린 동물을) 키우다, 기르다
• pet: 애완동물
• grass: 풀
• hop: 깡충깡충 뛰다

📄 핵심체크

풀을 먹고 다리가 넷이며 짧은 꼬리와 긴 귀를 가진 동물은
'rabbit(토끼)'이다. 토끼가 깡충깡충 뛴다는 표현인 'hop'
를 통해서도 it이 가리키는 대상을 유추할 수 있다.

🔍 오답체크

① 개
② 염소
③ 거북

> **해석 CHECK**
>
> 그것은 동물이다. 어떤 사람들은 이것을 애완동물로 기
> 른다. 그것은 풀을 먹는다. 그것은 네 개의 다리와 짧은
> 꼬리를 가지고 있다. 그것은 긴 귀를 가지고 있다. 때때
> 로 그것은 매우 빠르게 깡충깡충 뛴다.

21 　　　　　　　　　　 정답 ③

📖 단어체크

• goal: 목표
• homework: 숙제

📄 핵심체크

대화에서 A는 B에게 새해의 목표가 무엇인지에 대해 묻고
있다. 이에 대해 B가 자신의 목표를 말한 후 A에게 'What
about you(너는 어때)?'라고 되물었으므로 빈칸에는 'I'll
learn to swim(나는 수영을 배울 거야)'이 들어가는 것이
가장 적절하다.

🔍 오답체크

① 나는 신이 나
② 그것은 재미있어
④ 나는 숙제를 했어

> **해석 CHECK**
>
> A: 올해 네 목표는 뭐니?
> B: 나는 TV 보기 전에 숙제를 할 거야. 너는 어때?
> A: 나는 수영을 배울 거야.

22 　　　　　　　　　　 정답 ④

📖 단어체크

• problem: 문제
• sometimes: 가끔
• return: 돌려주다

📄 핵심체크

제시된 글에서 친구가 펜을 사용하고 가끔 돌려주지 않는
다고 한 후에 마지막 문장에서 'What should I do(제가 어
떻게 해야 할까요)?'라고 묻고 있으므로 글을 쓴 목적으로
가장 적절한 것은 '고민 상담'이다.

> **해석 CHECK**
>
> 친애하는 Emily에게,
> 저는 문제가 있어요. 제 친구 중 한 명이 항상 제 펜을
> 사용해요. 가끔 그녀는 펜을 집으로 가져가서 절대 돌려
> 주지 않아요. 제가 어떻게 해야 할까요?

23

📖 단어체크

• important: 중요한

• everywhere: 모든 곳에, 어디나

• without ~: ~없이

• breathe: 숨 쉬다, 호흡하다

📋 핵심체크

제시된 글에서 공기는 모든 곳에 있으며 살아있는 모든 것들은 숨을 쉬기 위해 공기가 필요하다고 말하고 있으므로 글의 주제로 가장 적절한 것은 '공기의 중요성'이다.

> ── 해석 CHECK ──
>
> 공기는 생명에 매우 중요하다. 우리는 그것을 볼 수 없지만, 그것은 모든 곳에 있다. 우리는 공기 없이는 살 수 없다. 살아있는 모든 것들은 숨쉬기 위해 공기가 필요하다. 우리는 공기를 깨끗이 하기 위해 노력해야 한다.

24

📖 단어체크

• habit: 습관

• healthy: 건강한

• do exercise: 운동을 하다

• regularly: 정기적으로, 규칙적으로

• example: 예시

• way: 방법

📋 핵심체크

제시된 글의 마지막 문장에서 건강한 삶을 만들기 위해 할 수 있는 방법이 몇 가지 더 있다고 하였으므로 바로 뒤에 이어질 내용으로 가장 적절한 것은 '건강을 위해 할 수 있는 활동'이다.

> ── 해석 CHECK ──
>
> 건강한 삶을 만들기 위한 많은 좋은 습관들이 있다. 일찍 일어나는 것과 규칙적으로 운동하는 것은 좋은 예시들이다. 여기 건강한 삶을 만들기 위해 여러분이 할 수 있는 다른 방법들이 몇 가지 더 있다.

25

📖 단어체크

• busy: 바쁜

• go shopping: 쇼핑하러 가다

• cousin: 사촌

📋 핵심체크

제시된 글의 네 번째 문장에서 'he walked his dog(그는 개를 산책시켰다)'라고 하였으므로 어제 Brian이 한 일로 가장 적절한 것은 '개 산책시키기'이다.

> ── 해석 CHECK ──
>
> Brian은 어제 바빴다. 그는 엄마와 함께 쇼핑을 갔다. 그는 또한 엄마가 쿠키 만드는 것을 도왔다. 저녁에, 그는 사촌과 함께 개를 산책시켰다. 그는 심지어 집에 돌아와서 개를 씻기기까지 하였다.

제4교시 사회

83~87쪽

01	02	03	04	05	06	07	08	09	10
①	④	①	④	①	②	④	④	②	③
11	12	13	14	15	16	17	18	19	20
④	②	③	②	②	④	②	③	①	①
21	22	23	24	25					
②	③	③	①	③					

01

정답 ①

핵심체크

지도는 사용 목적에 따라 일반도와 주제도로 구분된다. 일반도는 다양한 목적을 위해 지형, 건물, 도로 등 지표면의 일반적인 사항을 표현한 지도로, 지형도, 우리나라 전도, 세계 전도 등이 이에 속한다. 주제도는 특정한 목적에 따라 필요한 내용을 상세하게 나타낸 지도로, 기후도, 통계 지도, 인구 분포도, 지하철 노선도 등이 있다.

02

정답 ④

핵심체크

열대 기후 지역은 태양 에너지를 많이 받는 적도 주변에 분포되어 있으며, 다양한 종류의 나무들이 빽빽한 열대 우림을 형성하고 있다.

오답체크

ㄴ. 기온이 온화하고 강수량이 풍부한 것은 온대 기후 지역의 특징이다.

ㄷ. 연 강수량이 500mm 미만이며, 기온의 일교차가 큰 것은 건조 기후 지역의 특징이다.

03

정답 ①

핵심체크

가뭄은 기후적 요인의 자연재해로, 하천과 지하수 고갈, 농업 생산력 저하, 식수·산업용수 부족, 산불 발생 위험 증가 등의 문제를 발생시킨다.

오답체크

② 지구 내부의 힘이 지표면에 전달되면서 땅이 흔들리거나 갈라지는 현상이다.

③ 짧은 시간에 많은 강수량이 집중되어 빗물이 토양에 흡수되지 못해 넘칠 때 발생하는 현상이다.

④ 산을 이루는 암석, 토양이 붕괴하는 현상으로, 발생 시 각종 시설물이 붕괴되면서 많은 인명과 재산 피해를 입게 된다.

04

정답 ④

핵심체크

카르스트 지형은 석회암 지역이 빗물이나 지하수의 침식을 받아 이루어진 특수한 지형이다.

오답체크

① 화산 활동으로 형성된 지형으로, 지구 내부의 힘에 의해 형성된 지형이다.

② 빙하의 침식·운반·퇴적 작용으로 형성된 지형으로, 주로 고위도 지역에 분포한 지형이다.

③ 바람의 침식·운반·퇴적 작용으로 형성된 버섯바위, 삼릉석, 오아시스, 사구 등이 속한 지형이다.

05

정답 ①

핵심체크

국가에 대해 일정한 청구를 할 수 있는 권리는 청구권이다. 자유권은 국가 권력의 간섭을 받지 않고 자유롭게 생활할 수 있는 권리이다.

오답체크

② 국가에 대해 인간다운 생활의 보장을 요구할 수 있는 권리로, 교육권, 환경권, 근로의 권리 등이 있다.

③ 모든 영역에서 부당한 차별을 받지 않고 동등하게 대우 받을 권리로, 성별, 종교, 직업 등에 의해 차별 받지 않을 권리 등이 있다.

④ 국가 기관의 형성과 국가의 정치적 의사 형성 과정에 참여할 수 있는 권리로, 공무원 선거권, 공무 담임권, 국민 투표권 등이 있다.

06 정답 ②

핵심체크

칼데라는 화산 폭발로 형성되는 지형으로, 백두산의 정상에는 칼데라 호인 천지가 있다. 백두산은 해발 고도 2,750m로 한반도에서 가장 높은 산이며, 활화산이다.

오답체크

① 빙하의 침식으로 약한 부분은 깎여 단단한 부분만 뾰족하게 남은 봉우리를 말한다.
③ 용암이 흘러 굳으면서 형성된 동굴을 말한다.
④ 용암이 식으면서 만들어 놓은 육각기둥 모양의 지형을 말한다.

07 정답 ④

핵심체크

우리나라의 산지는 설악산을 비롯하여 북한산 등 대부분의 산들이 화강암으로 이루어진 돌산이다. 이에 따라 기암괴석이 발달하였다.
흙산은 주로 편마암이 오랜 세월 풍화를 받아 토양이 두껍게 쌓여 만들어진 산을 말한다. 우리나라의 지리산, 오대산 등이 여기에 속한다.

08 정답 ④

핵심체크

배타적 경제 수역(EEZ)은 기선에서 200해리까지의 수역 중에서 영해를 제외한 수역으로, 바다에 대한 경제적인 주권이 미치는 곳이다. 수역 내 수산 자원, 광물 자원, 에너지 자원 등의 소유, 탐사, 개발, 보존 등의 권리를 가진다.

오답체크

① 국가의 주권이 미치는 하늘의 범위로, 영토와 영공의 상공인 대기권까지 인정한다.
② 한반도와 그 부속 도서(북한 포함)로, 영해와 영공을 설정하는 기준이 된다.
③ 영토와 인접한 바다로, 통상 기선과 직선 기선을 기준으로 12해리까지의 수역이다.

09 정답 ②

핵심체크

정당은 정치적인 생각과 주장이 같은 사람들이 정치적 이상을 실현하기 위해 조직된 정치 주체이다. 선거에 후보자를 추천하고, 투표 등을 통한 국민의 심판으로 정치적 책임을 진다.

10 정답 ③

핵심체크

문화는 고정불변하지 않고 시간의 흐름에 따라 지속적으로 변화하는 변동성의 특징을 가지고 있다.

오답체크

① 문화는 수많은 부분으로 이루어져 있으며, 이들은 서로 연관되어 있다는 속성이다.
② 문화는 한 세대에서 다음 세대로 전해져 내려가며 축적된다는 속성이다. 이는 새로운 문화 창조의 원동력이 된다.
④ 문화는 자신이 속한 사회에서 성장하면서 후천적으로 배우고 익힌다는 속성이다.

11 정답 ④

핵심체크

A씨와 A씨의 윗집 주인 사이에 일어난 갈등은 개인과 개인 사이의 일이므로 민사 재판으로 해결해야 한다. 민사 재판은 개인과 개인 사이에서 일어난 권리와 의무에 대한 분쟁을 해결하는 재판이다.

오답체크

① 국민과 행정 기관 사이에서 행정 기관의 부당한 권리 침해 등의 문제에 대한 재판이다.
② 검사와 피의자 사이에서 범죄의 유무와 형벌을 결정하기 위한 재판이다.
③ 가족 및 친족 사이에서 혼인, 이혼, 상속, 유언 등 가사 사건에 관한 분쟁을 다루는 재판이다.

12　　　　　　　　　　　　　　정답 ②

핵심체크

입법부인 국회는 선거를 통해 국민이 직접 선출한 의원들로 구성된 국민의 대표 기관으로, 4년마다 실시하는 국회의원 선거를 통해 지역구 국회의원과 비례 대표 국회의원을 선출하여 구성한다. 국회의 주요 권한은 법률의 제정과 개정, 국정 조사와 국정 감사, 헌법 개정안 의결, 예산안 심의 및 의결, 탄핵 소추권 행사 등이 있다.

오답체크

① 재판을 통해 사법을 담당하는 국가 기관이다.
③ 세입·세출 결산 검사, 행정기관의 사무와 공무원의 직무를 감찰하는 기관으로, 독립적인 헌법 기관이다.
④ 법률에 따라 정책을 만들고 집행하는 등 국가의 활동을 집행하는 국가 기관이다.

13　　　　　　　　　　　　　　정답 ③

핵심체크

인권은 인간이라면 누구나 태어나면서 하늘로부터 부여받는 권리로, 자연권, 천부 인권이라고도 한다.

오답체크

① 인권은 다른 사람과 주고받을 수 있는 물건이 아니다.
② 인권은 성인뿐만 아니라 모든 인간이 가진 권리이다.
④ 인권은 법으로 보장하기 이전에 주어진 권리이다.

14　　　　　　　　　　　　　　정답 ②

핵심체크

조력 발전은 밀물과 썰물의 수압 차를 이용하여 전기를 생산하는 방식으로, 고갈될 염려가 없는 무한정 에너지이다. 발전량을 예측할 수 있으며, 풍력·수력 발전 방식과는 다르게 기후나 계절의 영향을 거의 받지 않는다는 장점이 있다. 다만, 조석 간만의 차가 큰 지역이어야 유리하기 때문에 입지 조건이 까다롭다.

15　　　　　　　　　　　　　　정답 ②

핵심체크

국내 총생산(GDP)은 1년 동안 한 나라 안에서 자국인과 외국인이 생산한 최종 생산물의 시장 가치의 총합으로, 한 나라의 경제 규모와 생산 능력을 가늠할 수 있는 지표이다. 따라서 구성원의 국적과 관계없이 우리나라 안에서 생산된 것의 가치는 우리나라의 국내 총생산에 포함된다.

16　　　　　　　　　　　　　　정답 ④

핵심체크

자원의 희소성은 인간의 요구는 무한하나, 이를 충족시킬 수 있는 자원은 한정되어 있는 것을 의미한다. 이는 자원의 절대적인 양에 의해서만 결정되는 것이 아니라 인간의 욕구 정도에 따라 달라지며, 자원의 희소성으로 인해 개인과 사회는 많은 선택의 문제에 직면하게 된다.

오답체크

① 옷, 집, 음식과 같이 구체적인 형태가 있는 물건을 말한다.
② 의사의 진료, 선생님의 수업, 가수의 공연, 영화 상영과 같이 인간의 욕구를 충족해 주는 행위를 말한다.
③ 하나를 선택함으로써 포기해야만 하는 다른 것의 가치 중 최상의 가치를 말한다.

17　　　　　　　　　　　　　　정답 ②

핵심체크

주먹도끼와 슴베찌르개는 구석기 시대의 대표적인 유물이다.

오답체크

① 철기 시대의 유물로는 철기 농기구와 철제 무기, 세형 동검, 잔무늬 거울 등이 있다.
③ 신석기 시대의 유물로는 빗살무늬 토기, 가락바퀴, 뼈바늘 등이 있다.
④ 청동기 시대의 유물로는 반달 돌칼, 민무늬 토기, 고인돌, 비파형 동검, 거친무늬 거울 등이 있다.

18

📑 **핵심체크**

고려 말 왜구를 격퇴하면서 최영, 최무선, 이성계 등은 신흥 무인 세력이라는 새로운 권력층으로 성장하였다. 그중 이성계는 급진 개혁파 정도전과 연합하여 위화도 회군을 단행하고, 온건 개혁파를 제거하면서 조선 건국을 주도하였다.

🔍 **오답체크**

①·②·④ 무신 정권의 군사적 기반이었던 삼별초는 개경 환도에 반대하여 대몽 항쟁을 전개하였다. 강화도에서 진도로 근거지를 옮기며 항쟁하다가 진도가 함락되자, 그 일부는 다시 제주도로 근거지를 옮겨 항쟁을 계속하였으나, 고려와 몽골 연합군에 의해 진압되었다.

19

정답 ①

📑 **핵심체크**

신진 사대부는 고려 말에 등장한 새로운 정치 세력으로, 과거를 통해 중앙 정계로 진출하였다. 또한, 성리학을 바탕으로 권문세족의 불법성과 부패한 불교를 비판하였다.

🔍 **오답체크**

ㄷ. 기철은 권문세족의 대표적 인물이며, 신진 사대부의 대표적 인물은 정몽주, 이색, 정도전 등이 있다.

ㄹ. 친원 세력인 권문세족에 대한 설명이다.

20

정답 ①

📑 **핵심체크**

법흥왕은 율령을 반포하여 백관(百官)의 공복(公服)을 정하고, 불교를 수용하여 국가 체제의 확립에 힘을 기울였다.

🔍 **오답체크**

② 김 씨 왕위 세습을 이뤄냈으며, 왕호를 '마립간'으로 변경한 왕이다.

③ 지방 통치 조직을 정비하고, 순장을 금지시켰으며, 우경을 보급하는 등의 정책을 펼친 왕이다.

④ 백제 성왕과의 관산성 전투에서 승리하여 한강 유역을 점령하면서 신라의 전성기를 이끈 왕이다.

21

정답 ②

📑 **핵심체크**

박제가는 청에 다녀온 후 『북학의』를 저술하여 청의 문물을 적극적으로 수용할 것과 소비를 통한 생산 증대를 주장하였다.

🔍 **오답체크**

① 토지의 공동 소유·공동 경작과 생산물의 공동 분배를 주장하였으며, 『목민심서』를 저술한 인물이다.

③ 실학의 선구자이자 『지봉유설』을 저술한 인물이다.

④ 농민들에게 일정한 면적의 토지 분배를 주장하고, 『반계수록』을 저술한 인물이다.

22

정답 ③

📑 **핵심체크**

후금이 국호를 청으로 고치고 조선에 군신 관계를 요구하자 조선은 이를 거부하였다. 이에 청 태종이 10만 대군을 거느리고 조선을 침략하여 병자호란이 발생하였다. 인조는 강화도로 보낸 왕족과 신하들이 인질로 잡히자 삼전도에서 항복하였고, 소현 세자와 봉림 대군 등이 볼모로 청에 끌려갔다.

🔍 **오답체크**

① 1592년 일본을 통일한 도요토미 히데요시가 국내 세력의 관심을 돌리기 위해 대륙 진출 및 조선 침략을 추진하여 발생한 전쟁이다.

② 1866년 병인박해를 빌미로 프랑스의 군함이 강화도를 침략한 사건이다.

④ 1882년 신식 군대에 대한 차별 대우에 불만을 품은 구식 군인이 일으킨 난이다.

23

정답 ③

📑 **핵심체크**

강화도 조약은 1876년 조선과 일본 사이에 체결된 통상 조약이다. 이는 우리나라가 외국과 맺은 최초의 근대적 조약이자 해안 측량권, 치외 법권 등을 허용한 불평등 조약이다.

오답체크

① 미국이 제너럴 셔먼호 사건을 구실로 조선에 개항을 요구하며 강화도에 침입한 사건이다. 어재연을 중심으로 한 군대가 광성보에서 이들을 격퇴하였으며, 이후 흥선 대원군은 전국에 척화비를 세워 통상 수교 거부 의지를 확고히 하였다.

② 김옥균, 박영효 등을 중심으로 한 급진 개화파 세력이 우정총국 개국 축하연 자리를 이용하여 일으킨 정변이다.

④ 고부 군수 조병갑의 횡포에 반발한 농민들이 동학 교도인 전봉준을 중심으로 일으킨 반봉건·반외세 운동이다.

24   정답 ①

핵심체크

김구가 결성한 단체는 한인 애국단으로, 1931년 중국 상하이에서 설립된 항일 독립 운동 단체이다. 독립 협회는 독립신문을 창간한 서재필이 개화파 지식인들과 조직하였다.

오답체크

②·③·④ 독립 협회는 언론·집회·결사의 자유 등을 요구하는 자유 민권 운동을 전개하였다. 이의 일환으로 청의 사신을 맞던 영은문을 헐고 그 자리에 독립문을 세웠으며, 만민 공동회를 열어 열강의 이권 침탈을 비판하였다.

25   정답 ③

핵심체크

광주 5·18 민주화 운동은 신군부의 비상 계엄 확대를 반대하며 일어났다. 신군부가 공수 부대를 동원하여 시위대를 무력으로 진압하자, 학생과 시민들이 시민군을 결성하여 대항하면서 격화되었다.

오답체크

① 이승만과 자유당이 벌인 3·15 부정 선거에 학생과 시민 등 여러 계층이 참여하여 독재 정권을 물리친 우리나라 최초의 민주주의 혁명이다.

② 1987년 박종철 고문치사 사건과 4·13 호헌 조치가 원인이 되어 발생한 민주화 운동이다. 시민들은 호헌 철폐와 독재 타도 등의 구호를 내세워 민주적인 헌법 개정을 요구하였고, 정부는 5년 단임의 대통령 직선제를 골자로 하는 6·29 민주화 선언을 발표하였다.

④ 1929년 광주에서 한·일 학생 간의 충돌을 계기로 일어난 항일 운동이다. 민족 차별과 식민지 교육에 저항하여 전개되었으며, 3·1 운동 이후 가장 큰 규모였다.

01	02	03	04	05	06	07	08	09	10
②	③	④	②	③	④	①	②	①	④

11	12	13	14	15	16	17	18	19	20
①	①	②	③	③	④	②	②	①	②

21	22	23	24	25
①	③	①	③	①

01 정답 ②

📋 **핵심체크**

일정한 속력으로 운동하는 물체는 시간에 따라 이동 거리가 일정하게 증가한다.

02 정답 ③

📋 **핵심체크**

열의 이동 방법 중 액체나 기체 상태의 분자들이 직접 순환하여 열을 전달하는 것은 대류이다. 물을 끓일 때 따뜻한 물이 위로 올라가고 차가운 물이 아래로 내려오면서 순환하는 것, 난로를 방 아래쪽에 두면 따뜻한 공기가 순환하여 방 전체가 따뜻해지는 것 등이 대류의 예이다.

🔍 **오답체크**

① 주로 고체에서 일어나며, 분자들의 충돌에 의해 열이 전달되는 열의 이동 방법이다. 차가운 겨울에 자전거의 금속 부분을 만지면 플라스틱 부분보다 더욱 차게 느껴지는 것은 전도의 예이다.

② 높은 온도의 물체에서 낮은 온도의 물체로 열이 빛의 형태로 이동하는 열의 이동 방법이다. 햇빛이 강할 때 양산을 쓰면 시원해지는 것이 복사의 예이다.

④ 온도가 상이한 두 물체를 접촉시키면 온도가 높은 물체에서 낮은 물체로 열이 이동하는데, 이후 어느 정도의 시간이 지나 두 물체의 온도가 같아지고, 더 이상의 온도 변화가 없는 상태를 말한다.

03 정답 ④

📋 **핵심체크**

빛의 성질 중 빛이 공기에서 렌즈나 물을 지날 때 두 물질의 경계면에서 진행 방향이 꺾이는 현상을 빛의 굴절이라고 한다. 물속의 동전이 위로 떠올라 보이는 것, 물속에 잠긴 빨대가 위로 꺾여 보이는 것, 물속에 잠긴 다리가 굵고 짧게 보이는 것 등이 빛의 굴절에 의한 현상이다.

🔍 **오답체크**

① 빛의 진행 방향이 꺾이지 않고 곧게 나아가는 성질이다.

② 두 가지 색 이상의 빛이 합쳐져서 또 다른 색의 빛으로 보이는 현상이다.

③ 직진하던 빛이 물체에 부딪혀 진행 방향을 바꾸어 되돌아 나오는 현상이다.

04 정답 ②

📋 **핵심체크**

위치 에너지는 높은 곳에 있는 물체가 가지는 에너지를 말하며, 물체의 높이와 질량에 각각 비례한다.

05 정답 ③

📋 **핵심체크**

ⓒ이 (+)전하를 띨 때, ㉠과 ⓒ은 서로 잡아당기는 인력이 작용하므로 ㉠은 (−)전하이다. 또한, ㉢은 ⓒ과 서로 밀어내는 척력이 작용하므로 (+)전하를 띤다.

06 정답 ④

📋 **핵심체크**

전력량은 전기 기구가 어느 시간 동안 사용하는 전기 에너지의 양을 말하며, 전력량(Wh)=소비 전력(W)×시간(h)으로 나타낸다. 따라서 소비 전력이 200 W인 청소기를 2시간 사용하였을 때 전력량은 200 W×2h = 400 Wh이다.

07

정답 ①

핵심체크

원소들 중 가장 가벼운 원소는 수소(H)이다. 수소(H)는 산소와 반응하여 물을 생성하며, 우주 왕복선의 연료로도 이용된다.

08

정답 ②

핵심체크

일정한 온도에서 기체의 압력과 부피를 곱한 값은 일정하다.

따라서 2기압$\times 40\,L = 4$기압$\times x$이므로 $x = 20\,L$이다.

09

정답 ①

핵심체크

무게는 물질마다 고유의 값의 가지는 물질의 특성이 아니다.

오답체크

②·③·④ 밀도, 끓는점, 용해도는 물질마다 고유의 값을 가져 다른 물질과 구별할 수 있는 물질의 특성에 해당한다.

10

정답 ④

핵심체크

구리와 산소가 $4 : 1$의 질량비로 반응하여 산화 구리(Ⅱ)를 생성하므로 구리 $8\,g$과 산소 $2\,g$이 모두 반응하면 산화 구리(Ⅱ) $10\,g$이 생성된다.

11

정답 ①

핵심체크

컵이 깨지는 것은 물리 변화에 해당한다.

오답체크

②·③·④ 성질이 다른 물질로 변하는 화학 변화에 해당한다.

12

정답 ①

핵심체크

한낮에는 광합성량이 호흡량보다 많아서 이산화 탄소를 흡수하고 산소를 내보낸다.

13

정답 ②

핵심체크

물이 끓어 수증기가 되는 것은 액체가 기체로 기화되는 것이므로 B이다.

오답체크

① A는 액화로, 기체가 액체로 변하는 현상이다.
③ C는 융해로, 고체가 액체로 변하는 현상이다.
④ D는 응고로, 액체가 고체로 변하는 현상이다.

14

정답 ③

핵심체크

반달 모양으로 엽록체가 있어 광합성을 할 수 있으며, 기공을 열고 닫아 증산 작용을 조절하는 것은 공변세포이다. 공변세포는 표피세포가 변한 것으로 주로 잎의 뒷면에 분포한다.

오답체크

① 엽록체에 들어 있는 녹색의 색소이다.
② 식물의 표면을 덮고 있는 세포로, 안쪽의 조직을 보호한다.

15

정답 ③

핵심체크

C는 방광으로, 오줌을 저장하였다가 몸 밖으로 내보내는 기관이다.

오답체크

① A는 콩팥으로, 혈액 속의 노폐물을 걸러 오줌을 만드는 기관이다.
② B는 오줌관으로, 콩팥에서 만들어진 오줌을 방광으로 보내는 기관이다.
④ D는 요도로, 오줌이 몸 밖으로 빠져나가는 통로이다.

16

📑 **핵심**체크

혈액의 성분 중 혈액 응고에 관여하는 것은 혈소판이다. 혈소판은 혈관이나 조직이 손상되었을 때 지혈과 혈액 응고에 중요한 역할을 한다.

🔍 **오답**체크

① 혈액 중 혈구를 제외한 액체 성분으로, 영양분, 노폐물, 이산화 탄소 등을 운반한다.

② 원반 모양이며, 헤모글로빈이 있어 산소를 운반하는 세포 성분이다.

③ 핵이 있으며, 일정한 모양이 없고 식균 작용을 하는 세포 성분이다.

17

정답 ②

📑 **핵심**체크

사람의 중추 신경계 중 혈당량 조절, 체온 유지 등 항상성을 조절하는 중추는 간뇌이다.

🔍 **오답**체크

① 자극을 통합, 해석, 판단한 후 명령을 내리는 의식적인 반응의 중추이다. 뇌의 대부분을 차지하며, 추리와 분석 등의 복잡한 정신 활동을 담당한다.

③ 대뇌와 함께 근육 운동을 조절하고, 몸의 균형 유지에 관여하는 중추이다.

④ 호흡 운동, 심장 박동, 소화 운동과 침, 재채기, 눈물 분비와 같은 무조건 반사 등을 조절하는 중추이다.

18

정답 ②

📑 **핵심**체크

핵분열기 중 가장 짧은 시기는 중기이다. 중기 때 염색체가 세포 가운데 배열되므로 염색체가 가장 잘 보이는 시기이며, 방추사가 동원체에 붙는 시기이다. 방추사는 세포 분열 시 세포의 양극에서 생성되는 가느다란 실 모양의 세포 소기관이다. 염색체의 동원체에 부착하여 염색체와 양극 사이를 잇는 역할을 한다.

🔍 **오답**체크

① 핵분열기 중 가장 긴 시기로, 핵막과 인이 소실되며 염색사가 염색체로 응축되고 방추사가 출현한다.

③ 염색체가 방추사에 의해 양극으로 이동하는 시기이다.

④ 염색체가 염색사로 풀어지고, 핵막과 인이 다시 나타나며, 세포질 분열이 일어나는 시기이다.

19

정답 ①

📑 **핵심**체크

알갱이 크기나 색이 다른 퇴적물이 번갈아 쌓여 만들어진 줄무늬는 층리이다.

🔍 **오답**체크

② 과거에 살았던 생물의 유해나 흔적이다.

③ 변성암의 특징 중 하나로, 열과 압력을 동시에 받을 때 암석 속 알갱이가 압력 방향의 수직으로 배열되면서 생기는 줄무늬이다.

④ 변성 작용이 일어나는 과정에서 암석을 이루는 알갱이가 커지거나 새로운 알갱이가 만들어지는 것이다.

20

정답 ②

📑 **핵심**체크

사람의 염색체는 남녀 모두 46개이며, 상염색체 44개와 성염색체 2개로 구성되는데, 남성은 44 + XY, 여성은 44 + XX이다.

21

정답 ①

📑 **핵심**체크

해수가 얼게 되면 염분은 높아지게 된다.

🔍 **오답**체크

② · ③ · ④ 빙하가 녹는 지역이나 육지에서 물이 흘러드는 지역은 담수, 즉 민물의 유입이 생겨 염분이 낮아지게 된다. 또한, 상대적으로 비가 많이 와 강수량이 높고 증발량이 적은 지역은 염분이 낮아진다.

22

정답 ③

📖 **핵심**체크

기권의 층상 구조 중 오존층이 존재하며, 대기층이 안정적이라 비행기 항로로 이용되는 곳은 C – 성층권이다.

➕ **PLUS CHECK 더 알아보기**

기권의 층상 구조

열권	• 태양 복사 에너지에 의해 올라갈수록 기온도 높아진다. • 공기가 희박하여 낮과 밤의 기온 차가 극심하고, 극지방에서는 오로라가 나타난다.
중간권	• 올라갈수록 기온이 낮아지며, 중간권의 상부는 약 −90 ℃로 대기권 중에서 온도가 가장 낮다. • 대류 현상이 일어나지만 수증기가 거의 없어 기상 현상은 일어나지 않는다.
성층권	• 오존층(높이 20~30 km 부근)이 자외선을 흡수하므로 올라갈수록 기온이 높아진다. • 찬 공기가 따뜻한 공기보다 아래에 있고 공기의 상하 이동이 어려워 대류 현상이 일어나지 않으므로 대기층이 안정적이라 비행기 항로로 이용된다.
대류권	• 대기권에 분포하는 공기의 약 75 %가 존재하며, 높이 올라갈수록 지표에서 방출되는 지구 복사 에너지가 적어 기온이 내려간다. • 대류 현상과 구름, 비, 눈 등의 기상 현상이 일어난다.

23

정답 ①

📖 **핵심**체크

봄에는 양쯔 강 기단의 영향으로 인해 따뜻하고 건조한 날씨를 보이며, 이동성 고기압과 저기압의 영향으로 날씨의 변덕이 심하다.

🔍 **오답체크**

② 한여름에는 북태평양 기단의 영향으로 덥고 습하다.
③ 중국에서 발생한 황사의 영향을 받는 계절은 봄이다.
④ 꽃샘추위는 봄에 나타난다.

24

정답 ③

📖 **핵심**체크

지구의 그림자에 달 전체가 가려지는 현상은 개기 월식이다.

🔍 **오답체크**

① 태양 – 달 – 지구 순서로 일직선을 이룰 때, 달이 태양을 완전히 가리는 현상이다.
② 달이 태양의 일부를 가리는 현상이다.
④ 지구의 그림자에 달의 일부가 가려지는 현상이다.

25

정답 ①

📖 **핵심**체크

별의 실제 밝기를 나타내는 것은 절대 등급이므로 절대 등급이 작을수록 실제로 밝은 별이다. 따라서 A ~D 중 절대 등급이 가장 작은 A 가 실제로 가장 밝다.

01	02	03	04	05	06	07	08	09	10
①	④	②	④	③	④	①	①	④	①

11	12	13	14	15	16	17	18	19	20
①	③	②	③	②	②	④	③	①	③

21	22	23	24	25
④	①	④	③	③

01
정답 ①

📋 핵심체크
도덕은 개인의 양심적 판단에 맡겨지는 삶의 규범적 양식으로, 인간이 살아가는 동안 지켜야 할 도리 또는 바람직한 행동 기준을 말한다. 도덕적인 삶은 생활 속에서 규범을 실천하고 지키는 것으로부터 시작된다.

🔍 오답체크
② 인간으로서 당연히 해야만 하는 것을 뜻하는 개념으로, 갈등 상황에서 필요하다.
③ 인간이 생존하기 위해 필요한 것들을 얻으려고 하거나 하고 싶은 일을 하고자 바라는 상태이다.
④ 인간을 존엄한 존재로 여겨 귀하게 대우하는 태도를 말한다.

02
정답 ④

📋 핵심체크
도덕적이고 사람다운 삶은 자신뿐만 아니라 다른 사람도 사랑하고, 사회 공동체 안에서 다른 사람과 더불어 사는 삶이다. 또한, 마땅히 따라야 할 도리를 배우고 그에 따라 살아가야 한다. 자기 자신만을 사랑하고 타인을 배려하지 않는 삶은 도덕적인 삶이라고 할 수 없다.

03
정답 ②

📋 핵심체크
두레는 농촌 사회에서 노동이 필요할 때 주민들이 상호 협력을 목적으로 함께 작업하던 노동 조직이다.

🔍 오답체크
① 전통 협동 조직으로, 특정 목표를 이루기 위한 모임이다.
③ 유교의 가르침을 바탕으로 마을 주민들이 지키고자 한 자치 규범이다.
④ 바쁜 농사일을 돕기 위해 가까운 이웃끼리 돌아가며 일을 하는 일대일 노동 교환 방식을 말한다.

04
정답 ④

📋 핵심체크
바람직한 우애란 형제자매 간에 가깝고 정답게 지내는 것으로, 형은 아우를 사랑하고 아우는 형을 따르는 것이다. 형과 아우는 각자의 위치가 있지만 서로에게 관심과 이해, 그리고 존중하는 마음을 가지고 대해야 한다.

05
정답 ③

📋 핵심체크
도덕적 민감성은 도덕적 문제 상황을 민감하게 알아차리고 도덕적 행동을 하게 하는 시작점이다.

🔍 오답체크
① 자신에게 주어진 역할에 최선의 의무를 하지 않거나 책임을 지지 않으려는 행위이다.
② 도덕적 규범을 알지 못하는 상태이다.
④ 상대방의 입장을 헤아려 그 사람에게 도움이 되는 행동들을 상상하고 결과를 예측하는 능력이다.

06
정답 ④

📋 핵심체크
각 문화는 환경과 상황에 맞춰진 결과물이며, 나름대로의 고유한 가치를 가지고 있으므로 다른 문화의 장점은 수용하고 자신의 문화는 바르게 성찰하여 개선해 나가는 올바른 태도가 필요하다.

🔍 오답체크
① 자국 문화를 비하하고 다른 사회의 문화를 맹목적으로 추종하는 문화 사대주의 태도이다.
②·③ 자신의 문화만이 우월하다고 여기고 다른 문화는 부정적으로 열등하게 평가하는 태도인 자문화 중심주의에 대한 설명이다.

07 정답 ①

📑 핵심체크

이웃에 대한 배려는 이웃을 공동체의 구성원으로 받아들이고 이해하려는 태도를 가지고 상대방을 존중하고 차이와 다양성을 인정하는 것이다.

🔍 오답체크

② 서로의 생각이나 이해관계가 달라 생기는 충돌이다.

③ 갈등 상황에 직면하였을 때 아무 문제가 없는 것처럼 무시하거나 상황을 외면해 버리는 태도이다.

④ 갈등이 생겼을 때 상대방을 생각하지 않고 나의 입장만 주장하며 상대방을 비난하는 태도이다.

08 정답 ①

📑 핵심체크

녹색 소비는 환경을 고려한 제품을 구매하는 것으로, 꼭 필요한 물건만을 구입하는 소비 행동이다.

🔍 오답체크

② · ③ 합리적인 소비 방법으로, 자신의 경제력 안에서 최소의 비용으로 최대의 만족을 추구하는 소비 형태이다.

④ 윤리적 소비 방법으로, 상품이나 서비스의 제작 및 유통의 전 과정을 윤리적 가치판단에 따라 구매하고 사용하는 것이다.

09 정답 ④

📑 핵심체크

도덕적 추론의 과정은 '도덕적 문제 발생 → 도덕 판단에 대한 근거(도덕 원리, 사실 판단) → 도덕 판단'으로 이루어진다. 무단횡단을 해서는 안 된다는 것은 도덕 판단으로, 어떤 구체적인 도덕 문제에 대해 도덕 원리와 사실 판단을 통해 내리는 판단이다.

🔍 오답체크

① 자신의 모습을 탐색하여 돌이켜보는 태도이다.

② 내가 가진 소망이 무엇인지, 다른 사람과 구별된 나의 특징은 무엇인지 아는 과정이다.

③ 자신이 흥미를 가지고 있는 직종에 관해 다양하게 조사하고 진로 계획을 수정 · 보완하는 과정을 말한다.

10 정답 ①

📑 핵심체크

사이버 공간은 상대방과 직접 만나지 않고도 자유롭게 의사소통을 할 수 있는 비대면성의 특징을 가진다.

🔍 오답체크

② 사이버 공간은 개인이 정체를 드러내지 않고 활동할 수 있는 특성이 있다.

③ 사이버 공간은 모든 사람들에게 개방되어 자유롭게 의견을 표현할 수 있는 특성이 있다.

④ 사이버 공간은 많은 사람들과 실시간 정보 공유를 할 수 있는 특성이 있다.

11 정답 ①

📑 핵심체크

국가는 국민의 생명과 재산을 보호하고, 국민들이 국제 사회에서 정당한 대우를 받을 수 있도록 노력해야 한다. 또한, 법을 제정하고 집행하여 사회 질서를 확립하는 등의 역할을 한다.

🔍 오답체크

ㄷ. 국가는 특정 국민이 아닌 모든 국민의 이익을 보호해야 한다.

ㄹ. 국가는 구성원들 간의 충돌을 막아 사회 질서를 유지하도록 노력해야 한다.

12 정답 ③

📑 핵심체크

물질적인 가치만을 중요시하는 모습은 도덕적 자아 형성에 도움이 되지 않는 태도이다.

🔍 오답체크

① · ④ 훌륭한 사람의 인격을 본받으려 노력하는 것과 가치 있는 삶의 방향을 추구하려는 노력은 도덕적인 자아 형성에 큰 도움이 된다.

② 도덕적 자아 확립을 위해서는 자신의 자아를 성찰하는 태도가 필요하다.

13

정답 ②

📑 핵심체크

정보·통신 기술의 발달로 시·공간을 초월한 다양한 교류가 가능해져 인간관계가 확장되는 것은 과학 기술 발달의 긍정적 영향이다.

🔍 오답체크

① 무분별한 자연 훼손으로 환경오염과 생태계 파괴가 일어난다.

③ 인간이 오히려 과학 기술에 종속되어 주체성을 상실하고 비인간화 현상이 발생한다.

④ 정보·통신 기술의 발달로 개인 정보 유출, 사이버 폭력 등으로 인한 인권 및 사생활 침해가 발생하기도 한다.

14

정답 ③

📑 핵심체크

공정하지 못한 방법으로 자신의 이익을 챙기는 행위를 하지 않고, 사소한 부패 행위라도 용납하지 않으려는 탐욕이 없는 상태를 청렴이라고 한다.

🔍 오답체크

① 공정하지 못한 방법을 통해 자신의 이익을 챙기는 행위를 의미한다.

② 자원의 한정으로 인해 발생하는 것으로, 개인은 자신의 가치를 높이기 위해, 기업은 이윤을 창출하기 위해 상대방과 겨룬다.

④ 인간의 공동생활에서 필요한 최소한의 행동 규칙을 의미한다.

15

정답 ②

📑 핵심체크

사회적 약자는 신체적 조건, 종교, 학력, 국적 등의 이유로 다른 구성원에 비해 불리한 위치에 있는 사람들을 말한다. 이들은 인간이라면 당연히 누려야 할 인간 존엄성과 인권을 제대로 보장받지 못하는 경우가 많다. 이에 개인적으로는 사회적 약자가 겪는 차별과 고통에 관심을 가지고 공감하는 태도를 가져야 하며, 사회적으로는 차별을 금지하는 법을 만들고 각종 제도를 마련해야 한다.

16

정답 ②

📑 핵심체크

폭력은 정당하지 않은 힘을 이용하여 타인에게 물리적·정신적 피해를 주는 행위를 말한다. 직접적으로 해를 가하는 것 이외에 폭력 행위를 묵인하거나, 방관하는 것도 폭력이라 할 수 있다. 따라서 폭력이 발생하면 자신의 불쾌 의사를 명확히 표현하고, 타인에게 도움을 요청하는 등 적극적으로 대처해야 한다.

17

정답 ④

📑 핵심체크

문화 간 갈등 해결을 위해 자신의 문화적 배경을 기초로 타문화를 보는 것이 아닌, 다른 나라를 기준으로 보는 역지사지의 자세가 필요하다.

🔍 오답체크

① 공정하지 못하고 한쪽으로만 치우쳐 생각하는 비합리적인 판단이다.

② 거부하거나 밀어내며, 무관심으로 대응하는 태도이다.

③ 혼자만이 옳다고 생각하고 행동하는 태도이다.

18

정답 ③

📑 핵심체크

북한 이탈 주민들은 생활 환경의 변화로 경제적·문화적·심리적 어려움을 겪을 수 있다. 이에 정부는 북한 이탈 주민들이 남한에 적응할 수 있도록 취업 알선, 직업 훈련, 사회 적응 훈련 프로그램 등의 제도를 마련할 수 있다. 시민들의 배려와 포용은 개인 차원에서 북한 이탈 주민들을 지원하는 방법에 해당한다.

19

정답 ①

📑 핵심체크

폭력은 가해자의 욕구와 이익을 위해 다른 사람의 자유와 권리를 침해하고, 인간 존엄성을 훼손한다. 또한, 사회적으로 약속된 옳고 그름의 기준이 파괴되어 사회 정의를 무너뜨릴 수 있다.

20
정답 ③

핵심체크

가치 전도 현상은 가치의 순서가 뒤바뀐 것으로, 정신적 가치보다 물질적 가치를 중요시하고, 본래적 가치보다 도구적 가치를 중요하게 생각하여 나타나는 현상이다.

오답체크

① 이웃이나 주변 상황에 관심이나 흥미가 없는 모습의 상태이다.

② 자신의 이익이 최대화되는 것을 행동의 기준으로 삼는 태도이다.

④ 문화의 다양성을 인정하고 각 문화를 그 사회의 독특한 환경과 역사적·사회적 상황에 비추어 이해하는 태도이다.

21
정답 ④

핵심체크

대동 사회는 공자가 제시한 이상 사회로, 재화가 공평하게 분배되기 때문에 사람들이 빈곤을 걱정할 필요가 없고 남녀노소 모두가 서로 신뢰하며 화목하게 지내는 사회이다.

오답체크

① 노자가 제시한 이상 사회로, 나라의 규모가 작고 무위와 무욕이 실현된 곳이다.

② 토머스 모어가 제시한 이상 사회로, 빈부격차 없이 모든 인간이 경제적으로 풍족하며 소유와 생산에 있어서 평등한 사회이다.

③ 플라톤이 꿈꾸는 이상 사회로, 이성과 지혜를 갖춘 철학자가 통치하며, 각 계급이 자기 계급에 맞는 덕목을 갖추고 있는 국가를 의미한다.

22
정답 ①

핵심체크

도덕적으로 올바른 행동을 하기 위해서는 사실 판단, 가치 판단, 도덕 판단의 자세가 필요하다. 사실 판단은 있는 그대로의 객관적 사실을 말하는 것으로, 참과 거짓을 구분하는 것이다. 가치 판단은 판단을 내리는 사람의 주관적인 생각이 반영되어 어떤 대상이나 사건에 대한 판단을 내리는 것이다. 따라서 사람마다 서로 다른 가치 판단을 내릴 수 있다. 도덕 판단은 어떤 사람의 인성이나 행동을 도덕적인 관점에서 판단을 내리는 것이다.

23
정답 ④

핵심체크

행복은 일시적인 만족감이 아니라 바람직한 가치를 추구하는 과정을 통해 삶 전체에 걸쳐 느끼는 지속적이고 정신적인 만족감을 말한다. 이에 따라 진정한 행복을 추구하기 위해서는 항상 긍정적이고 매사에 감사하며 만족하는 태도를 지녀야 한다.

24
정답 ③

핵심체크

환경 친화적 삶의 실천은 개인적 차원과 사회적 차원의 노력이 병행되어야 한다. 특히, 환경 친화적 삶과 경제 발전의 조화는 개인의 노력만으로는 힘들며 사회 전체의 노력이 필요하다.

대량 살상 무기의 발명은 과학 기술 발전의 문제점으로, 환경 친화적인 삶의 추구와 무관하다.

오답체크

① 전기, 상수도, 도시가스 절약 실적에 따라 포인트를 주고, 이를 바탕으로 인센티브를 제공하는 환경 친화적 제도이다.

② 대규모 개발 사업이 자연 환경에 어떠한 영향을 미치는가에 대해 사전 조사·평가하여 환경 영향을 최소화하고, 환경 파괴 방지책을 마련하고자 하는 환경 친화적 제도이다.

④ 오염 물질을 배출하는 자가 그에 상응하는 오염 물질 처리 비용을 부담하도록 하여 오염 저감을 유도하고, 하수 처리 시설 건설 등을 위한 환경 투자 재원을 확충하는 데 목적이 있는 환경 친화적 제도이다.

25

정답 ③

📑 핵심체크

인권의 특징으로는 모든 인간이 누려야한다는 의미의 보편성, 사람이면 누구나 가지고 태어난다는 천부성, 인권이 영구히 보장된다는 항구성, 누구도 인권을 침범할 수 없다는 불가침성 등이 있다.

🔍 오답체크

ㄴ, ㄷ의 독단성과 폭력성은 인권의 특징이라고 볼 수 없다.

➕ PLUS CHECK 더 알아보기

인권의 특징

• 기본적·필수적 권리: 인간의 존엄성을 유지하기 위한 기본적·필수적 권리

• 보편적 권리: 성별이나 인종 등에 관계없이 인간이라면 누구나 갖는 권리

• 자연적 권리: 국가에서 법으로 보장하기 이전에 자연적으로 주어진 권리

• 항구적 권리: 일정 기간에만 한정되는 것이 아니라 영구히 보장되는 권리

• 불가침·불가양의 권리: 타인으로부터 침해되거나, 타인에게 양도될 수 없는 권리

4일차 실전 모의고사 정답 및 해설

제1교시 국어

100~106쪽

01	02	03	04	05	06	07	08	09	10
④	③	②	①	①	②	②	④	④	②
11	12	13	14	15	16	17	18	19	20
④	②	①	②	④	②	②	④	③	④
21	22	23	24	25					
③	①	④	①	③					

01
정답 ④

📖 핵심체크

제시된 대화에서 선생님은 학생에게 도서관의 위치에 대한 정보를 제공하고 있으므로 말하기 목적은 '정보 제공하기'이다.

02
정답 ③

📖 핵심체크

외래어 '인플루엔자'는 유행성 감기를 의미한다. '감기(感氣)'는 한자를 바탕으로 만들어진 한자어이며, 이에 대한 고유어는 '고뿔'이다.

03
정답 ②

📖 핵심체크

'강릉'은 [강능]으로 발음되며, 받침 'ㅁ, ㅇ' 뒤에 연결되는 'ㄹ'은 [ㄴ]으로 발음하는 제19항 규정에 해당한다.

🔍 오답체크

① [날로]로 발음되며, 'ㄹ'의 앞에서 'ㄴ'이 [ㄹ]로 발음된 예이다.

③·④ 각각 [칼랄], [물랄리]로 발음되며, 'ㄹ'의 뒤에서 'ㄴ'이 [ㄹ]로 발음된 예이다.

04
정답 ①

📖 핵심체크

밑줄 친 '하늘은'은 체언 '하늘'과 주격 조사 '은'이 결합되어 서술어 '높다'의 주체가 되므로 주어에 해당한다. ①의 '행동이' 또한 체언 '행동'과 주격 조사 '이'가 결합되어 서술어 '귀엽다'의 주체가 되므로 주어에 해당한다.

🔍 오답체크

② '과자를'은 서술어의 동작이나 행위의 대상이 되는 목적어에 해당한다.

③ '어른이'는 서술어 '되다'를 보충하는 보어에 해당한다.

④ '운동장에서'는 동사 '달린다'를 꾸며 주는 부사어에 해당한다.

05
정답 ①

📖 핵심체크

제시된 글은 언어의 사회성에 대한 사례이다. 언어는 사회적 약속이기 때문에 개인이 마음대로 바꾸어 부르면 사회 구성원 사이의 의사소통이 어려워진다는 특성으로, 불역성이라고도 한다.

🔍 오답체크

② 언어는 시간의 흐름에 따라 끊임없이 변화한다는 특성으로, 가역성이라고도 한다. 새로운 말이 생기는 '생성', 의미가 축소, 확대되거나 이동하는 '변화', 사용하던 말이 사라지는 '소멸' 등이 이에 속한다.

③ 한정된 단어로써 상황에 따라 무한히 많은 새로운 문장을 만들 수 있다는 특성으로, 개방성이라고도 한다.

④ 언어 기호의 내용과 형식 사이에는 필연적인 관계가 없다는 특성이다. 단, 사회적 약속을 지키지 않고 과도하게 자의성을 발휘하면 사회 구성원 사이에서 의사소통의 어려움이 생긴다.

06
정답 ②

📋 핵심체크

ㄴ. 감탄형은 주로 감탄형 어미 '-구나'에 의해 실현되며, 문장 끝에 느낌표를 쓴다.

ㄷ. 의문형은 의문형 어미 '-느냐, -니, -까' 등으로 실현되며, 문장 끝에 물음표를 쓴다.

🔍 오답체크

ㄱ. '가다'에 청유형 어미 '-자'가 결합한 형태로, 청유형 종결 표현의 예이다.

ㄹ. '가다'에 과거 시제 선어말 어미 '-았-', 미래 시제의 특수한 형태인 '-ㄹ/-을 것'과 평서형으로 쓰인 서술격 조사 '이다'가 결합한 형태로, 평서형 종결 표현의 예이다.

ㅁ. '가다'에 보조 동사 '보다', 명령형 어미 '-(으)렴'이 결합한 형태로, 명령형 종결 표현의 예이다.

07
정답 ②

📋 핵심체크

'손이 크다.'는 '씀씀이가 후하고 크다.'라는 의미로, 한꺼번에 물건을 많이 사거나 만들 때 사용되는 관용 표현이다.

🔍 오답체크

① '음식 먹을 복이 있다.'라는 의미의 관용 표현이다.

③ '알면서도 모르는 척하다.'라는 의미의 관용 표현이다.

④ '정신이 갑자기 들다.'라는 의미의 관용 표현이다.

08
정답 ④

📋 핵심체크

'블로그'는 인터넷 매체로, 음성 언어, 문자 언어, 영상 등의 다양한 멀티미디어 자료를 복합적으로 활용할 수 있다. 빠르게 많은 사람들과 소통할 수 있으며, 시간·장소의 제약 없이 실시간으로 정보 전달이 가능하다.

🔍 오답체크

①·②·③ 인쇄 매체로, 주로 문자 언어를 사용하며, 시각 자료(사진, 도표, 그림 등)를 활용한다.

09
정답 ④

📋 핵심체크

'어떻게'는 '어떠하다'가 줄어든 '어떻다'에 어미 '-게'가 결합하여 부사적으로 쓰이는 말이며, '어떡해'는 '어떻게 해'라는 구가 줄어든 말이다. 제시된 문장에서는 '어떡해'가 사용되는 것이 적절하다.

10
정답 ②

📋 핵심체크

ⓛ은 두부의 의미, 유래, 재료, 만드는 방법 등을 다루므로 '조사 내용'이 들어가는 것이 가장 적절하다.

> ✅ **FINAL CHECK** 작품 해설
>
> **김춘수, 「꽃」**
> - 갈래: 자유시, 서정시, 상징시
> - 성격: 관념적, 주지적, 상징적
> - 제재: 꽃
> - 주제: 사물의 본질에 맞게 그 존재를 인식함
> - 특징
>   - 소망을 나타내는 간절한 어조를 사용함
>   - 인식의 주체가 '나 → 너 → 우리'로 확대됨
>   - 인식의 내용이 '몸짓 → 꽃 → 눈짓'으로 확대됨

11
정답 ④

📋 핵심체크

제시된 글은 '꽃'을 제재로 하여 서로의 존재를 인식하고 서로에게 의미 있는 존재가 되기를 소망하는 마음을 노래하였다. '몸짓', '꽃', '눈짓'과 같은 상징적 시어를 통해 '존재의 인식'이라는 관념적이고 추상적인 의미를 전달하고 있다.

12
정답 ②

📋 핵심체크

'몸짓'은 '나'가 '그'라는 대상을 인식하기 이전의 '무의미한 존재'를 의미한다.

🔍 오답체크

①·③·④ '꽃, 무엇, 하나의 눈짓'은 대상이 이름이 불린 뒤 의미가 부여되고 존재가 인식되어 '의미 있는 존재'가 되었음을 상징한다.

13 정답 ①

📋 핵심체크

제시된 글에서 화자는 존재의 참된 모습을 인식함으로써 서로가 서로에게 의미 있는 존재가 되고, 진정한 관계를 맺고자 하는 소망을 드러내고 있다.

> ✓ **FINAL CHECK 작품 해설**
>
> 현진건, 「운수 좋은 날」
> - 갈래: 단편 소설, 사실주의 소설
> - 성격: 사실적, 비극적
> - 제재: 김 첨지의 하루
> - 주제: 일제 강점기 하층민의 비참한 삶
> - 특징
>   - 비속어와 사투리를 사용하여 하층민의 삶을 사실적으로 나타냄
>   - 김 천지에게 행운이 연속된 날에 아내의 죽음이 발생하는 반어적 상황을 통해 비극성을 심화함

14 정답 ②

📋 핵심체크

제시된 글에서 비극적 상황을 심화시키는 소재는 '설렁탕'이다. 설렁탕은 아내가 먹고 싶다 하여 사 온 것이지만, 아내가 죽어 결국 먹지 못하게 되었다.

🔍 오답체크

①·③ 제시된 글은 비속어와 사투리를 사용하여 비참하게 살고 있는 도시 하층민의 삶을 사실적이고 생생하게 표현하였다.

④ '비가 추적추적 내리는' 날씨는 음산하고 어두운 분위기를 조성하며 비극적 결말을 암시하는 역할을 한다.

15 정답 ④

📋 핵심체크

제시된 글에서 추적추적 내리는 '비'는 인력거꾼인 김 첨지가 모처럼 돈을 많이 벌게 되는 행운을 주기도 하지만, 그로 인해 아내의 죽음을 방치하게 되는 결과로 이어진다. 이를 통해 '비'는 김 첨지의 비극적 사건을 암시하는 역할을 한다.

16 정답 ②

📋 핵심체크

제시된 글은 '김 첨지'가 돈을 많이 벌어서 운이 좋다고 생각하는 날에 아내의 죽음을 맞이하게 되는 비극적 결말을 맺고 있다. 이러한 상황적 반어를 통해 비극적 상황을 효과적으로 전달하고 있다.

> ✓ **FINAL CHECK 작품 해설**
>
> 박지원, 「양반전」
> - 갈래: 고전 소설, 한문 소설, 풍자 소설
> - 성격: 비판적, 사실적, 풍자적
> - 제재: 양반 신분의 매매
> - 주제: 양반의 무능함과 허위의식 비판
> - 특징
>   - 양반 신분 매매를 통해 양반들의 위선을 비판함
>   - 조선 후기의 혼란한 사회상을 사실적으로 나타냄

17 정답 ②

📋 핵심체크

제시된 글은 조선 후기 실학자인 박지원이 쓴 고전 소설로, 『연암집』 중 「방경각외전」에 수록되어 있다.

18 정답 ④

📋 핵심체크

제시된 글은 양반의 허례허식과 무능함, 위선에 대해 비판하고 있다. 이러한 작가의 의식을 대변하고, 양반을 비판하는 인물은 '양반의 아내'이다.

19

📋 **핵심**체크

'양반의 아내'는 '양반'의 경제적 무능력과 비생산성을 비판하는 인물로, '양반은 한 푼어치도 안 되는구려!'라는 표현과 같이 작가의 생각을 드러낸다.

✅ FINAL CHECK **작품 해설**

이희수, 「마을 학교에서 '마을학교'로」

• 갈래: 설명문
• 성격: 논리적, 예시적, 체계적
• 제재: 마을학교
• 주제: '마을학교'의 개념과 역할
• 특징
  – '마을학교'의 개념을 다양한 측면에서 바라봄
  – 인용의 방법으로 '마을학교'의 역할을 강조함

20

정답 ④

📋 **핵심**체크

(라)에서 '마을학교'는 일반적인 틀에서 벗어나 마을 주민들이 활동하는 모든 공간에서 운영될 수 있다고 하였다.

21

정답 ③

📋 **핵심**체크

(다)에서 '마을학교'는 행정 관청의 주도하에 만들어지는 것이 아니라 마을 주민이 필요에 따라 만드는 것이라고 하고 있으며, 주민은 '마을학교'의 주체이자 학습의 원천이 된다고 하였다.

22

정답 ①

📋 **핵심**체크

(라)에서 '마을학교'는 주민 센터나 학교뿐만 아니라 마을의 찻집, 도서관, 식당, 놀이터 등 시설로서의 역할을 할 수 있는 공간들을 나열하고 있다. 따라서 (라)의 중심 화제로는 ①이 가장 적절하다.

✅ FINAL CHECK **작품 해설**

나희덕, 「실수」

• 갈래: 수필
• 성격: 회고적, 서정적
• 제재: 실수
• 주제: 실수를 인정하는 여유로운 삶의 추구
• 특징
  – 실수와 관련된 일화를 통해 주제를 형상화함
  – 작가의 경험담을 통해 독자의 관심과 흥미를 유발함

23

정답 ④

📋 **핵심**체크

제시된 글에서 글쓴이는 겉으로는 비교적 차분하고 꼼꼼해 보이지만, 실수도 많고 모자란 구석이 많이 발견된다는 사실을 알 수 있다. 또한, 한번 어디에 정신을 집중하면 나머지 일에 대해서 거의 백지상태가 되는 버릇이 있다.

24

정답 ①

📋 **핵심**체크

제시된 글의 첫 번째 문단에 의하면 ㉠은 의외의 수확이나 즐거움을 가져다준다. 서로 긴장을 풀게 하고, 어색한 분위기가 가시게 하며, 초면에 쉽게 마음을 트게 되는 상황을 만들기도 한다. 하지만 상대방에게 믿음을 준다는 내용은 제시된 글에서 찾아볼 수 없다.

25

정답 ③

📋 **핵심**체크

㉡은 앞의 내용을 받아들이면서 그것을 전제로 새로운 논지를 펴고 있으므로 앞뒤 문장을 이어주는 순접의 접속어 '그러면'이 가장 적절하다.

제2교시 **수학** 107~110쪽

01	02	03	04	05	06	07	08	09	10
②	④	①	④	③	③	④	①	①	②
11	12	13	14	15	16	17	18	19	20
③	②	③	②	①	④	④	①	③	④

01 정답 ②

핵심체크

120을 소인수분해하면

$120 = 8 \times 15 = 2 \times 2 \times 2 \times 3 \times 5 = 2^3 \times 3 \times 5$

02 정답 ④

핵심체크

① -1은 음의 정수이다.

② 0은 정수이다.

③ 1은 양의 정수이다.

④ $\dfrac{5}{2}$ 는 정수가 아닌 유리수이다.

03 정답 ①

핵심체크

직사각형의 둘레의 길이는

$2 \times$ (가로의 길이 + 세로의 길이)이므로

$2 \times (x + 2 + 2y + 3) = 2(x + 2y + 5)$

04 정답 ④

핵심체크

① $x + 2 = 3$에서 $x = 3 - 2 = 1$

② $x - 2 = -3$에서 $x = -3 + 2 = -1$

③ $2x - 1 = 0$에서 $2x = 1$ ∴ $x = \dfrac{1}{2}$

④ $2x + 1 = 0$에서 $2x = -1$ ∴ $x = -\dfrac{1}{2}$

05 정답 ③

핵심체크

다음 그림은 일차함수 $y = -2x + 2$의 그래프이다.

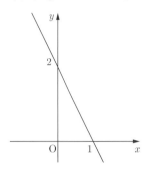

① $x = 2$일 때, $y = -2 \times 2 + 2 = -4 + 2 = -2$이므로 점 $(2, -2)$를 지난다.

② x절편은 1, y절편은 2이다.

③ 제3사분면을 지나지 않는다.

④ 기울기가 음수이므로 x의 값이 증가할 때, y의 값이 감소한다.

06 정답 ③

핵심체크

줄기와 잎 그림을 보고 3분 동안의 줄넘기 횟수가 많은 순서대로 나열하면

67, 64, 57, 55, 53, 49, 48, 47, 42, …

이므로 줄넘기 횟수가 7번째로 많은 학생의 횟수는 48회이다.

07 정답 ④

핵심체크

그림과 같이 두 직선 l, m에 평행한 직선 n을 긋자.

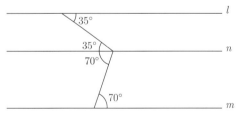

평행한 두 직선의 엇각의 크기는 서로 같으므로

$\angle x = 35° + 70° = 105°$

08

정답 ①

📋 **핵심**체크

호의 길이는 중심각 크기에 비례하므로

$20 : 80 = 4 : x$에서

$20x = 320$

$\therefore\ x = 16$

09

정답 ①

📋 **핵심**체크

ㄱ. $3 \geq 4$ (거짓)

ㄴ. $-3 + 2 < 4$에서 $-1 < 4$ (참)

ㄷ. $2 \times 3 < -3 + 2$에서 $6 < -1$ (거짓)

ㄹ. $0.3 \times 3 > 0.5 \times 3 + 2$에서 $0.9 > 3.5$ (거짓)

따라서 참인 부등식은 ㄴ뿐이다.

10

정답 ②

📋 **핵심**체크

일차함수 $y = 2x + 3$의 그래프와 일차함수 $y = ax + b$의
그래프는 일치하므로

$a = 2,\ b = 3$

또, 일차함수 $y = 2x + 3$의 그래프와 일차함수 $y = cx$의
그래프는 평행하므로

$c = 2$

$\therefore\ a + b - c = 2 + 3 - 2 = 3$

➕ PLUS CHECK **더 알아보기**

두 일차함수 $y = ax + b\ (a \neq 0)$, $y = cx + d$
$(c \neq 0)$의 그래프에 대하여

① 일치할 때: $a = c,\ b = d$

② 평행할 때: $a = c,\ b \neq d$

③ 수직일 때: $a \times c = -1$

11

정답 ③

📋 **핵심**체크

$2x + y = 7$에서 $2x$는 짝수이고 합해서 홀수가 되어야 하
므로 y는 홀수이어야 한다.

조건을 만족시키는 x와 y를 순서쌍 $(x,\ y)$로 나타내면
$(3,\ 1)$, $(2,\ 3)$, $(1,\ 5)$이다.

따라서 구하는 경우의 수는 3이다.

12

정답 ②

📋 **핵심**체크

외심에서 삼각형의 꼭짓점까지의 거리는 외접원의 반지름
으로 모두 같다. $\therefore\ \overline{OA} = 3$

➕ PLUS CHECK **더 알아보기**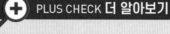

삼각형의 외심

① 삼각형의 외접원: 삼각형의 세 꼭짓점을 지나는 원

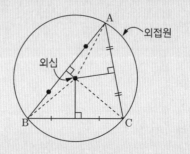

② 삼각형의 외심: 외접원의 중심

③ 삼각형의 외심의 성질

　㉠ 삼각형의 세 변의 수직이등분선은 한 점(외심)에
　　서 만난다.

　㉡ 삼각형의 외심에서 세 꼭짓점에 이르는 거리는
　　외접원의 반지름으로 모두 같다.

13

정답 ③

📋 **핵심**체크

ㄱ. 두 쌍의 대변의 길이가 같지 않으므로 □ABCD는 평
　행사변형이 아니다.

ㄴ. 두 쌍의 대변의 길이가 각각 같으므로 □ABCD는 평
　행사변형이다.

ㄷ. $\angle D = 360° - (105° \times 2 + 75°) = 75°$이므로
　$\angle B = \angle D$이다. 따라서 두 쌍의 대각의 크기가 각각
　같으므로 □ABCD는 평행사변형이다.

ㄹ. 두 대각선이 서로를 이등분하므로 □ABCD는 평행
　사변형이다.

따라서 □ABCD가 평행사변형인 것은 ㄴ, ㄷ, ㄹ의
3개다.

평행사변형의 성질

• 평행사변형의 두 쌍의 대변의 길이는 각각 같다.

• 평행사변형의 두 쌍의 대각의 크기는 각각 같다.

• 평행사변형의 두 대각선은 서로를 이등분한다.

14 정답 ②

핵심체크

점 G가 $\triangle ABC$의 무게중심이므로 $\overline{AG} : \overline{GM} = 2 : 1$

$\triangle ABG$와 $\triangle BMG$의 높이가 서로 같으므로 두 삼각형의 넓이의 비는 밑변의 길이의 비와 같다.

따라서 $\triangle ABG : \triangle BMG = 2 : 1$이므로

$4 : \triangle BMG = 2 : 1$에서 $2 \times \triangle BGM = 4$

$\therefore \triangle BGM = 2 \ (\mathrm{cm}^2)$

$\therefore \triangle AMC = \triangle ABM$

$\qquad = \triangle ABG + \triangle BGM = 6 \ (\mathrm{cm}^2)$

15 정답 ①

핵심체크

① $\sqrt{2} \times \sqrt{3} = \sqrt{2 \times 3} = \sqrt{6}$

② $\sqrt{7} - \sqrt{3} \neq 2$

③ $\sqrt{2} + \sqrt{7} \neq 3$

④ $\sqrt{(-5)^2} = \sqrt{(-5) \times (-5)} = \sqrt{25} = 5$

16 정답 ④

핵심체크

$9a^2 = (\pm 3a)^2$, $4b^2 = (\pm 2b)^2$이므로

$xab = 2 \times (\pm 3a) \times (\pm 2b) = \pm 12ab$

$\therefore x = \pm 12$

따라서 구하는 양수 x의 값은 12이다.

17 정답 ④

핵심체크

이차함수 $y = ax^2 - 3$의 그래프가 점 $(-1, 1)$을 지나므로 $x = -1$, $y = 1$을 각각 대입하면

$1 = a - 3$이므로 $a = 4$

18 정답 ①

핵심체크

$\dfrac{15 + 17 + x + 19 + y}{5} = 18$에서 $x + y = 39$

이때 최빈값이 17이고 $x < y$이므로 $x = 17$

따라서 $x = 17$을 $x + y = 39$에 대입하면

$17 + y = 39$

$\therefore y = 22$

19 정답 ③

핵심체크

$\triangle ABC$에서 피타고라스 정리에 의해

$13^2 = 5^2 + \overline{AC}^2$이므로

$\overline{AC} = \sqrt{169 - 25} = \sqrt{144} = 12 \ (\because \overline{AC} > 0)$

따라서 $\cos B = \dfrac{\overline{BC}}{\overline{AB}} = \dfrac{5}{13}$, $\tan B = \dfrac{\overline{AC}}{\overline{BC}} = \dfrac{12}{5}$이므로

$\cos B \times \tan B = \dfrac{\cancel{5}}{13} \times \dfrac{12}{\cancel{5}} = \dfrac{12}{13}$

20 정답 ④

핵심체크

원의 접선과 그 접점을 지나는 현이 이루는 각의 크기는 그 각의 내부에 있는 호에 대한 원주각의 크기와 같으므로

$\angle x = 80°$

원주각의 성질

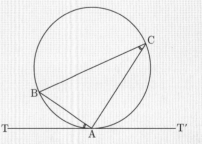

원의 접선과 그 접점을 지나는 현이 이루는 각의 크기는 그 각의 내부에 있는 호에 대한 원주각의 크기와 같다.

$\therefore \angle BAT = \angle ACB$

01	02	03	04	05	06	07	08	09	10
④	②	④	②	②	③	①	①	②	①

11	12	13	14	15	16	17	18	19	20
④	④	④	③	①	②	③	④	③	①

21	22	23	24	25
③	①	②	④	④

01   정답 ④

핵심체크

'jacket(재킷), vest(조끼), skirt(치마), coat(코트)'를 모두 포함하는 것은 'clothes(옷)'이다.

오답체크

① 과일

② 과목

③ 계절

┌ **해석 CHECK** ─────────────┐
│ 재킷 조끼 치마 코트 │
└───────────────────┘

02   정답 ②

핵심체크

'gift(재능) – talent(재주)'는 유의 관계이고, 나머지는 반의 관계에 해당하므로 의미 관계가 다르다.

오답체크

① 높은 – 낮은

③ 얇은 – 두꺼운

④ 힘센 – 약한

03   정답 ④

핵심체크

3인칭 복수 대명사 'They' 뒤에는 be 동사 'are' 또는 'were'가 올 수 있다. 회의는 'last night(어젯밤)'에 있었으므로 빈칸에는 과거형 'were'가 들어가는 것이 가장 적절하다.

┌ **해석 CHECK** ─────────────┐
│ 그들은 어젯밤에 회의에 있었다. │
└───────────────────┘

04   정답 ②

단어체크

• younger brother: 남동생

핵심체크

대화에서 A는 be동사 'is'와 'he'로 물었으므로 그에 대한 B의 응답으로 'Yes, he is' 또는 'No, he isn't'가 올 수 있다. 따라서 빈칸에는 'Yes, he is(응, 맞아)'가 들어가는 것이 가장 적절하다.

┌ **해석 CHECK** ─────────────┐
│ A: 저 소년을 봐. 그는 Larry의 남동생이니? │
│ B: 응, 맞아. │
└───────────────────┘

05   정답 ②

단어체크

• glasses: 안경

• much: 많은; 많음

핵심체크

대화에서 B는 A의 질문에 '27 dollars(27달러)'로 응답하였으므로 빈칸에는 가격을 묻는 'how much(얼마)'가 들어가는 것이 가장 적절하다.

오답체크

① 먼

③ 자주

④ 무거운

┌ **해석 CHECK** ─────────────┐
│ A: 이 안경은 얼마인가요? │
│ B: 27달러입니다. │
└───────────────────┘

06 정답 ③

📖 단어체크
• by bus: 버스로, 버스를 타고

📝 핵심체크
대화에서 B는 'I go to school by bus(나는 학교에 버스를 타고 가).'라고 응답하였으므로 빈칸에는 'How do you get to school(너는 학교에 어떻게 가니)?'이 들어가는 것이 가장 적절하다.

🔍 오답체크
① 너는 학교 다니니
② 너는 왜 버스를 타니
④ 너는 몇 시에 학교에 가니

```
─ 해석 CHECK ─
A: 너는 학교에 어떻게 가니?
B: 나는 학교에 버스를 타고 가.
```

07 정답 ①

📝 핵심체크
제시된 그림은 낚시하는 모습을 나타내고 있으며 금지 표시가 있으므로 'No fishing(낚시 금지)'이라는 의미가 가장 적절하다.

🔍 오답체크
② 운전 금지
③ 흡연 금지
④ 수영 금지

08 정답 ①

📖 단어체크
• go skiing: 스키 타러 가다

📝 핵심체크
대화에서 A와 B는 주말 계획에 대해 이야기를 나누고 있다. 첫 번째 빈칸에는 동사 'have'의 목적어인 명사가, 두 번째 빈칸에는 'to go skiing'을 목적어로 취하는 동사가 들어가야 한다. 즉, '계획, 계획하다'라는 의미를 가지며 명

사형과 동사형이 모두 가능한 말이 들어가야 한다. 이러한 두 조건을 모두 만족하는 말은 'plan'이다.

🔍 오답체크
② 타다
③ 놀다
④ 즐기다

```
─ 해석 CHECK ─
A: 이번 주말에 무슨 계획 있니?
B: 응, 있어. 나는 가족들과 함께 스키 타러 갈 계획
   이야.
A: 멋지다!
```

09 정답 ②

📝 핵심체크
제시된 설명에서 'the most popular subject'는 '가장 인기 있는 과목'이라는 의미로, 최상급 표현을 사용한 것이다. 그래프에 따르면 Suin 중학교 학생들이 가장 좋아하는 과목은 'Science(과학)'이다.

🔍 오답체크
① 수학
③ 영어
④ 역사

```
─ 해석 CHECK ─
    Suin 중학교 학생들이 가장 좋아하는 과목
영어(28%)   수학(15%)   과학(35%)   역사(22%)
과학은 Suin 중학교 학생들에게 가장 인기 있는 과목
이다.
```

10 정답 ①

📖 단어체크
• eat out: 외식하다
• today: 오늘
• sore throat: 인후통, 목이 아픈 상태

11 정답 ④

단어체크

• a little: 조금
• fresh: 신선한
• air: 공기

핵심체크

대화에서 밑줄 친 'Go ahead'는 '그렇게 해'라는 뜻으로, 허락을 나타내는 표현이다.

해석 CHECK

A: 여기 조금 춥다.
B: 10분 전에 환기를 위해 창문을 열었어.
A: 지금 창문을 닫아도 될까?
B: 그럼. 그렇게 해.

12 정답 ④

단어체크

• find: 찾다
• shoe store: 신발 가게
• straight: 곧장, 쭉

핵심체크

대화에서 A가 길을 묻자 B는 'Go straight one more block and turn right(곧장 한 블록 더 가서서 오른쪽으로 도세요).'이라고 말한 뒤 'It's on your left(왼편에 있어요).'라고 설명하였다. 따라서 A가 찾아가려는 위치는 ④이다.

해석 CHECK

A: 실례합니다. 신발 가게가 어디 있나요?
B: 곧장 한 블록 더 가서서 오른쪽으로 도세요. 그것(신발 가게)은 왼편에 있어요.
A: 감사합니다.

13 정답 ④

단어체크

• go camping: 캠핑가다
• set up the tent: 텐트를 치다
• wonderful: 멋진

핵심체크

제시된 글에서 별을 보았다는 내용은 언급되어 있지만 별 사진을 찍었다는 내용은 언급되어 있지 않다.

해석 CHECK

우리 가족은 캠핑을 갔다. 아빠는 텐트를 쳤다. 우리는 노래를 함께 부르고 바비큐를 먹었다. 우리는 하늘에 있는 많은 별을 보았다. 멋진 밤이었다.

14 정답 ③

단어체크

• leave: 떠나다
• platform: 승강장, 플랫폼
• floor: 층
• show: 보여주다
• get on: 타다

핵심체크

제시된 안내 방송에서 부산으로 가는 버스가 10분 후에 출발한다고 하였고, 버스 운전 기사에게 티켓을 보여주라는 내용도 있다. 따라서 안내 방송이 이루어진 장소로 가장 적절한 것은 '버스터미널'이다.

해석 CHECK

집중해 주십시오. 부산행 버스가 20분 후에 출발합니다. 2층에 있는 7번 승강장으로 가 주시기 바랍니다. 버스에 오르기 전에 버스 기사에게 티켓을 보여 주십시오. 감사합니다.

15 정답 ①

핵심체크

제시된 그림에서 Ted가 Kate 보다 키가 크므로 빈칸에는 'taller(키가 더 큰)'가 들어가는 것이 가장 적절하다.

오답체크

② 더 추운
③ 더 날씬한
④ (키가) 더 작은

해석 CHECK

Ted는 Kate보다 <u>키가 더 크다</u>.

16 정답 ②

단어체크

• be born: 태어나다
• move: 이동하다, 이사하다
• attend: ~에 다니다
• major in: ~을 전공하다
• economics: 경제학

핵심체크

제시된 글에서 Harry Thomson이 태어난 곳(Spain), 대학에서의 전공(economics), 뉴욕으로 이사한 해(2011)는 언급되어 있지만, 고등학교의 성적에 대한 내용은 언급되어 있지 않다.

해석 CHECK

Harry Thompson은 스페인에서 태어났다. 그의 가족은 2011년에 뉴욕으로 이사하였다. 그는 거기에서 Marker 고등학교에 다녔다. 그는 Minnesota 대학교에 가서 경제학을 전공하였다.

17 정답 ③

단어체크

• cart: 손수레, 카트

핵심체크

제시된 그림에서 여자는 쇼핑 카트를 밀고 있으므로 빈칸에는 'pushing(밀고 있는)'이 들어가는 것이 가장 적절하다.

오답체크

① 다이빙하는
② 걷는
④ 던지는

해석 CHECK

여자는 카트를 밀고 있다.

18 정답 ④

단어체크

• ticket: 표
• finish: 끝나다, 마치다
• almost: 거의
• midnight: 자정
• subway: 지하철

핵심체크

제시된 글에서 콘서트는 자정이 다 되어서 끝난다고 언급되었으며, 자정 이후에는 버스나 지하철이 없다고 하였다. 마지막 문장에서 'How can I come back home(어떻게 집으로 돌아올까)?'이라고 하였으므로 글쓴이의 고민으로 가장 적절한 것은 '콘서트장에서 집으로 올 방법이 없어서'이다.

해석 CHECK

Jessie에게,
내 친구 Cathy가 나에게 콘서트 티켓을 줬어. 하지만 콘서트가 매우 늦게 끝날 거야. 콘서트는 거의 자정이 되어서 끝날 거야. 자정 이후에는 버스나 지하철이 없어. 나는 어떻게 집으로 돌아올까?
Lauren이

19

정답 ③

📖 단어체크

• always: 항상

• draw: 그리다

📑 핵심체크

제시된 안내문에서 뛰지 않기(Don't run), 조용히 책 읽기 (Read quietly), 책에 그림 그리지 않기(Don't draw in the book)는 언급되어 있으나, '벽에 낙서하지 않기'는 규칙으로 언급되어 있지 않다.

> **해석 CHECK**
>
> 도서관 규칙
>
> ○ 조용히 (책을) 읽고 말하세요.
> ○ 뛰지 마세요. 항상 걸으세요.
> ○ 책에 그림을 그리거나 낙서하지 마세요.

20

정답 ①

📖 단어체크

• flower market: 꽃 시장

• vase: 꽃병

📑 핵심체크

제시된 글에서 'She bought roses there(그녀는 거기에서 장미꽃들을 샀다).'라고 한 뒤, 'They are for her mother's birthday(그것들은 엄마의 생일을 위한 것이다).'라고 하였으므로 they가 가리키는 것으로 가장 적절한 것은 'roses (장미꽃들)'이다.

🔍 오답체크

② 종류들

③ 꽃병들

④ 여동생들

> **해석 CHECK**
>
> Heather는 그녀의 여동생들과 함께 꽃시장에 갔다. 그녀는 거기에서 많은 종류의 아름다운 꽃을 보았다. 예쁜 꽃병들도 있었다. 그녀는 거기에서 장미꽃들을 샀다. 그것들은 엄마의 생일을 위한 것이다.

21

정답 ③

📖 단어체크

• outside: 밖에

• board game: 보드 게임

• borrow: 빌리다

📑 핵심체크

대화에서 B가 보드 게임을 하자고 제안하고 있으므로 빈칸에는 제안하는 말에 대한 긍정의 대답인 'That's a good idea(좋은 생각이야)'가 들어가는 것이 가장 적절하다.

🔍 오답체크

① 물론이지

② 천만에

④ 유감이구나

> **해석 CHECK**
>
> A: 오, 비가 많이 내리네. 나는 밖에서 놀 수가 없어.
> B: 보드 게임을 하는 게 어때? 나는 친구에게 보드 게임을 빌렸어.
> A: 좋은 생각이야.

22

정답 ①

📖 단어체크

• be held: (행사가) 열리다, 개최되다

• taste: 맛보다

• traditional: 전통의

• product: 상품

📑 핵심체크

제시된 글의 첫 문장에 행사명(The Korean Food Festival)이 나오고, 뒤이어 행사가 열리는 날짜(May 2nd)와 행사의 내용(taste many kinds of Korean traditional food, buy some food product)이 나오고 있으므로 글을 쓴 목적으로 가장 적절한 것은 '행사를 홍보하기 위해' 이다.

해석 CHECK

> 한국 음식 축제가 5월 2일에 열릴 예정입니다. 여러분은 거기에서 많은 종류의 한국 전통 음식을 맛볼 수 있습니다. 여러분은 또한 식료품도 살 수 있습니다. 오셔서 저희 행사를 즐기세요!

---

23 정답 ②

단어체크

- way: 방법
- save: 보호하다
- plastic bag: 비닐봉지
- turn off: ~을 끄다
- use: 쓰다, 사용하다
- health: 건강
- electric car: 전기차

핵심체크

제시된 글의 첫 문장에서 'There are many ways to save the earth(지구를 보호하는 많은 방법이 있다).'라고 하였고, 뒤이어 실천할 수 있는 여러 방법들이 예시로 나오고 있다. 따라서 글의 주제로 가장 적절한 것은 '지구를 보호하기 위한 방법'이다.

해석 CHECK

> 지구를 보호하는 많은 방법이 있다. 비닐봉지를 사용하지 마라. 사용하지 않을 때는 전등을 꺼라. 학교에 걸어서 가라. 그것은 또한 건강에도 좋다. 전기차를 사라.

---

24 정답 ④

단어체크

- free time: 여가 시간
- own: 자신의
- hobby: 취미
- play sports: 운동하다
- go hiking: 등산하다
- interesting: 재미있는
- enjoy: 즐기다

핵심체크

제시된 글의 마지막 문장에서 'Here are other interesting hobbies that people play(여기 사람들이 즐기는 다른 재미있는 취미가 있다).'라고 하였으므로 다음에 이어질 내용으로 가장 적절한 것은 '여러 가지 재미있는 취미 활동'이다.

해석 CHECK

> 여러분은 여가 시간에 무엇을 하는가? 많은 사람들은 자신만의 취미를 가지고 있다. 어떤 사람들은 스포츠를 한다. 어떤 사람들은 등산을 한다. 여기 사람들이 즐기는 다른 재미있는 취미가 있다.

---

25 정답 ④

단어체크

- busy: 바쁜
- science: 과학
- practice: 연습하다

핵심체크

제시된 글에서 Harry는 일요일에 음악 축제를 위해 바이올린을 연습하고 삼촌을 방문하여 함께 저녁 식사를 하였으므로 Harry가 지난 일요일에 한 일은 '바이올린 연습하기'이다.

해석 CHECK

> Harry는 지난 주말에 바빴다. 토요일에, 그는 과학 숙제를 하였다. 그는 또한 아빠가 개집 만드는 것을 도왔다. 일요일에, 그는 음악 축제를 위해 바이올린을 연습하였다. 그는 삼촌을 방문하여 함께 저녁 식사를 하였다.

01	02	03	04	05	06	07	08	09	10
①	③	③	④	④	②	③	①	③	④

11	12	13	14	15	16	17	18	19	20
①	②	③	②	①	②	①	①	④	②

21	22	23	24	25
③	②	④	①	①

01

정답 ①

핵심체크

홍수, 가뭄, 태풍 등은 기상과 관련된 자연재해이다. 자연재해란 인간과 인간 생활에 피해를 입히는 자연 현상을 말하며, 특정한 지역에서 반복적으로 발생하고, 재해의 종류 및 강도에 따라 피해 규모도 다르다는 특징을 가지고 있다.

02

정답 ③

핵심체크

세계 시민의 자발적 참여와 모금으로 구성된 비영리·비정부 조직은 국제 비정부 기구(NGO)이다. 인도주의적 차원에서 자체 활동 외의 국제기구를 보조하는 역할을 한다. 공정 무역은 저개발 국가에서 경제 발전의 혜택으로부터 소외된 생산자와 노동자들에게 더 나은 거래 조건을 제공하고 그들의 권리를 보호함으로써 지속 가능한 발전에 기여하는 무역으로, 국제 비정부 기구(NGO)의 사례에 해당하지 않는다.

오답체크

① 빈곤 해결책 제시, 자연 재해와 분쟁 지역의 구호와 물적·인적 지원, 저개발국의 분쟁 조정 계획 수립, 공정 무역의 지원 등의 활동을 하는 빈민 구호 단체이다.

② 지구 환경을 보존하고 평화를 증진하기 위해 기후 변화 방지, 산림·해양 보호, 핵 실험 금지, 유전자 조작 반대 등의 활동을 하는 환경 보호 단체이다.

④ 인종, 종교, 성, 정치적 성향과 관련 없이 의료 활동을 지원하는 인도주의적 국제 민간 의료 단체이다.

03

정답 ③

핵심체크

정보화 사회는 정보 통신 산업을 주체로 다양한 정보가 생산·전달·소비되고, 지식 위주의 3차 산업이 주도하는 사회이다. 정보 유통량이 폭증하고 그 정보를 효율적으로 처리하고 전달하는 기술이 발달하여 홈쇼핑, 홈뱅킹 등의 활성화와 재택근무의 보편화가 실현되었다. 또한, 도시 집중화 현상 완화, 국민의 정치 참여 확대 등 여러 긍정적인 변화가 나타나게 되었다.

오답체크

① 도시의 확장으로 농촌 인구가 도시로 이동하며, 도시에 거주하는 인구의 비율이 증가하는 현상을 말한다.

② 산업의 중심이 농업에서 제조업 위주의 사회로 변화하는 과정을 말한다.

④ 교통·통신의 발달로 세계가 하나의 지구촌으로 통합되면서 거대한 공동체를 형성하여 긴밀하게 상호 의존하는 현상을 말한다.

04

정답 ④

핵심체크

우리나라의 가장 동쪽 끝에 위치한 섬인 독도는 세계자연유산에 등재되어 있지 않다. 독도는 여러 종류의 동식물이 서식하여 천연보호 구역으로 지정되어 있으며, 한류와 난류가 교차하는 지역으로, 조경 수역을 형성한다. 또한, 해양 심층수 개발, 독도 부근 해저에 가스 하이드레이트 발견 등 풍부한 자원이 매장되어 있어 가치가 높으며, 항공 및 방어 기지의 역할과 태평양을 향한 해상 전진 기지인 군사적 요충지 역할을 한다.

05

정답 ④

핵심체크

선진국은 산업 혁명 이후 인구가 촌락에서 도시로 점진적으로 유입되었으므로 개발 도상국에 비해 경제 성장과 도시화의 조화로운 관계가 유지된다.

오답체크

① 선진국은 도시화 속도가 완만하게 진행된다.

② 개발 도상국은 도시화가 짧은 시간에 급격하게 진행된다.

③ 개발 도상국에서 과도시화, 종주 도시화 현상이 일어나며, 역도시화 현상은 선진국에서 일어난다.

06 정답 ②

핵심체크

지하수의 용식 작용으로 인해 생성된 지형은 카르스트이다. 카르스트에는 석회암이 빗물에 녹아 형성된 연못 형태의 돌리네와 지하에 있는 석회암층이 지하수에 녹아 형성된 석회 동굴이 있다.

오답체크

① 해발 고도가 높지만 비교적 평탄한 지형은 고원이다. 화산 활동에 의한 현무암의 분출로 형성된 평탄한 지형인 용암 대지와 평탄하였던 지형이 융기하면서 형성된 융기 고원이 있다.

③ 빙하의 침식·운반·퇴적으로 인해 형성된 지형에는 호른, 빙식곡, 피오르 등이 있다. 호른은 빙하의 침식으로 약한 부분은 깎이고 단단한 부분만 뿔처럼 뾰족하게 남은 봉우리이며, 빙식곡은 빙하가 흐르면서 침식되어서 만들어진 U자형 골짜기를 말한다. 피오르는 빙식곡에 바닷물이 들어와 형성된 좁고 복잡한 해안이다.

④ 화산 폭발로 마그마 등의 물질이 지표면을 뚫고 나와 분출하면서 형성된 지형으로는 칼데라, 용암 동굴, 주상 절리 등이 있다. 칼데라는 화산 폭발 후 화산의 정상부가 무너지며 형성된 지형이며, 용암 동굴은 용암이 흘러 굳으면서 형성된 동굴이다. 주상 절리는 용암이 식으면서 만들어 놓은 육각기둥 모양의 지형을 말한다.

07 정답 ③

핵심체크

ㄱ. 자신이 살고 있는 나라에서 다른 나라로 이동하는 유형이다.

ㄹ. 전쟁이나 분쟁으로 인한 대규모 난민이 이동하는 유형이다.

오답체크

ㄴ. 취업 등 경제 활동을 위해 이동하는 유형이다.

ㄷ. 이주자가 강제로 다른 지역으로 이동하는 유형이다.

08 정답 ①

핵심체크

제시된 그래프는 여름에는 고온 다습하고, 겨울에는 한랭 건조한 온대 계절풍 기후를 설명하고 있다.

오답체크

② 온대 계절풍 기후의 겨울은 춥고 건조하다.

③ 7월의 평균 강수량은 350mm이고, 8월의 평균 강수량은 250mm 정도이므로 두 달의 평균 강수량은 약 300mm가 된다.

④ 온대 계절풍 기후는 기온의 연교차와 강수량의 계절차가 크다.

09 정답 ③

핵심체크

준거 집단은 자신이 소속되지 않았지만 소속되고자 하고 행동의 기준으로 삼는 집단이다. 청소년기에는 준거 집단의 선택 여부가 개인의 행동과 가치관에 큰 영향을 줄 수 있다.

오답체크

① 구성원들 간에 직접적이고 친밀한 상호 작용이 이루어지는 집단이다.

② 목적 달성을 위한 수단으로 결합된 집단이다.

④ 자신의 의지에 따라 목적을 위해 결합된 집단이다.

10 정답 ④

핵심체크

외국 제품을 무조건 선호하는 태도는 문화 사대주의에 해당한다. 문화 사대주의는 자신의 문화는 부정적으로 여기고, 다른 나라 문화만을 가치 있고 우수한 것으로 여기는 태도이다.

11
정답 ①

핵심체크

노동 3권

- 단결권: 근로자가 기업가와 대등한 위치에서 근로 조건과 경제적 지위 향상을 도모하기 위해 단체를 결성할 수 있는 권리
- 단체 교섭권: 근로자의 단체인 노동조합이 기업가와 근로 조건에 대해 교섭하고 협약을 체결할 수 있는 권리
- 단체 행동권: 노동 쟁의가 발생한 경우 근로자가 기업가에게 대항하여 파업 등의 단체 행동을 할 수 있는 권리

12
정답 ②

핵심체크

사법은 개인과 개인 간의 생활, 즉 사적인 생활 관계를 규율하는 법으로, 이혼 시 자녀에 대한 친권과 양육권에 대한 다툼은 사법으로 다뤄야 한다.

공법은 개인과 국가 기관 또는 국가 기관 간의 관계인 공적 생활을 규율하는 법으로, 다른 사람에게 상해를 입힌 자를 처벌할 때는 공법을 적용해야 한다.

13
정답 ③

핵심체크

국군 통수권은 국군을 통솔하고 지휘할 수 있는 행정부 수반으로서의 대통령의 지위와 권한이다.

오답체크

① 국가 최고 통수권자인 대통령이 헌법을 근거로 계엄법에 따라 계엄을 선포할 수 있는 국가 원수로서의 권한이다.
② 조약의 체결은 대통령의 권한에 속한다는 국가 원수로서의 권한이다.
④ 대통령이 국회의 동의를 얻어 감사원장을 임명할 수 있는 국가 원수로서의 권한이다.

14
정답 ②

핵심체크

채권은 국가, 지방 자치 단체, 은행, 회사 등이 사업에 필요한 자금을 빌리기 위해 발행하는 것으로, 공채, 국채, 사채, 지방채 등이 있다.

오답체크

① 주식 회사가 자본금을 마련하기 위해 투자자로부터 돈을 받고 회사 소유자라는 증표로 발행하는 증서이다.
③ 미래를 위해 현재의 소비를 억제하고 다양한 형태의 자산을 보유하는 것이다.
④ 토지나 건물 등과 같이 움직여 옮길 수 없는 재산을 말한다.

15
정답 ①

핵심체크

대체재와 보완재

- 대체재: 서로 다른 재화에서 같은 효용을 얻을 수 있는 재화
  예 쌀과 빵, 고기와 생선, 커피와 홍차, 버터와 마가린, 샤프펜슬과 연필 등
- 보완재: 두 재화를 동시에 소비할 때 효용이 증가하는 재화
  예 자동차와 휘발유, 커피와 설탕, 펜과 잉크, 빵과 버터 등

16
정답 ②

핵심체크

ㄱ・ㄷ 귀속 지위는 개인의 의지나 노력과는 관계없이 출생 시부터 결정되는 지위로, 성별, 인종, 남자, 딸 등이 있다.

오답체크

ㄴ・ㄹ 성취 지위는 노력과 능력에 따라 후천적으로 결정되는 지위로, 학생, 교사, 회사원, 변호사 등이 있다.

17 정답 ①

📋 **핵심**체크

청동기 시대에는 벼농사가 최초로 시작되었으며, 반달 돌칼을 이용하여 곡식을 수확하였다.

🔍 **오답**체크

② 구석기 시대에는 동굴이나 막집에서 살았으며, 계절에 따라 이동 생활을 하였다.

③·④ 신석기 시대 사람들은 농경과 목축을 시작하면서 정착 생활을 하게 되었고, 빗살무늬 토기를 이용하여 음식을 조리하거나 저장하였으며, 가락바퀴로 실을 뽑아 뼈바늘로 옷을 지어 입기도 하였다.

18 정답 ①

📋 **핵심**체크

소수림왕은 태학을 설립하여 인재를 양성하였으며, 불교를 수용하고, 율령을 반포하여 국가 조직을 정비하였다.

🔍 **오답**체크

② 광개토 대왕은 금관가야를 공격하여 영토를 확장하였고, 신라에 고구려 군을 파견하기도 하였다.

③ 고국천왕은 국상인 을파소의 건의에 따라 먹을거리가 부족한 봄에 곡식을 빌려주고 겨울에 갚게 하는 진대법을 실시하였다.

④ 장수왕은 평양으로 천도하고 남진 정책을 추진하여 백제의 수도 한성을 함락시키고 백제의 왕을 죽인 뒤 한강 유역을 차지하였다.

19 정답 ④

📋 **핵심**체크

임진왜란이 동아시아에 미친 영향

• 조선: 국토의 황폐화(경작지 1/3로 감소), 인구 감소, 신분제 동요, 경복궁·불국사·사고(史庫) 등의 소실 및 문화재 약탈
• 일본: 정권 교체(에도 막부 수립), 조선으로부터 가져간 문화재 등으로 일본 문화 발전에 기여
• 중국: 명이 쇠퇴하고 만주의 여진족 성장(후금 건국)

20 정답 ②

📋 **핵심**체크

정조의 개혁 정치

탕평책	• 노론과 서인뿐만 아니라 남인도 등용 • 서얼을 규장각 검서관에 등용
개혁 정책	규장각 설치, 장용영 설치, 수원 화성 축조, 초계문신제 실시, 서얼과 노비에 대한 차별 완화, 통공 정책(자유로운 상업 활동 허용 → 금난전권 폐지), 『대전통편』·『탁지지』 편찬

21 정답 ③

📋 **핵심**체크

여진족이 부족을 통일하며 고려를 위협하자 윤관은 숙종에게 건의하여 별무반을 조직하였다. 이후 여진족을 물리치고 예종 때 동북 지역에 9성을 설치하였다.

🔍 **오답**체크

①·②·④ 고려 시대 거란이 침입하였을 때 활약한 인물들이다. 거란 침입 시 1차 때는 서희, 2차 때는 양규, 3차 때는 강감찬이 활약하였다.

22 정답 ②

📋 **핵심**체크

이자겸의 난(1126) 이후 인종은 왕권을 회복시키고자 정치 개혁을 추진하였다. 이 과정에서 김부식을 중심으로 한 개경 세력과 묘청, 정지상을 중심으로 한 서경 세력 간의 대립이 발생하였다. 묘청 등의 서경 세력은 서경 천도와 고려를 황제국으로 칭하고 금 정벌을 주장하였으나, 받아들여지지 않았다. 이에 묘청은 서경에서 난을 일으켰으나, 김부식의 관군에 의해 진압되었다.

🔍 **오답**체크

① 향·소·부곡민에 대한 차별로 인해 망이와 망소이가 공주 명학소에서 일으킨 봉기이다.

③ 최충헌의 노비 만적이 노비들을 규합하여 일으킨 천민 신분 해방 운동이다.

④ 세도 정치 아래 지역 차별과 수탈에 맞서 몰락 양반 출신 홍경래가 일으킨 난이다.

23

📑 **핵심체크**

일제의 국권 침탈 과정

- 러일 전쟁(1904): 한반도를 둘러싼 러일의 경쟁 → 일본 승리
- 을사늑약(1905): 일본이 대한 제국의 외교권 박탈, 통감부 설치
- 고종 강제 퇴위(1907): 고종이 을사늑약의 부당성을 알리기 위해 헤이그 특사 파견 → 일본이 이를 구실로 고종 강제 퇴위
- 한일 신협약(1907): 대한 제국 군대 해산
- 한일 병합 조약(1910): 대한 제국 강제 병합

24

📑 **핵심체크**

이승만 대통령과 자유당 정부가 장기 집권 및 3·15 부정 선거를 자행하자 이를 규탄하며 학생과 시민이 4·19 혁명을 일으켰다. 이로 인해 이승만 대통령이 하야하고 자유당 정권이 붕괴되며, 장면 내각 정부가 수립되는 결과가 발생하였다. 이는 학생과 시민의 힘으로 독재 정권을 무너뜨리고, 대한민국 민주주의 발전의 토대가 되었다는 점에서 의의가 있다.

🔍 **오답체크**

② 전두환 정권 시기에 박종철 고문치사 사건을 기점으로 독재 정권을 타도하기 위해 전국적으로 확산되었고, 그 결과 대통령을 국민이 직접 뽑게 되었으며, 대통령의 임기가 5년 단임으로 정해졌다.

③ 1920년대 조만식 등을 중심으로 평양에서 시작되었으며, 민족 기업의 육성을 통한 경제적 자립을 시도하였다. 이 운동은 '조선 사람 조선 것, 내 살림 내 것으로'라는 구호를 통해 전국적으로 확산되었다.

④ 전두환을 중심으로 한 신군부 세력이 쿠데타를 일으켜 권력을 장악하자 이에 저항하여 '서울의 봄'이라는 대규모 민주화 운동이 일어나 비상계엄 조치가 전국으로 확대되었다. 전라도 광주에서 신군부의 비상계엄 확대를 반대하는 5·18 민주화 운동이 일어나자 신군부는 시위대를 무력으로 진압하였다.

25

📑 **핵심체크**

김구는 1931년에 한인 애국단을 조직하여 적극적인 항일 무장 투쟁을 전개하였으며, 대한민국 임시 정부의 주석으로 활동하면서 민족의 자주독립을 위해 노력하였다. 광복 이후에 남북 협상을 추진하는 등 남북 분단을 막고 통일 정부를 구성하기 위해 힘쓰다가 안두희에게 암살당하였다.

🔍 **오답체크**

② 의열단을 조직하여 독립운동을 전개한 인물이다.

③ 한인 애국단 단원으로, 도쿄에서 일본 국왕이 탄 마차의 행렬에 수류탄을 던진 인물이다.

④ 한인 애국단 단원으로, 홍커우 공원에서 열린 일본 국왕 생일 기념식에 폭탄을 던진 인물이다.

제5교시 과학
121~125쪽

01	02	03	04	05	06	07	08	09	10
③	②	④	①	③	④	①	③	②	④
11	12	13	14	15	16	17	18	19	20
④	③	②	①	①	③	③	②	②	④
21	22	23	24	25					
①	①	④	③	④					

01
정답 ③

📋 핵심체크

탄성력의 크기는 탄성체에 작용한 힘의 크기와 같으므로 10 N이다.

➕ PLUS CHECK 더 알아보기

탄성력
- 탄성력: 탄성체가 변형되었을 때 원래의 상태로 되돌아가려는 힘이다.
- 탄성력의 크기: 탄성체에 작용한 힘의 크기와 같으며, 탄성체의 변형 정도가 클수록 크다.
- 탄성체의 예: 용수철, 고무줄 등

02
정답 ②

📋 핵심체크

파동의 진행 방향이 매질의 진동 방향과 수직인 파동은 횡파이다. 횡파에는 물결파, 지진파의 S파, 전자기파, 빛 등이 있다.

🔍 오답체크

①·③·④ 소리, 초음파, 지진파의 P파는 모두 종파에 해당한다. 종파는 파동의 진행 방향이 매질의 진동 방향과 나란한 파동이다.

03
정답 ④

📋 핵심체크

전압이 일정할 때 전류는 저항에 반비례한다.

04
정답 ①

📋 핵심체크

제시된 것은 전도에 대한 예이다. 전도는 물체를 구성하는 분자들 사이에 열이 전달되어 이동하는 것으로, 주로 고체에서 일어난다.

05
정답 ③

📋 핵심체크

'물체에 대하여 한 일(W)＝힘(F)×힘의 방향으로 이동한 거리(s)'이므로 $10 \text{ N} \times 20 \text{ m} = 200 \text{ J}$이다.

06
정답 ④

📋 핵심체크

1 kg의 공이 4 m 지점을 지날 때 역학적 에너지의 양은 10 m 높이에서의 역학적 에너지와 같다. 따라서 10 m 높이에서의 역학적 에너지가 98 J이라고 하였으므로 공이 4 m 지점을 지날 때의 역학적 에너지 역시 98 J이다.

➕ PLUS CHECK 더 알아보기

역학적 에너지 보존 법칙
물체가 운동하는 동안 마찰력이 작용하지 않는다면 그 물체의 운동 에너지와 위치 에너지의 합인 역학적 에너지는 일정하게 보존된다. 운동 에너지와 위치 에너지 각각의 양은 변할 수 있지만, 운동 에너지가 증가하면 위치 에너지가 감소하고, 운동 에너지가 감소하면 위치 에너지가 증가해, 운동 에너지와 위치 에너지의 합은 항상 일정하다. 이것을 역학적 에너지 보존 법칙이라고 한다.

07
정답 ①

📋 핵심체크

입자 운동을 방해하는 요인이 적을수록 확산이 빠르게 일어난다. 따라서 '진공 속＞기체 속＞액체 속' 순으로 확산이 빨리 일어나며, 고체 안에서는 확산이 거의 일어나지 않는다.

08
정답 ③

핵심체크

액화는 기체가 열에너지를 방출하고 액체로 변하는 상태 변화이다.

오답체크

①·②·④ 융해, 기화, 승화(고체 → 기체)가 일어날 때 모두 열에너지를 흡수한다.

09
정답 ②

핵심체크

수소(H)와 산소(O)로 이루어져 있으며, 수소와 산소 원자가 2 : 1의 비율로 이루어진 분자는 H_2O(물)이다.

10
정답 ④

핵심체크

나트륨의 원소 기호는 Na, 플루오린의 원소 기호는 F이다.

오답체크

ㄱ. 칼슘의 원소 기호는 Ca이고, Cl은 염소의 원소 기호이다.

ㄷ. 마그네슘의 원소 기호는 Mg이고, He는 헬륨의 원소 기호이다.

11
정답 ④

핵심체크

D는 액체가 기체로 상태 변화한 후, 기체만 존재하는 구간이다.

오답체크

①·② A와 B는 물질이 액체 상태로 존재하는 구간이다.
③ C는 물질이 액체에서 기체로 상태 변화하는 구간으로, 액체와 기체가 함께 존재하는 구간이다.

12
정답 ③

핵심체크

수소 분자(H_2) 2개와 산소 분자(O_2) 1개가 반응하여 물 분자(H_2O) 2개가 생성된다.

13
정답 ②

핵심체크

광합성의 결과로 생성된 포도당은 일시적으로 잎에 녹말 형태로 저장되어 있다가, 주로 밤에 설탕의 형태로 전환되어 체관을 통해 뿌리, 줄기, 열매 등으로 이동하여 저장된다.

14
정답 ①

핵심체크

증산 작용은 식물체 내의 물이 잎의 기공을 통해 증발되는 현상이다.
A와 B의 차이점은 식물 잎의 유무이므로 증산 작용이 잎을 통해 일어나는지를 확인하는 실험이다.

15
정답 ①

핵심체크

지방산은 소장 벽에 있는 융털의 암죽관을 통해 흡수된다.

➕ PLUS CHECK 더 알아보기

영양소의 흡수와 이동

입, 위, 소장에서 소화 과정을 거친 영양소는 소장 벽의 융털을 통해 흡수된다. 이때 물에 잘 녹는 영양소는 융털의 모세 혈관으로 흡수되고, 물에 잘 녹지 않는 영양소는 융털의 암죽관으로 흡수된다.

모세 혈관	포도당, 아미노산, 무기 염류, 수용성 비타민 등 흡수
암죽관	지방산, 글리세롤, 지용성 비타민 등 흡수

16
정답 ③

핵심체크

들숨이 일어날 때 폐의 부피가 증가한다.

+ PLUS CHECK 더 알아보기

들숨과 날숨

구분	들숨	날숨
횡격막	내려감	올라감
갈비뼈(늑골)	올라감	내려감
흉강 부피	증가	감소
흉강 압력	감소	증가
공기의 이동 방향	밖 → 폐	폐 → 밖
폐의 부피	증가	감소

17
정답 ③

핵심체크

청각의 전달 경로는 '소리 → 귓바퀴 → 고막 → 귓속뼈 → 달팽이관 → 청각 신경 → 대뇌'이므로 ㉠에 해당하는 것은 달팽이관이다. 따라서 그림의 귀의 구조에서 찾으면 C이다.

오답체크

① A는 고막에 해당한다.
② B는 귓속뼈에 해당한다.
④ D는 청각 신경에 해당한다.

18
정답 ②

핵심체크

혈액의 구성 성분 중 핵이 있으며, 일정한 모양이 없고 병균을 잡아먹는 식균 작용을 하는 것은 B(백혈구)이다.

오답체크

① A(적혈구)는 원반 모양이며 헤모글로빈이 있어 산소를 운반한다.
③ C(혈소판)는 파편 모양이며 핵이 없고, 혈액을 응고시킨다.
④ D(혈장)는 액체 성분으로, 영양분, 노폐물, 이산화 탄소를 운반한다.

19
정답 ②

핵심체크

딸의 경우, 부로부터 X, 모로부터 X′ 염색체를 물려받으므로 XX′ 유전자형을 가지며, 색맹 대립유전자(X′)가 1개만 있으므로 정상(보인자)이다.

+ PLUS CHECK 더 알아보기

적록 색맹

• 붉은색과 초록색을 잘 구별하지 못하는 유전 형질이다.
• 색맹 유전자는 성염색체인 X 염색체에 있다.
• 정상 유전자를 X, 색맹 대립유전자를 X′이라 할 때,
  – 남자: XY(정상), X′Y(색맹)
  – 여자: XX(정상), X′X(정상, 보인자), X′X′(색맹)
• 여자는 색맹 대립유전가(X′)가 2개 있어야 색맹이 되지만, 남자는 색맹 대립유전자(X′)가 1개만 있어도 색맹이 되므로 색맹은 여자보다 남자에게 더 많이 나타난다.

20
정답 ④

핵심체크

화성암 중 결정의 크기가 크고 밝은색을 나타내는 것은 화강암이다.

+ PLUS CHECK 더 알아보기

암석의 색과 광물 결정 크기에 따른 화성암의 분류

구분	어둡다	밝다
화산암(작은 결정)	현무암	유문암
심성암(큰 결정)	반려암	화강암

21
정답 ①

핵심체크

지권의 층상 구조 중 지구 전체 부피의 약 80 %를 차지하는 것은 맨틀이다. 맨틀은 지각 아래부터 약 2,900 km 까지의 층으로, 지각보다 무거운 물질로 이루어졌다.

22　[정답] ①

📑 핵심체크

포화 수증기량은 포화 상태의 공기 1 kg에 함유된 수증기의 양을 질량(g)으로 나타낸 것으로, 온도가 높을수록 증가한다. 주어진 그래프에서 A~D 모두 포화 상태의 공기이며, 포화 수증기량이 가장 작은 것은 A이다.

23　[정답] ④

📑 핵심체크

바다의 염분은 지역에 따라 조금씩 다르지만, 녹아있는 염류의 상대적인 비율은 어느 바다에서나 거의 일정하다.

• 해수에 들어 있는 염류의 비율

염류의 종류	염화 나트륨	염화 마그네슘	황산 마그네슘	황산 칼슘	황산 칼륨	기타
각 염류가 차지하는 비율(%)	77.7	10.8	4.8	3.7	2.6	0.4

🔍 오답체크

① 빙하가 녹는 지역은 해수의 염분이 낮다.
② 염분의 단위로는 천분율인 퍼밀(‰) 또는 psu를 사용한다.
③ 해수에 가장 많이 들어 있는 염류는 염화 나트륨이다.

24　[정답] ③

📑 핵심체크

지구와 환경이 가장 비슷하고, 표면이 붉은색을 띠며, 물이 흘렀던 흔적이 있는 행성은 화성이다. 화성의 극지방에 흰색의 극관이 있고, 이산화 탄소의 대기층이 있다.

25　[정답] ④

📑 핵심체크

태양계가 속해 있는 우리 은하는 막대 나선 은하에 속한다. 막대 나선 은하는 중심을 가로지르는 막대의 끝에서 나선팔이 휘어져 나온 모양이다.

제6교시	도덕							126~129쪽	
01	02	03	04	05	06	07	08	09	10
④	②	①	③	③	①	①	②	④	④
11	12	13	14	15	16	17	18	19	20
②	①	④	④	④	①	③	②	①	③
21	22	23	24	25					
②	④	③	①	②					

01　[정답] ④

📑 핵심체크

고자는 인간의 본성에는 선도 악도 없으므로 교육과 수양에 따라 그 어느 품성으로도 변할 수 있다는 의미의 성무선악설을 주장하였다.

🔍 오답체크

① 성선설을 통해 인간은 본래부터 착한 본성을 가지고 태어난다고 주장한 사상가이다.
② 인간은 자신의 욕구 충족만을 추구하는 옳지 못한 성품을 가지고 태어난다는 성악설을 주장한 사상가이다. 이에 따라 인간은 예법으로 본성을 변화시켜 선하게 만들려는 인위적인 노력을 해야 한다고 하였다.
③ 인간의 본성은 선과 악으로 논할 수 없다고 주장하였으며, 선악을 초월한 도(道)의 경지에 의해 인식할 수 있다고 본 사상가이다.

02　[정답] ②

📑 핵심체크

도덕적 성찰을 하는 방법

• 유교: 경(敬)으로 한순간도 방심하지 말고 바람직하지 못한 욕망이 침입하지 않도록 경계하는 생활 자세가 필요하다고 강조하였다.
• 불교: 참선으로 인간의 참된 삶을 성찰하고, 헛된 욕심을 버리고 마음을 집중할 것을 강조하였다.
• 소크라테스: "나는 누구인가?"라는 질문을 통해 대화를 나누며 진리를 추구하였다.

오답체크

① 도덕적 판단을 내릴 때 그것을 지시하는 이유 또는 근거를 바탕으로 그 판단이 옳다고 주장하는 과정을 말한다.

③ 상대방의 입장을 헤아려 그 사람에게 도움이 되는 행동들을 상상하고 결과를 예측하는 능력을 말한다.

④ 도덕적인 문제에 처한 상황에서 무엇이 도덕적으로 문제가 되는지 느끼고 섬세하게 반응하는 것을 말한다.

03　　정답 ①

핵심체크

정신적 가치는 물질과 상관없이 보람을 느끼는 가치로, 사랑, 우정, 지혜, 행복, 믿음 등이 있다.

오답체크

②·③·④ 물질적 가치는 물질을 통해 만족감을 얻을 수 있는 가치로, 식탁, 컴퓨터, 휴대폰, 돈, 집, 음식 등이 있다.

04　　정답 ③

핵심체크

반증 사례 검사는 상대방이 전제하고 있는 도덕 원리에 반대되는 사례를 제시하여 상대방의 도덕 원리가 적절하지 않음을 지적하는 방법이다.

오답체크

① 선택한 도덕 원리를 더 일반적이고 포괄적인 도덕 원리에 따라 판단해 보는 검사 방법이다.

② 상대방의 입장에서 생각해 보는 검사 방법이다.

④ 문제가 되는 도덕 원리를 모든 사람이 보편적으로 실천하였을 때 나타날 수 있는 결과를 예상하여 도덕 원리의 적절성 여부를 검토하는 검사 방법이다.

05　　정답 ③

핵심체크

상대방의 입장에서 생각해 보는 자세는 역지사지(易地思之)의 자세로서 합리적이고 평화적으로 갈등을 해결하는 방법이다.

오답체크

①·②·④ 갈등 발생의 원인에 해당한다.

06　　정답 ①

핵심체크

도덕은 사람으로서 마땅히 지켜야 할 도리로, 올바른 삶의 기준이 된다. 이를 통해 스스로 판단하고 그에 따른 올바른 행동을 실행하여 삶의 주인이 될 수 있다.

오답체크

② 어떤 대상을 원하고 바라는 마음을 말한다.

③ 살면서 지향해야 할 궁극적인 대상이면서 삶의 목적에 이르기 위한 구체적인 방법이다.

④ 올바른 도덕적 가치를 지켜 바르게 살아가고자 하는 믿음이다.

07　　정답 ①

핵심체크

최고선은 삶을 살면서 추구해야 하는 가장 높은 가치로, 사람마다 다를 수 있다. 프로이센의 철학자 칸트는 최고선을 도덕성과 행복의 완전한 결합이라고 보았다.

오답체크

② 윤리학에서의 최고선은 덕이라고 주장한 철학자이다.

③ 최고선은 우리가 궁극적인 목적으로 추구하는 것이며, 최고의 가치이자 행복이라고 규정한 철학자이다.

④ 아리스토텔레스와 같이 인생의 목표를 행복이라고 하였지만, 쾌락을 통한 행복을 최고선이라 본 학파이다.

08　　정답 ②

핵심체크

현대 사회는 도시화·산업화로 인한 핵가족화가 빠르게 증가하고, 경제 활동 인구의 감소와 노년 인구의 증가로 여러 노인 문제가 발생하고 있다. 노년기는 누구나 도달하게 되는 삶의 단계이므로 개인적으로는 노인들을 존중하고, 인생의 선배로서 존중하는 태도가 필요하며, 정부 차원에서 노인들을 위한 제도가 마련되어야 한다.

09

정답 ④

핵심체크

인권 감수성은 인권에 대해 민감해진다는 의미로, 인권 침해 상황에 민감하게 반응하고 인권 사각지대에 있는 사회적 약자들의 어려움과 고통에 공감하는 능력을 말한다. 사회적 약자를 배려하기 위한 노력으로 필수적이며, 일상생활에서 인권에 관심을 가져야 기를 수 있다.

오답체크

① 남자와 여자 양쪽을 성별에 따른 차별 없이 동등하게 대우하는 것을 의미한다.

② 사회적으로 불리한 조건에 처해 있어 인간다운 삶을 살아가는 데 어려움을 겪는 사람들로서 장애인, 이주 노동자, 결혼 이주 여성, 독거노인, 결식아동 등이 있다.

③ 인간이라면 누구나 존중받아야 하며, 인간이 태어날 때부터 가지는 천부적이 인권이자 기본적인 권리로 보는 개념이다. 이를 실현하기 위해서 자신의 존엄성만큼 타인의 존엄성도 존중하고 배려해야 하며, 현재 우리가 누리는 인권이 이전 세대의 노력과 희생을 바탕으로 만들어졌다는 것을 알아야 한다.

10

정답 ④

핵심체크

문화는 환경을 극복하고 적응해 나가는 과정 속에서 형성된 의, 식, 주, 언어, 관습 등의 생활양식을 말하며, 지역, 사회, 국가별로 다양하게 나타날 수 있다. 따라서 자신의 문화만 우월하다고 여기거나 다른 문화만 우수하게 여기는 태도는 옳지 않다. 타 문화는 그 문화가 형성된 배경을 바탕으로 존중해야 하며, 자신의 문화는 바르게 성찰하고 개선해 나가야 한다.

11

정답 ②

핵심체크

인권은 인간이라면 누구나 당연히 가지게 되는 권리로, 인종, 성별, 나이, 사회적 신분, 피부색과 관계없이 모든 인간이 누려야 한다는 보편성을 가진다.

오답체크

① 인권은 영구토록 보장된다는 특징이다.

③ 인권은 하늘로부터 부여받은 것으로, 태어나면서 갖게 된다는 특징이다.

④ 인권은 다른 사람으로부터 빼앗기거나 침해받을 수 없다는 특징이다.

12

정답 ①

핵심체크

생식 작용을 중심으로 단순하게 남녀의 성별을 구분하는 개념은 생물학적 성이다.

오답체크

② 육체적인 사랑, 즉 성애를 의미하는 개념이다.

③ 사회·문화적으로 만들어지는 여성다움과 남성다움을 통칭하는 개념이다.

④ 성적 관심, 성적 활동 등 성적 욕망과 관련되는 총괄적인 개념이다.

13

정답 ④

핵심체크

과학 기술의 발달에 따른 부작용에는 대량 살상 무기의 발명에 따른 인류의 평화 위협, 과학 기술에 대한 지나친 의존에 따른 비인간화 현상, 생명 과학 기술의 발달에 따른 생명의 존엄성 훼손, 정보·통신 기술의 발달에 따른 인권과 사생활 침해, 환경오염 등이 있다.

오답체크

①·②·③ 과학 기술의 발달을 통한 삶의 긍정적 변화에는 정보·통신 기술의 발달에 따른 지식과 문화의 확산, 교통과 정보·통신 기술의 발달에 따른 시·공간 제약의 극복, 생명 과학과 의료 기술의 발달에 따른 건강 증진과 위험 예방, 각종 재화 대량 생산과 자동화의 진행에 따른 물질적 풍요와 안락한 삶 등이 있다.

14　정답 ④

핵심체크

전 세계적 문제 해결을 위한 세계 시민의 자세

환경 문제 해결	자연을 정복의 대상이 아니라 공존하고 조화해야 하는 대상으로 인식
공적 원조	국가 간 격차와 기아와 빈곤의 해결을 위해 식량이나 자원을 지원하는 등 공적인 원조 필요
세계 평화	세계 평화를 실현하기 위해 분쟁과 전쟁의 저지와 예방을 위해 노력
문화적 다양성 이해	문화적 다양성을 인정하고, 문화적 차이를 이해하고 존중
실천적 활동	봉사나 후원 등 실천적인 활동에 적극적으로 참여

15　정답 ④

핵심체크

국민의 자부심, 소속감, 공동체 의식 등의 연대 의식은 국가의 주관적 구성 요소이다.

오답체크

①·②·③ 국민, 주권, 영토는 국가를 구성하는 객관적인 구성 요소이다.

16　정답 ①

핵심체크

정보 격차는 새로운 기술에 접근할 수 있는 경제적·사회적 능력의 차이로 인한 정보의 질적·양적 차이를 말한다. 이로 인해 개인 정보력의 차이가 발생하여 소득 및 빈부의 격차를 심화시킬 수 있다.

오답체크

② 정보·통신 기술의 발달로 온라인상에서 개인 정보가 유출되어 발생할 수 있는 문제이다.

③ 인터넷이나 스마트폰의 과한 사용으로 인한 중독은 외부 세계와의 단절을 야기할 수 있다.

④ 사이버 공간에서 상대방이 원하지 않는 언어, 이미지 등을 이용한 폭력으로, 정신적 피해를 줌으로써 인간 존엄성을 훼손한다.

17　정답 ③

핵심체크

사회 정의는 공정한 사회 규칙이나 제도를 통해 사회 구성원을 공평하고 차별 없이 대하는 것을 말한다. 불공정한 사회 제도를 개선하고 기본적 권리를 동등하게 보장하며, 공정한 경쟁을 할 때 실현된다.

18　정답 ②

핵심체크

건강은 정신적·신체적으로 완전하게 안녕(well-being)한 상태이다. 정서적으로 건강한 사람은 늘 자신을 존중하며, 감정을 잘 통제한다. 또한, 타인의 정서도 고려하여 현명하고 책임 있게 처신하며, 어려운 일이 생기면 상황에 맞게 자신의 정서를 잘 표현하기도 한다. 더 나아가 사회적으로 건강한 사람은 공동체 내에서 타인과 원활히 교류하고 상대와의 의견을 적절하게 조화시킨다.

오답체크

① 삶의 궁극적인 목적(최상위 목적)이며 기쁨이나 만족감과 같은 감정의 개념이다. 진정한 의미의 행복은 바람직한 가치의 추구를 통해 삶 전체에 걸쳐 느끼는 지속적·정신적 만족감이다.

④ 맡아서 해야 할 임무나 의무로, 인간은 내재적 가치를 지니고 있는 모든 대상에 대해 도덕적 책임을 지녀야 한다.

19　정답 ①

핵심체크

녹색 소비는 기존의 경제적 소비에 환경적 가치를 고려하여 지출하는 소비로, 제품의 생산, 유통, 소비, 폐기, 재생 등 전 과정을 고려한 환경 친화적 소비이다.

오답체크

② 지출이 소득에 비해 과도하게 많은 소비이다.

③ 상품이나 서비스를 만들고 유통하는 전체 과정을 윤리적인 가치 판단에 따라 구매하여 사용하는 소비이다.

④ 자신의 경제력 안에서 최소한의 비용으로 최대의 만족을 추구하는 소비이다.

1일차 2일차 3일차 4일차 5일차 6일차 7일차

20

정답 ③

핵심체크

폭력에 대처하는 방법

명확한 의사 표현	폭력을 당하는 상황에서 자신의 의사를 명확히 표현한다.
도움 요청	폭력은 시간이 지날수록 확대되어 피해자에게 치명적인 결과를 가져올 수 있으므로 주변 사람에게 도움을 요청한다.
법, 제도, 외부 기관 활용	• 피해자를 보호하는 '학교 폭력 예방 및 대책에 관한 법률' 활용한다. • 다양한 외부 기관을 통해 폭력을 효과적으로 대처한다.
폭력에 대한 인식 변화	• 폭력을 묵인하거나 방관하는 것도 폭력이라는 것을 인식한다. • 폭력을 용납하지 않는 사회 분위기 조성한다.

21

정답 ②

핵심체크

세계 시민으로서의 도덕적 자세

세계 시민 의식	전 지구적 차원에서 지구 전체와 미래 세대까지 고려하는 모습을 보인다.
적극적인 자세	봉사 활동, 후원 등 직접 참여할 수 있는 활동을 통해 문제를 해결한다.
보편적인 예절	친절, 관용, 존중, 배려 등의 보편적인 지구촌 예절을 지킨다.
개방적인 자세	다른 나라의 문화 가치를 인정하고 존중하여 전통 문화와 다른 문화를 함께 계승할 수 있는 태도를 가진다.

22

정답 ④

핵심체크

복지는 국가가 추구하는 가치로, 행복을 누릴 수 있는 상태로서 좋은 건강, 윤택한 생활, 안락한 환경 등이 어우러져 높은 삶의 질이 보장되는 것을 말한다.

오답체크

① 국민이 국가의 주인이라는 개념으로, 주권이 국민으로부터 나온다는 말과 동일한 의미이다.
② 사람으로서 당연히 누려야 할 인간답게 살 권리이다.
③ 권리, 의무, 자격 등이 모든 사람에게 고르게 적용되는 것이다.

23

정답 ③

핵심체크

북한 이탈 주민은 북한에서 취득한 학력이나 경력을 남한에서 인정받기 어려워 자신이 원하는 안정된 직장을 구하기 힘들다.

24

정답 ①

핵심체크

보편적 가치 추구의 관점에서의 통일은 자유를 신장하고, 북한 주민들의 인권을 보장할 수 있다. 또한, 분단 상황으로 인한 전쟁의 위험이 사라지고 평화가 보장될 수 있다.

오답체크

②·③·④ 새로운 민족 공동체의 건설 및 경제 발전과 번영을 위한 통일의 필요성이다.

➕ PLUS CHECK 더 알아보기

생존과 번영을 위한 통일의 필요성

인도주의적 관점	• 이산가족과 실향민의 고통을 해소 • 북한 주민의 인간다운 삶을 보장
새로운 민족 공동체 건설	• 분단의 장기화로 인한 남북한 간의 언어, 문화, 생활 차이의 심화를 막을 수 있음 • 민족의 정통성 계승, 동질성 회복
평화 체제 장착	전쟁의 공포에서 벗어나 남북한 주민 모두 평화를 누릴 수 있음
경제 발전과 번영	• 남북한의 각종 인적·물적 자원을 효율적으로 활용하여 경제적 발전을 이룰 수 있음 • 국가 경쟁력을 제고 • 소모적인 국방비를 복지 사회 건설을 위해 사용 가능

25

정답 ②

핵심체크

인간은 누구나 태어날 때부터 인간 존엄성을 가지므로 자신과 타인에 관계없이 모두의 생명은 소중하다. 이에 생명의 가치를 지키는 것이 중요하며, 타인의 생명을 위협하거나 해치는 행동은 하지 말아야 한다.

5일차 실전 모의고사 정답 및 해설

01	02	03	04	05	06	07	08	09	10
①	③	④	②	①	①	③	②	③	①
11	12	13	14	15	16	17	18	19	20
②	④	④	②	①	①	④	②	③	④
21	22	23	24	25					
③	④	②	②	③					

01　　　정답 ①

핵심체크

'상대를 배려하는 말하기'는 상대의 입장과 처지를 고려하고, 상대를 존중하는 언어 표현을 사용해야 한다. 또한, 부정적인 말보다는 긍정적인 말 위주로 해야 하며, 부정적인 내용을 전해야 할 때에는 돌려서 말한다.

02　　　정답 ③

핵심체크

제시된 글은 요리 예술사가 주로 하는 일에 대한 답변으로 볼 수 있다. 따라서 질문 역시 요리 예술사가 하는 일에 관한 것이어야 한다.

03　　　정답 ④

핵심체크

'이'는 말하는 이에게 가까이 있거나 말하는 이가 생각하고 있는 대상을 가리킬 때 쓰는 지시 관형사로, 후행하는 명사 '사람'을 꾸며 준다. 지시 대명사는 '이것', '무엇'과 같이 어떤 사물이나 처소 등을 가리키는 말이다.

오답체크

① 동사인 '다가왔다'를 꾸며 주는 부사이다.
② '연'의 움직임을 나타내는 동사이다.
③ '방'의 상태를 나타내는 형용사이다.

04　　　정답 ②

핵심체크

'부치다'는 '인편이나 체신, 운송 수단을 통해 보내다.'라는 뜻이므로 '해외로 물건을 부치다.'가 옳은 표현이다.

오답체크

① '물체와 물체가 서로 바짝 가까이하게 하다.'라는 뜻으로, '의자를 책상에 붙이다.'가 옳다.
③ '이름이 생기다.'라는 뜻으로, '친구에게 별명을 붙이다.'가 옳다.
④ '맞닿아 떨어지지 아니하게 하다.'라는 뜻으로, '편지 봉투에 우표를 붙이다.'가 옳다.

05　　　정답 ①

핵심체크

'겉옷'은 'ㅌ' 받침 뒤에 모음으로 시작되는 실질 형태소가 연결되는 단어로, 받침 'ㅌ'을 대표음 'ㄷ'으로 바꾼 후, 뒤 음절 첫소리로 옮겨 [거돋]이라고 발음해야 한다.

06　　　정답 ①

핵심체크

'잇몸소리'에 대한 설명이다. '잇몸소리'는 혀끝을 치조 부위에 대거나 접근하여 내는 소리로, 'ㄴ, ㄷ, ㄸ, ㅌ, ㄹ, ㅅ, ㅆ'이 있다. 반면에 'ㄱ'은 연구개음(여린입천장소리)으로, 혀의 뒷부분과 연구개 사이에서 나는 소리이다.

07　　　정답 ③

핵심체크

부사어는 문장에서 주로 용언을 꾸며 주는 역할을 하고, 다른 부사어, 관형어, 문장 전체 등을 꾸며 주기도 한다. 제시된 문장에서 '서랍에'는 서술어인 '넣었다'를 꾸며 주는 역할을 하는 부사어이다.

① 동작이나 작용, 상태나 성질 등의 주체인 주어이다.

② 행위나 동작의 대상을 나타내는 목적어이다.

④ 동작이나 작용, 상태나 성질 등을 풀이하는 서술어이다.

08   정답 ②

핵심체크

제시된 글은 독도의 환경학적·생태학적 가치가 높다는 것을 설명하고 있다. ⓒ은 (가)의 중심 내용과 관련이 없으므로 전체적인 글의 통일성을 해치기 때문에 삭제해야 한다.

09   정답 ③

핵심체크

'온데간데없다'는 '이제까지 있던 것이 감쪽같이 사라져 찾을 수가 없다.'라는 뜻이자 하나의 단어이므로 붙여 써야 한다.

10   정답 ①

핵심체크

보고서를 쓸 때에는 글을 쓰는 과정에서 참고하거나 인용한 자료들의 출처를 명확하게 밝혀야 한다. 또한, 보고서는 사실에 입각하여 객관적으로 써야 하며, 정확하고 명료하게 작성하여 이해하기 쉽도록 해야 한다. 보조 자료(그림, 사진, 표 등)를 효과적으로 활용하면 좋다.

오답체크

②·④ 실험이나 조사 등과 같이 사실을 바탕으로 글을 쓸 때, 결과를 과장하거나 왜곡하지 말아야 한다.

③ 확인되지 않은 사실을 주관적으로 평가해서는 안되며, 인터넷에 허위 사실을 올리거나 악성 댓글을 달지 않는다.

✔ FINAL CHECK 작품 해설

황순원, 「소나기」

• 갈래: 단편 소설, 순수 소설, 현대 소설
• 성격: 서정적, 향토적
• 제재: 소나기
• 주제: 소년과 소녀의 맑고 순수한 사랑
• 특징
  – 등장인물의 심리가 주로 행동을 통해 간접적으로 드러남
  – 어린 시절의 순박한 동심을 잘 살려내어 간결하고 평이한 문체로 서술함

11   정답 ②

핵심체크

제시된 글은 3인칭 관찰자 시점(부분적 전지적 작가 시점)이다. 주인공인 '나'가 서술자가 되어 자신의 이야기를 전개해 나가는 방식은 1인칭 주인공 시점이다.

12   정답 ④

핵심체크

ⓒ에는 맛이 없다는 소녀의 말에 대한 쑥스러운 심정과, 소녀와 같은 행동을 해서 공감하고 친해지고자 하는 소년의 생각이 드러나 있다.

오답체크

① 자신의 마음을 몰라주는 소년에 대한 소녀의 답답함과 서운함이 드러나 있다.

② 소년이 소녀와 마주치지 않기 위한 행동으로, 소년의 소극적인 성격이 드러나 있다.

③ 소년의 적극적이고 자신감 있는 모습이 드러나 있다.

13   정답 ④

핵심체크

'단풍잎이 눈에 따가웠다.'는 '단풍잎'이라는 시각적 대상을 '따가웠다'라는 촉각으로 전이시킨 공감각적 표현으로 볼 수 있다.

✔ **FINAL CHECK** 작품 해설

이육사, 「청포도」
- 갈래: 자유시, 서정시
- 성격: 상징적, 희망적, 감각적
- 제재: 청포도
- 주제: 풍요롭고 평화로운 현실의 갈망
- 특징
  - 푸른색과 흰색의 색채 대비를 활용함
  - 상징적 시어를 통해 주제를 형상화함
  - 각 연이 2행씩 구성되어 형식적 안정감을 줌

14 정답 ②

📋 **핵심**체크

제시된 글은 '청포도'를 '전설'과 같은 전통적 소재에 비유하였으며, 도시적 소재는 활용되지 않았다.

🔍 **오답체크**

① '주저리주저리', '알알이'와 같은 의태어를 활용하여 생명력이 넘쳤던 과거를 생동감 있게 드러내었다.
③ 1연부터 6연까지 모두 2행씩 규칙적으로 배열하여 안정감을 주고, 시의 운율을 살렸다.
④ '청포도'는 맑고 산뜻한 푸른색의 이미지로 풍요로운 삶을 상징하며, 화자는 미래에 찾아올 평화로운 세계를 기대하며 소망하고 있다.

15 정답 ①

📋 **핵심**체크

제시된 글은 푸른색, 흰색의 색채 대비를 활용하는 등 시각적 심상이 두드러지게 나타난다. ① 또한 '연분홍'이라는 색채를 통해 시각적 심상을 활용한 사례이다.

🔍 **오답체크**

② '진달래 향기'와 같이 후각적 심상을 활용한 사례이다.
③ '가느단 소리'와 같이 청각적 심상을 활용한 사례이다.
④ '부드러운 고양이의 털'과 같이 촉각적 심상을 활용한 사례이다.

16 정답 ①

📋 **핵심**체크

'손님'은 일반적으로 평화로운 세계를 상징하지만, 제시된 글 속 시인의 상황과 시대적 배경을 고려하였을 때 조국의 광복으로 보는 것이 가장 적절하다.

✔ **FINAL CHECK** 작품 해설

작자 미상, 「박씨전」
- 갈래: 역사 소설, 군담 소설, 영웅 소설
- 성격: 영웅적, 전기적, 역사적
- 제재: 병자호란
- 주제: 박씨 부인의 영웅적 기상과 재주를 통해 병자호란의 패배에 대한 굴욕감 회복
- 특징
  - 변신 모티프를 사용함
  - 영웅적 면모를 가진 여성을 주인공으로 함
  - 병자호란의 패배를 소설 내에서 승리로 바꾸어 민족의 자긍심을 고취함

17 정답 ④

📋 **핵심**체크

'박씨'는 비범함을 가지고 있는 여성이지만, 남편 '이시백'보다 존중받지 못하고 용모가 박색이라고 외면당하였다.

🔍 **오답체크**

① 제시된 글은 '조선 인조 때'라는 시대적 배경을 바탕으로 허구적인 요소를 결합한 역사 소설이다. 초인간적 능력을 지닌 '박씨'라는 가상의 인물을 통해 청나라에 패배하였던 사건을 승리한 것으로 바꾸었다는 점에서 특징적이다. 이러한 역사적 사실의 전환을 통해 대리만족을 느끼고자 하는 민중의 심리가 반영되어 있음을 알 수 있다.
② 당시 남성의 권위가 여성보다 우위에 있던 가부장제 사회였기 때문에 여성은 억압된 삶을 살았다.
③ '박씨'는 자신을 외면하는 '이시백'이 출세하는 것을 돕고, 도술을 부려 수백 리 떨어진 금강산을 구름을 타고 다녀오는 등 신비하고 비범한 능력이 있는 인물이다.

18

정답 ②

핵심체크

㉠을 통해 '박 처사'와 '이 상공'이 자녀들의 생각과 관계없이 결혼을 결정하였다는 것을 알 수 있다. 이는 당대에 결혼 당사자인 자녀는 서로 얼굴도 모르고 부모가 결정해 주는 상대방과 결혼하였다는 것을 의미한다.

19

정답 ③

핵심체크

한유는 '그토록 식견이 부족한데 어찌 한 나라의 대장 노릇을 하겠소이까?'라는 말을 통해 용골대를 낮게 평가하고 있다. 이는 용골대의 식견이 부족하다는 점을 지적하면서 독자를 대신하여 용골대를 비판하는 역할을 한다.

> ✔ FINAL CHECK **작품 해설**
>
> 한국 방송 공상 과학 카페 제작 팀, 「벼락치기의 두 얼굴」
> - 갈래: 설명문
> - 성격: 객관적, 사실적
> - 제재: 벼락치기
> - 주제: 벼락치기의 원리와 한계
> - 특징: 일반적 경험을 제시하여 독자들의 공감을 유발함

20

정답 ④

핵심체크

제시된 글은 '벼락치기'에 대한 정보를 전달하는 글로, 글의 종류는 설명문이다. 설명문을 읽는 이유는 모르는 사실에 대한 정보를 얻기 위함이다.

21

정답 ③

핵심체크

㉢의 '수학 공식'은 마감 때문에 스트레스를 많이 받는 상황인 ㉠, ㉡, ㉣과 문맥상 성격이 다르다.

22

정답 ④

핵심체크

마감 증후군은 마감을 앞둔 시점에서 스트레스를 받은 뇌가 긴장해서 깨어 있는 각성 효과를 말한다.

오답체크

① 마감 증후군은 인지 기능을 더 좋게 해 주는 긍정적 측면이 있다.

② 마감 증후군으로 스트레스가 증가하여 눈이 커지고 근육의 힘이 세지거나 집중력이 생긴다.

③ 스트레스를 많이 받을 때 교감 신경계가 활성화된다.

> ✔ FINAL CHECK **작품 해설**
>
> 공선옥, 「그 시절 우리들의 집」
> - 갈래: 수필
> - 성격: 회고적, 사색적, 체험적
> - 제재: 토담집에 얽힌 사연
> - 주제: 우리나라의 전통 집에 담긴 소중한 의미
> - 특징: 과거의 현재를 대비하여 주제를 나타냄

23

정답 ②

핵심체크

제시된 글은 수필로, 자유로운 형식, 제재의 다양성, 1인칭의 문학, 비전문적 문학, 개성의 문학 등의 특징이 있다.

24

정답 ②

핵심체크

제시된 글에서 토담집을 짓는 과정을 제시한 것은 집에 담긴 소중한 의미를 이야기하고자 하는 의도가 담겨 있다.

25

정답 ③

핵심체크

'살'은 '창문이나 연, 부채, 바퀴 따위의 뼈대가 되는 부분.'을 말한다. '불길과 연기가 통해 나가는 길.'은 '방고래'이다.

제2교시 수학

139~142쪽

01	02	03	04	05	06	07	08	09	10
③	①	①	②	①	④	②	④	③	④
11	12	13	14	15	16	17	18	19	20
③	②	②	①	④	③	④	③	②	①

01
정답 ③

핵심체크

소인수분해를 이용하여 최소공배수를 구할 때는 모든 수를 거듭제곱으로 나타낸 후 공통인 소인수의 거듭제곱에서 지수가 같으면 그대로, 공통인 소인수의 거듭제곱에서 지수가 다르면 지수가 큰 것을 택한다. 공통이 아닌 소인수의 거듭제곱은 그대로 택하여 모두 곱한 것과 같다.

따라서 세 수 $12 = 2^2 \times 3$, $18 = 2 \times 3^2$, $24 = 2^3 \times 3$ 의 최소공배수는 $2^3 \times 3^2$ 이므로

$\bigcirc = 2^3$

02
정답 ①

핵심체크

① $b \leq 0$인 경우, $|a| + |b| = |a - b|$이거나 $|a| + |b| = |a|$ 이다.

반례) $a = 1$, $b = -2$인 경우 $|a| + |b| = 1 + 2 = 3$,

$|a + b| = |-1| = 1$이므로 $|a| + |b| \neq |a + b|$

② 절댓값은 수직선 위에서 원점과 어떤 수 a와의 거리를 나타내므로 모든 절댓값은 0보다 크거나 같다.

③·④ a, b의 부호에 상관없이 절댓값의 곱셈이나 제곱은 항상 음수가 아니므로 등식이 성립한다.

03
정답 ①

핵심체크

$a = -2$, $b = 1$을 $\dfrac{a^2 b}{a + b}$ 에 각각 대입하면

$\dfrac{a^2 b}{a + b} = \dfrac{(-2)^2 \times 1}{-2 + 1} = -4$

04
정답 ②

핵심체크

$3\{2x - (4 - 4x)\} + 5x - 7 = 4$에서 좌변을 정리하면

$3\{2x - (4 - 4x)\} + 5x - 7 = 3(6x - 4) + 5x - 7$
$\qquad\qquad\qquad\qquad\qquad = 18x - 12 + 5x - 7$
$\qquad\qquad\qquad\qquad\qquad = 23x - 19$

이므로

$23x - 19 = 4$에서 $23x = 23$

$\therefore \ x = 1$

05
정답 ①

핵심체크

일정한 속력을 유지하다가 점점 속력을 줄여 속력이 0이 되는 그래프는 ①이다.

06
정답 ④

핵심체크

각 면이 정오각형으로 이루어진 정다면체는 정십이면체 이다.

07
정답 ②

핵심체크

도수의 총합이 30이므로 $7 + A + 4 + B + 5 = 30$에서
$A + B = 30 - 7 - 4 - 5 = 14$

08
정답 ④

핵심체크

순환마디는 순환소수의 소수점 아래에서 숫자의 배열이 되풀이되는 가장 짧은 한 부분이다.

$\dfrac{521}{999} = 0.521521521 \cdots = 0.\dot{5}2\dot{1}$ 이므로 순환마디는 521 이다.

09

정답 ③

핵심체크

$$(14x^3y - 4xy^2) \div 2xy = \frac{14x^3y - 4xy^2}{2xy}$$

$$= \frac{14x^3y}{2xy} - \frac{4xy^2}{2xy}$$

$$= 7x^2 - 2y$$

10

정답 ④

핵심체크

과자 1봉지의 가격을 x원, 음료수 1잔의 가격을 y원이라 하면

$$\begin{cases} y = 3x & \cdots\cdots \ \text{㉠} \\ 3x + 4y = 15000 & \cdots\cdots \ \text{㉡} \end{cases}$$

㉠을 ㉡에 대입하면 $3x + 4 \times 3x = 15000$

$$15x = 15000$$

$$\therefore \ x = 1000$$

따라서 과자 1봉지의 가격은 1000원이다.

11

정답 ③

핵심체크

일차함수 $y = 3x - 2$와 평행하므로 기울기는 3으로 같고 y절편은 -2가 아니어야 한다.

따라서 일차함수 $y = 3x - 2$의 그래프와 평행한 그래프는 ③ $y = 3x - 6$이다.

12

정답 ②

핵심체크

$\overline{AD}$는 이등변삼각형 ABC의 꼭지각의 이등분선이므로

$$\overline{BD} = \frac{1}{2}\overline{BC}$$

$$\therefore \ \overline{BC} = 2\overline{BD} = 2 \times 3 = 6 \ \text{(cm)}$$

➕ PLUS CHECK 더 알아보기

이등변삼각형의 성질

① 이등변삼각형의 두 밑각의 크기는 서로 같다.

② 이등변삼각형의 꼭지각의 이등분선은 밑변을 수직 이등분한다.

13

정답 ②

핵심체크

점 A에서 밑변 BC에 내린 수선의 발을 E라 하자.

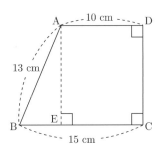

$$\overline{BE} = \overline{BC} - \overline{AD} = 15 - 10 = 5 \ \text{(cm)}$$

$\triangle ABE$에서 피타고라스 정리에 의해

$\overline{AE}^2 = \overline{AB}^2 - \overline{BE}^2$이므로

$$\overline{AE}^2 = 13^2 - 5^2 = 144$$

$$\therefore \ \overline{AE} = 12 \ \text{(cm)} \ (\because \ \overline{AE} > 0)$$

따라서 □ABCD의 넓이는

$$\frac{1}{2} \times (10 + 15) \times 12 = 150 \ \text{(cm}^2)$$

14

정답 ①

핵심체크

두 개의 주사위를 동시에 던질 때 나오는 모든 경우의 수는 $6 \times 6 = 36$

눈의 합이 7이 되는 경우의 수를 순서쌍으로 나타내면

$(1, \ 6), \ (2, \ 5), \ (3, \ 4), \ (4, \ 3), \ (5, \ 2), \ (6, \ 1)$

의 6이다.

따라서 구하는 확률은

$$\frac{6}{36} = \frac{1}{6}$$

15
정답 ④

핵심체크

$\sqrt{243} = \sqrt{9^2 \times 3} = 9\sqrt{3}$ 이므로
$a = 9$

16
정답 ③

핵심체크

$(2x-3)^2 = (2x)^2 - 2 \times 2x \times 3 + 3^2$
$= 4x^2 - 12x + 9$

17
정답 ④

핵심체크

다음 그림은 이차함수 $y = x^2 - 2x = (x-1)^2 - 1$의 그래프이다.

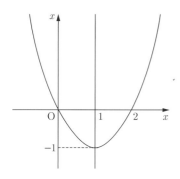

① 이차항의 계수가 양수이므로 아래로 볼록한 포물선이다.
② 축의 방정식은 $x = 1$이다.
③ 최솟값은 $x = 1$일 때 -1이다.
④ 이차함수 $y = x^2 - 2x = (x-1)^2 - 1$의 그래프는 이차함수 $y = x^2$의 그래프를 x축의 방향으로 1만큼, y축의 방향으로 -1만큼 평행이동한 것이다.

18
정답 ③

핵심체크

$\overline{PT} \perp \overline{OT}$이므로 직각삼각형 OPT에서 피타고라스 정리에 의해

$\overline{PT} = \sqrt{\overline{OP}^2 - \overline{OT}^2} = \sqrt{10^2 - 6^2}$
$= \sqrt{100 - 36} = \sqrt{64} = 8$ (cm)

19
정답 ②

핵심체크

$\cos A = \dfrac{\overline{AB}}{\overline{AC}} = \dfrac{2}{3}$ 이므로 실수 $k \neq 0$에 대하여
$\overline{AB} = 2k$, $\overline{AC} = 3k$

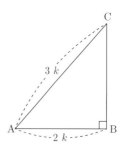

따라서 △ABC에서 피타고라스 정리에 의해
$\overline{BC} = \sqrt{(3k)^2 - (2k)^2} = \sqrt{9k^2 - 4k^2} = \sqrt{5}\,k$
이므로

$\sin A + \tan A = \dfrac{\overline{BC}}{\overline{AC}} + \dfrac{\overline{BC}}{\overline{AB}}$

$= \dfrac{\sqrt{5}\,k}{3k} + \dfrac{\sqrt{5}\,k}{2k}$

$= \dfrac{(2+3)\sqrt{5}}{6} = \dfrac{5\sqrt{5}}{6}$

20
정답 ①

핵심체크

① 양의 상관관계를 나타낸다.
②·③·④ x의 값이 증가함에 따라 y의 값이 증가하는지 감소하는지 분명하지 않은 경우 x, y 사이에는 상관관계가 없다고 한다.

01	02	03	04	05	06	07	08	09	10
②	③	③	④	③	③	①	②	①	④

11	12	13	14	15	16	17	18	19	20
②	②	④	③	①	③	②	①	④	①

21	22	23	24	25
④	③	①	③	④

01
정답 ②

📑 핵심체크

밑줄 친 'different'는 '다른'이란 의미로, 뒤의 'places'를 꾸며 주는 형용사이다.

해석 CHECK

나는 <u>다른</u> 장소로 여행하는 것을 즐긴다.

02
정답 ③

📑 핵심체크

밑줄 친 'cheap(값이 싼)'과 'expensive(값이 비싼)'은 반의 관계이다. 'clean(깨끗한) – neat(정돈된, 깨끗한)'은 유의 관계로, 밑줄 친 두 단어와 의미 관계가 다르다.

🔍 오답체크

① 가난한 – 부유한
② 가장 좋은 – 가장 나쁜
④ 게으른 – 부지런한

해석 CHECK

이 초록색 스카프는 <u>값이 싸</u>고 저 회색 스카프는 <u>비싸</u>다.

03
정답 ③

📖 단어체크

• classroom: 교실
• last night: 어젯밤

📑 핵심체크

'Jasmine'은 단수이므로 뒤따르는 be 동사는 'is' 또는 'was'가 되어야 한다. 문장에 'last night(어젯밤)'가 있으므로 빈칸에는 과거의 일을 나타내는 'was'가 들어가는 것이 가장 적절하다.

해석 CHECK

어젯밤에 Jasmine은 교실에 <u>있었다</u>.

04
정답 ④

📖 단어체크

• bring: 가져오다
• camera: 카메라

📑 핵심체크

대화에서 A가 조동사 'will'을 써서 'Will you ~'로 물었으므로 B의 대답으로 'Yes, I will' 또는 'No, I won't'가 와야 한다. 따라서 빈칸에는 'No, I won't(아니, 안 그럴 거야)'가 들어가는 것이 가장 적절하다.

해석 CHECK

A: 너 콘서트에 카메라 가져올 거니?
B: <u>아니, 안 그럴 거야</u>.

05
정답 ③

📖 단어체크

• twenty: 20
• minute: (시간의) 분
• plenty of: 많은

📑 핵심체크

대화에서 A가 마지막 버스가 몇 시인지를 물었으므로 B는 버스가 도착하는 시간을 대답해야 한다. 따라서 빈칸에는 'arriving(도착하는)'이 들어가는 것이 가장 적절하다.

🔍 오답체크

① 가져가는
② 돌리는
④ 잡는

┌─ 해석 CHECK ─┐
A: 마지막 버스가 몇 시야?
B: 20분 후에 <u>도착할 거야</u>. 시간 충분해.
└─────────┘

┌─ 해석 CHECK ─┐
A: 저는 도서관에 자전거 <u>타고</u> 갈 거예요.
B: 기다려. 내가 도서관에 <u>태워다</u> 줄게.
└─────────┘

06 　　　　　　　　　정답 ③

📖 단어체크

• shelf: 선반

📑 핵심체크

대화에서 A가 선반 위에 있는 초록색 물건이 무엇인지 물었으므로 빈칸에는 물건에 대해 설명하는 'I think it's Jake's kite(그것은 Jake의 연인 것 같아)'가 들어가는 것이 가장 적절하다.

🔍 오답체크

① 그것은 선반 위에 없어
② 내 새 모자는 갈색이야
④ 그것을 테이블 위에 올려놔 줘

┌─ 해석 CHECK ─┐
A: 선반 위에 있는 저 초록색 물건은 뭐니?
B: <u>그것은 Jake의 연인 것 같아</u>.
└─────────┘

07 　　　　　　　　　정답 ①

📖 단어체크

• wait: 기다리다

📑 핵심체크

대화에서 첫 번째 빈칸 뒤에 목적어(my bike)가 있으므로 '자전거를 타다'라는 뜻의 동사가 들어가야 하고, 두 번째 빈칸 앞에 동사(give)가 있으므로 '~를 태워다 주다'라는 뜻의 명사가 들어가야 한다. 이러한 두 조건을 모두 만족하는 말은 'ride'이다.

🔍 오답체크

② 도와주다
③ 휴대하다
④ 끝내다

08 　　　　　　　　　정답 ②

📖 단어체크

• practice: 연습하다
• wall: 벽

📑 핵심체크

제시된 주간 계획에 따르면 화요일에 할 일은 'Practicing the flute(플룻 연습하기)'이다.

┌─ 해석 CHECK ─┐

월요일	화요일	수요일	목요일	금요일
역사 숙제하기	플룻 연습하기	아빠가 벽에 페인트칠 하는 것 돕기	바닷가에 가기	욕실 청소하기

└─────────┘

09 　　　　　　　　　정답 ①

📑 핵심체크

제시된 그림에서 남자가 옷을 다림질하고 있으므로 빈칸에는 'ironing the shirt(셔츠를 다림질하고 있는)'가 들어가는 것이 가장 적절하다.

🔍 오답체크

② 나무를 심는
③ 바닥을 청소하는
④ 설거지를 하는

┌─ 해석 CHECK ─┐
A: 남자는 무엇을 하고 있나요?
B: <u>그는 셔츠를 다림질하고 있어요</u>.
└─────────┘

10 정답 ④

📖 단어체크

• baseball bat: 야구 배트

• gloves: 장갑, 야구 글러브

📑 핵심체크

대화에서 A가 'Let me get the ball and gloves(내가 공과 글러브를 가져올게).'라고 말하였으므로 A가 대화가 끝난 후 할 일은 '야구공과 글러브 가져오기'이다.

> **해석 CHECK**
>
> A: 오, 비가 그쳤어. 공원에 가서 야구하자.
> B: 좋아. 야구배트를 가져올게.
> A: 알았어. 내가 공과 글러브를 가져올게.

11 정답 ②

📖 단어체크

• movie: 영화

• space: 우주

• a little: 조금

• fall asleep: 잠이 들다

📑 핵심체크

대화에서 A가 새로 나온 우주에 관한 영화가 어땠는지를 묻자 B가 빈칸 다음에서 어떤 사람들은 심지어 잠들었다고 하였으므로 빈칸에는 'It's a little boring(좀 지루해)'이 들어가는 것이 가장 적절하다.

🔍 오답체크

① 모두가 그것을 좋아했어

③ 극장에 가자

④ 나는 우주에 대해 배웠어

> **해석 CHECK**
>
> A: 우주에 관한 새 영화에 대해 어떻게 생각하니?
> B: 좀 지루해. 어떤 사람들은 심지어 잠이 들었어.

12 정답 ②

📖 단어체크

• photography: 사진

• join: 가입하다

• decide: 결정하다

• history: 역사

• European: 유럽의

📑 핵심체크

대화에서 A는 사진 동호회에 들어갈지 아직 결정하지 못했다고 하였고 B는 유럽 역사에 관심이 있어서 역사 동호회에 들어갔다고 하였다. 따라서 대화의 주제로 가장 적절한 것은 '동아리 가입'이다.

> **해석 CHECK**
>
> A: 사진 동호회가 새 회원을 모집하고 있어.
> B: 나도 들었어. 너는 그 동호회에 들어갈 거니?
> A: 나는 아직 결정하지 못했어. 너는 어때?
> B: 나는 벌써 역사 동호회에 들어갔어. 나는 유럽 역사에 관심이 있거든.

13 정답 ④

📖 단어체크

• participate: 참가하다

• last: 지속하다, 계속되다

• activity: 활동

• enjoy: 즐기다

• contact: 연락하다

• information: 정보

📑 핵심체크

제시된 방송의 두 번째 문장에서 다음 달에 봄 캠프가 있을 예정이라고 하였고, 그 다음 문장에서 'All scout members must participate(모든 스카우트 회원들은 참가해야 합니다).'이라고 하였으므로 방송의 목적으로 가장 적절한 것은 '스카우트 캠프 안내'이다.

해석 CHECK

학생 여러분, 주목해 주십시오. 다음 달에 봄 캠프가 있을 것입니다. 모든 스카우트 회원들은 참가해야 합니다. 캠프는 5일 동안 계속될 것입니다. 여러분들이 즐길만한 많은 재미있는 활동이 있을 예정입니다. 더 자세한 정보를 얻으시려면 Kim 선생님에게 연락 바랍니다. 감사합니다.

오답체크

② 그것은 그렇게 멀지 않아
③ 그는 공원에 가
④ 그는 자주 조깅하러 가

해석 CHECK

A: 나는 오늘 아침에 Jim이 체육관에서 운동하는 것을 봤어.
B: 오, 그는 어젯밤에도 거기에 있었어. 그는 얼마나 자주 체육관에 가니?
A: 거의 매일.

14   정답 ③

단어체크

• have fun: 즐거운 시간을 보내다
• take part in: 참가하다
• fare: 박람회

핵심체크

대화에서 B가 'I went there to take part in the book fair(나는 도서 박람회에 참가하기 위해 거기에 갔어).'라고 하였으므로 B가 시카고에 간 이유는 '박람회에 참가하기 위해'이다.

해석 CHECK

A: 나는 네가 지난 달에 시카고에 갔었다고 들었어. 거기에서 재미있었니?
B: 나는 거기에 도서 박람회에 참가하려고 갔어. 나는 거기서 그저 일만 했어.

16   정답 ③

단어체크

• vending machine: 자동판매기
• press: 누르다
• choice: 선택
• coin: 동전
• slot: (가느다란) 구멍

핵심체크

대화에서 A와 B는 자동판매기의 사용법에 대해 말하고 있다. B의 설명에 의하면 먼저 선택한 간식의 버튼을 누르고 구멍에 돈을 넣은 후 구멍 위의 초록색 버튼을 눌러야 한다. 따라서 올바른 순서는 (b) – (c) – (a)이다.

해석 CHECK

A: 실례합니다. 이 자동판매기를 어떻게 이용하나요?
B: 우선 당신이 선택한 스낵의 버튼을 누르세요. 다음에는 투입구에 동전이나 지폐를 넣으세요. 그런 다음 투입구 위의 초록색 버튼을 누르세요.

15   정답 ①

단어체크

• work out: 운동하다
• gym: 체육관
• far: 먼
• go jogging: 조깅하러 가다

핵심체크

대화에서 B가 'How often does he go to the gym(그는 얼마나 자주 체육관에 가니)?'이라고 물었으므로 빈칸에는 횟수를 나타내는 표현이 와야 한다. 따라서 빈칸에는 'Almost every day(거의 매일)'가 들어가는 것이 가장 적절하다.

17   정답 ②

단어체크

• invitation: 초대
• April: 4월
• serve: 음식을 내다

핵심체크

제시된 생일 초대장에서 생일의 주인공(Ted's Birthday Party), 파티가 열리는 장소("Joe's Stove" on Pine Street), 파티에서 먹을 음식(Pizza, chicken, cake, cookies, and ice cream will be served.)은 언급되어 있지만 '파티가 끝나는 시간'에 대한 언급되어 있지 않다. 초대장의 'Time: 5p.m.'은 파티가 시작하는 시간이다.

해석 CHECK

Ted의 생일파티 초대장

나의 파티에 와주세요!

날짜: 4월 17일
시간: 오후 5시
장소: Pine가 "Joe's Stove"
피자, 치킨, 케이크, 쿠키 그리고 아이스크림이 제공될 거예요.

18 정답 ①

단어체크

• be interested in: ~에 관심이 있다

• at the age of: ~살에

• spend: (시간이나 돈을) 쓰다

• build a company: 회사를 세우다[차리다]

핵심체크

제시된 글의 마지막 문장에서 Kevin이 대학에 다닐 때 컴퓨터 회사를 차렸다고 하였으므로 글의 내용과 일치하지 않는 것은 ①이다.

해석 CHECK

Kevin은 컴퓨터에 관심이 많았다. 그는 15살에 컴퓨터 프로그램 만들기를 시작하였다. 그는 컴퓨터 프로그램을 만드는 데 많은 시간을 보냈다. 그의 컴퓨터 프로그램 중 하나는 학생들 사이에서 매우 인기가 있었다. 그는 대학을 다닐 때 컴퓨터 회사를 차렸다.

19 정답 ④

단어체크

• hive: 벌집

• worker bee: 일벌

• gather: 모으다

• communicate: 의사소통하다, 전달하다

• location: 위치

핵심체크

제시된 글의 마지막 문장에서 'they dance to communicate the location of the flowers(그들은 꽃의 위치를 전달하기 위해서 춤을 춘다)'라고 하였으므로 일벌이 춤을 추는 이유로 가장 적절한 것은 '꽃의 위치를 알려주기 위해'이다.

해석 CHECK

벌은 벌집에서 큰 무리를 지어 산다. 벌집에 있는 대부분의 벌들은 일벌들이나. 일벌은 꽃에서 꿀을 모은나. 그들은 꽃을 찾기 위해 벌집 밖으로 날아간다. 그들은 꽃을 찾았을 때, 다른 벌들에게 꽃의 위치를 전달하기 위해서 춤을 춘다.

20 정답 ①

단어체크

• excuse: 변명

• forget: 잊어버리다

• break down: 고장나다

• heavy traffic: 교통 체증

핵심체크

제시된 그래프는 직장에 지각하였을 때 하는 변명에 대한 것이다. 빈칸에는 'about a third of workers(약 3분의 1의 근로자)'가 어떤 변명을 하는지가 들어가야 하므로 빈칸에는 33%에 해당하는 'My car broke down(제 차가 고장 났어요)'이 들어가는 것이 가장 적절하다.

오답체크

② 일요일인 줄 알았어요

③ 교통 체증이 있었어요

④ 알람시계 맞추는 것을 잊었어요

해석 CHECK

직장 지각에 대한 변명

알람시계 맞추는 것을 잊었어요. (19%)
제 차가 고장 났어요. (33%)
교통 체증이 있었어요. (40%)
일요일인 줄 알았어요. (8%)

약 3분의 1의 근로자가 직장에 늦었을 때 "제 차가 고장 났어요."라고 말한다.

21
정답 ④

📖 단어체크

• far: 먼
• lost: 길을 잃은
• jungle: 정글
• survive: 살아남다, 생존하다
• friendly: 친절한, 우호적인

📋 핵심체크

제시된 글에서 책 제목(*Far from the City*), 책의 내용 (about a boy lost in the jungle), 책을 구입한 장소 (bookstore)는 언급되어 있으나, 정글에서 살아남기 위한 구체적인 방법은 언급되어 있지 않다.

해석 CHECK

나는 지난주에 *Far from the City*라는 책을 서점에서 샀다. 그것은 내가 제일 좋아하는 작가의 새 책이다. 그것은 정글에서 길을 잃은 소년에 관한 것이다. 이야기 안에서 소년은 많은 친절한 동물들 덕분에 정글에서 살아남는다. 나는 그것이 그의 책 중에서 가장 재미있는 책이라고 생각한다.

22
정답 ③

📖 단어체크

• space museum: 우주 박물관
• month: 달, 월
• space food: 우주식
• astronaut: 우주 비행사

📋 핵심체크

제시된 글에서 'I could also see space food(나는 우주식도 보았다).'라고 하였고, 그 다음에 'I even tried it(나는 그것을 맛보기까지 하였다).'이라고 하였으므로 it은 'the space food(우주식)'를 가리키는 것을 알 수 있다.

🔍 오답체크

① 우주
② 우주 비행사
④ 우주 박물관

해석 CHECK

나는 친구와 함께 우주 박물관에 갔다. 그것은 한 달 전에 문을 열었다. 나는 우주에서 찍힌 많은 종류의 사진을 볼 수 있었다. 나는 우주식도 볼 수 있었다. 나는 그것을 맛보기까지 하였다. 우리는 거기에서 우주 비행사를 만났기 때문에 매우 운이 좋았다. 그는 우리에게 우주에 관한 재미있는 이야기를 해 주었다.

23
정답 ①

📖 단어체크

• holiday: 휴가
• take off: 벗다
• special: 특별한
• avoid: 피하다

📋 핵심체크

제시된 글에서 한국으로 여행을 가는 Jenny에게 글쓴이가 한국에서 살아본 경험이 있어 조언을 해 주겠다고 하였으므로 글을 쓴 목적으로 가장 적절한 것은 '여행에 대한 정보를 주기 위해'이다.

해석 CHECK

안녕 Jenny. 나는 네가 휴가로 한국 여행을 간다고 들었어. 내가 거기에서 살아본 적이 있으니까, 너에게 몇 가지 조언을 해 줄게. 너는 어떤 식당에서는 신발을 벗어야 해. 지하철 안에는 노인들을 위한 특별석이 있으니까, 그곳에 앉는 것은 피하도록 해. 나는 네가 거기에서 좋은 시간을 보내기 바라.

24

📖 단어체크

- follow: 따르다
- safety rule: 안전 수칙
- lifeguard: 안전 요원
- wave: 파도
- stretch: 몸을 쭉 뻗다, 스트레칭하다
- life jacket: 구명조끼

📑 핵심체크

제시된 글에서 바다에서 수영할 때는 안전 수칙을 지키는 것이 중요하다고 하였고, 뒤이어 안전한 바다 수영을 위한 여러 가지 방법들이 나열되고 있다. 따라서 글의 주제로 가장 적절한 것은 '안전한 바다 수영을 위한 방법'이다.

> **해석 CHECK**
>
> 바다에서 수영할 때는 안전 규칙을 따르는 것이 중요하다. 안전 요원이 있는지 확인하라. 파도가 높을 때는 바다에 들어가지 마라. 바다에 들어가기 전에 스트레칭을 해라. 절대 혼자서 수영하지 마라. 구명조끼를 입어라.

25

📖 단어체크

- global warming: 지구 온난화
- whole: 전체의
- serious: 심각한
- recycle: 재활용하다

📑 핵심체크

제시된 글의 마지막 문장에서 'Here are some other ways we can do to help stop global warming(여기 지구 온난화를 막는 데 도움이 되도록 우리가 할 수 있는 다른 방법들이 있다).'이라고 하였으므로 글의 바로 뒤에 이어질 내용으로 가장 적절한 것은 '지구 온난화를 막기 위해 실천할 수 있는 방법'이다.

> **해석 CHECK**
>
> 지구 온난화는 전 세계의 문제이다. 그것은 너 심각해지고 있기에, 우리는 함께 무언가를 해야 한다. 우리는 플라스틱이나 종이 같은 것들을 재활용해야 한다. 여기 지구 온난화를 막는 데 도움이 되도록 우리가 할 수 있는 다른 방법들이 있다.

제4교시 **사회**

148~152쪽

01	02	03	04	05	06	07	08	09	10
③	④	②	①	①	④	③	④	②	②
11	12	13	14	15	16	17	18	19	20
③	②	③	②	④	③	①	④	③	①
21	22	23	24	25					
②	③	①	①	①					

01

정답 ③

핵심체크

위도는 지구의 중심에서 특정 지점을 이은 선과 적도와의 각도를 뜻한다. 위도 차로 인해 계절 변화가 각각 다르게 나타난다. 우리나라는 적도와 극의 중간쯤인 위도 33°~42° 정도에 걸쳐 있어 태양과의 거리가 줄어들고 멀어지기를 반복하기 때문에 사계절이 뚜렷하다.

오답체크

① 위도의 영향으로 기후대별 기온이 다르게 나타난다.
② 위도의 영향으로 북반구와 남반구는 계절이 정반대로 나타난다.
④ 세계 표준시와 날짜 변경선은 경도에 영향을 받는다.

02

정답 ④

핵심체크

여름에는 이끼류가 자라고 백야가 나타나며, 겨울에는 지표면이 눈과 얼음으로 뒤덮이고 극야가 나타나는 지역은 툰드라 기후 지역이다. 툰드라 기후는 한대 기후의 한 종류로, 북극해를 중심으로 한 북반구의 고위도 지방, 즉 유라시아 대륙 북부, 북아메리카 대륙 북부, 그린란드 지역에서 나타난다.

오답체크

① 열대 우림 기후에 해당한다.
② 건조 기후에 속하는 스텝 기후에 해당한다.
③ 온대 기후에 해당한다.

03

정답 ②

핵심체크

제주도는 화산 활동에 의해 형성된 섬으로, 오름을 비롯하여 만장굴, 협재굴 등의 용암 동굴과 같은 화산 지형이 많이 분포한다. 또한, 2010년에는 유네스코로부터 제주도 전역을 지질 공원으로 인증 받았다.

카르스트 지형은 하수의 용식 작용으로 생성된 지형을 가리키는데, 주로 평남, 강원 남부, 충북 북동부 일대에 분포한다.

04

정답 ①

핵심체크

문화의 변동 현상에는 문화 공존, 문화 동화, 문화 융합 등이 있다. 그중 한 문화가 다른 문화에 흡수되어 그 문화만의 정체성이 사라지는 것은 문화 동화이다.

오답체크

② 서로 다른 문화가 그 문화만의 정체성을 잃지 않은 채 같이 공존하는 현상은 문화 공존이다.
③ 서로 다른 문화권에 있는 사람들이 문화적인 면에서 지속적으로 접촉하는 현상은 문화 접촉이다.
④ 서로 다른 문화가 결합하여 새로운 문화가 만들어지는 현상은 문화 융합이다.

05

정답 ①

핵심체크

우리나라는 빠른 속도로 고령화 사회에 진입하고 있으므로 실버산업을 확대하여 고령화 사회 진입에 대비해야 한다. 실버산업 확대 이외에 노인을 위한 복지 정책으로는 복지 시설 지원, 노인 일자리 개발, 노인 연금 제도 등이 있다.

06

정답 ④

핵심체크

도시화의 종착 단계는 도시 인구가 80%를 넘어서면서 도시 인구 증가폭이 둔화되며, 역도시화가 나타난다.

① · ② 1차 산업에 종사하는 단계이며, 매우 낮은 인구 비율을 보이는 것은 도시화 단계 중 초기 단계이다.

③ 도시 인구가 급증하고 이촌향도 현상이 나타나는 단계는 도시화 단계 중 가속화 단계이다.

07 정답 ③

핵심체크

대부분의 자원은 그 양이 한정되어 있어 사용할수록 매장량이 고갈되는 성질을 지닌다. 이를 자원의 유한성이라 한다.

오답체크

① 시대나 장소, 사회 · 문화적 배경에 따라 자원의 가치가 달라지는 성질을 말한다.

② 대부분의 자원은 고르게 분포되어 있지 않고 일부 지역에 편재되어 분포되어 있다는 성질을 말한다.

④ 같은 자원의 가치가 지역과 문화에 따라 달라지는 성질을 말한다.

08 정답 ④

핵심체크

우리나라는 국토 면적의 약 70%가 산지로 이루어져 있으며, 산지의 대부분 오랫동안 침식을 받아 고도가 비교적 낮고 경사가 완만하다. 또한, 동쪽은 경사가 급하고 서쪽은 완만한 동고서저 지형이다. 이러한 지형의 영향으로 대부분의 큰 하천은 황해안과 남해안쪽으로 흐르며, 동해안은 서해안과 남해안에 비해 해안선이 단조롭다.

09 정답 ②

핵심체크

권력 분립의 원리는 국가 권력을 여러 기관에 분산시킴으로써 상호 견제와 균형을 통해 국민의 자유와 권리를 보장하는 국가 통치기관의 구성 원칙이다. 우리나라는 입법부, 행정부, 사법부로 권력을 나눈 삼권 분립의 원칙에 따라 운영된다.

오답체크

① 국민의 자유와 평등과 같은 기본권 보장을 위해 국가가 헌법에 따라 나라의 일을 결정하고 운영해야 한다는 원리이다.

③ 국가의 일을 결정하는 최고 권력인 주권이 국민에게 있다는 원리이다.

④ 주권을 가진 국민이 스스로 나라를 다스려야 한다는 원리이다.

10 정답 ②

핵심체크

문화는 언어나 문자 등을 통해 한 세대에서 다음 세대로 전해지면서 새로운 내용이 더해져 더욱 풍성해지고 정교해지는데, 이를 문화의 축적성이라고 한다.

오답체크

① 문화는 시간의 흐름에 따라 끊임없이 변화한다.

③ 유전이나 생물적 본능은 문화가 아니다.

④ 법이나 관습과 같은 사회 제도 및 행동 기준은 비물질 문화에 해당한다.

11 정답 ③

핵심체크

법질서에 대한 침해가 있거나 법적 분쟁이 발생하였을 때 법을 적용하는 국가 기관은 사법부이다. 법원은 대법원, 고등 법원, 지방 법원, 가정 법원, 특허 법원, 행정 법원 등으로 분류되며, 대법원장은 사법부의 최고 법원인 대법원의 구성원이다.

오답체크

① 한 국가의 국가 원수로 외국에 대해 국가를 대표하고 행정권의 수반이 되는 최고의 통치권자이다.

② 대통령을 보좌하며 대한민국의 행정을 총괄하는 대통령의 제1위 보좌 기관이다.

④ 국가의 세입 · 세출 결산을 검사하고, 행정 기관 및 공무원의 직무를 감찰하는 대통령 직속 기관인 감사원의 구성원이다.

12   정답 ②

핵심체크

청원권, 재판 청구권, 국가 배상 청구권, 형사 보상 청구권 등은 국가에 대해 일정한 청구를 할 수 있는 권리인 청구권에 해당한다.

오답체크

① 정치에 능동적으로 참여할 수 있는 권리는 참정권으로, 공무원 선거권, 공무 담임권, 국민 투표권 등이 있다.
③ 인간다운 생활을 위해 국가에 요구할 수 있는 권리는 사회권으로, 교육권, 환경권, 근로의 권리 등이 있다.
④ 국가 권력의 간섭을 받지 않고 자신의 의사에 따라 행동할 수 있는 권리는 자유권으로, 신체의 자유, 언론·출판·집회·결사의 자유 등이 있다.

13   정답 ③

핵심체크

경제 주체 간의 상호 작용에서 세금을 납부하면서 재화와 서비스를 생산하는 경제 주체는 기업(㉠)이며, 세금을 내면서 재화와 서비스를 소비하는 주체는 가계(㉡)이다. 또한, 기업과 가계로부터 세금을 받는 경제 주체는 정부(㉢)이다.

14   정답 ②

핵심체크

균형 가격은 수요량과 공급량이 일치하는 점에서 형성된다. 이에 따라 수요량과 공급량이 300개로 일치하는 1,100원에서 균형 가격이 형성된다.

15   정답 ④

핵심체크

현대 사회에서 부각되고 있는 환경 문제에는 지구 온난화, 환경오염, 오존층의 파괴, 열대림 파괴와 사막화, 자원의 고갈, 생물 다양성의 감소 등이 있다. 반면에 여성의 임금 차별은 노동 문제에 해당한다.

16   정답 ③

핵심체크

지방 자치제는 지역 주민이 자신들의 대표로 구성된 지방 정부를 통해 지역 문제를 자율적으로 처리하는 것으로, 풀뿌리 민주주의라고도 부른다.

오답체크

① 국가가 선거를 관리하고, 선거에 필요한 비용 중 일부를 국가에서 지원하여 공정한 선거와 기회 균등을 보장하는 제도이다.
② 국민의 선거를 통해 의회가 구성되면, 의회가 내각을 구성하는 정부 형태를 말한다.
④ 군주의 권력이 헌법에 의해 일정한 제약을 받는 정치 체제를 말한다.

17   정답 ①

핵심체크

구석기 시대에는 동굴, 바위 그늘, 강가의 막집 등에서 생활하였고, 주로 사냥, 채집, 물고기 잡이를 통해 생활하였다.

오답체크

ㄷ. 신석기 시대에는 돌낫, 돌보습, 갈돌, 갈판 등의 간석기를 사용하였으며, 가락바퀴, 뼈바늘로 옷이나 그물을 제작하였다.
ㄹ. 청동기 시대에는 신앙, 예술에 거친무늬 거울, 청동 방울의 장신구 제사용 도구를 사용하였다.

18   정답 ④

핵심체크

고구려 장수왕은 광개토 대왕의 뒤를 이어 즉위하였으며, 평양으로 수도를 옮기고 남진 정책을 추진하여 영토를 확장하였다. 이후 일제 강점기 때 평양에서 조만식, 이상재의 주도로 조선 물산 장려회가 발족되어 '내 살림 내 것으로' 등의 구호를 내세운 물산 장려 운동이 전국으로 확산되었다. 현대에 이르러 김대중 정부는 2000년에 평양에서 분단 이후 최초로 남북 정상 회담을 개최하여 6·15 남북 공동 선언을 발표하였다.

19

정답 ③

📋 **핵심체크**

진흥왕은 화랑도를 국가적인 조직으로 정비하였으며, 백제 성왕과 함께 고구려를 공격하여 한강 유역까지 진출하였다. 이후 나제 동맹을 깨고 백제를 기습 공격하여 한강 유역 전체를 점령하고 북한산 순수비를 세웠다. 또한, 대가야를 정복하여 낙동강 유역을 장악하고, 함경도 지역까지 영토를 확장하였다. 반면에 연호 건원을 사용한 왕은 신라 진흥왕이 아닌 법흥왕이다.

20

정답 ①

📋 **핵심체크**

고려 왕건은 북진 정책을 추진하였으며, 민족 융합 정책의 일환으로 발해 유민을 포용하고 옛 고구려와 백제 세력을 지배 세력으로 수용하였다.

🔍 **오답체크**

② 성종은 시무 28조를 수용하여 유교 정치 이념을 바탕으로 통치 체제 정비, 국자감 설치, 12목 설치 후 지방관을 파견하는 등의 정책을 실시하였다.

③ 광종은 호족 세력의 약화와 왕권 강화를 위해 노비안검법을 실시하였다.

④ 공민왕은 원의 간섭에서 벗어나고자 정동행성을 폐지하고 쌍성총관부를 되찾는 등 반원 자주 정책을 펼쳤으며, 정방 폐지, 전민변정도감 설치 등의 왕권 강화 정책을 실시하였다.

21

정답 ②

📋 **핵심체크**

조선 후기에는 간결하고 소탈한 느낌의 청화 백자가 유행하였다. 분청사기는 조선 초기에 유행한 도자기이다.

🔍 **오답체크**

①·③·④ 조선 후기 서예 분야에서 김정희의 추사체가, 회화 분야에서 정선의 「인왕제색도」와 같은 진경산수화가 나타났다. 또한, 서민 문학이 발달하여 한글 소설이 유행하였다.

22

정답 ③

📋 **핵심체크**

조선 선조 때 일본이 조선을 침략하면서 임진왜란이 발생하였다. 보름만에 수도 한양이 함락되면서 선조가 의주로 피난을 가는 상황에서도 곽재우 등의 의병이 전국 각지에서 활동하였으며, 바다에서는 이순신을 중심으로 한 수군이 활약하였다.

🔍 **오답체크**

① 청이 조선에 군신 관계를 요구하였으나, 조선이 이를 거절하자 군대를 이끌고 조선을 침략하여 발생한 전쟁이다. 인조는 남한산성으로 피신하여 청의 군대에 맞서 항전하였으나, 결국 삼전도에서 굴욕적으로 항복하였다.

② 인조반정으로 정권을 잡은 서인이 친명 배금 정책을 펼치자 이에 반발한 후금이 이괄의 난으로 혼란해진 틈을 타 조선을 침략하여 발생한 전쟁이다.

④ 수 양제가 고구려를 침략하여 요동성 공격에 실패하자 우중문에게 30만 명의 별동대를 이끌고 수도 평양을 공격하게 하면서 발생한 전쟁이다. 이에 을지문덕은 우중문이 이끄는 30만 대군을 살수로 유인하여 크게 무찔렀다.

23

정답 ①

📋 **핵심체크**

태조 이성계는 홍건적과 왜구의 침입을 격퇴하면서 신흥 무인 세력으로 성장하였고, 이후 최영을 중심으로 추진된 요동 정벌에 반대하여 위화도 회군을 단행하였다. 이후 조선을 건국하고 한양으로 천도하였다.

🔍 **오답체크**

② 조선 정조는 국왕 친위 부대인 장용영을 설치하였다.

③ 조선 세조는 현직 관리에게만 수조권을 지급하는 직전법을 실시하였다.

④ 조선 성종은 세조 때 편찬하기 시작한 『경국대전』을 완성하였다.

24

정답 ①

핵심체크

3 · 1 운동은 일제 강점기 최대 규모의 민족 운동으로, 학생과 시민 등 각계각층의 사람들이 일제의 무단 통치에 저항하여 일으킨 만세 운동이다. 이를 계기로 중국 상하이에서 대한민국 임시 정부가 수립되었으며, 일제의 통치 방식이 문화 통치로 바뀌었다.

오답체크

② 1860년대 이후 이항로, 기정진 등 보수적 유학자를 중심으로 형성된 반침략 · 반외세 정치사상 운동이다.

③ 일본에서 도입한 차관 1,300만 원을 갚아 경제 주권을 회복하고자 김광제, 서상돈 등의 주도로 대구에서 시작된 주권 수호 운동이다(1907). 이후 서울에서 조직된 국채 보상 기성회를 중심으로 전국적으로 확산되었다.

④ 광주에서 나주로 가는 통학 열차에서 일본인 학생이 한국인 여학생을 희롱하자 학생들 간에 발생한 충돌을 계기로 일어난 항일 운동이다. 일본 경찰이 차별적으로 일본인 학생의 편을 든 것에 반발하여 한국인 학생에 대한 차별과 식민지 교육에 저항하는 항일 운동으로 발전하였다.

25

정답 ①

핵심체크

박정희 정부는 경제 개발 5개년 계획을 추진하였으며, 한일 국교 정상화와 베트남에 국군을 파견하였다. 또한, 1972년 장기 집권을 위해 유신 헌법을 선포하여 대통령에게 국회의원 1/3 추천 임명권, 긴급 조치권 등 강력한 권한을 부여하였다.

오답체크

② 노태우 정부는 북방 외교를 추진하였고, 1988년 서울 올림픽을 개최하였다.

③ 김영삼 정부 때 금융 실명제, 지방 자치제를 전국적으로 실시하였고, 임기 말에 외환 위기가 발생하였다.

④ 김대중 정부는 최초 여야 간 평화적으로 정권을 교체하였으며, 외환 위기를 극복하고 분단 이후 처음으로 남북 정상 회담을 개최하였다.

제5교시	과학						153~157쪽		
01	02	03	04	05	06	07	08	09	10
③	③	②	①	③	②	③	③	④	①
11	12	13	14	15	16	17	18	19	20
②	③	②	②	④	①	②	②	④	③
21	22	23	24	25					
①	②	①	④	④					

01

정답 ③

핵심체크

부력의 크기는 공기 중에서 측정한 물체의 무게에서 물속에서 측정한 물체의 무게를 뺀 값이므로 부력의 크기는 10 N − 3 N = 7 N 이다.

02

정답 ③

핵심체크

이 자동차는 1초 간격당 이동한 거리가 일정하므로 속력이 일정한 등속 운동을 하고 있다. 따라서 자동차의 시간에 따른 속력의 그래프는 ③이다.

03

정답 ②

핵심체크

저항을 병렬 연결하였을 때 각 저항에 걸리는 전압은 같다.

오답체크

① 저항을 병렬 연결하였을 때 회로의 전체 저항은 작아진다.

③ 회로 전체의 저항이 작아지므로 회로 전체에 흐르는 전류의 세기는 커진다.

④ 전기 기구를 병렬 연결하면 다른 전기 기구의 영향을 받지 않고 따로 사용할 수 있다.

① · ③ · ④ 모두 저항을 직렬 연결하였을 때의 특징이다.

04

정답 ①

핵심체크

공기 저항을 무시할 때, A ~ D에서의 역학적 에너지(위치 에너지 + 운동 에너지)는 보존된다. 따라서 A ~ D에서 위치 에너지와 운동 에너지를 합한 역학적 에너지는 모두 40 J이므로 D에서 10 + ㉠ = 40이다. ∴ ㉠ = 30

05

정답 ③

핵심체크

거울은 빛을 반사시키는데, 그중 볼록 거울은 반사된 빛을 퍼뜨려 넓은 지역의 모습이 상으로 생기며, 항상 물체보다 작고 바로 선 상이 생긴다. 도로의 안전 거울이나 자동차 측면 거울은 이러한 볼록 거울의 특징을 이용한 예이다.

06

정답 ②

핵심체크

털가죽으로 문질러 (−)전기를 띤 에보나이트 막대를 검전기의 금속판에 가까이 가져가면 금속판의 전자(−)가 금속박 쪽으로 이동한다. 따라서 금속박은 (−)전하를 띠며 벌어진다.

07

정답 ③

핵심체크

찌그러진 탁구공을 뜨거운 물에 담그면 펴지는 것은 압력이 일정할 때, 기체의 부피는 온도에 비례하는 샤를 법칙과 관련 있는 생활 속 예이다.

오답체크

① · ② · ④ 온도가 일정할 때 기체의 부피는 압력에 반비례하는 보일 법칙과 관련 있는 생활 속 예에 해당한다.

08

정답 ③

핵심체크

드라이아이스는 고체 상태에서 액체 상태를 거치지 않고 직접 기체 상태로 변하는 물질이므로 물속에서도 승화가 일어난다.

오답체크

① 액체가 고체로 변하는 현상이다.
② 기체가 액체로 변하는 현상이다.
④ 고체가 액체로 변하는 현상이다.

09

정답 ④

핵심체크

분자 1개가 총 4개의 원자로 이루어져 있고, 2종류의 원자로 이루어져 있으므로 NH_3(암모니아)이다.

10

정답 ①

핵심체크

수소 이온은 수소 원자가 전자 1개를 잃고 양이온이 된 것이므로 H^+이다.

11

정답 ②

핵심체크

생물의 쓰임새는 인간의 편의에 따라 생물을 분류한 인위 분류에 해당한다.

➕ PLUS CHECK 더 알아보기

생물의 분류

분류 목적		생물 사이의 가깝고 먼 관계를 파악하고, 다양한 생물을 조사 및 연구하기 위함이다.
분류 방법	인위 분류	인간의 편의에 따라 생물을 분류하는 방법 **예** 생물의 쓰임새, 서식지, 식성 등
	자연 분류	생물 고유의 특징을 기준으로 분류하는 방법 **예** 생물의 생김새, 번식 방법, 호흡 방법 등

12

정답 ③

핵심체크

마그네슘 6 g이 산소 4 g과 모두 반응하여 산화 마그네슘을 생성하므로 마그네슘과 산소의 질량비는 3 : 2이다.

13 정답 ②

📋 **핵심체크**

녹는점은 고체가 액체로 상태 변화하는 동안 일정하게 유지되는 온도이고, 어는점은 액체가 고체로 상태 변화하는 동안 일정하게 유지되는 온도이다. 같은 물질인 경우 녹는점과 어는점은 양에 관계없이 일정하다. 제시된 액체 물질의 냉각 곡선에서 녹는점은 온도가 일정하게 유지되는 지점의 온도인 80 °C이다. 따라서 이 물질의 어는점은 80 °C이다.

14 정답 ②

📋 **핵심체크**

우산이끼는 식물계에 속한다. 식물계에 속하는 것은 핵막으로 둘러싸인 뚜렷한 핵이 있고, 세포벽이 있으며 다세포 생물이다. 또한, 엽록체가 있어 광합성을 하여 스스로 양분을 만든다. 식물계 중 포자로 번식하는 식물은 우산이끼, 고사리 등이 있고, 종자(씨)로 번식하는 식물은 소나무, 진달래 등이 있다.

15 정답 ④

📋 **핵심체크**

광합성에 필요한 물질은 물과 이산화 탄소이며, 생성되는 물질은 포도당(대부분 녹말로 저장)과 산소이다. 따라서 A－물, B－이산화 탄소, C－포도당, D－산소이다.

16 정답 ①

📋 **핵심체크**

폐순환 경로는 '우심실 → A(폐동맥) → 폐 → B(폐정맥) → 좌심방'이다. 폐로 가서 이산화 탄소를 내보내고 산소를 받아 심장으로 돌아온다.

🔍 **오답체크**

온몸 순환 경로는 '좌심실 → D(대동맥) → 온몸 → C(대정맥) → 우심방'이다. 좌심실에서 나온 혈액이 온몸의 거쳐 다시 우심방으로 돌아온다.

17 정답 ②

📋 **핵심체크**

자극의 전달 경로는 '자극 → 감각기 → 감각 뉴런 → 연합 뉴런 → 운동 뉴런 → 반응기 → 반응'이다.

18 정답 ②

📋 **핵심체크**

수정란이 발생 초기에 빠르게 세포 분열하여 세포 수를 늘리는 과정은 난할이다. 난할을 거듭할수록 세포 수는 늘어나지만, 성장 시기 없이 분열만 계속하므로 발생 초기 세포 하나의 크기는 점점 작아진다.

🔍 **오답체크**

① 수란관에서 정자와 난자가 결합하는 과정이다.
③ 수정란이 세포 분열을 하면서 자궁 쪽으로 이동하여 자궁 내벽에 파묻히는 과정이다.
④ 태아가 약 266일간 자궁에서 자란 후 태어나는 과정이다.

19 정답 ④

📋 **핵심체크**

순종의 둥근 완두(RR)와 순종의 주름진 완두(rr)를 교배하여 얻은 잡종 제1대의 둥근 완두(Rr)를 자가 수분하면 잡종 제2대에는 RR, Rr, Rr, rr의 유전자형을 가진 완두가 나오므로 둥근 완두(RR, Rr)와 주름진 완두(rr)의 분리비는 3 : 1이다.

20 정답 ③

📋 **핵심체크**

지구의 자전은 지구가 자전축을 중심으로 하루에 한 바퀴씩 서에서 동으로 회전하는 운동이다. 지구의 자전으로 나타나는 현상은 별의 일주 운동, 태양과 달의 일주 운동, 낮과 밤이 반복되고 지역에 따라 일출 시각과 일몰 시각이 다른 현상 등이 있다.
계절에 따라 별자리가 달라지는 현상은 지구의 공전으로 나타나는 현상이다.

21
정답 ①

핵심체크

더운 공기가 찬 공기를 타고 올라가는 전선은 온난 전선이다. 온난 전선은 전선면 기울기가 완만하며 층운형 구름이 생성된다. 또한, 넓은 지역에 지속적인 비를 내리게 하고 이동 속도가 느리며, 온난 전선 통과 후에는 기온이 높아진다.

22
정답 ②

핵심체크

해수에 녹아 있는 염류 중 가장 많은 양을 차지하는 것은 염화 나트륨이다.

23
정답 ①

핵심체크

지구의 공전 궤도보다 안쪽에서 공전하는 행성에는 수성과 금성이 있다.

24
정답 ④

핵심체크

별의 밝기는 거리의 제곱에 반비례한다. 따라서 별의 거리가 10배 가까워진다면 밝기는 100배 밝아질 것이고, 등급 차이로는 5등급 작아져 6등급의 별이 1등급으로 보인다.

25
정답 ④

핵심체크

연주 시차는 지구와 별을 잇는 직선과 태양과 별을 잇는 직선이 이루는 각으로, 연주 시차는 지구에서 별까지의 거리와 반비례한다. 따라서 A~D 중 연주 시차가 가장 작은 별은 지구에서 거리가 가장 먼 D이다.

제6교시	도덕							158~161쪽	
01	**02**	**03**	**04**	**05**	**06**	**07**	**08**	**09**	**10**
①	③	①	④	③	①	②	③	④	④
11	**12**	**13**	**14**	**15**	**16**	**17**	**18**	**19**	**20**
①	③	②	①	④	④	②	②	④	③
21	**22**	**23**	**24**	**25**					
②	②	②	①	③					

01
정답 ①

핵심체크

욕망은 무언가에 부족을 느끼고 그것을 가지거나 누리고 싶은 마음이다. 도덕은 인간이 살아가는 동안 지켜야 할 도리이며 행동 기준으로, 이런 도덕의 요소에는 존중, 배려, 자율성 등이 있다.

오답체크

② 타인의 처지에 공감하고, 타인을 도와주거나 보살펴 주려는 마음을 말한다.
③ 인간을 존엄한 존재로 여겨 귀하게 대우하는 마음이다.
④ 자신만의 기준을 세우고 이를 지키려는 마음이다.

02
정답 ③

핵심체크

개인의 이기심이나 무관심, 용기 부족 등으로 인해 도덕적 행동을 실천하지 못하거나 도덕적 문제 상황을 그냥 지나칠 수 있다. 또한, 공감 능력이나 진정한 앎이 부족하면 도덕적 사고가 실천으로 이어지기 힘들다. 사회적 구조나 관행이 잘못되어 비도덕적 행동을 용인하기도 한다.

03
정답 ①

핵심체크

폭력은 문제 해결의 근본적인 수단이 될 수 없으며, 서로에게 분노와 증오를 남길 우려가 있다는 것은 시민 불복종의 정당화 조건 중 비폭력성에 해당한다.

PLUS CHECK 더 알아보기

시민 불복종의 정당화 조건

목적의 정당성	법에 저항하는 목적이 개인의 이익이 아닌 사회 전체의 이익을 지향해야 한다.
비폭력성	폭력은 문제 해결의 근본적인 수단이 될 수 없고 서로에게 분노와 증오를 남길 우려가 있다.
처벌의 감수	위법 행위에 대한 처벌을 받아들이며 법을 존중하면서 정당한 법체계를 세워야 한다.
최후의 수단	바람직하지 못한 법을 개선하려는 노력을 하되, 최후의 수단으로 시민 불복종을 해야 한다.

04 　　　　　　정답 ④

📋 핵심체크

본래적 가치는 다른 가치를 얻기 위한 수단이 아닌 그 자체로서 목적이 되는 가치를 말한다. 배려, 사랑, 행복 등은 그 자체가 귀중하므로 본래적 가치에 해당한다. 반면에 현금은 어떠한 목적을 이루기 위한 수단이므로 도구적 가치에 해당한다.

05 　　　　　　정답 ③

📋 핵심체크

청소년기의 바람직한 이성 교제를 위해서는 상대방을 성적 호기심의 대상으로만 보지 않고 상대방에 대한 존중을 바탕으로 하며, 성에 관련된 행동에는 항상 책임이 따른다는 것을 인지해야 한다.

06 　　　　　　정답 ①

📋 핵심체크

가족 간에는 아무리 가까운 사이라도 서로를 존중하는 태도를 바탕으로 충분한 의사소통을 통해 갈등을 방지해야 한다. 또한, 가정 내 활동에 공동으로 참여하여 함께 활동하는 시간을 가지고, 각자의 역할에 책임을 다 해야 한다.

07 　　　　　　정답 ②

📋 핵심체크

사상, 정치, 의식 등이 타락하여 개인적 이득을 위해 공정하지 않은 방법을 사용할 때 부패가 발생한다. 이러한 부패를 예방하기 위해 부패 방지법, 청렴 교육 실시 등의 사회 제도적 차원에서의 노력을 할 수 있다.

🔍 오답체크

①·③·④ 개인 윤리적 차원의 부패 행위 예방 방법에 해당한다.

08 　　　　　　정답 ③

📋 핵심체크

사랑의 종류

• 에로스(eros): 성적인 사랑
• 필리아(philia): 친구나 동료와의 우정
• 아가페(agape): 신이나 부모의 무조건적인 사랑

09 　　　　　　정답 ④

📋 핵심체크

습관과 도덕적 품성의 관계

• 작은 도덕적 행동을 습관화하면 이것이 곧 도덕적 품성이 된다.
• 습관은 품성의 기초가 되며, 이것이 쌓여 이루어진 좋은 품성은 행복을 불러온다.

10 　　　　　　정답 ④

📋 핵심체크

봉사는 이웃에게 어려움이 있을 때 도움을 주고 고통을 함께 나누거나 다른 사람을 존중하는 마음으로, 공동체 정신을 길러 사회를 건강하게 만들 수 있다.

🔍 오답체크

① 분쟁과 갈등 없이 서로 평안한 상태를 말한다.
② 자기의 마음을 반성하고 살피는 자세이다.
③ 정도를 넘지 않도록 알맞게 조절하고 제한하는 자세이다.

11

정답 ①

핵심체크

사회적 약자는 사회적으로 불리한 조건에 처해 있어 인간다운 삶을 살아가는 데 어려움을 겪는 사람들로, 장애인, 이주 노동자, 결혼 이주 여성, 독거노인, 결식아동 등이 속한다.

12

정답 ③

핵심체크

사회적 건강은 다른 사람들과 원활하게 상호 작용하며, 다른 사람들과 친밀함을 유지하고 좋은 관계를 맺는 능력을 말한다. 사회적으로 건강한 사람은 공동체 내에서 타인과 원활히 교류하고 상대와의 의견을 적절하게 조화시킬 수 있다.

오답체크

① 바람직한 가치의 추구를 통해 삶 전체에 걸쳐 느끼는 지속적·정신적인 만족감이다.

② 가장 단순한 학습 종류의 하나로, 자극에 반복적으로 노출되면 반응하는 행동 강도나 빈도가 감소하는 것이다.

④ 어려움을 겪어도 이를 이겨 내고 건강한 상태로 돌아올 수 있는 마음의 힘을 말한다.

13

정답 ②

핵심체크

바람직한 통일 후의 모습은 남한의 자본과 기술, 북한의 노동력과 자원을 상호 보완적으로 이용하여 국제 경쟁력이 강화되고, 동북아시아 지역의 무역과 물류의 중심지, 지역 통합의 중심지로 발전하여 국제적 지위가 향상되는 것이 있다. 또한, 종합적인 공간 이용 계획을 수립하여 국토를 효율적으로 활용하고, 철도, 항만, 비행장 등 각종 사회 간접 시설을 건설하여 국토의 불균형적 성장을 극복하는 것이 있다.

14

정답 ①

핵심체크

통일의 이유로는 인도주의적 관점, 새로운 민족 공동체 건설, 평화 체제 장착, 경제 발전과 번영 등이 있다. 이산가족과 실향민의 고통을 해소하고 북한 주민의 인간다운 삶의 보장은 인도주의적 관점에서의 통일이 필요한 이유이다.

15

정답 ④

핵심체크

갈등 상황이 없는 것처럼 무시하거나 상황을 외면하는 경우는 갈등의 해결을 회피하는 유형으로, 갈등의 근본적인 원인을 해결하기 어렵다.

오답체크

① 갈등이 생겼을 때 갈등에 순응하는 소극적인 유형이다. 이는 양쪽의 의견이 모두 반영되지 않아 합리적인 갈등 해결이 어렵다.

② 갈등이 생기면 상대방을 생각하지 않고 나의 입장대로만 이끌고 가려거나, 공격적으로 행동하면서 이기려고 노력하는 유형이다. 이 유형은 합리적이고 공정한 갈등의 해결이 어렵다.

③ 갈등을 해결하기 위해 상대방과 함께 고민하고 대화와 타협을 통해 적극적으로 문제를 해결하려는 유형이다. 갈등은 언제나 발생할 수 있고 이것을 자연스럽게 받아들여 인정하는 것이 더 나은 사회를 위한 출발점이 될 수 있다.

16

정답 ④

핵심체크

평화적인 문제 해결의 방법

• 협상: 갈등 당사자 간의 문제점을 확인하고 합의하는 방법

• 조정: 제3자가 개입하여 당사자 간의 갈등을 도와주는 방법

• 중재: 제3자를 통해 갈등에 대한 해결책을 결정하는 방법

• 수용: 대화와 타협을 통해 결과가 도출되면 합의된 결과를 수용하는 방법

17 정답 ②

핵심체크

최근 교통과 통신의 발달로 국가 간 장벽이 약화되고 국제 교류가 증가하면서 경제적 성장과 새로운 문화 요소의 도입으로 문화적 선택과 발전 기회가 늘어나고 있다. 이에 국제 결혼과 이주 노동자의 증가로 다문화 사회가 확산되고 있다.

18 정답 ②

핵심체크

비판적 사고는 도덕적 추론 과정에서 제시된 근거가 신뢰할 수 있는지, 문제점은 없는지 합리적으로 검토하는 과정이다.

오답체크

① 선택한 도덕 원리를 더 일반적이고 포괄적인 도덕 원리에 따라 판단해 보는 검사이다.
③ 상대방의 입장에서 생각해 보는 방법이다.
④ 문제가 되는 도덕 원리를 모든 사람이 보편적으로 실천하였을 때 나타날 수 있는 결과를 예상하여 도덕 원리의 적절성 여부를 검토하는 방법이다.

19 정답 ④

핵심체크

부작위의 사전적 의미는 '마땅히 해야 할 일을 하지 않음.'이다. 부작위에 의한 폭력은 폭력 상황을 알고도 해야 할 일을 하지 않고 이를 외면하거나 방관하는 것을 말한다.

오답체크

① 정서적·도덕적·심리적 손상을 유발하거나 자존감을 떨어뜨리는 폭력이다.
② 폭행, 구타 등 신체에 직접적인 힘을 가하는 폭력이다.
③ 사회 제도나 관습, 법률 등 사회 구조로부터 비롯된 폭력이다.

20 정답 ③

핵심체크

준법은 인간 생활에서 필요한 최소한의 행동 규칙으로, 국가에 의해 강제되는 사회 규범이다. 타인과 국가 권력으로부터 개인의 자유와 권리를 지키고 사회 질서를 유지하기 위해 준법은 반드시 필요하다.

21 정답 ②

핵심체크

신체적 고통은 자신을 보호해야 한다는 신호이자 건강에 대한 경고이므로 자신을 위험으로부터 지킬 수 있다.

오답체크

①·③·④ 정신적 고통의 역할에 해당한다.

22 정답 ②

핵심체크

과학 기술 중 생명 과학과 의학 기술의 발달로 각종 질병을 극복하고 생명을 연장할 수 있게 되었다.

오답체크

① 교통수단의 발달로 지역 및 국가 간 물자의 교류가 활성화 되었다.
③ 정보·통신 기술의 발달로 다양한 정보를 습득할 수 있게 되었지만, 개인 정보가 쉽게 유출되고, 사생활 침해 등의 문제가 발생하기도 하였다.
④ 유전 공학을 활용한 유전자 재조합 식품(GMO)은 아직까지 인체에 유해 가능성 검증 등의 과제를 해결해야 하므로 인류의 식량 문제를 완전히 해결하였다고 볼 수 없다.

23 정답 ②

핵심체크

사회적 약자에 대한 차별이나 편견을 인권 문제로 민감하게 인식하는 인권 감수성 키우기는 사회적 약자에 대한 개인적 차원의 노력에 해당한다.

오답체크

①·③·④ 사회적 약자를 위한 사회 제도적 배려이다. 사회적 약자에 대한 차별 금지에 대한 법률 제정, 최저 생계비나 기본적인 의료비·교육비 지원 등의 제도적인 대책 등이 이에 속한다.

24 정답 ①

핵심체크

저작물 표절, 불법 다운로드 등을 통해 타인의 지식 재산권을 침해하는 도덕적 문제가 발생할 수 있다.

오답체크

② 인터넷이나 스마트폰에 대한 중독은 외부 세계와 단절되고 고립될 수 있다.

③ 사이버 공간에서 상대방이 원하지 않는 언어, 이미지 등을 이용하여 정신적으로 피해를 줌으로써 인간 존엄성을 훼손한다.

④ 바이러스 유포나 해킹 등 불법적인 기술의 사용으로 타인에게 해를 끼친다.

25 정답 ③

핵심체크

환경 개선 부담금은 오염 물질을 배출하는 자가 그에 상응하는 오염 물질 처리 비용을 부담하도록 하여 오염 저감을 유도하고 하수 처리 시설 건설 등을 위한 환경 투자 재원을 확충하는 데 목적이 있는 제도이다.

오답체크

① 지역에서 생산된 먹거리를 그 지역에서 소비하자는 일상생활 속 환경 친화적 운동이다.

② 무공해 또는 저공해 상품에 대해 공인 기관에서 인정한 환경 마크를 부착하게 함으로써 기업의 청정 기술 개발을 촉진하게 하는 제도이다.

④ 화석 연료 사용 비중을 낮추고, 친환경 에너지 사용 비중을 높이면서 경제 개발을 도모하는 경제 정책 방향이다.

6일차 실전 모의고사 정답 및 해설

제1교시 국어

164~170쪽

01	02	03	04	05	06	07	08	09	10
④	③	①	①	③	②	③	②	③	④
11	12	13	14	15	16	17	18	19	20
①	④	④	④	④	②	①	③	②	④
21	22	23	24	25					
①	②	③	④	③					

01
정답 ④

핵심체크
'공감하며 대화하기'의 목적은 상대방의 처지와 입장을 이해하고 우호적인 관계를 형성하기 위함이다.

02
정답 ③

핵심체크
'값어치[가버치]'는 표준 발음법 제15항의 붙임에 해당한다. '-어치'는 접미사로 다루어지고 있음에도 연음이 되는 대신 겹받침 중 하나가 탈락한다는 점에서 예외적이다.

오답체크
① '앉아서[안자서]'는 겹받침 중 두 번째 받침 'ㅈ'을 뒤 음절의 첫소리로 옮겨 발음한다.
② '몫을[목쓸]'은 두 번째 받침 'ㅅ'을 뒤 음절의 첫소리로 옮겨 발음하되, 된소리로 발음한다.
④ '넓이[널비]'는 두 번째 받침 'ㅂ'을 뒤 음절의 첫소리로 옮겨 발음한다.

03
정답 ①

핵심체크
'책상'은 사물의 이름을 나타내는 명사, '그냥'은 용언, 다른 부사, 또는 문장 전체를 꾸며주는 부사로, 품사가 다르다.

오답체크
② '숨다', '꺾다'는 모두 움직임을 나타내는 동사이다.
③ '맑다', '빠르다'는 모두 모양, 성질, 상태를 나타내는 형용사이다.
④ '서넛', '다섯째'는 모두 명사의 수효나 순서를 나타내는 수사이다.

04
정답 ①

핵심체크
(가)와 (나)는 동물원의 동물 보호 역할과 관련하여 의견이 엇갈리고 있다. 이에 대해 토론의 '논제 정하기' 단계인 (다)에서 '동물원은 동물을 보호하는가?'와 같은 쟁점을 설정할 수 있다.

05
정답 ③

핵심체크
밑줄 친 어휘는 직업, 성별, 세대 등 사회적 요인에 따라 다르게 사용하는 말인 '사회 방언'이다. 사회 방언은 같은 집단 내에서 사용하면 의사소통의 효율성을 높이거나 친밀감을 형성할 수 있다.

06
정답 ②

핵심체크
주어 '승주가'와 서술어 '돌아왔다'가 쓰여 주어와 서술어의 관계가 한 번만 나타나는 홑문장이다.

오답체크
① 두 개의 홑문장이 대등한 의미 관계를 형성하며 나열된 대등하게 이어진문장이다.
③·④ 겹문장 중 이유나 원인의 관계로 이어진 종속적으로 이어진문장이다.

07
정답 ③

📋 핵심체크

가획의 원리는, 기본자에 획을 하나씩 더해서 글자를 만드는 원리로, 기본자 이외의 자음자들은 대부분 가획을 통해 만들어졌다. ③은 기본자 'ㅁ'에 획을 더해서 'ㅂ, ㅍ'이 만들어진 것이다.

🔍 오답체크

①・④ 'ㄱ'에 획을 더해서 'ㅋ'을, 'ㄴ'에 획을 더해서 'ㄷ, ㅌ'을 만들었다.

② 'ㅅ'에 획을 더해서 'ㅈ, ㅊ'을, 'ㅇ'에 획을 더해서 'ㆆ (여린히읗), ㅎ'을 만들었다.

08
정답 ②

📋 핵심체크

줄다리기를 하는 방법에는 '줄다리기의 규칙'이나 '줄다리기의 편 구성 방식' 등이 세부 내용으로 들어가야 한다.

09
정답 ③

📋 핵심체크

〈보기〉는 속담에 대한 설명이다. 하기가 매우 쉬운 것을 비유적으로 이르는 '누워서 떡 먹기'가 가장 적절하다.

10
정답 ④

📋 핵심체크

제시된 글에서 '나'는 병아리를 키우게 해 달라고 '엄마'에게 요구하고 있으므로 '조르기'로 바꾸어야 한다. '달래기'는 '슬퍼하거나 고통스러워하거나 흥분한 사람을 어르거나 타일러 기분을 가라앉히다.'의 뜻이므로 적절하지 않다.

🔍 오답체크

① '때'는 '일정한 시기 동안'을 나타내는 명사이므로 띄어 쓴다.

② '덥여'는 한글 맞춤법에 어긋나는 낱말이므로 '덮여'로 써야 한다.

③ 병아리가 매력적이어서 병아리를 한참이나 바라본 것이므로 '그래서'를 써야 한다.

✓ FINAL CHECK 작품 해설

전광용, 「꺼삐딴 리」

- 갈래: 단편 소설, 현대 소설
- 성격: 풍자적, 비판적, 희화적
- 제재: 의사 이인국의 삶
- 주제: 시류에 따라 변절하면서 순응해 가는 기회주의자의 삶에 대한 비판
- 특징
  - 사회 지도층의 위선을 풍자함
  - 현재 시점에서 주인공의 인생을 하나씩 회상하는 구성 방식을 취함
  - 일제 강점기에서 6・25 전쟁 이후 1950년대까지의 현대 한국사를 조망함

11
정답 ①

📋 핵심체크

제시된 글은 인물 사이의 갈등보다는 시대의 변화에 대응하는 인물의 삶을 중심으로 하여 이야기가 전개되고 있다.

🔍 오답체크

② 제시된 글은 이인국의 기회주의적 모습을 풍자하며 주제 의식을 드러내고 있다.

③ 이인국은 일제 강점기에는 친일 행위를 하고, 해방 직후에는 노어책을 암기하다시피 공부하며 시대 상황에 적극적으로 대응하고 있다.

④ 제시된 글은 일제 강점기에서 6・25 전쟁 이후 1950년대까지의 격변하는 시대적 상황을 따르는 이인국의 삶을 그리고 있다.

12
정답 ④

📋 핵심체크

㉠은 일제 강점기 시기에 식민 지배 정책대로 일본 말만을 사용하는 친일파 이인국의 모습을 나타낸다.

13
정답 ④

📋 핵심체크

ⓐ는 시대 상황에 순응하고 변화에 따라 빠르게 변신하는 이인국의 기회주의적 삶의 태도를 나타내고 있다.

✓ **FINAL CHECK 작품 해설**

신경림, 「가난한 사랑 노래」
- 갈래: 자유시, 서정시
- 성격: 감각적, 현실적, 영탄적
- 제재: 가난한 청년의 사랑
- 주제: 가난함 때문에 인간적 감정까지 버려야 하는 안타까움
- 특징
  - 반복적 표현을 통해 운율을 형성하고 주제를 강조함
  - 다양한 감각적 이미지를 통해 현실 상황을 나타냄

14 정답 ④

📋 **핵심체크**

제시된 글에는 가난으로 인해 모든 것을 버려야 하는 현실에 대한 안타까운 정서가 드러나지만, 그러한 현실을 개혁하고자 하는 의지가 드러나지는 않는다.

🔍 **오답체크**

① '새파란 달빛', '호각소리', '새빨간 감 바람 소리', '입술의 뜨거움'과 같이 다양한 감각적 이미지를 활용하여 현실 상황을 드러낸다.
② '모르겠는가', '없겠는가', '버렸겠는가'와 같은 의문문 형식의 설의적 표현으로 주제인 '가난함 때문에 인간적 감정까지 버려야 하는 안타까움'을 강조하고 있다.
③ '어머님 보고 싶소 수없이 뇌어 보지만'과 같이 대상에 대한 시적 화자의 감정이 진솔하게 그려져 있다.

15 정답 ④

📋 **핵심체크**

㉣은 그리운 대상을 시각·청각적 심상을 활용하여 감각적으로 묘사한 시구로, 고향의 이미지를 나타낸다. 이는 1970년대 사회·문화적 배경을 나타내는 시구는 아니다.

🔍 **오답체크**

① 야간에 방범대원이 수시로 불심 검문을 하였던 사회상이 드러난 시구이다.
② 급격한 산업화 속 가난에서 벗어나고자 밤늦게 메밀묵을 팔던 사회상이 드러난 시구이다.

③ 늦은 밤까지 공장의 기계로 일해야 했던 시기의 사회상이 드러난 시구이다.

16 정답 ②

📋 **핵심체크**

제시된 글에서 ⓐ는 가난하기 때문에 화자가 버릴 수밖에 없는 인간적 감정들인 외로움, 두려움, 그리움, 사랑 등을 말한다. '까치밥'은 '까치가 먹도록 따지 않고 몇 개 남겨 두는 감.'으로, 인간적 감정과는 거리가 멀다.

✓ **FINAL CHECK 작품 해설**

엄인희, 「토끼와 자라」
- 갈래: 희곡
- 성격: 교훈적, 비유적
- 제재: 용왕의 병과 토끼의 간
- 주제: 용왕의 헛된 욕심과 토끼의 지혜
- 특징
  - 고전 소설을 현대적 희곡으로 각색함
  - 인간을 동물에 빗대어 인간 사회를 우의적으로 풍자함
  - 등장인물의 말과 행동을 재미있게 표현하여 해학성을 살림

17 정답 ①

📋 **핵심체크**

제시된 글은 주변에서 일어날 수 있는 일이 아닌 비현실적 내용을 담고 있다.

🔍 **오답체크**

② 고전 소설 「토끼전」을 희곡으로 각색하여 현대적 감각으로 재구성한 작품이다.
③ '용왕'을 횡포를 일삼는 지배층으로 의인화하여 지배층의 권위적 행태에 대한 비판 의식을 담고 있다.
④ 인간을 동물에 빗대어 인간 사회를 풍자하고 교훈을 전달하고 있다.

18
정답 ③

📋 **핵심체크**

ⓐ는 줄임표(……)가 쓰인 부분이므로 말이 끝나는 부분에 여운을 두어 의아하고 당황스러운 태도로 등장인물의 심리가 잘 드러나도록 한다.

19
정답 ②

📋 **핵심체크**

ⓛ은 시간적 배경이 아닌 공간적 배경을 나타낸다.

> ✅ **FINAL CHECK 작품 해설**
>
> 김정훈, 「정전기가 겨울로 간 까닭은?」
> • 갈래: 설명문
> • 성격: 객관적, 사실적, 설명적
> • 제재: 정전기
> • 주제: 정전기가 생기는 이유와 정전기 예방 방법
> • 특징: 정의, 예시, 대조, 과정, 인과 등의 다양한 설명 방법을 사용함

20
정답 ④

📋 **핵심체크**

제시된 글은 설명문으로, 대상에 대한 지식이나 정보를 잘 이해할 수 있도록 쉽게 풀어서 설명한다는 특징이 있다.

21
정답 ①

📋 **핵심체크**

(다)에 쓰인 설명 방법은 '인과'이다. 정전기가 발생하지 않는 환경과 그에 따른 결과를 인과적으로 설명하였다. ① 또한 원인과 결과에 따라 설명하는 '인과'의 예이다.

🔍 **오답체크**

② 구체적이고 친근한 예를 제시하여 설명하는 '예시'의 방법이다.

③ 둘 이상의 대상을 견주어 서로 간의 공통점을 밝혀 설명하는 '비교'의 방법이다.

④ 설명하고자 하는 대상의 개념이나 의미를 밝히는 '정의'의 방법이다.

22
정답 ②

📋 **핵심체크**

제시문에서의 '전하'는 '물체가 띠고 있는 정전기의 양.'을 뜻한다.

> ✅ **FINAL CHECK 작품 해설**
>
> 이문구, 「열보다 큰 아홉」
> • 갈래: 수필
> • 성격: 교훈적, 대조적
> • 제재: 완전하지 않은 숫자 아홉
> • 주제: 완전하지 않은 아홉(중학생)의 가능성
> • 특징
>   – 역설적 표현의 제목으로 독자의 호기심과 흥미를 유발함
>   – 비유·강조·변화 등의 다양한 표현을 사용함

23
정답 ③

📋 **핵심체크**

제시된 글은 수필이다. 수필은 누구나 쓸 수 있는 비전문적인 글이고, 정해진 형식이 없는 자유로운 글이다.

24
정답 ④

📋 **핵심체크**

관용 표현은 사람들이 습관적으로 사용하여 굳어진 표현이므로 시대가 변하면 관용 표현도 변하게 되거나, 새로 생겨나기도 한다.

🔍 **오답체크**

① 관용 표현은 예부터 전해 내려온 말들이 많아 우리 민족의 사고방식이나 문화가 담겨 있다.

② 관용 표현은 독자들에게 강한 인상을 남길 수 있고, 일반적인 표현에 비해 내용을 더 강조할 수 있다.

③ 관용 표현은 말하고자 하는 바를 보다 명확하고 간결하게 표현하고 전달한다.

25

정답 ③

핵심체크

㉡에는 완전하지 않은 수인 '아홉'에 대한 우리 조상들의 관심이 잘 드러난다. 우리 조상들은 세상에 완전한 것이 없다는 것을 알고 완전하지 않은 수인 아홉을 좋아하였다고 말하고 있다.

제2교시 **수학** 171~174쪽

01	02	03	04	05	06	07	08	09	10
④	①	④	③	③	②	①	④	②	④
11	**12**	**13**	**14**	**15**	**16**	**17**	**18**	**19**	**20**
①	②	③	①	②	①	④	②	③	①

01

정답 ④

핵심체크

56을 소인수분해하면

$$
\begin{array}{r}
2\,)\,56 \\
2\,)\,28 \\
2\,)\,14 \\
\hline
7
\end{array}
$$

이므로 $56 = 2^3 \times 7$

따라서 56의 약수의 개수는

$(3+1)(1+1) = 4 \times 2 = 8$(개)

➕ PLUS CHECK 더 알아보기

약수의 개수

a, b는 서로 다른 소수, p, q는 자연수일 때,
$a^p \times b^q$의 약수의 개수는
$(p+1)(q+1)$

02

정답 ①

핵심체크

$$x^2 + 5xy + y^2 = (x+y)^2 + 3xy$$
$$= (-2\sqrt{2})^2 + 3 \times 3$$
$$= 8 + 9 = 17$$

03

정답 ④

핵심체크

$6 - 5x = -x + 2$에서 $4x = 4$

$\therefore x = 1$

주어진 두 일차방정식의 해가 서로 같으므로

$x = 1$을 $2x + a = -1$에 대입하면

$2 \times 1 + a = -1$

$\therefore a = -3$

04 정답 ③

핵심체크

화씨온도가 59 °F이므로 주어진 공식에 대입하면

$\dfrac{5}{9} \times (59 - 32) = \dfrac{5}{9} \times 27 = 15 \ (°C)$

05 정답 ③

핵심체크

$\angle AOB$가 직각이므로

$\angle BOC = 180° - \angle AOB - \angle COD$

$= 180° - 90° - 40° = 50°$

06 정답 ②

핵심체크

원뿔대를 회전축을 포함하는 평면으로 자른 단면은 사다리꼴이다. 이때 단면은 모두 합동이며 회전축에 대하여 선대칭도형이다.

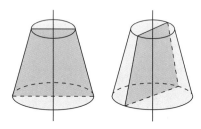

07 정답 ①

핵심체크

주어진 도수분포표에서 도수의 총합은 25명이고 지난 일주일 동안의 TV 시청 시간이 3시간 미만인 학생 수는 1명, 3시간 이상 6시간 미만인 학생 수는 4명이므로 TV 시청 시간이 6시간 미만인 학생 수는 5명이다.

따라서 구하는 계급의 상대도수는

$\dfrac{1 + 4}{25} = 0.2$

➕ PLUS CHECK 더 알아보기

상대도수

① 상대도수: 전체 도수에 대한 각 계급의 도수의 비율

② 상대도수의 특징

　㉠ 각 계급의 상대도수의 총합은 항상 1이고, 상대도수는 0 이상이고 1 이하인 수이다.

　㉡ 각 계급의 상대도수는 그 계급의 도수에 정비례한다.

　㉢ 도수의 총합이 다른 두 집단의 분포 상태를 비교할 때 편리하다.

08 정답 ④

핵심체크

분수를 기약분수로 나타내었을 때, 분모의 소인수가 2 또는 5뿐이면 그 분수는 유한소수로 나타낼 수 있다.

따라서 x는 분모에 있는 3^2을 약분할 수 있는 9의 배수이어야 한다. 즉, x의 값이 될 수 있는 한 자리 자연수는 9이다.

09 정답 ②

핵심체크

어떤 다항식을 □라 하면

$\square \div (-2a^2b^3) = \dfrac{1}{2}ab - 3a^4b^3$

$\therefore \square = \left(\dfrac{1}{2}ab - 3a^4b^3\right) \times (-2a^2b^3)$

$= \dfrac{1}{2}ab \times (-2a^2b^3) - 3a^4b^3 \times (-2a^2b^3)$

$= -a^3b^4 + 6a^6b^6$

따라서 바르게 계산한 식은

$(-a^3b^4 + 6a^6b^6) \times (-2a^2b^3)$

$= -a^3b^4 \times (-2a^2b^3) + 6a^6b^6 \times (-2a^2b^3)$

$= 2a^5b^7 - 12a^8b^9$

10

정답 ④

핵심체크

$5x+2 < -8$에서 양변에 2를 빼면 $5x < -10$이고,
이 부등식의 양변을 5로 나누면 $x < -2$이다.
따라서 이를 수직선 위에 바르게 나타낸 것은 ④이다.

11

정답 ①

핵심체크

$f(x)=2x-a$에서 $f(-1)=3$이므로
$2×(-1)-a=3$에서 $a=-5$
따라서 $f(x)=2x+5$이므로
$f(1)=2×1+5=7$

12

정답 ②

핵심체크

이등변삼각형 ABC에서 꼭지각의 이등분선은 밑면을 수
직이등분하므로
$\overline{BC}=2×\overline{BD}=6\,(cm)$

$\therefore \quad △ABC=\dfrac{1}{2}×6×5=15\,(cm^2)$

13

정답 ③

핵심체크

$\overline{AC}$와 $\overline{EF}$가 만나는 점을 G라 하자.

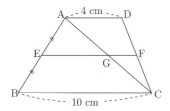

$△ABC$에서 $\overline{AE}=\overline{BE}$이고 $\overline{EG}\,/\!/\,\overline{BC}$이므로
$\overline{AG}=\overline{GC}$

$\therefore \quad \overline{EG}=\dfrac{1}{2}\overline{BC}=\dfrac{1}{2}×10=5\,(cm)$

$△ACD$에서 $\overline{CG}=\overline{GA}$이고 $\overline{FG}\,/\!/\,\overline{AD}$이므로
$\overline{FC}=\overline{FD}$

$\therefore \quad \overline{GF}=\dfrac{1}{2}\overline{AD}=\dfrac{1}{2}×4=2\,(cm)$

$\therefore \quad \overline{EF}=\overline{EG}+\overline{GF}=5+2=7\,(cm)$

14

정답 ①

핵심체크

5명 중에서 3명을 뽑아 한 줄로 세우는 경우의 수는
$5×4×3=60$

15

정답 ②

핵심체크

$\dfrac{1}{\sqrt{2}+1}$을 유리화하면

$\dfrac{\sqrt{2}-1}{(\sqrt{2}+1)(\sqrt{2}-1)}=\dfrac{\sqrt{2}-1}{(\sqrt{2})^2-1}$

$\qquad\qquad\qquad\quad =\dfrac{\sqrt{2}-1}{2-1}=\sqrt{2}-1$

따라서 $x=\sqrt{2}-1$이므로
$x-\sqrt{2}=-1$

➕ PLUS CHECK 더 알아보기

분모의 유리화

(1) 분모의 유리화: 분수의 분모가 근호를 포함한 무리
 수일 때, 분모, 분자에 0이 아닌 같은 수를 곱하여
 분모를 유리수로 고치는 것
(2) 분모를 유리화하는 방법
 $a>0,\ b>0,\ a\neq b$일 때
 ① $\dfrac{1}{\sqrt{a}+\sqrt{b}}=\dfrac{\sqrt{a}-\sqrt{b}}{(\sqrt{a}+\sqrt{b})(\sqrt{a}-\sqrt{b})}$

 $\qquad\qquad\quad =\dfrac{\sqrt{a}-\sqrt{b}}{a-b}$

 ② $\dfrac{1}{\sqrt{a}-\sqrt{b}}=\dfrac{\sqrt{a}+\sqrt{b}}{(\sqrt{a}-\sqrt{b})(\sqrt{a}+\sqrt{b})}$

 $\qquad\qquad\quad =\dfrac{\sqrt{a}+\sqrt{b}}{a-b}$

16

정답 ①

핵심체크

$(2x+1)(3x+a)$에서 x가 나오는 항만 전개하면

$2ax+3x=11x$이므로

$2a+3=11$, $2a=8$

$\therefore a=4$

17

정답 ④

핵심체크

이차방정식 $x^2+ax+b=0$의 해가 $x=-2$ 또는 $x=3$이므로 이차방정식의 근과 계수의 관계에 의해

$a=-(-2+3)=-1$, $b=-2\times3=-6$

$\therefore ab=6$

다른풀이

이차항의 계수가 1이고 해가 $x=-2$ 또는 $x=3$인 이차방정식은 $(x+2)(x-3)=0$이므로

이를 전개하면 $x^2-x-6=0$이다.

따라서 $a=-1$, $b=-6$이므로

$ab=6$

18

정답 ②

핵심체크

이차함수 $y=ax^2+bx+c$의 그래프의 꼭짓점의 좌표가 $(2, 1)$이므로 $y=a(x-2)^2+1$에서

$y=ax^2-4ax+4a+1$

이 이차함수의 그래프가 점 $(0, 5)$를 지나므로

$x=0$, $y=5$를 각각 대입하여 풀면

$4a+1=5$

$\therefore a=1$

따라서 $y=x^2-4x+5$이므로

$b=-4$, $c=5$

$\therefore a+b+c=1-4+5=2$

19

정답 ③

핵심체크

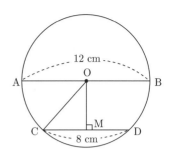

원 O의 반지름의 길이는 $\dfrac{1}{2}\times12=6$ (cm)이므로

$\overline{OC}=6$ cm

원의 중심에서 현에 내린 수선은 그 현을 수직이등분하므로

$\overline{CM}=\dfrac{1}{2}\times\overline{CD}=4$ (cm)

$\triangle OCM$은 직각심각형이므로 피타고라스 정리에 의해

$\overline{OM}^2+4^2=6^2$, $\overline{OM}^2=6^2-4^2=36-16=20$

$\overline{OM}>0$이므로

$\therefore \overline{OM}=\sqrt{20}=2\sqrt{5}$ (cm)

20

정답 ①

핵심체크

높은 점수부터 순서대로 나열하면 94점, 92점, 88점, 73점, 68점, 49점이다. 이때 6과목이므로 $\dfrac{6}{2}=3$, 4번째 점수인 88점과 73점의 평균이 중앙값이다.

따라서 구하는 자료의 중앙값은

$\dfrac{88+73}{2}=80.5$ (점)

제3교시 영어
175~179쪽

01	02	03	04	05	06	07	08	09	10
②	④	①	②	①	③	①	②	④	④
11	12	13	14	15	16	17	18	19	20
①	④	④	①	②	③	①	③	②	④
21	22	23	24	25					
③	③	②	③	①					

01
정답 ②

🔲 단어체크

• become: ~이 되다

🔳 핵심체크

밑줄 친 'calm'은 '차분한, 고요한'의 뜻이며, 동사 'become' 뒤에서 'the girl'의 상태를 설명하는 주격 보어로 쓰였다.

┌─ **해석 CHECK** ─┐

소녀는 <u>차분해져서</u> 공부하기 시작하였다.

02
정답 ④

🔳 핵심체크

밑줄 친 'curly(곱슬머리의)'와 'straight(곧은, 쭉 뻗은)'는 반의 관계이고, 'strong(강한)'과 'powerful(강한, 강력한)'은 유의 관계이므로 의미 관계가 다르다.

🔍 오답체크

① 가벼운 – 무거운

② 쉬운 – 어려운

③ 안전한 – 위험한

┌─ **해석 CHECK** ─┐

나는 짧은 <u>곱슬머리</u>를 가졌고 내 언니는 긴 <u>직모</u>를 가졌다.

03
정답 ①

🔲 단어체크

• go out: 밖으로 나가다

• last: 마지막의

🔳 핵심체크

조동사(must) 뒤에는 동사 원형을 써야 하므로 빈칸에는 'go'가 들어가는 것이 가장 적절하다.

┌─ **해석 CHECK** ─┐

Jessie는 마지막 기차를 타기 위해 지금 <u>밖으로 나가야</u> 한다.

04
정답 ②

🔲 단어체크

• pet: 애완동물

• kitten: 아기고양이

🔳 핵심체크

대화에서 A는 'does'를 사용한 일반 동사의 현재형 의문문으로, Jason이 애완동물을 가지고 있는지 묻고 있다. 빈칸 다음에서 B가 'He has two kittens(그는 아기고양이 두 마리가 있어).'라고 하였으므로 빈칸에는 긍정의 답인 'Yes, he does(응, 맞아)'가 들어가는 것이 가장 적절하다.

┌─ **해석 CHECK** ─┐

A: Jason은 애완동물을 가지고 있니?

B: <u>응, 맞아.</u> 그는 아기고양이 두 마리가 있어.

05
정답 ①

🔲 단어체크

• heavy: 무거운

• help: 도와주다

🔳 핵심체크

대화에서 A는 B에게 그림이 무거워서 도와달라고 말하고 있으므로 빈칸에는 그림을 벽에 걸다라는 의미의 'hang'이 들어가는 것이 가장 적절하다.

1일차 2일차 3일차 4일차 5일차 6일차 7일차

② 바라다

③ 올라가다

④ 웃다

해석 CHECK

A: 이 그림은 너무 무거워. Chris, 나 좀 도와줄 수 있어?

B: 물론이지. 너는 이것을 벽에 걸기를 원하는 거야?

06 정답 ③

📖 **단어체크**

• wallet: 지갑

• think: 생각하다

• show: 보여주다

📋 **핵심체크**

대화에서 A가 찾은 지갑에 대해 B가 소유대명사(Brian's)를 써서 Brian의 것인 것 같다고 말하고 있으므로 빈칸에는 'Whose wallet is it(그것은 누구의 지갑이니)'이 들어가는 것이 가장 적절하다.

🔍 **오답체크**

① Brian은 어디에 있니

② 그것은 얼마니

④ Brian은 무엇을 가지고 있니

해석 CHECK

A: 선반 위에서 이 지갑을 찾았어. 그것은 누구의 지갑이니?

B: 내 생각에는 Brian의 지갑인 것 같아. 그는 어제 내게 그것을 보여줬었거든.

07 정답 ①

📖 **단어체크**

• parked: 주차된

• asleep: 잠든

• during: ~동안

📋 **핵심체크**

첫 번째 문장의 빈칸 뒤에 'on the parked car(주차된 차 위에)'라는 부사구가 있으므로 'fall(떨어지다)'의 과거형이 사용되어 '공이 주차된 차 위로 떨어졌다.'가 되어야 한다. 두 번째 문장의 빈칸 뒤에 'asleep'가 있으므로 '잠들었다'의 의미가 되려면 'fall'의 과거형이 사용되어야 한다. 이러한 두 조건을 모두 만족하는 말은 'fell'이다.

🔍 **오답체크**

② 날았다

③ 깨졌다

④ 잡았다

해석 CHECK

○ 공이 주차된 차 위에 떨어졌다.

○ 어떤 학생들은 수업 중에 잠들었다.

08 정답 ②

📋 **핵심체크**

제시된 휴가 계획표에서 금요일에 'Going to the cave(동굴에 가기)'라고 하였으므로 Sam이 금요일에 할 일로 가장 적절한 것은 '동굴에 가기'이다.

해석 CHECK

수요일	목요일	금요일	토요일
새 관찰하기	호수 주변에서 자전거 타기	동굴에 가기	스페인 음식 먹기

09 정답 ④

📖 **단어체크**

• street: 길, 거리

📋 **핵심체크**

제시된 그림에서 사람들이 길을 건너고 있으므로 빈칸에는 'crossing(건너는)'이 들어가는 것이 가장 적절하다.

🔍 오답체크

① 그림을 그리는
② 돌리는
③ 짐을 싸는

> **해석 CHECK**
>
> 그들은 길을 건너고 있다.

10 　　정답 ④

📖 단어체크

- fever: 열
- cough: 기침

📑 핵심체크

대화에서 B가 'I have a fever and a cough(나는 열과 기침이 있어)'라고 말하였으므로 빈칸에는 이에 대한 A의 대답으로 'I'm sorry to hear that(안됐구나)'이 들어가는 것이 가장 적절하다.

🔍 오답체크

① 마음대로 해
② 멋지다
③ 여기 물이 있어

> **해석 CHECK**
>
> A: Stanley, 좀 나아지고 있니?
> B: 그렇지 않아. 나는 열과 기침이 있어.
> A: 안됐구나.

11 　　정답 ①

📖 단어체크

- vest: 조끼
- popular: 인기 있는

📑 핵심체크

대화에서 B가 엄마를 위한 조끼를 찾고 있다고 하자 A가 인기 있는 몇 가지를 보여주겠다고 하였으므로 대화의 주제로 가장 적절한 것은 '의상 구입'이다.

> **해석 CHECK**
>
> A: 안녕하세요. 도움이 필요하신가요?
> B: 네. 저는 엄마를 위한 조끼를 찾고 있어요.
> A: 좋아요. 제가 인기 있는 몇 가지를 보여드릴게요.

12 　　정답 ④

📖 단어체크

- exhibition: 전시회
- August: 8월
- painting: 그림
- sculpture: 조각

📑 핵심체크

제시된 전시회 포스터에서 전시 품목(paintings and sculptures), 전시회 장소(Rose Hall, Modern Gallery), 전시회의 날짜(August 15th~August 31st)는 언급되어 있지만, 평일 운영 시간에 대한 내용은 언급되어 있지 않다.

> **해석 CHECK**
>
> *여름 미술 전시회*
>
> 언제: 8월 15일~8월 31일
> 어디서: 모던 갤러리, 로즈 홀
> 오프닝 행사: 금요일 오후 6시
> 오셔서 젊은 예술가들의 그림과 조각 작품을 즐겨주세요.

13 　　정답 ④

📖 단어체크

- passenger: 승객
- delay: 연기하다
- departure: 출발

📑 핵심체크

제시된 방송 첫 문장의 'passengers for Flight 202(202편 승객들)'를 통해 비행기 승객을 위한 안내 방송임을 짐작할 수 있다. 뒤이어 비행기가 악천후로 인해 연기된다는 내용이 나오고 있으므로 방송의 목적으로 가장 적절한 것은 '비행기 출발 지연 공지'이다.

14 　　　　　　　　　　　　정답 ①

📖 단어체크

- happen: (어떤 일이) 발생하다
- fall: 넘어지다
- floor: 바닥
- hurt: 다치다
- toe: 발가락

📋 핵심체크

대화에서 B가 Harry는 바닥에 넘어져서 발가락을 다쳤다고 하였으므로 Harry가 파티에 오지 못한 이유는 '몸을 다쳐서'이다.

해석 CHECK

A: Harry가 파티에 오지 않았네. 그에게 무슨 일이 있었니?
B: 그는 오늘 아침에 바닥에 넘어져서 발가락을 다쳤어.

15 　　　　　　　　　　　　정답 ②

📖 단어체크

- difficulty: 어려움
- others: 다른 것들(사람들)
- in public: 대중 앞에서
- sweat: 땀을 흘리다
- practice: 연습하다
- get over: 극복하다
- problem: 문제

📋 핵심체크

제시된 글은 사람들 앞에서 말을 잘 못하던 Jenny가 친구들 앞에서 말하기 연습을 하여 문제를 극복하였다는 내용이다. 친구들 앞에서만 말을 잘 하였다는 내용은 없다.

16 　　　　　　　　　　　　정답 ③

📖 단어체크

- make a reservation: 예약하다
- try: 시험 삼아 해 보다[먹어 보다]

📋 핵심체크

주어진 말에서 내일 새로운 이탈리아 식당이 문을 열 것이라고 하였으므로 이어지는 응답으로 (B)의 'I must try the food there(거기서 꼭 먹어 봐야겠어.)'가 오는 것이 자연스럽다. 이어서 (C)에서 'Will you go there with me next week(다음 주에 나와 같이 거기에 갈래)?'라고 제안하고, 그에 대한 반응으로 'Let me make a reservation(내가 예약을 할게).'이라고 하는 것이 옳다. 따라서 주어진 말에 이어질 대화의 순서는 '(B) – (C) – (A)'가 가장 적절하다.

해석 CHECK

나는 내일 새 이탈리아 식당이 문을 연다고 들었어.
(B) 오, 나 거기서 음식을 먹어 봐야겠어. 나는 이탈리아 음식 좋아하거든.
(C) 나도 그래. 다음 주에 나와 같이 거기에 갈래?
(A) 그러자. 내가 예약을 할게.

17 　　　　　　　　　　　　정답 ①

📖 단어체크

- look for: ~을 찾다
- sign up: 등록하다

📋 핵심체크

제시된 동아리 홍보문에 따르면 농구 동아리의 활동 요일 (every Friday)과 활동 내용(play basketball with other teams), 동아리 신청 장소(club room)는 언급되어 있으나, 신청 기간은 언급되어 있지 않다.

해석 CHECK

우리는 새로운 회원을 찾고 있습니다.
농구 동아리에 지원하세요.

○ 우리는 매주 금요일에 Central Park에서 만나 다른
농구 팀과 농구 경기를 합니다.

○ 또한 코치가 여러분이 농구 배우는 것을 도울 것입
니다.

○ 등록하시려면 저희 동아리 방으로 오세요.

18   정답 ③

단어체크

• various: 다양한

• table manners: 식사 예절

• polite: 예의 바른, 정중한

핵심체크

제시된 글은 중국, 인도, 한국의 예를 들어 세계의 다양한
유형의 식사 예절을 설명하였다. 그러나 'Indian food is
popular around the world(인도 음식은 세계에서 인기 있
다).'는 세계의 식사 예절과는 관계가 없다.

해석 CHECK

세계에는 다양한 유형의 식사 예절이 있다. 예를 들어,
중국에서 어떤 사람들은 정중함을 표현하기 위해 그릇
에 약간의 음식을 남긴다. 인도에서는 대부분의 사람들
이 오른손을 사용하여 밥을 먹는다. 인도 음식은 세계에
서 인기 있다. 한국에서는 먹을 때 소리를 내는 것은 무
례하다.

19   정답 ②

단어체크

• possible: 가능한

• bark: 껍질

• tear: 찢어지다

핵심체크

제시된 글의 마지막 문장에서 한지는 매우 강하고 쉽게 찢
어지지 않는다고 하였으므로 한지로 옷을 만드는 이유로
가장 적절한 것은 '강한 재질이어서'이다.

20   정답 ④

단어체크

• half: 절반

핵심체크

제시된 글의 빈칸에는 절반 이상의 학생들이 좋아하는 여
가 활동이 들어가야 하므로 빈칸에는 51%의 학생들이 좋아
하는 활동인 'playing computer games(컴퓨터 게임하기)'
가 들어가는 것이 가장 적절하다.

오답체크

① 등산하기

② 산책하기

③ 박물관 방문하기

해석 CHECK

Rapid 학교 학생들이 가장 좋아하는 여가 활동
등산하기 (8%)   산책하기 (15%)   박물관 방문하기 (26%)
절반 이상의 학생들은 컴퓨터 게임하기를 좋아한다.

21   정답 ③

단어체크

• save: 절약하다

• distance: 거리

• instead of: ~대신에

핵심체크

제시된 글은 에너지를 절약하는 방법에 대해 설명하고 있
다. 여러 방법 중 '자동차 대신 자전거를 타기'에 대한 내용
은 언급되어 있지 않다.

여기 에너지를 절약하는 몇 가지 쉬운 방법이 있다. 사용하지 않는 전등을 꺼라. 세탁할 때는 찬 물을 사용해라. 자동차를 타는 대신 짧은 거리는 걸어 다녀라. 그것은 여러분의 건강에도 좋다.

22 　　　　　정답 ③

📖 단어체크

• grow: (식물을) 재배하다

• calm: 고요한, 차분한

• exercise: 운동

• mind: 마음; 정신

📋 핵심체크

제시된 글에서 밑줄 친 them은 앞에 'water(물주다)'와 'grow(재배하다)'라는 동사와 어울릴 수 있는 단어이어야 하므로 them은 'vegetables(채소)'임을 알 수 있다.

🔍 오답체크

① 우리의 정신

② 우리의 건강

④ 약간의 운동

해석 CHECK

채소를 키우는 것은 우리의 건강에 좋다. 그것은 우리의 마음을 차분하게 만든다. 그것은 또한 우리에게 약간의 운동거리를 제공하는데 우리는 그것들에 거의 매일 물을 줘야 하기 때문이다. 무엇보다도, 우리는 그것들을 다 재배한 뒤에 신선한 채소들을 먹을 수 있다.

23 　　　　　정답 ②

📖 단어체크

• Manner: 예절

• respect: 존중하다, 존경하다

• opinion: 의견

• share: 나누다

• greet: 인사하다

📋 핵심체크

제시된 글에서 아이들에게 가르쳐야 할 예절로 '사람들에게 공손히 말하기'는 언급되어 있지 않다.

해석 CHECK

아이들에게 가르쳐야 할 예절들

○ 다른 사람의 의견을 존중하세요.

○ 다른 사람들과 나누세요.

○ 집에 오는 모든 이에게 인사하세요.

○ 들어가기 전에 문을 노크하세요.

24 　　　　　정답 ③

📖 단어체크

• anteater: 개미핥기

• South: 남쪽의

• Central: 중앙의

• insect: 곤충

• tongue: 혀

• claw: 동물의 발톱

• tear: 찢다

📋 핵심체크

제시된 글은 개미핥기가 사는 곳(South and Central America)과 신체 특징(They don't have teeth), 먹이를 잡는 방법(catch insects with their long tongues) 등 개미핥기가 가진 특징과 습성에 대해 설명하고 있다. '개미핥기가 사는 지역'은 글에 나타나 있지만 주제가 아닌 세부 내용이다.

해석 CHECK

개미핥기는 남아메리카와 중앙아메리카에 산다. 그들은 이빨이 없다. 그들은 긴 혀로 곤충을 잡는다. 개미핥기는 앞발에 커다란 발톱이 있다. 그들은 곤충의 둥지를 찢기 위해 발톱을 사용한다. 어떤 개미핥기는 나무에 산다.

25

정답 ①

📖 단어체크

• related to: ~과 관련된
• computer science: 컴퓨터 과학
• developer: 개발자
• engineer: 기술자

📑 핵심체크

제시된 글은 요즘에는 컴퓨터 과학과 관련된 직업이 인기가 있으며 해당 직업의 예로 'software developers(소프트웨어 개발자)', 'web developers(웹 개발자)', 그리고 'AI engineers(AI 기술자)'를 들면서 설명하고 있다. 이후 마지막 문장에서 'Here are some other jobs related to computers(여기 컴퓨터와 관련된 다른 여러 직업이 있다).'라고 하였으므로 뒤이어 나올 내용으로 가장 적절한 것은 '컴퓨터와 관련된 다양한 직업'이다.

해석 CHECK

요즘에는, 컴퓨터 과학과 관련된 직업이 인기가 있다. 만일 여러분이 컴퓨터 과학 학위를 가지고 있다면, 직업을 좀 더 쉽게 얻을 수 있을 것이다. 그 직업의 예로는 소프트웨어 개발자, 웹 개발자, 그리고 AI 기술자이다. 여기 컴퓨터와 관련된 다른 여러 직업이 있다.

제4교시 사회   180~184쪽

01	02	03	04	05	06	07	08	09	10
①	③	②	①	①	④	③	①	②	③
11	12	13	14	15	16	17	18	19	20
①	④	①	②	②	②	④	②	③	②
21	22	23	24	25					
③	④	④	③	④					

01

정답 ①

📑 핵심체크

지도의 분류

• 일반도: 다양한 목적을 위해 지표면의 일반적인 사항을 표현한 지도
  예 지형도, 세계전도
• 주제도: 특정 목적을 위해 필요한 지표 현상만을 선택하여 표현한 지도
  예 기상도, 산업도, 지질도
• 대축척 지도: 좁은 지역을 자세히 표현한 지도
  예 관광 안내도, 지하철 주변 안내도
• 소축척 지도: 넓은 지역을 간단하게 표현한 지도
  예 우리나라 전도, 세계지도

02

정답 ③

📑 핵심체크

그래프가 나타내는 지역은 열대 우림 기후 지역으로, 적도를 중심으로 분포한다. 열대 우림 기후 지역은 연중 강수량이 많아서 매우 습하고, 열대성 소나기인 스콜이 거의 매일 내린다.

🔍 오답체크

① 1년 내내 기온이 높고 비가 많이 내린다.
② 4계절 내내 더운 날씨가 지속된다.
④ 연교차보다 일교차가 더 크다.

1일차 2일차 3일차 4일차 5일차 6일차 7일차

03

📋 **핵심**체크

우리나라의 서해안과 남해안은 리아스식 해안이다. 리아스식 해안은 해안선의 드나듦이 복잡하고 섬이 많은 형태의 해안을 말한다.

🔍 **오답**체크

① 석회암 지대를 흐르는 하안 단구에서 집단으로 발달한 지형으로, 석회암 지대에 웅덩이 모양으로 형성된다.
③ 석회암의 용식으로 만들어진 지형으로, 우리나라 황해도, 평안남도, 강원도 삼척·영월 등의 지역에서 발달한다.
④ 우리나라의 지형적 특징으로, 큰 하천은 서해로 흘러 하천의 하류에 평야가 발달한다.

04

정답 ①

📋 **핵심**체크

문화 전파란 잦은 문화 접촉과 교류로 인해 어떤 문화적 요소가 다른 사회로 옮겨가서 정착되는 현상을 말한다.

🔍 **오답**체크

② 다른 문화를 가진 사회가 문화 접촉과 문화 전파를 통해 고유의 문화에 변화를 일으키는 현상이다.
③ 서로 다른 문화권에 있는 사람들이 문화적인 면에서 지속적으로 접촉하는 현상이다.
④ 서로 다른 문화가 결합하여 새로운 문화가 만들어지는 현상이다.

05

정답 ①

📋 **핵심**체크

고령화

• 고령화 사회: 의료 기술의 발달로 인한 평균 수명 연장 및 저출산으로 노인 인구 비중 증가
• 우리나라의 고령화 문제: 선진국에 비해 빠른 속도로 고령화 사회로 진입, 세계 최하의 출산율
• 문제점: 노동력 부족, 노인 부양 부담 증가, 경제 활동 인구 감소로 경제 성장 둔화 우려 등

06

정답 ④

📋 **핵심**체크

도시화 현상의 유형

• 이촌향도: 산업화·도시화에 따라 촌락 지역에 살던 사람들이 도시로 이주하는 현상으로, 가속화 단계에서 나타남
• 역도시화: 도시 인구가 지나치게 많아지면 도시에서 교외 지역이나 농촌으로 인구 이동하는 현상으로, 종착 단계에서 나타남
• 과도시화: 도시의 부양 능력 이상으로 지나치게 많은 인구가 몰리는 현상으로, 개발 도상국에서 나타남
• 종주 도시화: 특정 대형 도시나 중요 도시에 도시 기반 시설이 지나치게 집중되는 현상으로, 개발 도상국에서 나타남

07

정답 ③

📋 **핵심**체크

오아시스 농업은 건조 기후 지역 중에서도 사막 기후 지역의 주민들이 주로 하는 농업 형태이다.

🔍 **오답**체크

① 밀, 보리 등의 농작물을 재배하면서 소, 돼지 등의 가축을 함께 기르는 온대 기후 지역의 농업 경영 방식이다.
② 선진국의 자본과 개발 도상국의 노동력을 결합하여 대규모 상품 작물을 생산하는 열대 우림 기후 지역의 경작 방식으로, 카카오, 천연고무, 바나나, 야자나무 등을 재배한다.
④ 열대 우림에 불을 질러 작물을 재배하다가 생산력이 떨어지면 이동하는 경작 방식으로, 카사바, 얌, 옥수수 등을 재배한다.

08

정답 ①

📋 **핵심**체크

다국적 기업의 성장 배경

• 교통·통신의 발달 → 국가 간의 교류 및 경제 활동 활성화
• 기업의 관리·경영 기능, 연구·개발 기능, 생산·판매 기능의 규모 확대

- 생산비 절감의 필요성 → 지가와 노동력이 저렴한 개발도 상국으로 이전
- 무역 장벽 극복과 연구 개발의 중요성 → 판매 시장이 넓은 선진국으로 이전
- 세계무역기구(WTO)와 자유무역협정(FTA) 확대
- 생산 공장에서 발생한 유해물질로 인한 환경오염

09 　　정답 ②

핵심체크

증거 재판주의란 법관이 주관적으로 판결하는 것을 방지하기 위해 명확한 증거를 가지고 판결하는 것이다.

오답체크

① 사법권 독립의 필요성에 대한 설명이다.
③ 공개 재판주의의 필요성에 대한 설명이다.
④ 재판의 기능에 대한 설명이다.

10 　　정답 ③

핵심체크

문화란 후천적으로 학습된 행동이나 공통되고 반복적인 생활양식을 말한다.

오답체크

①·②·④ 타고난 유전적 체질이나 본능적 행동, 개인의 습관이나 버릇, 자연 현상 등이 있다. 몽고반점, 동양인과 흑인의 피부색, 졸리거나 피곤할 때 자는 것 등은 문화에 속하지 않는다.

11 　　정답 ①

핵심체크

이익 집단(압력 단체)
- 자신의 특수 이익을 실현하기 위해 정치적 영향력을 행사하고자 하는 단체이다.
- 순기능: 다양한 사람들의 이익 대변, 해당 분야의 전문성을 살려 정책 결정에 도움을 준다.
- 역기능: 이기적 행동으로 사회적 혼란을 초래하기도 한다.

12 　　정답 ④

핵심체크

헌법 재판소는 헌법 재판으로 인권을 보호하고 헌법 질서를 유지하는 국가 기관으로, 탄핵 심판, 위헌 법률 심판, 헌법 소원 심판 등의 권한을 가진다.

13 　　정답 ①

핵심체크

분배 활동에는 임금, 지대·임대료, 이자 등이 있다. 생산 활동에 참여하여 노동을 제공하면 임금을 받고, 토지나 건물, 집을 빌려주었다면 지대·임대료를 받으며, 자본을 제공하면 이자를 받는다.

오답체크

ㄷ. 소비 활동에 해당하는 사례이다.
ㄹ. 생산 활동에 해당하는 사례이다.

14 　　정답 ②

핵심체크

경제 성장은 한 나라의 국민 경제 규모가 커지는 현상으로, 국내 총생산의 증가를 의미한다.

오답체크

① 한 국가의 경제 상황이 상승과 하강을 반복하는 현상을 의미한다.
③ 한 국가의 종합적인 경제 활동 수준과 국민의 생활수준을 파악하기 위한 경제 지표이다.
④ 한 나라의 경제 활동 수준의 변화를 보여 주는 지표이다.

➕ PLUS CHECK 더 알아보기

경제 성장률

$$= \frac{\text{금년도 실질 GDP} - \text{전년도 실질 GDP}}{\text{전년도 실질 GDP}} \times 100$$

15

정답 ②

📑 **핵심**체크

정보화 사회

• 정보 통신 산업을 주체로 다양한 정보가 생산·전달·소비되는 사회
• 지식 위주의 3차 산업이 주도
• 정보 유통량이 폭증하고 그 정보를 효율적으로 처리하고 전달하는 기술의 발달
• 정보화 사회의 문제점: 인터넷 중독, 사이버 범죄, 개인 정보 유출, 정보 격차 등

16

정답 ②

📑 **핵심**체크

주민의 지역 정책 참여 방법에는 지방 선거, 주민 투표, 주민 소환, 주민 참여 예산제, 주민 청원, 공청회, 민원 제기, 서명 등이 있다. 반면에 공익 실현은 시민 단체의 활동 목적이다.

17

정답 ④

📑 **핵심**체크

가락바퀴는 신석기 시대의 유물이다. 신석기 시대에는 간석기(돌낫, 돌보습, 갈돌, 갈판 등), 토기(빗살무늬 토기, 이른 민무늬 토기, 덧무늬 토기 등), 옷이나 그물 제작을 위한 도구(가락바퀴, 뼈바늘 등)를 사용하였다. 농경과 목축이 시작되면서 정착 생활을 하였으며, 씨족 단위로 공동 작업을 하는 평등 사회였다.

🔍 **오답**체크

① 구석기 시대에 대한 설명이다.
②·③ 청동기 시대에 대한 설명이다.

18

정답 ②

📑 **핵심**체크

1세기 후반 태조왕 때 고구려는 옥저를 정복하였으며, 요동 지방까지 진출하였다. 왕위 부자 상속제가 확립된 것은 2세기 후반 고국천왕 때이다.

🔍 **오답**체크

① 미천왕 때 낙랑군을 점령하고 대동강 이남 지역까지 영토 확장에 성공하였다.
③ 소수림왕은 불교를 수용하고 태학을 설립하였으며, 율령 반포를 통해 중앙 집권 체제를 강화하였다.
④ 고구려는 부여 계통의 이주민과 압록강 유역의 토착민이 연합하여 졸본 지방에서 건국되었다.

19

정답 ③

📑 **핵심**체크

원효, 혜초, 의상은 불교의 대중화에 앞장섰던 승려이다. 그중 원효는 일심 사상과 화쟁 사상을 주장한 인물이다.

🔍 **오답**체크

① 인도와 중앙아시아를 순례하고 『왕오천축국전』을 저술한 인물이다.
② 당에서 화엄종 교리를 공부한 후 화엄 사상을 주장하고 화엄종을 개창하였으며 부석사를 건립한 인물이다.
④ 이두를 정리하여 유교 경전을 우리말로 쉽게 풀이한 문장가이다.

20

정답 ②

📑 **핵심**체크

무신 정권의 군사적 기반이었던 삼별초는 개경 환도에 반대하며 대몽 항쟁을 계속하였지만, 결국 여·원 연합군에게 진압되었다.

🔍 **오답**체크

① 군사 기밀을 맡으면서 국왕의 명령을 전달하는 일을 담당한 기구이다.
③ 관리의 비리를 살피고 정치의 잘잘못을 논하는 일을 담당한 기구이다.
④ 고위 관리들이 모여 국가의 중요 정책을 결정하는 회의 기구로, 새로운 법이나 제도를 제정하는 역할을 하였다.

21
정답 ③

핵심체크

비변사는 원래 여진과 왜구의 침입에 대비하기 위해 임시로 설치한 회의 기구였다. 그러나 외적의 침입이 잦아지면서 비변사는 의정부를 대신하여 최고 통치 기구 역할을 하게 되었다.

오답체크

① 왕의 명령을 해당 관청에 전달하거나 상소문 등을 왕에게 전달하는 역할을 한 기관이다.
② 나라의 중대한 죄인을 다스리는 역할을 한 기관이다.
④ 중요 정책을 합의하는 조선 최고의 통치 기관이다.

22
정답 ④

핵심체크

북벌 운동

청에 당한 치욕을 씻자며 효종 때 추진 → 나선 정벌(청과 러시아 사이에 국경 분쟁이 발생하자 두 차례 조총 부대 파견) → 효종의 죽음으로 북벌 운동 중단

오답체크

① 왕실과 혼인 관계를 맺은 몇몇 가문이 권력을 독점하는 정치 형태를 말한다.
② 광해군이 국가 안정을 도모하고자 명과 후금 사이에서 실리적 외교 노선을 추구한 외교 정책을 말한다.
③ 병자호란의 영향으로 발생한 북벌 운동 이후 청의 문물을 받아들여 부국강병을 이루자는 주장을 말한다.

23
정답 ④

핵심체크

조선 시대에는 유교적 질서를 보급 확립하기 위해 『삼강행실도』와 같은 윤리와 의례에 관한 서적의 편찬 사업이 이루어졌다.

오답체크

① 삼강오륜을 실천하기 위한 유학 교육의 입문서이다.
② 가정에서 지켜야 할 예의범절에 관해 서술한 책이다.
③ 조선 시대 국가와 왕실의 여러 행사에 대한 의식 절차를 정리한 책이다.

24
정답 ③

핵심체크

1866년 미국 상선 제너럴셔먼호가 평양에 들어와 통상을 요구하였으나, 평양 관민이 거절하였다. 이에 미국 선원들이 횡포를 부리자 평양 관민들은 제너럴셔먼호를 불태워버리고 선원들을 처형하였다.

오답체크

① 삼국 간섭으로 조선에서 일본 세력이 약화되고 러시아의 영향력이 커지자 일본이 영향력을 되찾기 위해 명성 황후를 시해한 사건이다.
② 고종 때 일본 군함 운요호의 강화 해협 불법 침입으로 발생한 한일 간의 충돌 사건이다. 이 사건의 결과로 최초의 근대적 조약이자 불평등 조약인 강화도 조약이 체결되었다.
④ 독일인 오페르트가 통상 요구를 강화하기 위해 흥선 대원군의 아버지인 남연군의 묘를 도굴하려다가 실패한 사건이다.

25
정답 ④

핵심체크

통일을 위한 노력

• 7·4 남북 공동 성명(1972): 서울과 평양에서 자주·평화·민족 대단결의 통일 3대 원칙에 합의
• 남북한 유엔 동시 가입, 남북 기본 합의서 채택, 한반도 비핵화 공동 선언 합의(1991)
• 6·15 남북 공동 선언 채택(2000): 김대중 정부의 햇볕 정책 추진 → 금강산 관광 시작 → 분단 이후 최초로 남북 정상회담 개최 → 남북 철도 연결, 이산 가족 방문 재개 등 경제·사회·문화 전반에 걸쳐 교류 확대
• 10·4 남북 공동 선언(2007): 노무현 정부 때 평양에서 제2차 남북 정상회담 개최 → 남북 관계 발전과 평화 번영을 위한 선언 발표
• 판문점 선언(2018): 평창 동계 올림픽 남북한 공동 입장, 단일팀 구성 → 판문점에서 남북 정상회담 개최 → 남북한이 채택한 합의와 선언 이행, 한반도 평화 체제 구축을 위한 상호 협력, 남북 공동 연락 사무소 설치

01	02	03	04	05	06	07	08	09	10
③	①	③	③	④	③	④	②	②	③
11	12	13	14	15	16	17	18	19	20
②	①	④	③	①	③	①	②	①	④
21	22	23	24	25					
②	①	③	④	③					

01
정답 ③

📑 핵심체크

일정한 속력으로 운동할 때 걸린 시간 $= \dfrac{\text{이동거리}}{\text{속력}}$ 이므로

걸린 시간은 $\dfrac{150}{30} = 5$ 초이다.

02
정답 ①

📑 핵심체크

복사는 높은 온도의 물체에서 낮은 온도의 물체로 열이 빛의 형태로 이동하는 것이다. 따라서 햇빛이 강할 때 양산을 쓰면 빛의 형태로 전달되는 열이 차단되어 시원하다.

🔍 오답체크

② 기체 분자가 직접 순환하는 열의 이동 방법인 대류의 예이다.

③·④ 고체를 통한 열의 전달 방법인 전도의 예이다.

03
정답 ③

📑 핵심체크

나란한 빛이 볼록 렌즈에 입사하면 빛은 볼록 렌즈에서 굴절된 다음 한 점에 모인다.

🔍 오답체크

① 볼록 거울이다.

② 오목 거울이다.

④ 오목 렌즈이다.

04
정답 ③

📑 핵심체크

위치 에너지는 물체의 질량과 높이에 비례한다. 따라서 '질량×높이'의 값이 가장 큰 C의 위치 에너지가 가장 크다.

05
정답 ④

📑 핵심체크

다른 종류의 전하를 띤 물체 사이에서는 서로 끌어당기는 힘인 인력이 작용한다.

06
정답 ③

📑 핵심체크

역학적 에너지를 이용하여 전기를 만드는 장치는 발전기이다.

🔍 오답체크

① 전기 에너지가 빛에너지로 전환되는 장치이다.

② 전기 에너지가 운동 에너지로 전환되는 장치이다.

④ 전기 에너지가 에너지로 전환되는 장치이다.

07
정답 ④

📑 핵심체크

나트륨의 불꽃 반응 색은 노란색이다.

🔍 오답체크

① 리튬 – 빨간색

② 구리 – 청록색

③ 칼륨 – 보라색

08
정답 ②

📑 핵심체크

압력이 일정할 때, 기체의 종류와 관계없이 기체의 부피는 온도에 비례한다. 이를 샤를 법칙이라고 한다.

🔍 오답체크

온도가 일정할 때, 기체의 종류와 관계없이 기체의 부피는 압력에 반비례한다. 이를 보일 법칙이라고 한다.

09 정답 ②

핵심체크

일정한 온도에서 일정량의 용매에 녹을 수 있는 용질의 최대량을 나타내는 것은 용해도이다. 용해도는 물질마다 고유한 값을 가지며, 같은 물질이라도 용매의 종류와 온도에 따라 용해도가 달라진다.

10 정답 ③

핵심체크

화학 반응이 일어날 때 반응물의 전체 질량은 생성물의 전체 질량과 같다. 화학 반응이 일어날 때 물질을 이루는 원자는 배열만 달라질 뿐 새롭게 생기거나 없어지지 않기 때문이다. 문제에서 수소 1 g과 산소 8 g이 모두 반응하여 물이 생성되었다고 하였으므로 생성된 물의 질량은 9 g이다.

11 정답 ②

핵심체크

화합물 모형을 구성하는 볼트(B)와 너트(N)는 일정한 개수비로 결합하는데, 볼트(B) 3개와 너트(N) 6개를 사용하여 화합물 모형 3개가 만들어졌으므로 볼트(B)와 너트(N)가 1 : 2로 결합하여 BN_2 모형이 생성된다.

• 화학 반응식: $B + 2N \longrightarrow BN_2$

12 정답 ①

핵심체크

향의 불씨를 대었더니 불씨가 되살아난 것은 물풀의 광합성 결과로 산소가 생성되었기 때문이다.

13 정답 ④

핵심체크

상태 변화가 일어날 때 입자 사이의 거리, 입자의 운동 속도, 물질의 부피는 변한다.

오답체크

상태 변화가 일어날 때 입자의 수, 모양, 크기, 성질, 종류, 물질의 질량은 변하지 않는다.

14 정답 ③

핵심체크

빛의 세기가 강할수록, 이산화 탄소의 농도가 증가할수록 광합성량이 증가하다가 어느 이상이 되면 광합성량은 일정해진다. 또한, 온도가 높아질수록 광합성량이 증가하다가 일정 온도보다 높아지면 광합성량은 급격히 감소한다. 따라서 A는 빛의 세기 또는 이산화 탄소 농도, B는 온도이다.

15 정답 ①

핵심체크

오줌의 배설 경로는 '콩팥 동맥 → 사구체 → 보먼주머니 → 세뇨관 → 콩팥 깔때기 → 오줌관 → 방광 → 요도 → 몸 밖'이다.

16 정답 ③

핵심체크

바이타민은 에너지원으로 쓰이지 않으며, 적은 양으로 우리 몸의 기능을 조절하고 부족하면 결핍증이 발생한다.

17 정답 ①

핵심체크

호르몬은 내분비샘에서 분비되는 화학 물질로, 생리 작용을 조절한다.

➕ PLUS CHECK 더 알아보기

외분비샘과 내분비샘

외분비샘	도관을 통해 몸 밖이나 소화관으로 분비물을 배출한다. 예 침샘, 땀샘, 눈물샘, 소화샘 등
내분비샘	혈액이나 림프액 속으로 직접 분비물(호르몬)을 배출한다. 예 뇌하수체, 갑상샘, 부신 등

1일차 2일차 3일차 4일차 5일차 6일차 7일차

18　　　　　　　　　　　　정답 ②

핵심체크

두 가닥의 염색 분체가 분리되어 양극으로 이동하는 시기는 후기이다. 후기를 나타낸 것은 ②이다.

오답체크

① 전기 ③ 말기 ④ 중기

19　　　　　　　　　　　　정답 ①

핵심체크

지구계의 구성 요소 중 지구의 겉 부분인 지구 표면과 지구 내부에 해당하는 것은 지권이다.

오답체크

② 빙하, 강물, 바닷물 등 지구상에서 물이 존재하는 영역이다.
③ 지구를 둘러싸고 있는 공기층이다.
④ 인간을 비롯한 생물이 살고 있는 영역이다.

20　　　　　　　　　　　　정답 ④

핵심체크

체세포에 존재하는 크기와 모양이 서로 같은 한 쌍의 염색체로, 부모로부터 하나씩 물려받은 것은 상동 염색체이다.

오답체크

① DNA는 유전 물질로, 단백질과 함께 염색사를 구성한다.
② 상염색체는 암·수에 차이가 없이 공통적으로 들어 있는 22쌍의 염색체이다.
③ 성염색체는 성별을 결정하는 1쌍의 염색체로, 남성의 성염색체는 XY, 여성의 성염색체는 XX이다.

21　　　　　　　　　　　　정답 ②

핵심체크

우리나라 부근 해류 중 쿠로시오 해류의 일부가 우리나라 쪽으로 흘러와 황해로 흐르는 해류는 황해 난류이다.

22　　　　　　　　　　　　정답 ①

핵심체크

기권의 층상 구조 중 태양 복사 에너지에 의해 올라갈수록 기온이 높아지고, 공기가 희박해 낮과 밤의 기온 차가 매우 크며, 극지방에서는 오로라가 나타나는 곳은 열권이다.

23　　　　　　　　　　　　정답 ③

핵심체크

찬 공기가 더운 공기 밑으로 파고들면서 더운 공기를 밀어 올리는 한랭 전선은 전선 통과 후 찬 공기의 유입으로 기온이 낮아진다.

24　　　　　　　　　　　　정답 ④

핵심체크

지구의 공전으로 나타나는 현상은 태양의 연주 운동, 계절별 별자리의 변화이다.

오답체크

①·②·③ 지구의 자전으로 나타나는 현상이다.

25　　　　　　　　　　　　정답 ③

핵심체크

10pc(= 32.6광년)보다 가까이에 있는 별은 겉보기 등급이 절대 등급보다 작다(겉보기 등급< 절대 등급). 따라서 A~D 중 겉보기 등급이 절대 등급보다 작은 C가 10pc보다 가까이에 있는 별이다.

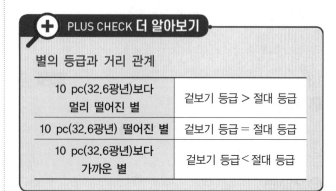

＋ PLUS CHECK 더 알아보기

별의 등급과 거리 관계

10 pc(32.6광년)보다 멀리 떨어진 별	겉보기 등급 > 절대 등급
10 pc(32.6광년) 떨어진 별	겉보기 등급 = 절대 등급
10 pc(32.6광년)보다 가까운 별	겉보기 등급< 절대 등급

제6교시 도덕

189~192쪽

01	02	03	04	05	06	07	08	09	10
②	①	①	③	④	①	③	③	②	③
11	12	13	14	15	16	17	18	19	20
③	④	③	④	④	①	②	④	②	①
21	22	23	24	25					
①	④	④	③	②					

01

정답 ②

핵심체크

양심은 도덕적 삶으로 안내하는 마음의 명령이며, 이를 어길 때 스스로 부끄러움을 느끼게 된다.

오답체크

① 씩씩하고 굳센 기운을 말한다.
③ 자기의 마음을 반성하고 살피는 것이다.
④ 어떠한 사물에 대해 가지고 있는 구체적인 사고나 생각이다.

02

정답 ①

핵심체크

도덕적 사고와 행동의 불일치는 개인적인 이기심과 무관심, 용기의 부족, 공감 능력의 부족, 진정한 앎의 부족, 사회 구조의 문제 등 다양한 원인으로 인해 발생할 수 있다. 제시된 글은 친구를 괴롭히는 것이 옳지 않다는 올바른 도덕적 사고를 하였음에도 나서서 괴롭힘 당하는 친구를 도와줄 용기가 부족하여 실천에 옮기지 못한 사례이다.

오답체크

② 다른 사람의 정서를 이해하고 함께 느끼는 공감 능력이 부족하면 도덕적 사고가 실천으로 이어지지 않는다.
③ 머리로만 얕게 알고 제대로 이해하지 못하면 도덕적인 행동을 실천하지 못할 수 있다.
④ 사회 구조나 관행이 잘못되면 비도덕적 행동을 용인하게 된다.

03

정답 ①

핵심체크

이웃의 어원적 정의는 가까이 사는 집이나 사람을 말하지만, 전통사회에서의 이웃은 가까이 살면서 서로 어려운 일을 당하였을 때 서로 도와주는 사이를 말한다.

오답체크

② 법률상 혈족과 혼인으로 맺어진 인척(姻戚)을 말한다.
③ 같은 직장이나 같은 부문에서 함께 일하는 사람을 말한다.
④ 다른 지역이나 나라에서 온 사람을 말한다.

04

정답 ③

핵심체크

가정의 기능

• 도덕적 생활을 위한 출발점이 된다.
• 사회 구성원으로서 필요한 기초적 지식과 태도를 배운다.
• 가정을 통해 보호받고 사회 적응 능력을 갖추게 되며 정서적인 안정을 취한다.
• 이웃과 함께 생활하고 성장하면서 건전한 가치관과 올바른 습관을 배우게 된다.
• 타인과 협동, 봉사하는 정신을 배우고 훌륭한 사회인과 민주 시민이 되는 길을 알게 된다.

05

정답 ④

핵심체크

도덕적 실천 동기는 도덕적 행동을 일으키는 계기나 원인으로, 도덕적 사고와 신념을 도덕적 행동으로 옮기기 위해 필요하다. 이를 일으키는 것으로는 공감, 사랑, 선한 의지 등이 있다.

오답체크

① 도덕적 판단을 내릴 때 그것을 지시하는 이유 또는 근거를 바탕으로 그 판단이 옳다고 주장하는 과정이다.
② 상대방의 입장을 헤아려 그 사람에게 도움이 되는 행동들을 상상하고 결과를 예측하는 능력이다.
③ 도덕적 문제 상황에서 무엇이 도덕적으로 문제가 되는지 느끼고 섬세하게 반응하는 능력이다.

06 정답 ①

📑 핵심체크

다양한 인종이나 민족, 언어, 종교, 사회 문화적 배경을 지닌 구성원으로 함께 어우러진 사회를 다문화 사회라고 한다.

🔍 오답체크

② 자문화를 경시하고 다른 문화를 동경하여 무조건 추종하는 태도이다.

③ 각 문화의 특성과 상대적 환경을 이해하고 그 다양성을 인정하는 태도이다.

④ 자신의 문화를 가장 우수한 것으로 보고 그 기준에 따라 다른 문화를 평가하는 태도이다.

07 정답 ③

📑 핵심체크

서(恕)는 역지사지(易地思之)의 자세로 나의 처지를 헤아려 남을 생각하는 마음을 말한다.

🔍 오답체크

① 남에게 청하여 부탁하는 것이다.

② 국가나 사회, 혹은 타인을 위해 자신을 돌보지 않고 힘을 바쳐 애쓰는 것이다.

④ 개인이나 집단 사이에 목표, 이해 등이 달라 서로 적대시하거나 충돌하는 것이다.

08 정답 ③

📑 핵심체크

인간 중심주의는 인간은 자연보다 우월한 존재이기 때문에 자연을 지배하여 인간의 풍요로운 삶을 위한 도구로 이용해야 한다는 관점이다. 따라서 자연은 인간을 위한 수단으로 인식한다.

🔍 오답체크

② 생명체뿐만 아니라 흙, 바위 등 자연에 속한 모든 환경을 존중하는 관점으로, 자연의 본래적 가치를 중시한다.

④ 동물, 식물 등 생명을 가진 모든 가치를 존중하는 관점으로, 인간과 다른 생명체를 동등한 관계로 인식한다.

09 정답 ②

📑 핵심체크

도덕적 추론은 도덕 원리와 사실 판단을 바탕으로 도덕 판단을 내리는 과정을 말한다. 도덕 원리는 모든 사람이나 행위 전체에 대해 보편적으로 평가하는 것이고, 사실 판단은 참과 거짓을 객관적으로 확인하는 것이다.

10 정답 ③

📑 핵심체크

정보화 시대에 가져야 할 도덕적 원칙

- 존중의 원칙: 사이버 공간에서도 현실 공간에서 사람들을 대하는 것과 동일하게 서로 존중해야 한다.
- 책임의 원칙: 정보 제공자 및 이용자는 자신의 행동이 가져올 결과를 신중히 생각하고 책임 있게 행동해야 한다.
- 정의의 원칙: 정보의 진실성, 공정성, 완전성을 추구하며 타인의 기본적 자유와 권리를 침해하지 않아야 한다.
- 해악 금지의 원칙: 온라인상에서의 비도덕적 행동을 지양하고 타인에게 피해를 끼치지 않아야 한다.

11 정답 ③

📑 핵심체크

바람직한 국가의 모습

- 모든 인간의 존엄성을 보장한다.
- 최소한의 경제적 기반을 형성할 수 있도록 해 준다.
- 사회적 합의에 따라 공정한 사회 제도를 확립한다.

12 정답 ④

📑 핵심체크

자아의 구성 요소

소망	내가 하려고 하는 것이 무엇인지 막연하게 아는 것이 아니라 확실하게 아는 것
능력	내가 할 수 있는 것이 무엇인지 분별하여 최선을 다하는 것
의무	사회적 존재로 내가 할 일이 무엇이고 해서는 안 되는 것이 무엇인지 아는 것

13

핵심체크

과학 기술은 미래 세대에 미칠 영향을 고려하여 인간 존중을 실천할 수 있는 방향으로 개발해야 한다. 또한, 이로 인해 발생할 수 있는 모든 위험성과 부작용에 대해 끊임없는 관심을 가지고 점검해야 한다.

14 정답 ④

핵심체크

경쟁의 장·단점

장점	단점
• 경쟁을 통해 개인은 자신의 가치를 높이고 경쟁력을 키운다. • 기업은 경쟁이 있기 때문에 더 좋은 물건을 싸게 만들어 이윤을 창출할 수 있다.	• 부정행위가 발생할 수 있다. • 경쟁이 지나치면 사회 구성원 사이에 신뢰와 협력이 깨진다. • 사회 전체적으로 갈등과 혼란을 가져올 수 있다.

15 정답 ④

핵심체크

사회적 약자에 대한 무조건적인 특혜와 차별은 어떤 이유에서든 옳지 않다. 사회적 약자에 대한 선입견을 버리고 그들의 어려움에 공감하고 배려하며, 그들의 인권을 존중하는 사회적 분위기를 조성하는 것이 좋다.

16 정답 ①

핵심체크

폭력을 당하는 상황에서는 자신의 의사를 명확하게 표현하며, 폭력을 묵인하거나 방관, 침묵하는 것도 폭력이라는 것을 인식해야 한다.

17 정답 ②

핵심체크

이성적 능력을 최대한 발휘하는 사람은 고대 그리스 철학의 이상적인 인간상이다. 특히, 플라톤은 인간이 이성을 통해 기개와 욕망을 지배하고 조절해야 한다고 보았다.

오답체크

① · ③ · ④ 자연의 흐름에 따라 살아가는 사람, 깨달음을 추구하고 자비를 베푸는 사람, 옳고 그름을 판별하고 도덕적 의무를 실천하는 사람은 유교의 군자(君子), 불교의 보살(菩薩), 도가의 지인(至人), 신인(神人), 천인(天人) 등으로, 동양의 이상적인 인간상이다.

18 정답 ④

핵심체크

남북한의 평화와 통일을 위해 교류와 협력의 과정은 반드시 필요하다. 점진적이고 평화적인 단계적 교류를 통해 상호 신뢰 관계를 쌓아 나가야 하며, 상대를 인정하고 군사적인 위협 및 적대적 행위를 지양해야 한다. 또한, 상호 이익에 따른 공동 번영을 목표로 남북 관계를 이루어야 한다.

19 정답 ②

핵심체크

장자는 마음의 평화를 얻기 위해 마음을 비우는 심재(心齋)의 방법으로 편견을 제거할 것을 강조하였다.

오답체크

① 유교의 수양 방법으로, 한 가지 일에 정신을 집중하는 것을 말한다.

③ 혼자 있어도 도리에 어긋나는 행동을 하지 않는 수양 방법을 말한다.

④ 선사(禪師)에게 선을 묻고 배우거나 자신 스스로 선법을 닦아 깨닫는 수양 방법을 말한다.

20 정답 ①

핵심체크

의미 있는 삶에는 자신의 한계를 극복하고 자신에게 주어진 가능성을 발휘할 때 실현할 수 있는 자신에게 당당한 삶, 삶에 대해 도덕적인 태도를 갖추었을 때 실현할 수 있는 타인에게 모범이 되는 삶이 있다. 또한, 바람직한 가치를 깨닫고 올바른 삶의 목표와 방향을 설정하여 실천하면 도덕적 이상을 추구하는 삶을 실현할 수 있다.

21 정답 ①

📋 핵심체크

빈부 격차 없이 모든 인간이 경제적으로 풍족하며 소유와 생산에 있어서 평등한 사회는 토머스 모어의 유토피아이다. 이 사회는 제한된 노동 시간으로 인해 사회 구성원들이 여가 활동을 충분히 누릴 수 있다는 이상적 모습을 설명하고 있다.

🔍 오답체크

② 재화가 공평하게 분배되기 때문에 사람들이 빈곤을 걱정할 필요가 없고, 남녀노소 모두가 서로 신뢰하며 화목하게 지내는 사회이다.

③ 나라의 규모가 작고 백성의 수가 적은 사회로, 무위와 무욕이 실현된 사회이다.

④ 이성과 지혜를 갖춘 철학자가 통치하는 국가이다.

22 정답 ④

📋 핵심체크

도덕적인 자율성은 자신의 생활이나 타인의 행위 평가에 있어서, 외부의 권위나 명령에 의존하지 않고 스스로 획득한 원리를 따르고자 하는 도덕적 성향이다.

23 정답 ④

📋 핵심체크

정서적으로 건강한 사람은 늘 자신을 존중하는 마음을 가지고 있으며, 자신의 감정을 잘 통제하고, 타인의 정서도 잘 고려하여 현명하고 책임 있게 처신한다. 또한, 어려운 일이 있어도 상황에 맞게 자신의 정서를 잘 표현하는 특징을 가지고 있다.

24 정답 ③

📋 핵심체크

국가 간의 빈부 격차, 식량과 자원의 불균형한 분배, 기아와 빈곤 등은 공정한 분배와 관련된 사회 정의의 문제이다.

🔍 오답체크

① 지구 온난화로 인한 생태계의 파괴, 원전과 폐기물 등으로 인한 환경오염 문제 등을 말한다.

② 각종 분쟁과 전쟁, 테러로 인한 국제 평화 문제 등을 말한다.

④ 세계화가 이루어지며 문화적 다양성과 문화 간 이해 부재로 나타나는 각종 갈등과 문화적 충돌 문제 등을 말한다.

25 정답 ②

📋 핵심체크

인권은 인간이라면 누구나 가지는 기본적 권리로 인간답게 살기 위해 꼭 필요한 권리이자 반드시 보장받아야 할 권리이다.

🔍 오답체크

① 인간의 존엄성, 권리, 인격, 가치, 행복 등에 있어 차별이 없이 똑같은 상태를 말한다.

③ 자신이 행동한 모든 결과를 부담하는 것이다.

④ 국가, 사회, 타인 등을 위해 자신을 돌보지 않고 힘쓰고 애를 쓰는 행위이다.

제1교시　국어　194~200쪽

01	02	03	04	05	06	07	08	09	10
②	④	①	①	③	④	④	①	①	①
11	12	13	14	15	16	17	18	19	20
②	③	③	①	④	②	③	②	④	②
21	22	23	24	25					
④	④	③	②	②					

01　　정답 ②

📑 **핵심체크**

협상은 의견의 차이나 갈등을 해소하기 위해 당사자나 대표가 협의하는 말하기 방식을 말한다.

🔍 **오답체크**

① '면담'은 어떤 목적을 달성하기 위해 대상을 직접 만나 의견을 나누는 말하기 방식이다.

③ '강연'은 일정한 주제에 대해 청중을 이해시키는 말하기 방식으로, 강의 형식으로 이루어진다.

④ '토론'은 찬성과 반대의 입장으로 나뉘는 주제에 대해 각각 서로의 입장을 관철시키기 위해 근거를 들어 자기의 주장을 논리적으로 펼치는 말하기 방식이다.

02　　정답 ④

📑 **핵심체크**

토론에서는 상대측 토론자에 대한 예의를 지켜야 하며, 상대측에 대해 거칠고 공격적인 발언, 감정적인 발언 등은 하지 않아야 한다.

03　　정답 ①

📑 **핵심체크**

한글 창제에서 자음자를 만들 때 발음 기관의 모양을 본떠 기본자 'ㄱ, ㄴ, ㅁ, ㅅ, ㅇ'을 만들었다.

🔍 **오답체크**

②·③ 가획의 원리에 따라 기본자에 획을 더하여 'ㅋ, ㄷ, ㅌ, ㅂ, ㅍ, ㅈ, ㅊ, ㆆ, ㅎ'의 자음자를 만들었다.

④ 자음의 17자 중 'ㄹ', 'ㅿ'(반치음), 'ㆁ'(옛이응)은 소리의 세기가 더 강하지 않음에도 기본자에 획을 더하여 만든 '이체자'로 분류하였다.

04　　정답 ①

📑 **핵심체크**

'받침 'ㄱ, ㄷ, ㅂ'은 비음 'ㄴ, ㅁ' 앞에서 비음 [ㅇ, ㄴ, ㅁ]으로 발음하는 것을 비음화라고 한다. 국물은 비음화가 적용된 예로, [궁물]로 발음한다.

🔍 **오답체크**

② '굳이'는 구개음화가 적용된 예로, [구지]로 발음한다.

③ '실내'는 순행적 유음화가 적용된 예로, [실래]로 발음한다.

④ '대관령'은 역행적 유음화가 적용된 예로, [대괄령]으로 발음한다.

05　　정답 ③

📑 **핵심체크**

주로 용언이나 문장을 꾸며 주는 역할을 하며, 문장에서 쓰일 때 형태가 변하지 않는 품사는 '부사'이다. '항상'은 '언제나 변함없이.'라는 뜻을 가진 부사이다.

🔍 **오답체크**

① '헌'은 '오래되어 성하지 아니하고 낡은.'이라는 뜻을 가진 관형사이다.

② '모든'은 '빠짐이나 남김이 없이 전부의.'라는 뜻을 가진 관형사이다.

④ '온갖'은 '이런저런 여러 가지의.'라는 뜻을 가진 관형사이다.

06

정답 ④

📋 핵심체크

밑줄 친 단어는 외래어로, 외국어서 들어온 사물이나 개념을 나타내는 경우가 많다.

🔍 오답체크

① 우리말 중 외래어에 해당한다.
② 한자를 바탕으로 만들어진 것은 한자어이다.
③ 외래어는 단어의 수가 점점 증가하고 있다.

07

정답 ④

📋 핵심체크

주어와 서술어의 관계가 두 번 이상 나타나는 겹문장이며, 대등하게 이어진문장이다.

🔍 오답체크

①·②·③ 주어와 서술어의 관계가 한 번만 나타나는 홑문장에 해당한다.

08

정답 ①

📋 핵심체크

글쓰기 과정은 '계획하기 – 내용 생성하기 – 내용 조직하기 – 표현하기 – 고쳐 쓰기'를 바탕으로 이루어져야 한다. 따라서 적절한 순서는 '(가) – (라) – (마) – (나) – (다)'이다.

09

정답 ①

📋 핵심체크

띄어쓰기와 맞춤법 등 우리말 어법에 올바른지 확인하는 질문은 단어(낱말) 수준에서 글을 고쳐 쓸 때 점검해야 하는 내용이다.

10

정답 ①

📋 핵심체크

제시된 광고는 후원을 하도록 설득하는 것으로, 이를 통해 광고를 하는 이의 됨됨이는 알 수 없다.

✓ FINAL CHECK 작품 해설

오세영, 「유성」

- 갈래: 자유시, 서정시
- 성격: 비유적, 감각적
- 제재: 밤하늘의 별과 유성
- 주제: 밤하늘의 아름다운 모습과 유성의 생동감
- 특징
  – 은유법과 의인법을 활용하여 대상을 감각적으로 표현함
  – 시각적·청각적 심상을 활용하여 대상의 모습을 생생하게 표현함

11

정답 ②

📋 핵심체크

제시된 글은 밤하늘의 별과 유성이 나타나기 전후의 풍경을 다양한 심상을 활용하여 표현하고 있으나, 공간의 이동이 나타나 있지는 않다.

12

정답 ③

📋 핵심체크

제시된 글은 밤하늘을 별들이 마치 운동장에서 야구를 하는 것처럼 표현함으로써 경쾌하고 생동감 넘치는 분위기를 나타내었다.

13

정답 ③

📋 핵심체크

㉠에는 'A는 B이다'의 구조를 통해 밤하늘을 별들의 운동장에 빗대어 표현한 은유법이 쓰였고, ㉡에는 별들이 마치 운동장에서 뛰어노는 것처럼 표현한 의인법이 쓰였다.

🔍 오답체크

- 직유법: 원관념과 보조 관념을 '-같이', '-처럼' 등의 연결어를 사용하여 연결하는 방법
- 반어법: 표현한 내용과 속마음에 있는 내용을 서로 반대로 표현하는 방법

✔ FINAL CHECK **작품 해설**

채만식, 「이상한 선생님」
- 갈래: 현대 소설, 단편 소설
- 성격: 풍자적, 비판적
- 제재: 기회주의적으로 행동하는 선생님
- 주제: 해방 전후의 혼란한 사회 상황 속에서 기회주의적으로 행동하는 인물의 비판
- 특징
  – 어린아이를 서술자로 설정하여 주인공을 관찰함
  – 인물의 외모와 행동을 과장하고 희화화하여 풍자함

14
정답 ①

📖 **핵심체크**

제시된 글에서 서술자는 소설 속 등장인물로서 존재하면서, 직접 '박 선생님'을 관찰하는 역할을 한다. 이러한 서술 시점을 1인칭 관찰자 시점이라고 한다.

🔍 **오답체크**

② 제시된 글은 서술자가 관찰자로서의 역할을 하는 1인칭 관찰자 시점이다.
③ 서술자는 어린아이의 시점에서 '박 선생님'의 기회주의적 행동을 묘사하여 웃음을 유발하였다.
④ 서술자는 '뼘박'과 같이 '박 선생님'의 외모와 행동을 우스꽝스럽게 표현하여 풍자하였다.

15
정답 ④

📖 **핵심체크**

㉠에서 '나'는 일본 말이 아닌 조선말을 썼기 때문에 혼이 났다. '박 선생님'은 해방 전에 일본에 충성하던 기회주의적 인물로, 일본 편에 서서 학생들에게 일본말을 쓰도록 강요하였다.

16
정답 ②

📖 **핵심체크**

'박 선생님'은 해방 전에는 일본 편에 붙어 이익을 챙기다가 해방 후에는 미국 편에 붙어 개인의 이익을 챙긴다. 따라서 조금이라고 이익이 되면 지조 없이 이편에 붙었다 저편에 붙었다 함을 비유적으로 나타내는 '간에 붙었다 쓸개에 붙었다 한다.'가 가장 적절하다.

✔ FINAL CHECK **작품 해설**

작자미상, 「토끼전」
- 갈래: 고전 소설, 판소리계 소설, 우화 소설, 풍자 소설
- 성격: 교훈적, 우화적, 풍자적
- 제재: 토끼의 간
- 주제: 고난을 극복하는 지혜와 허욕 경계, 왕에 대한 충성심 / 조선 후기 상류 계층의 무능 비판·풍자, 인간의 속물적 근성 풍자
- 특징
  – 우의적 기법을 통해 인간 사회 세태를 풍자함
  – 중국의 고사, 속담 등을 사용하여 대화 내용을 다채롭게 표현함

17
정답 ③

📖 **핵심체크**

제시된 글은 판소리계 소설로, 우연적이고 비현실적 사건을 바탕으로 전개되며, '수궁'과 같은 막연하고 비현실적인 배경을 바탕으로 한다.

18
정답 ②

📖 **핵심체크**

토끼는 만일 별주부가 미리 언질을 해 주었다면 간을 줄 수 있었을 것이라고 주장하고 있다. 이는 자기 자신이 아닌 별주부에게 책임을 돌리고 있는 것이다.

🔍 **오답체크**

① 토끼는 재치와 지혜를 발휘하여 현재 뱃속에 간이 없다고 주장하였고, 위기로부터 빠져나간다.
③ '대개 수궁은 육지의 사정에 밝지 못한 까닭에~'라는 설명을 통해 용왕과 신하들이 육지의 사정을 잘 알지 못한다는 것을 알 수 있다.
④ 용왕은 토끼의 거짓말에 속아 토끼가 간을 가져올 수 있도록 풀어주었다.

19
정답 ④

📖 **핵심체크**

㉣은 토끼가 속인 용왕과 그 신하들을 지칭하는 말이다.

①·②·③ ㉠~㉢은 모두 '토끼'를 지칭하는 말이다.

✅ FINAL CHECK **작품 해설**

최재천, 「과학자의 서재」
* 갈래: 수필
* 성격: 자전적, 체험적, 회상적
* 제재: 과학자의 독서 체험
* 주제: 나의 진로와 삶의 태도를 정하는 데 도움을 준 책들
* 특징
  – 시간 순서에 따라 서술함
  – 책이 삶을 살아가는 데 있어 미치는 영향에 대한 교훈을 줌

---

20 정답 ②

📑 **핵심**체크

제시된 글은 글쓴이의 실제 경험이 담겨 있는 수필에 해당한다.

---

21 정답 ④

📑 **핵심**체크

제시된 글에서 세계 동화 전집을 통해 글을 정확하게 빠르게 읽는 능력이 길러졌다는 내용은 나타나 있지 않다.

---

22 정답 ④

📑 **핵심**체크

안 다니는 곳이 없을 정도로 천방지축 쏘다니며 놀았다는 내용으로 짐작해 보았을 때, 망아지가 고삐에서 풀려 자유롭게 뛰어다니는 것을 비유한 말인 '고삐 풀린 망아지'가 가장 적절하다.

🔍 **오답체크**

① 몸매가 날씬하고 아름다운 사람을 비유하는 말이다.
② 어떤 일에나 빠짐없이 꼭 끼어드는 사람을 이르는 말이다.

③ 어디에도 끼지 못하고 따돌림을 당하는 외로운 처지를 이르는 말이다.

✅ FINAL CHECK **작품 해설**

이진숙, 「밤이 아름다운 도시」
* 갈래: 논설문
* 성격: 설득적, 논리적
* 제재: 야간 조명
* 주제: 아름다운 야경을 위한 야간 조명의 필요성
* 특징: 다른 국가의 사례를 들어 주장을 뒷받침함

---

23 정답 ③

📑 **핵심**체크

부다페스트는 세계에서 야경이 가장 아름다운 도시로 알려져 있고, 낮에는 다른 유럽 도시에 비해 내세울 것이 없는 평범한 모습이다.

---

24 정답 ②

📑 **핵심**체크

제시된 글은 야경으로 유명한 도시의 사례를 활용하여, 도시에 조명 계획이 필요함을 강조하고 있다.

---

25 정답 ②

📑 **핵심**체크

㉠에 대해 글쓴이는 강조할 곳, 연출이 필요한 곳에는 적극적으로 조명을 설치하고, 도시 전체적으로는 인공조명을 절제해야 한다고 주장하였다.

🔍 **오답체크**

① 글쓴이는 ㉠이 단순히 어둠을 밝히는 수단을 넘어 감성을 자극할 수 있어야 한다고 말하였다.
③ 글쓴이는 ㉠을 무조건 화려하고 밝게 하는 것은 좋지 않다고 말하였다.
④ 글쓴이는 우리나라의 도시가 ㉠으로 도시 전체를 하나의 예술 작품으로 만들어 가야 한다고 말하였다.

제2교시	**수학**						201~204쪽		
01	**02**	**03**	**04**	**05**	**06**	**07**	**08**	**09**	**10**
②	②	③	①	①	③	④	②	④	③
11	**12**	**13**	**14**	**15**	**16**	**17**	**18**	**19**	**20**
①	①	②	②	③	④	①	②	③	④

01 　　　　　정답 ②

핵심체크

90을 소인수분해하면

```
2 ) 90
3 ) 45
3 ) 15
      5
```

이므로

$90 = 2 \times 3 \times 3 \times 5$

$\quad = 2 \times 3^2 \times 5$

∴ $a = 5$

02 　　　　　정답 ②

핵심체크

큰 수부터 순서대로 나열하면

$31, 23, 12, 0, -2, -3, -10$이다.

따라서 구하는 다섯 번째 수는 -2이다.

03 　　　　　정답 ③

핵심체크

자료의 값을 모두 더한 후, 자료의 개수로 나눈 값을 평균이라고 한다.

따라서 세 과목의 평균을 문자를 사용한 식으로 나타내면

$\dfrac{a+b+c}{3}$

04 　　　　　정답 ①

핵심체크

$x = -1$을 $-\dfrac{1}{2}x + a = \dfrac{3}{5}x + 4$에 대입하면

$-\dfrac{1}{2} \times (-1) + a = \dfrac{3}{5} \times (-1) + 4$

$\dfrac{1}{2} + a = \dfrac{17}{5}$

∴ $a = \dfrac{17}{5} - \dfrac{1}{2} = \dfrac{34}{10} - \dfrac{5}{10} = \dfrac{29}{10}$

05 　　　　　정답 ①

핵심체크

① 계급의 크기는 $45 - 40 = 5$ (kg)이다.

② 40 kg 이상 45 kg 미만인 학생은 7명, 45 kg 이상 50 kg 미만인 학생은 13명, 50 kg 이상 55 kg 미만인 학생은 8명이므로 55 kg 미만인 학생은 $7 + 13 + 8 = 28$(명)이다.

③ 학생 수가 13인 계급은 45 kg 이상 50 kg 미만으로 계급값은 $\dfrac{45 + 50}{2} = 47.5$ (kg)이다.

④ 학생 수가 가장 적은 계급은 도수가 2명인 60 kg 이상 65 kg 미만이다.

06 　　　　　정답 ③

핵심체크

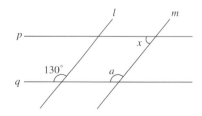

평행한 두 직선 l, m이 직선 q와 만날 때 생기는 동위각의 크기는 같으므로

$\angle a = 130°$

두 직선 p, q가 평행하므로 $\angle a + \angle x = 180°$에서

$130° + \angle x = 180°$

∴ $\angle x = 50°$

07

정답 ④

핵심체크

정삼각형의 한 내각의 크기는 $60°$이다.

삼각형의 한 외각의 크기는 이웃하지 않는 두 내각의 크기의 합과 같으므로

$\angle x = 60° + 60° = 120°$

08

정답 ②

핵심체크

정수가 아닌 분수를 기약분수로 나타내었을 때, 분모의 소인수가 2 또는 5뿐이면 그 분수는 유한소수로 나타낼 수 있다.

따라서 ② $\dfrac{8}{3 \times 5}$ 은 분모의 소인수에 3이 있으므로 유한소수로 나타낼 수 없다.

09

정답 ④

핵심체크

$(시간) = \dfrac{(거리)}{(속도)}$

지구에서 태양까지의 거리는 $15 \times 10^7 \text{ km}$이고 빛의 속도는 초속 $3 \times 10^5 \text{ km}$이므로

$\dfrac{15 \times 10^7}{3 \times 10^5} = 5 \times 10^2 = 500$ (초)

10

정답 ③

핵심체크

연립방정식 $\begin{cases} 0.2x + 0.3y = 1.2 & \cdots\cdots \text{㉠} \\ \dfrac{1}{3}x + \dfrac{4}{5}y = -1 & \cdots\cdots \text{㉡} \end{cases}$

㉠의 양변에 10을 곱하고, ㉡의 양변에 3과 5의 최소공배수인 15를 곱하면

$\begin{cases} 2x + 3y = 12 & \cdots\cdots \text{㉢} \\ 5x + 12y = -15 & \cdots\cdots \text{㉣} \end{cases}$

㉢×4를 한 후 ㉢ − ㉣을 하면

$3x = 63 \quad \therefore \ x = 21$

$x = 21$을 ㉢에 대입하면

$2 \times 21 + 3y = 12, \ 3y = -30$

$\therefore \ y = -10$

11

정답 ①

핵심체크

일차함수 $y = \dfrac{1}{2}x + 1$의 그래프가 점 $(4, \ a)$를 지나므로

$x = 4, \ y = a$를 각각 대입하면

$a = \dfrac{1}{2} \times 4 + 1 = 2 + 1 = 3$

12

정답 ①

핵심체크

두 개의 주사위를 동시에 던질 때 나온 눈의 수의 합이 4인 경우는 $(1, \ 3), \ (2, \ 2), \ (3, \ 1)$로 구하는 경우의 수는 3이다.

13

정답 ②

핵심체크

서로 닮은 두 도형에서 닮은비가 $m : n$이면 넓이의 비는 $m^2 : n^2$이므로 두 원의 넓이의 비는 $3^2 : 4^2 = 9 : 16$이다.

➕ PLUS CHECK 더 알아보기

닮은 도형의 넓이의 비와 부피의 비

서로 닮은 두 도형에서 닮은비가 $m : n$이면

① 넓이의 비는 $m^2 : n^2$

② 부피의 비는 $m^3 : n^3$

14

정답 ②

핵심체크

$2\sqrt{8} + 3\sqrt{18} - 4\sqrt{32}$

$= 2\sqrt{2^2 \times 2} + 3\sqrt{3^2 \times 2} - 4\sqrt{4^2 \times 2}$

$= 4\sqrt{2} + 9\sqrt{2} - 16\sqrt{2}$

$= -3\sqrt{2}$

15

📋 **핵심체크**

$(x+3)(x-5) = x^2 - 5x + 3x - 15 = x^2 - 2x - 15$이 므로 $a = -2$, $b = 15$

$\therefore a + b = 13$

16

📋 **핵심체크**

이차함수 $y = 4x^2$의 그래프를 x축의 양의 방향으로 3만큼, y축의 양의 방향으로 5만큼 평행이동한 포물선의 식은

$y - 5 = 4(x-3)^2$ $\therefore y = 4(x-3)^2 + 5$

17

📋 **핵심체크**

$a = \dfrac{1+2+3+4+5}{5} = \dfrac{15}{5} = 3$

$b = \dfrac{(1-3)^2 + (2-3)^2 + (3-3)^2 + (4-3)^2 + (5-3)^2}{5}$

$= \dfrac{4+1+1+4}{5} = \dfrac{10}{5} = 2$

$\therefore a - b = 3 - 2 = 1$

✏️ **다른풀이**

$b = \dfrac{1^2 + 2^2 + 3^2 + 4^2 + 5^2}{5} - 3^2$

$= \dfrac{1+4+9+16+25}{5} - 9$

$= \dfrac{55-45}{5} = \dfrac{10}{5} = 2$

➕ **PLUS CHECK 더 알아보기**

평균과 분산

① 평균: 전체 변량의 총합을 변량의 개수로 나눈 값

② 분산

　㉠ 편차: 각 변량에서 평균을 뺀 값

　　→ (편차) = (변량) − (평균)

　㉡ 분산: 편차의 제곱의 총합을 변량의 개수로 나눈 값, 즉 편차의 제곱의 평균

　　→ (분산) = $\dfrac{\{(편차)^2의 \ 총합\}}{(변량의 \ 개수)}$

18

📋 **핵심체크**

$\triangle ABC$에서 $5^2 = \overline{AB}^2 + 4^2$이므로

$\overline{AB} = \sqrt{25-16} = \sqrt{9} = 3 \ (\text{cm}) \ (\because \ \overline{AB} > 0)$

$\overline{BD} = x \ \text{cm}$라 하면 $\overline{AD} = \overline{CD} = (4-x) \ \text{cm}$

$\triangle ABD$에서 피타고라스 정리에 의해

$(4-x)^2 = 3^2 + x^2$이므로

$x^2 - 8x + 16 = 9 + x^2$

$8x = 7$

$\therefore x = \dfrac{7}{8}$

$\therefore \overline{BD} = \dfrac{7}{8} \ \text{cm}$

19

📋 **핵심체크**

$\angle ADB = 180° - 60° = 120°$이고 $\angle ABD = 30°$이므로

$\angle BAD = 180° - 120° - 30° = 30°$

즉, $\triangle ABD$는 이등변삼각형이므로

$\overline{AD} = \overline{BD} = 10$

따라서 $\cos 60° = \dfrac{1}{2}$이므로 $\triangle ADC$에서

$\dfrac{x}{10} = \dfrac{1}{2}$

$\therefore x = 5$

20

📋 **핵심체크**

원에서 한 호에 대한 중심각의 크기는 그 호에 대한 원주각의 크기의 2배이므로

$\angle AOB = 2 \times 45° = 90°$

따라서 부채꼴 OAB의 넓이는

$\pi \times 4^2 \times \dfrac{90°}{360°} = 4\pi$

01	02	03	04	05	06	07	08	09	10
④	①	④	③	③	④	①	②	②	②
11	12	13	14	15	16	17	18	19	20
②	①	①	④	①	③	③	④	④	②
21	22	23	24	25					
④	③	②	①	③					

01
정답 ④

핵심체크

'lettuce(양상추)', 'cabbage(양배추)', 'onion(양파)', 'pumpkin(호박)'을 모두 포함하는 것은 'vegetable(채소)'이다.

오답체크

① 고기
② 질병
③ 계절

해석 CHECK
양상추   양배추   양파   호박

02
정답 ①

핵심체크

'tiny(아주 작은)'와 'small(작은)'은 유의 관계이고, 나머지는 반의 관계이므로 의미 관계가 다르다.

오답체크

② 달콤한 – 쓴
③ 넓은 – 좁은
④ 안전한 – 위험한

03
정답 ④

단어체크

• made of: ~로 만들어진
• steel: 철

핵심체크

'are'는 '~이다'라는 뜻이고 주어가 복수일 때 사용한다. 따라서 빈칸에는 복수 대명사 'Those'가 들어가는 것이 가장 적절하다.

해석 CHECK
저것들은 철로 만들어졌다.

04
정답 ③

단어체크

• wallet: 지갑
• choose: 선택하다

핵심체크

대화에서 빈칸 다음에 명사 'wallet(지갑)'이 나왔으므로 빈칸에는 의문 형용사가 와야 한다. 따라서 빈칸에는 의문 형용사 'which(어떤)'가 들어가는 것이 가장 적절하다.

오답체크

① 어떻게
② 언제
④ 어디에서

해석 CHECK
A: 너는 어떤 지갑을 고를 거니?
B: 나는 이 갈색 지갑을 고를 거야.

05
정답 ③

단어체크

• how long: (길이, 시일이) 얼마나, 언제까지
• post office: 우체국

핵심체크

대화에서 A가 'How long does it take to get to~(~까지 가는 데 시간이 얼마나 걸리니?)'라고 물었으므로 B는 시간에 대한 대답을 해야 한다. 따라서 빈칸에는 시간 단위를 나타내는 'minutes(분)'가 들어가는 것이 가장 적절하다.

Q 오답체크

① 미터

② 달러

④ 킬로그램

해석 CHECK

A: 우체국까지 가는 데 시간이 얼마나 걸리니?

B: 약 20분 정도 걸려.

06   정답 ④

단어체크

• feel like: ~하고 싶다

핵심체크

대화에서 B가 'I don't feel like eating today(나는 오늘은 먹고 싶지 않아).'라고 말하였으므로 빈칸에는 'What do you want to have for dinner(너는 저녁으로 무엇을 먹고 싶니)'가 들어가는 것이 가장 적절하다.

Q 오답체크

① 너는 스페인 음식을 만들 수 있니

② 새로운 식당이 문을 열었니

③ 너는 어떤 종류의 음악을 좋아하니

해석 CHECK

A: 너는 저녁으로 무엇을 먹고 싶니?

B: 나는 오늘은 먹고 싶지 않아.

07   정답 ①

단어체크

• get angry: 화가 나다

• mistake: 실수

핵심체크

대화에서 A는 Jason이 화가 난 것 같다고 말하였으므로 B의 응답으로 'Did you do anything wrong(너 잘못한 일 있어)?'이 오는 것이 자연스럽다. 이어서 A가 잘못한 일을 구체적으로 표현하고 있는데, 'I bought him the wrong one(내가 그에게 잘못된 것을 사다줬어).'으로 대답하는 것이 가장 적절하다.

Q 오답체크

② 특별한

③ 부지런한

④ 멋진

해석 CHECK

A: 내 생각에 Jason이 나한테 화가 난 것 같아.

B: 왜? 너 잘못한 일 있어?

A: 그가 나한테 파란 공책을 사다달라고 했는데 내가 잘못된 것을 사다줬어.

B: 아, 너 똑같은 실수를 또 했구나.

08   정답 ②

단어체크

• film: 영화

• theater: 극장

• seat: 좌석

핵심체크

제시된 영화표에는 영화 제목(Over the Rainbow), 영화 상영 날짜(October 27th), 영화 상영 시간(13:20~15:10)은 언급되어 있지만, 영화표 가격은 언급되어 있지 않다.

해석 CHECK

영화 제목: 무지개 위에

극장: 7

좌석 번호: J18

날짜: 10월 27일

시간: 13:20~15:10

09   정답 ②

핵심체크

제시된 그림을 보면 남자가 여자에게 소포를 배달하고 있으므로 빈칸에는 'delivering(배달하는)'이 들어가는 것이 가장 적절하다.

① 방문하는

③ 수정하는

④ 장식하는

┌─ 해석 CHECK ●─────────────┐
│   남자는 소포를 배달하고 있다.   │
└─────────────────────────┘

10
정답 ②

圓 핵심체크

제시된 대화에서 B가 주말에 공원에 가서 'fly a kite(연을 날리다)'를 할 것이라고 말하였다. 같이 가자는 B의 제안에 A는 좋은 생각이라고 답하였으므로 두 사람이 이번 주 주말에 할 일은 '연 날리기'이다.

┌─ 해석 CHECK ●─────────────┐
│ A: 이번 주말에 무슨 계획 있니?   │
│ B: 나는 연을 날리러 공원에 갈 거야. 나랑 같이 갈래? │
│ A: 좋은 생각이다. 나는 내일 내 연을 만들게.   │
│ B: 그거 좋다.   │
└─────────────────────────┘

11
정답 ②

圓 핵심체크

제시된 연말 계획표에서 금요일은 'Friday'이며, 그날의 계획은 'Going sledding(썰매 타러 가기)'이다.

┌─ 해석 CHECK ●─────────────┐
│   │

수요일	목요일	금요일	토요일	일요일
눈 속에서 놀기	영화 보기	썰매 타러 가기	사촌들 방문하기	멋진 저녁 식사 하기

│   │
└─────────────────────────┘

12
정답 ①

📖 단어체크

• runner: 달리는 사람, 주자

• of: ~의, ~중에

圓 핵심체크

제시된 그림에서 셋 중 Scott이 가장 빨리 달린다는 것을 최상급 표현을 써서 나타내고 있으므로 빈칸에는 'fastest (가장 빠른)'가 들어가는 것이 가장 적절하다.

Q 오답체크

② 가장 긴

③ 가장 날씬한

④ 가장 똑똑한

┌─ 해석 CHECK ●─────────────┐
│   Scott이 셋 중에 가장 빠른 주자이다.   │
└─────────────────────────┘

13
정답 ①

📖 단어체크

• free time: 자유 시간, 한가한 시간

• often: 보통, 자주

• sound: ~처럼 들리다

圓 핵심체크

대화에서 A가 B에게 시간 날 때 무엇을 하는지 묻고 서로 자신들이 하는 일들을 말하고 있으므로 대화의 주제로 가장 적절한 것은 '여가 활동'이다.

┌─ 해석 CHECK ●─────────────┐
│ A: 너는 시간이 날 때 뭐 하는 걸 좋아하니?   │
│ B: 나는 퍼즐 만드는 걸 좋아해. 너는 어때?   │
│ A: 나는 보통 새를 보러 강에 가.   │
│ B: 그거 재밌겠다.   │
└─────────────────────────┘

14
정답 ④

📖 단어체크

• look for: 찾다

• glasses: 안경

• check: 확인하다, 살펴보다

• first: 우선, 맨 먼저

• already: 이미

핵심체크

대화에서 A는 'why don't you ~(~하는 게 어때)?'라는 표현을 사용하여 '네 가방을 먼저 확인하는 게 어때?'라고 B에게 제안하고 있다. 따라서 밑줄 친 말의 의도로 가장 적절한 것은 '제안하기'이다.

해석 CHECK

A: Heather, 여기서 뭐 하는 거야?
B: 내 안경을 찾고 있어.
A: 네 가방을 먼저 확인해 보는 게 어때?
B: 이미 가방은 확인했어.

15 · 정답 ①

단어체크

• excited: 신이 난
• famous: 유명한
• perform: 공연하다

핵심체크

대화에서 A가 B에게 신이 나 보인다고 말하자 B가 'My father got me a concert ticket(아빠가 콘서트 티켓을 사 주셨어).'이라고 대답하였으므로 B가 신이 난 이유는 '콘서트 티켓을 받아서'이다.

해석 CHECK

A: Danny, 오늘 신나 보인다.
B: 아빠가 콘서트 티켓을 사 주셨어. 유명한 K팝 스타들이 거기에서 공연할 거야.

16 · 정답 ③

단어체크

• aboard: (배, 비행기에) 탑승한
• flight: 비행기, 항공편
• pleasure: 기쁨, 즐거움
• serve: 음식을 내다, 시중을 들다
• fasten: 매다[채우다]
• seat belt: 안전벨트

핵심체크

제시된 안내 방송에서 'flight to Seattle(시애틀 행 비행기)'이라는 표현을 사용하였으므로 안내 방송을 들을 수 있는 장소로 가장 적절한 것은 '비행기'이다.

해석 CHECK

신사 숙녀 여러분, 안녕하십니까? 시애틀 행 비행기에 탑승하신 것을 환영합니다. 저희는 오늘 여러분을 모시게 되어 기쁩니다. 안전벨트를 매 주십시오.

17 · 정답 ③

단어체크

• playground: 운동장
• kind: 친절한

핵심체크

주어진 말에서 운동장에 있는 사람이 누구인지를 묻고 있으므로 (C) 'He's our new coach(그는 우리 새 코치야).'가 응답으로 와야 한다. 코치에 대해 묻는 (A) 'What do you think of him(너는 그를 어떻게 생각해)?'이 이어지고, 그 응답으로 (B) 'He's very kind. Everyone likes him(그는 정말 친절해. 모두가 그를 좋아해).'이 오는 것이 자연스럽다. 따라서 주어진 말에 이어질 대화의 순서는 '(C) – (A) – (B)'이다.

해석 CHECK

운동장에 있는 저 사람은 누구니?
(C) 그는 우리 새 코치야.
(A) 오, 그러니? 너는 그를 어떻게 생각하니?
(B) 그는 정말 친절해. 모두가 그를 좋아해.

18 · 정답 ④

단어체크

• helpful: 도움이 되는
• take care of: 돌보다, 보살피다
• put out fire: 불을 끄다
• safe: 안전한

제시된 글의 첫 문장에서 도움이 되는 직업들이 많다고 언급하고, 뒤이어 의사, 간호사, 소방관, 경찰관 등의 예시가 나오고 있다. 따라서 글의 주제로 가장 적절한 것은 '사람들에게 도움이 되는 직업'이다.

┌─ **해석 CHECK** ─────────────┐
│ 우리 주변에는 도움이 되는 직업들이 많이 있다. 의사와 간호사는 아픈 사람들을 보살핀다. 소방관들은 불을 끈다. 경찰관은 사람들을 안전하게 지키는 것을 돕는다. 사람들 덕분에 우리는 삶을 안전하게 살 수 있다. │
└──────────────────────────┘

19 〔정답〕 ④

📖 **단어체크**

• zoo: 동물원

• feed: 먹이를 주다

• lawn: 잔디

• throw: 던지다

📑 **핵심체크**

제시된 동물원 규칙에 동물들에게 먹이를 주지 말라는 내용(Do not feed the animals)은 언급되어 있으나, '동물 앞에서 음식 먹지 않기'는 언급되어 있지 않다.

┌─ **해석 CHECK** ─────────────┐
│ **동물원 규칙**
│ ○ 애완동물을 데려오지 마세요.
│ ○ 동물들에게 먹이를 주지 마세요.
│ ○ 잔디 위에서 걷지 마세요.
│ ○ 동물들에게 물건을 던지지 마세요. │
└──────────────────────────┘

20 〔정답〕 ②

📖 **단어체크**

• desert: 사막

• store: 저장하다

• fat: 지방

• energy: 에너지

📑 **핵심체크**

제시된 글에서 사막에 살며 몸 안에 물이나 음식을 지방 형태로 저장할 수 있는 동물이라는 설명을 통해 They(they)가 가리키는 것으로 가장 적절한 것은 'camels(낙타들)'임을 알 수 있다.

🔍 **오답체크**

① 여우들

③ 뱀들

④ 말들

┌─ **해석 CHECK** ─────────────┐
│ <u>그들</u>은 사막에 산다. 사막에는 약간의 먹이와 물이 있다. 그래서 <u>그들</u>은 먹이와 물을 그들의 몸에 지방으로 저장한다. 먹이나 물이 없을 때면, <u>그들</u>은 에너지를 얻기 위해 지방을 사용한다. │
└──────────────────────────┘

21 〔정답〕 ④

📖 **단어체크**

• order: 주문

• French fries: 감자튀김

• anything: 무엇, 아무것

• else: 그 밖의, 또 다른

📑 **핵심체크**

대화에서 A와 B는 식당에서 음식을 주문하고 있다. B가 치즈 버거와 감자튀김을 주문하겠다고 하였으므로 빈칸에는 'Would you like anything else(더 주문할 게 있으신가요)'가 들어가는 것이 가장 적절하다.

🔍 **오답체크**

① 지금 몇 시인가요

② 그것들은 얼마인가요

③ 왜 울고 있나요

┌─ **해석 CHECK** ─────────────┐
│ A: 주문하시겠어요?
│ B: 네. 저는 치즈 버거와 감자튀김을 주세요.
│ A: 좋아요. <u>더 주문할 게 있으신가요?</u> │
└──────────────────────────┘

22   정답 ③

단어체크

- go hiking: 등산하다
- dangerous: 위험한
- comfortable: 편안한

핵심체크

제시된 글의 세 번째 문장에는 'some tips for a safe hiking(안전한 등산을 위한 몇 가지 팁)'이 제시되고, 이후 여러 가지 등산 안내 수칙의 예시가 나온다. 따라서 글을 쓴 목적으로 가장 적절한 것은 '안전한 등산 수칙 제시'이다.

> **해석 CHECK**
>
> 오늘날 많은 사람들이 등산을 간다. 하지만 등산은 때때로 위험할 수 있다. 여기 안전한 등산을 위한 몇 가지 팁이 있다. 편안한 신발을 신어라. 물을 가져가라. 친구들과 함께 등산해라.

23   정답 ②

단어체크

- be born: 태어나다
- graduate: 졸업하다
- medical: 의학의
- take care of: 돌보다, 보살피다
- throughout: ~내내, ~동안
- educate: 교육하다

핵심체크

제시된 글은 Dr. Martin이 의대를 졸업한 후 아프리카로 가 일생동안 환자들을 돌보고 학교를 세워 어린이들을 교육시켰다는 내용이다. 따라서 주어진 글의 주제로 가장 적절한 것은 'Dr. Martin의 일생'이다.

> **해석 CHECK**
>
> Dr. Martin은 영국에서 태어났지만 의학 학교를 졸업한 후 아프리카로 이주하였다. 그는 그곳에서 일생동안 아픈 사람들을 돌보았다. 그는 또한 학교를 세우고 그곳에서 어린이들을 교육하였다.

24   정답 ①

단어체크

- travel: 여행하다
- thanks to: ~덕분에
- make friends with: ~와 친구가 되다
- culture: 문화

핵심체크

제시된 글에서 인터넷 덕분에 전 세계 사람들과 친구가 될 수 있고, 친구들이 문화에 대해 흥미로운 이야기를 많이 해 준다고 말하고 있다. 마지막 문장에서 'Let me tell you some of them(그것들 중 몇 가지를 말해 주겠다).'이라고 하였으므로 바로 뒤에 이어질 내용으로 가장 적절한 것은 '다른 나라의 문화'이다.

> **해석 CHECK**
>
> 나는 멕시코에서 나고 자랐다. 나는 멕시코 밖을 여행해 본 적이 없다. 하지만 인터넷 덕분에, 나는 전 세계 사람들과 친구가 될 수 있다. 그들은 나에게 그들의 문화에 대한 흥미로운 것들을 말해 준다. 그것들 중 몇 가지를 말해 주겠다.

25   정답 ③

단어체크

- barn: 외양간
- collect: 모으다
- pumpkin: 호박

핵심체크

제시된 글의 네 번째 문장에서 'fed the chickens(닭에게 먹이를 주었다)'라고 하였으므로 지난 주말에 Scott이 한 일은 '닭 먹이 주기'이다.

> **해석 CHECK**
>
> 지난 주말에 Scott은 조부모님을 방문하였다. 그들은 Scott의 집에서 멀리 떨어진 농장에 사신다. 그는 그들이 외양간 청소하는 것을 도왔다. 그는 또한 달걀을 모으고 닭에게 먹이를 주었다. 그러고 나서 그는 할머니와 함께 호박 파이를 만들었다.

01	02	03	04	05	06	07	08	09	10
①	①	②	④	③	④	②	③	①	③
11	12	13	14	15	16	17	18	19	20
③	②	①	①	②	④	④	③	④	②
21	22	23	24	25					
③	③	③	④	②					

01
정답 ①

핵심체크

한대 기후(툰드라)

• 고위도 지역(북극해 중심)인 유럽·아시아·북아메리카 북부, 그린란드 해안 지역에 분포되어 있다.

• 여름에는 지표면이 녹으면서 식생으로는 짧은 풀과 이끼류 등(표토층)이 생장하고 하지를 전후로 해가 지지 않는 백야 현상이 나타난다.

• 겨울에는 땅이 눈과 얼음으로 뒤덮이고(동토층) 동지 전후로 하루 종일 해가 뜨지 않는 극야 현상이 나타난다.

02
정답 ①

핵심체크

역도시화는 유턴(U-turn)현상이라고도 하며, 도시 인구가 지나치게 많아지면서 땅값 상승, 환경오염, 기반 시설 부족 등의 다양한 도시 문제가 발생하여 도시에서 교외 지역이나 농어촌으로 인구가 이동하는 현상을 말한다. 역도시화는 도시화 단계 중 종착 단계(도시 인구가 80%를 넘어서면서 도시 인구 증가가 둔화되는 단계)에서 나타난다.

오답체크

② 특정 지역으로 인구가 집중하여 도시적 특성이 확대되어 가는 현상을 말한다.

③ 도시의 부양 능력 이상으로 지나치게 많은 인구가 몰리는 현상을 말한다.

④ 산업화와 도시화에 따라 촌락 지역에 살던 사람들이 도시로 이주하는 현상을 말한다.

03
정답 ②

핵심체크

부도심은 대로를 따라 높은 고층 건물이 밀집되어 있고, 도심의 기능(상업·서비스 기능)을 일부 분담한다. 대로 뒤편으로 상업 지역과 주거 지역이 혼재되어 있으며, 교통이 편리한 지역이다.

오답체크

① 중심업무지구(CDB)이자 교통 요충지로, 중심 업무, 관리, 상업의 기능을 하며, 주간 유동 인구가 많은 지역이다. 주거 기능이 약화되어 낮과 밤의 인구 밀도 차이가 큰 인구 공동화 현상이 나타난다.

③ 수도권 외곽에 오래된 주택, 상가, 공장이 혼재되어 있는 구역으로, 주거 환경이 쾌적하며 교육·문화 시설 등이 잘 갖춰진 지역이다. 도시 미관을 위한 재개발이 활발히 이루어진다.

④ 서울의 인구 분산을 목적으로 조성된 곳으로, 대규모 주거 단지와 고층 아파트가 집적된 지역이다. 아파트 단지 사이에 녹지 공간이 있으며, 개발 제한 구역과 도시와 농촌의 혼재 지역이 존재한다.

04
정답 ④

핵심체크

동아시아 문화권의 특징으로는 한자, 불교와 유교, 벼농사, 젓가락 문화 등을 들 수 있다.

고상 가옥은 땅 위에 바로 짓지 않고 일정 정도 간격을 두고 지은 집을 말하는데, 이는 동남아시아 문화권의 특징이다.

05
정답 ③

핵심체크

비무장 지대(DMZ)는 6·25 전쟁이 끝날 무렵 휴전 협정에 의해 만들어진 지역으로, 군사적 충돌을 막기 위해 군대와 무기의 배치가 금지되어 있다.

오답체크

① 가장 바깥쪽에 있는 섬들을 직선으로 연결한 선을 의미한다.

② 바닷물이 가장 많이 빠졌을 때 해안선을 연결한 선을 의미한다.

④ 연안국이 바다의 경제적 자원에 대해 배타적 권리를 행사할 수 있는 수역을 의미한다.

06 정답 ④

핵심체크

건조 기후 지역의 구분과 분포

- 사막 기후 지역: 남·북 회귀선 근처와 한류가 흐르는 해안 지역, 대륙 내부에 분포되어 있다. 모래와 암석 사막이 넓게 분포되어 있고 연강수량이 250mm 미만이며, 식생의 생존이 불가하다.
- 스텝 기후 지역: 사막을 둘러싼 지역에 분포되어 있다. 짧은 풀의 초원 지대가 분포되어 있고 연강수량이 250~500mm 미만으로, 긴 건기와 짧은 우기가 나타난다.

07 정답 ②

핵심체크

순천에는 세계 5대 연안 습지 중 하나인 '순천만'이 있으며, 순천만 습지는 2008년부터 람사르 협약의 보호를 받고 있다.

오답체크

① 지역 특산물인 고추장이 전국적으로 유명한 도시이다.

③ 남한강 연안에 넓은 평야가 발달하여 쌀이 유명하고, 흔암리의 선사 주거지를 비롯하여 역사 유물이 많은 도시이다.

④ 지역 특산물인 녹차가 전국적으로 유명한 도시이다.

08 정답 ③

핵심체크

건조 기후로 인해 사막화, 가뭄 등의 자연재해가 발생하는 지대는 사헬 지대이다. 기후적 요인의 자연재해 중 하나인 사막화와 가뭄 등의 대응 방법으로는 다목적 댐 건설, 지하수 개발, 빗물 재활용 시설, 물 절약, 삼림의 조성 등이 있다.

09 정답 ①

핵심체크

공정한 재판을 위한 제도

- 사법권의 독립: 법관이 재판을 할 때 어떠한 외부의 간섭도 받지 않고 법률과 양심에 따라 판결하는 것 → 법관의 재판상 독립 보장
- 심급 제도: 법관이 공개 재판과 증거 재판을 하더라도 오판할 수 있으므로 재판을 여러 번 받을 수 있도록 하는 제도 → 우리나라는 3심제를 채택
- 공개 재판주의: 재판 과정과 결과를 공개하여 소송 당사자의 권리를 지켜주기 위한 주의
- 증거 재판주의: 법관이 주관적으로 판단하는 것을 막기 위해 명확한 증거를 가지고 판결하도록 하는 주의

10 정답 ③

핵심체크

사회법은 공법, 사법과 더불어 국내법을 이루는 법으로, 노동법, 경제법, 사회 보장법이 여기에 속한다.

오답체크

① 국가의 통치 조직과 통치 작용의 원리를 정하고, 국민의 기본권을 보장하는 최고법이다.

② 개인끼리의 상거래에 관한 법을 말한다.

④ 행정권의 조직, 작용 및 행정 구제에 관한 법을 말한다.

11 정답 ③

핵심체크

자유권은 국가 권력에 의해 자유를 제한받지 않을 수 있는 권리로, 가장 오래된 핵심 기본권이자 소극적 권리이다. 신체의 자유, 언론·출판·집회·결사의 자유 등이 여기에 속한다.

오답체크

① 국민의 다른 기본권을 보장하기 위한 기본권으로, 국가에 일정한 행위를 요구할 수 있는 권리를 말한다.

② 정치에 참여할 수 있는 권리를 말한다.

④ 모든 사람은 법 앞에 평등하다는 것을 내용으로 하는 권리를 말한다.

12　정답 ②

📋 **핵심**체크

귀속 지위와 성취 지위
- 귀속 지위: 개인의 의지와 노력과는 상관없이 태어나면서부터 결정되는 지위이다.
- 성취 지위: 노력과 능력에 따라 후천적으로 결정되는 지위이다.

13　정답 ①

📋 **핵심**체크

시민은 선거를 통해 자신의 의사를 표현하여 여론을 형성하며 주권을 행사할 수 있지만, 선거의 기본 원칙에 해당하는 것은 아니다.

🔍 **오답**체크

② 유권자가 어느 후보자에게 투표하였는지 다른 사람이 알지 못하게 해야 한다는 원칙이다.
③ 유권자가 대리인을 거치지 않고 직접 투표해야 한다는 원칙이다.
④ 유권자가 행사하는 투표권의 개수와 가치가 같아야 한다는 원칙이다.

14　정답 ①

📋 **핵심**체크

대통령제는 국민이 선출한 대통령이 행정부를 구성하며 행정부와 입법부의 권한과 책임이 엄격하게 분리된 정부 형태이다.

🔍 **오답**체크

② 헌법을 제정하고 헌법에 따라 통치가 이루어져야 한다는 원리이다.
③ 국민이 직접 선거로 뽑은 대표가 국민의 의사를 대신하도록 하는 원리(간접 참여를 통한 주권 행사)이다.
④ 국민이 선거를 통해 의원을 선출하여 의회가 구성되고 의회가 내각을 구성하는 정부 형태(행정부와 입법부가 매우 밀접한 관계)이다.

15　정답 ②

📋 **핵심**체크

자문화 중심주의와 문화 사대주의는 문화의 상대성과 다양성을 인정하지 않으며, 문화 간의 우열이 있다고 본다. 자문화 중심주의는 자문화가 옳고 타문화는 그르다고 보고, 문화 사대주의는 타문화가 옳고 자문화가 그르다고 보는 절대적 기준을 바탕으로 한다.

16　정답 ④

📋 **핵심**체크

청년기는 학교를 졸업하고 갓 취업을 하여 소득이 발생하지만, 소득과 소비가 상대적으로 적은 시기이다.

🔍 **오답**체크

① 노년기에 대한 설명으로, 은퇴를 한 후 소득이 줄어드는 시기이다.
② 중·장년기에 대한 설명으로, 이 시기는 소득이 증가해도 자녀 교육이나 주택 마련 등으로 소비도 증가하는 시기이다.
③ 유소년기에 대한 설명으로, 부모에게 의존하며 소비를 주로 하는 시기이다.

17　정답 ④

📋 **핵심**체크

옥저는 한반도 동해안의 비옥한 지역에서 성립한 고대 국가로, 민며느리제(혼인 풍습), 가족 공동 무덤(장례 풍습)과 같은 풍습이 있었다.

🔍 **오답**체크

① 고조선 유민이 한반도 남부에 철기 문화를 전파하면서 출현한 연맹체(마한, 진한, 변한)이다.
② 옥저와 같이 한반도 동해안의 비옥한 지역에서 성립한 국가로, 정치 군장(읍군, 삼로)이 각 지역을 지배하였으며, 족외혼(혼인 풍습), 책화, 무천(제천 행사, 10월) 등의 풍습이 있었다.
③ 고구려 장군 출신 대조영이 유민들을 이끌고 중국 지린성 동모산에서 건국(698)한 국가이다. 지배층은 고구려인이고, 피지배층은 말갈인이었다.

18
정답 ③

📋 **핵심**체크

부여는 신분이 높은 사람이 죽으면 그가 거느리고 있던 노비나 신들을 함께 묻는 장례 풍습인 순장이 있었다. 또한, 껴묻거리라 하여 물건이나 귀중품 등을 죽은 사람과 함께 묻었다.

🔍 **오답체크**

① 다른 부족의 생활권을 침범하면 소, 말 또는 노비로 갚게 하는 동예의 풍습을 말한다.
② 12월에 열린 부여의 제천 행사를 말한다.
④ 데릴사위제 중 하나인 고구려의 혼인 풍습을 말한다.

19
정답 ④

📋 **핵심**체크

단양 신라 적성비는 신라 진흥왕 때 고구려의 영토인 적성 지역을 점령하고 지은 비석이다. 비문에는 신라의 영토 확장을 돕고 충성을 바친 적성인의 공훈을 표창하고, 신라에 충성을 다하는 사람에게도 똑같은 포상을 내리겠다는 내용이 담겨 있다.

🔍 **오답체크**

① 백제는 초기에 고구려의 영향을 받아 계단식 돌무지무덤을 만들었다.
② 고구려 장수왕 때 남진 정책을 추진하여 한반도의 남한강 유역까지 진출하였다는 사실을 알려 주는 비석으로, 5세기 당시 고구려의 남진과 고구려와 신라의 관계를 잘 보여 준다.
③ 신라 진흥왕이 영토를 확장하면서, 그 확장된 지역을 돌아보고 정복지에 신라의 영토임을 알리기 위해 세운 비석이다.

20
정답 ②

📋 **핵심**체크

고려 초기 성종은 최승로의 시무 28조를 수용하여 유교 정치 이념을 바탕으로 통치 체제를 정비하고 국자감을 설치하였으며, 지방관(12목 설치)을 파견하였다.

🔍 **오답체크**

① 서울 이외의 지방에 사는 사람들을 교육하기 위해 고려 성종 때 각 지방에 세운 교육 기관이다.
③ 경종 때 처음 마련된 후 목종 때 개정, 문종 때 완성한 고려의 토지 제도이다.
④ 고려 광종 때 호족이 불법으로 차지한 노비를 양인으로 해방시켜 호족 세력을 약화시키고자 실시한 법이다.

21
정답 ③

📋 **핵심**체크

신라의 삼국 통일은 나당 동맹 체결을 바탕으로 백제와 고구려를 순차적으로 멸망시키고, 나당 전쟁의 승리를 통해 이루어 낸 역사상 최초의 통일이다. 자주적으로 당을 몰아내고 민족 융합의 계기를 마련한 통일이므로 의미가 있지만, 외세의 협조, 대동강 이남에 국한되었다는 한계도 있다.

🔍 **오답체크**

① 관산성에서 백제와 신라의 싸움 끝에 싸워 백제가 대패한 전투로, 백제 성왕이 전사하였다. 이는 나제 동맹이 결렬되는 계기가 되었다.
② 고구려가 안시성에서 당나라 군대를 물리치고 승리한 전투로, 안시성 성주와 백성이 결사적으로 저항하여 당군을 격퇴시켰다는 점에서 의의가 있다.
④ 고려가 몽골과의 전쟁에서 승리한 전투로, 승장 김윤후가 살리타 장수를 무찔렀다.

22
정답 ③

📋 **핵심**체크

향촌 자치 규약이었던 향약은 사림 세력의 기반을 강화하는 역할을 하였는데, 이를 이끈 대표적인 사람은 이황과 이이이다.

🔍 **오답체크**

① 선현의 제사, 학문 연구, 양반 자제 후진 양성 등의 역할을 한 교육 기관으로, 사림 세력 기반인 동시에 붕당의 토대가 되기도 하였다.
② 지역 양반들을 중심으로 구성된 자문 기관으로, 유향소라고도 한다.

④ 신분을 나타내는 증표로, 조선 태종이 실시한 제도
이다.

23 정답 ③

📋 **핵심체크**

정조의 업적

• 탕평책: 노론과 서인뿐만 아니라 남인도 등용하는 정책
으로, 왕권 강화를 도모하기 위해 실시하였다.
• 개혁 정치: 규장각 설치, 장용영 설치, 수원 화성 축조,
초계문신제 실시, 서얼과 노비에 대한 차별 완화, 통공
정책(자유로운 상업 활동 허용 → 금난전권 폐지) 등 다
양한 정책을 실시하였다.

24 정답 ④

📋 **핵심체크**

광주 학생 항일 운동은 1929년 11월 3일 광주에서 시작되
어 이듬해 3월까지 전국에서 벌어진 학생들의 시위운동
이다.

🔍 **오답체크**

① 평양에서 시작되어 전국적으로 확산한 운동으로, 국산
품을 애용하자는 움직임이 일었다.
② 순종의 장례식을 계기로 민족주의 계열과 사회주의 계
열이 함께 전개한 대규모 만세 시위(1926)이다. 학생들
도 참여한 6·10 만세 운동은 3·1 운동 이후 침체되었
던 국내의 민족 운동에 영향을 끼쳤다.
③ 일제 강점기에 우리의 손으로 대학을 설립하고자 일어
난 문화 운동이다. 이상재 등이 중심이 되어 민립 대학
설립 기성회를 조직하였다.

25 정답 ②

📋 **핵심체크**

6월 민주 항쟁은 1987년 6월 전국에서 일어난 민주화 운동
으로, 정치·사회 전반으로 민주화를 앞당기는 계기가 되
었다. 항쟁의 결과로 6·29 민주화 선언을 발표하게 되었
고, 5년 단임의 대통령 직선제를 기초로 하는 헌법 개정이
이루어졌다.

🔍 **오답체크**

① 자유당 정권이 이기붕을 부통령으로 당선시키기 위해
개표 조작을 하자, 이에 반발하여 부정 선거 무효와 재
선거를 주장하는 학생들의 시위에 대규모의 시민들이
참여하며 전국적으로 확대된 반독재 투쟁이자 혁명을
가리킨다.
③ 1961년 5월 16일, 박정희를 중심으로 한 일부 군부 세력
이 사회적인 무질서와 혼란을 구실로 군사 정변을 일으
켜 정권을 잡은 사건이다.
④ 1980년 5월 18일, 전라남도 광주에 투입된 계엄군이 학
생들의 시위를 무자비하게 진압하자, 광주 시민이 모여
계엄군에 맞서 대대적인 항쟁을 전개하였다.

제5교시	과학							215~219쪽	
01	02	03	04	05	06	07	08	09	10
③	④	④	③	①	②	③	④	③	④
11	12	13	14	15	16	17	18	19	20
①	①	④	③	③	②	②	②	①	③
21	22	23	24	25					
①	①	④	②	②					

01　정답 ③

▣ 핵심체크

속력$=\dfrac{\text{이동거리}(m)}{\text{시간}(s)}$이므로 A의 속력은 $\dfrac{2}{2}=1\,m/s$이고, B의 속력은 $\dfrac{1}{2}\,m/s$이다. 따라서 A와 B의 속력의 비는 $1:\dfrac{1}{2}$, 즉 2 : 1이다.

02　정답 ④

▣ 핵심체크

'물체에 대하여 한 일(W)=힘(F) × 힘의 방향으로 이동한 거리(s)'이므로 $10\,N \times 4\,m = 40\,J$이다.

03　정답 ④

▣ 핵심체크

'운동 에너지$=\dfrac{1}{2} \times$ 질량 $\times$ (속력)²'이므로 운동 에너지는 물체의 질량과 속력의 제곱에 각각 비례한다. 따라서 속력이 2배, 3배, ……가 되면 운동 에너지는 2^2배, 3^2배, ……가 되므로 ④와 같이 아래로 볼록한 곡선 그래프가 된다.

04　정답 ③

▣ 핵심체크

'저항(R)$=\dfrac{\text{전압}(V)}{\text{전류}(I)}$'이므로 $\dfrac{2}{0.2}=10\,\Omega$이다.

05　정답 ①

▣ 핵심체크

물의 비열이 $1\,kcal/kg \cdot ℃$라는 것은 물 1 kg을 1 ℃ 올리는 데 필요한 열량이 1 kcal라는 것이다. 따라서 25 ℃의 물 1 kg에 열량 10 kcal를 가하였다면 물의 온도가 10 ℃ 올라가므로 물의 최종 온도는 35 ℃이다.

06　정답 ②

▣ 핵심체크

소리의 크기는 진폭과 관련이 있다. 진폭이 클수록 소리의 세기도 커지는데 물체를 세게 치면 진폭이 커져 큰 소리가 나며, 물체를 약하게 치면 진폭이 작아져 작은 소리가 난다.

07　정답 ③

▣ 핵심체크

열에너지를 방출하는 상태 변화는 B(응고)와 D(액화)이다.

🔍 오답체크

A는 융해, C는 기화로, 모두 열에너지를 흡수한다.

08　정답 ④

▣ 핵심체크

중성인 원자가 전자 2개를 얻어 형성된 이온은 S^{2-}이다. 원소 기호의 오른쪽 위에 전하의 종류와 양을 표시하는데 전자를 잃어 + 전하를 띠는 입자를 양이온, 전자를 얻어 − 전하를 띠는 입자를 음이온이라 한다.

09　정답 ③

▣ 핵심체크

기체 사이의 부피비는 화학 반응식에서 계수비와 같다. 따라서 수소와 산소가 반응하여 수증기가 생성될 때 부피비는 수소 : 산소 = 2 : 1로 일정하다.

1일차　2일차　3일차　4일차　5일차　6일차　7일차

10

정답 ④

핵심체크

온도가 일정할 때, 기체에 가해지는 압력이 증가하면 용기 안 기체의 부피가 줄어들면서 기체 입자의 충돌 횟수가 증가한다.

오답체크

① 기체의 부피는 감소한다.

② 기체 입자의 크기는 변하지 않는다.

③ 기체 입자 사이의 거리는 감소한다.

11

정답 ①

핵심체크

동일한 원자 2개가 결합하여 생성된 분자이므로 해당하는 분자는 산소(O_2)이다.

12

정답 ①

핵심체크

광합성은 빛에너지를 흡수하여 포도당과 산소를 생성하는 흡열 반응에 해당한다.

오답체크

② · ③ · ④ 에너지를 방출하는 발열 반응에 해당한다. 발열 반응은 주변으로 에너지를 방출하므로 주변의 온도가 높아진다.

13

정답 ④

핵심체크

네프론은 오줌을 생성하는 기본 단위로, 콩팥에 100만 개이상 분포해 있으며 사구체, 보먼주머니, 세뇨관으로 이루어져 있다.

오답체크

ㄱ. 오줌을 저장하였다가 몸 밖으로 내보내는 배설 기관이다.

ㄹ. 콩팥에서 만들어진 오줌을 방광으로 보내는 배설 기관이다.

PLUS CHECK 더 알아보기

네프론

사구체	콩팥 동맥에서 갈라져 나온 모세 혈관이 실뭉치처럼 뭉쳐 있는 부분이다.
보먼주머니	• 사구체를 둘러싸는 주머니 모양의 구조이다. • 사구체에서 보먼주머니로 여과가 일어난다.
세뇨관	보먼주머니에 연결된 매우 가느다란 관으로, 재흡수와 분비가 일어난다.

14

정답 ③

핵심체크

C(플라스틱 병) 내부는 흉강을 나타낸다.

오답체크

① A(유리관)는 기관을 나타낸다.

② B(고무풍선)는 폐를 나타낸다.

④ D(고무 막)는 가로막(횡격막)을 나타낸다.

15

정답 ③

핵심체크

생물체의 구성 단계 중 식물에만 존재하는 단계는 조직계이다.

오답체크

① · ② 동물과 식물 모두에게 존재하는 구성 단계이다.

④ 동물에만 존재하는 구성 단계이다.

PLUS CHECK 더 알아보기

생물체의 구성 단계

• 식물의 구성 단계: 세포 → 조직 → 조직계 → 기관 → 개체

• 동물의 구성 단계: 세포 → 조직 → 기관 → 기관계 → 개체

16
정답 ②

핵심체크

시각 세포가 분포하여 상이 맺히는 부분은 망막이다.

오답체크

① 눈의 가장 앞에 있는 투명한 막이다.
③ 눈으로 들어오는 빛의 양을 조절하는 막이다.
④ 빛을 굴절시켜 상이 망막에 맺히도록 하는 투명한 조직이다.

17
정답 ②

핵심체크

이자에서 분비되며, 인슐린과 함께 혈당량 조절에 관여하는 것은 글루카곤이다.

오답체크

① 갑상샘에서 분비되는 호르몬으로, 세포 호흡을 촉진한다.
③ 뇌하수체에서 분비되며, 성장을 촉진하는 호르몬이다.
④ 뇌하수체에서 분비되며, 콩팥에서 물의 재흡수를 촉진하는 호르몬이다.

18
정답 ②

핵심체크

생식 세포 분열 결과 1개의 모세포에서 4개의 딸세포가 생성된다.

19
정답 ①

핵심체크

유전의 기본 용어 중 한 형질을 나타내는 대립 유전자의 구성이 같은 개체를 순종이라고 한다.

오답체크

② 한 형질을 나타내는 대립 유전자의 구성이 다른 개체이다. 예 Rr, RrYy
③ 겉으로 드러나는 형질로, 대립 유전자에 의해 결정된다.
④ 대립 유전자의 구성을 기호로 나타낸 것이다.

20
정답 ③

핵심체크

퇴적암은 쌓인 퇴적물의 종류에 따라 달라지는데, 진흙이 쌓이고 굳어져 생성된 퇴적암은 셰일(이암)이다.

오답체크

① 자갈 – 역암
② 모래 – 사암
④ 화산재 – 응회암

21
정답 ①

핵심체크

수권에서 가장 많은 양을 차지하는 것은 해수이다.

+ PLUS CHECK 더 알아보기

수권의 분포 비율

해수	육지의 물		
	빙하	지하수	강물과 호수
97.47 %	1.76 %	0.76 %	0.01 %

22
정답 ①

핵심체크

이슬점은 수증기가 응결하기 시작할 때의 온도로, 현재 공기의 실제 수증기량이 많을수록 이슬점이 높다. 따라서 이슬점이 가장 높은 지점은 A 이다.

23
정답 ④

핵심체크

따뜻한 공기가 찬 공기 쪽으로 이동하여 찬 공기 위로 올라갈 때 생기는 전선은 온난 전선으로, 전선면 기울기가 완만하며, 층운형 구름이 형성된다. 온난 전선은 넓은 지역에 지속적인 비를 내리게 하며 이동 속도가 느리고, 전선 통과 후에는 기온이 높아진다.

24

정답 ②

핵심체크

달이 지구를 중심으로 태양 반대편에 위치할 경우, 달이 보름달(망)의 형태로 보인다.

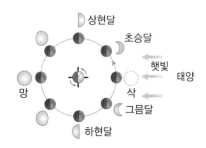

PLUS CHECK 더 알아보기

달의 위상 변화

삭	달이 지구와 태양 사이에 있을 때 ➡ 달이 보이지 않는다.
망	달이 지구를 중심으로 태양 반대편에 있을 때 ➡ 보름달이 보인다.
상현	달이 지구, 태양과 직각을 이룰 때 ➡ 오른쪽 반달이 보인다.
하현	달이 지구, 태양과 직각을 이룰 때 ➡ 왼쪽 반달이 보인다.

25

정답 ②

핵심체크

성간 물질이 모여 구름처럼 보이는 것은 성운이다. 성운 중 주변의 별빛을 반사하여 밝게 보이며 주로 파란색을 띠는 것은 반사 성운이다.

제6교시	도덕							220~223쪽	
01	02	03	04	05	06	07	08	09	10
④	③	②	①	②	③	②	③	②	④
11	12	13	14	15	16	17	18	19	20
③	②	①	②	①	①	①	④	②	④
21	22	23	24	25					
④	①	③	④	④					

01

정답 ④

핵심체크

자아(自我)는 '나를 확인하고자 하는 자신의 모습'을 말한다. 자아의 발견을 통해 내가 가진 소망이 무엇인지, 다른 사람과 구별된 나의 특징은 무엇인지 알 수 있다.

오답체크

① 국가 권력으로 강제되는 사회 규범이다.
② 인간이 생존하기 위해 필요한 것들을 얻으려고 하는 마음을 말한다.
③ 도덕적 또는 인격적으로 인정받아 스스로 자부심을 가질 수 있는 공적이나 성과를 말한다.

02

정답 ③

핵심체크

행복한 삶은 물질적인 가치만을 중요시하는 자세는 지양하고, 지속적이고 정서적인 가치를 추구하여 삶 전체에 걸쳐 정신적 만족감을 느끼는 삶을 말한다.

03

정답 ②

핵심체크

참선은 불교의 성찰 방법으로, 스스로의 마음을 돌아보고 맑은 본성을 찾아 바르게 살아갈 수 있게 해 준다.

오답체크

① 유교의 성찰 방법으로, 수양을 통해 인간의 착한 본성은 잘 가꾸고 악의 유혹으로부터 벗어날 수 있는 방법이다.

③ 도덕적 성찰과는 거리가 먼 개념이다.

④ '나는 누구인가?'라는 질문을 통해 대화를 나누며 진리를 추구하는 소크라테스의 성찰 방법이다.

04 정답 ①

📑 핵심체크

배려는 다른 사람에게 피해를 주지 않도록 신경을 쓰고 다른 사람을 살피며 다양성을 인정하는 자세이다.

🔍 오답체크

② 대가 없이 이웃을 위해 도움을 주고 배려를 적극적으로 표현하고 실천하는 행위이다.

③ 욕구를 조절하는 것을 의미한다.

④ 아무런 대가 없이 이웃을 위해 자신이 가진 것을 베푸는 행동이다.

05 정답 ②

📑 핵심체크

바람직한 가정을 이루기 위해서는 가족의 상황과 개인의 능력에 따라 융통성 있게 역할을 분담해야 한다. 따라서 성별에 따라 역할 분담을 하는 것은 바람직한 가정을 이루기 위한 노력이 아니다.

06 정답 ③

📑 핵심체크

와신상담(臥薪嘗膽)은 장작 위에 누워서 쓸개를 맛본다는 뜻으로, 목표 달성을 위해 어떤 어려움도 참고 이겨낸다는 의미이다.

🔍 오답체크

① 서로 거스름이 없는 친구를 의미한다.

② 물과 물고기의 사이처럼 아주 친밀하여 떨어지려야 떨어질 수 없는 친구를 의미한다.

④ 서로 마음을 터놓고 사귀는 친구를 의미한다.

07 정답 ②

📑 핵심체크

사이버 공간에서의 잘못되거나 확인되지 않은 정보의 공유는 불특정 다수에게 혼란을 야기할 수 있으므로 정보의 진실 여부를 확인한 후 공유해야 하며, 인용한 자료의 출처를 밝혀야 한다.

08 정답 ③

📑 핵심체크

TV 속 광고나 드라마와 같은 대중매체는 문화적 의식이 형성되는 데 직접적인 영향을 줄 수 있다. 따라서 편견을 야기할 수 있는 소재는 지양하고, 성차별적 내용이 개선될 수 있도록 노력해야 한다.

09 정답 ②

📑 핵심체크

갈등 해결의 방법 중 제3자가 개입하여 당사자 간의 갈등 해결을 도와주는 것은 중재이다.

🔍 오답체크

① 갈등 당사자끼리 서로의 문제점을 확인하고, 대화를 통해 합의점을 찾는 방법이다.

③ 문제를 어떤 대상에 알맞거나 마땅하도록 조절함을 비유적으로 이르는 말이다.

④ 대화와 타협을 통해 합의점이 결정되면 자신과 의견이 다르더라도 받아들이는 태도이다.

10 정답 ④

📑 핵심체크

환경 친화적 삶의 실천 자세에는 쓰레기 분리 배출하기, 대중교통 이용하기, 나무 심기, 환경 마크 인증 제품 사용하기, 대체 에너지 사용하기 등이 있다. 산림 훼손하기, 일회용품 사용하기 등은 환경을 오염시키는 행위이므로 최대한 멀리해야 한다.

1일차 2일차 3일차 4일차 5일차 6일차 7일차

11
정답 ③

🗐 핵심체크

봉사는 공동체 정신을 바탕으로 물질적 대가 없이 이웃에 대한 배려의 마음을 적극적으로 표현하는 행위이다. 다른 사람을 존중하는 마음으로 사회에 대한 참여와 책임을 실천하는 것이므로 물질적 대가를 받아야만 어려운 이웃을 돕는다는 설명은 옳지 않다.

12
정답 ②

🗐 핵심체크

과거와는 달리 아파트와 같은 공동 주택의 폐쇄적인 형태를 가진 주거 형태가 늘어남에 따라 이웃과의 소통이 줄어들게 되었다.

🔍 오답체크

①·③·④ 현대 사회는 심한 경쟁과 지나치게 개인의 생활을 우선시하는 분위기가 퍼져 있어 이웃에 대한 관심이 줄어들고, 다른 사람과의 소통이 단절되고 있다.

13
정답 ①

🗐 핵심체크

다문화 사회는 서로 다른 문화를 가진 사람들이 함께 어울려 살아가는 사회로, 여러 문화가 공존하는 동시에 서로의 문화 간에 교류가 이루어진다. 이에 기존의 문화가 더 풍부해질 수 있으며, 다른 문화를 경험하고 이해할 수 있는 기회를 제공한다.

자신의 문화에 대해 우월감을 갖는 태도는 자문화 중심주의이다.

14
정답 ②

🗐 핵심체크

도덕 판단은 어떤 사람의 인격이나 행위에 대해 도덕적인 관점에서 판단을 내리는 것을 말한다. 길거리에 쓰레기를 버리는 행위가 도덕적인 기준에서 옳지 않다고 결론을 내리는 것은 도덕 판단에 해당한다.

15
정답 ①

🗐 핵심체크

현대 사회를 살아가는 시민으로서 나라와 자문화에 지속적인 관심을 가지고, 국가가 올바른 방향으로 나가가는지 주인 의식을 바탕으로 적극적으로 참여하고 비판해야 한다. 또한, 다른 사람의 권리를 침해하지 않는 범위 내에서 자신의 권리를 추구하고, 국민으로서의 책임과 의무를 다해야 한다.

16
정답 ①

🗐 핵심체크

신념은 자신 스스로 옳다고 굳게 믿는 마음을 말한다. 이는 개인이 삶의 목표를 설정하고 옳은 방향으로 실천하는 데 큰 영향을 줄 수 있기 때문에 어떤 신념을 가졌는지에 따라 삶의 모습이 달라질 수 있다.

17
정답 ①

🗐 핵심체크

아리스토텔레스는 우리가 궁극적 목적으로 추구하는 최고선은 행복이라고 규정하였다. 칸트는 최고선을 도덕성과 행복의 완전한 결합으로 보았으며, 에피쿠로스 학파는 쾌락을 통한 행복을 최고선이라 주장하였다.

18
정답 ④

🗐 핵심체크

이상적 인간상을 실현하기 위한 노력
• 성실한 자세로 몸가짐과 마음가짐을 바르게 해야 한다.
• 이상적 인간상을 기준으로 자신의 삶을 반성하고 성찰해야 한다.
• 자기 수양뿐만 아니라 가까운 이웃, 공동체의 행복을 위해 사랑과 나눔을 실천해야 한다.

19
정답 ②

🗐 핵심체크

인간이 생존을 위해 필요한 것들을 얻으려고 하는 마음이나 하고 싶은 일을 이루고자 하는 마음은 욕구이다.

오답체크

① 앞으로 다가올 인생에서 바라는 일이 잘 될 것이라고 긍정적으로 생각하는 마음이다.

③ 인간이 살아가는 동안 지켜야 할 도리나 바람직한 행동의 기준이다.

④ 도덕적으로 잘못된 어떤 행동을 하려고 하거나 그런 행동을 하고 있을 때, 우리에게 착한 행동을 하라고 마음속에서 끊임없이 명령하는 윤리 의식이다.

20
정답 ④

핵심체크

국가가 추구하는 보편적 가치에는 자유, 평등, 민주, 인권, 정의와 공정, 평화, 복지 등이 있다. 기본적으로 추구하는 가치는 인간의 존엄성이다.

21
정답 ④

핵심체크

다른 사람과 갈등이 생겼을 때 우선 갈등의 원인을 객관적으로 파악해야 한다. 그 후 역지사지의 자세로 상대방의 입장을 진지하게 고려하면서 자신의 감정과 생각을 분명하게 전달하는 방법으로 갈등을 해결해야 한다.

22
정답 ①

핵심체크

사회 정의는 옳고 그름을 판단하고, 분쟁과 갈등을 해결하는 기준을 제공하여 사회 구성원이 안정된 삶을 살 수 있도록 하는 역할을 한다.

사회 정의는 과정의 공정·공평에 더 무게를 두고 있다. 결과의 차이를 줄이기 위한 제도의 마련도 필요하지만, 결과의 평등이 사회 정의를 의미하는 것은 아니다.

23
정답 ③

핵심체크

다른 사람의 의견이나 관점에 관계없이 자신 스스로 느끼는 가치는 주관적 가치이다.

오답체크

① 물질을 통해 만족감을 얻을 수 있는 가치로, 즐거움을 주는 쾌락 가치와 생활에 필요한 것을 주는 유용 가치를 말한다.

② 목표를 이루기 위한 도구로서의 가치로, 다른 목적의 수단이 되는 가치이다.

④ 물질과 상관없이 보람을 느끼는 가치이다.

24
정답 ④

핵심체크

교사는 문제가 되는 도덕 원리를 모든 사람이 보편적으로 실천하였을 때 나타날 수 있는 결과를 예상하여 도덕 원리의 적절성 여부를 검토하는 보편화 결과 검사 방법을 사용하고 있다.

오답체크

① 선택한 도덕 원리를 더 일반적이고 포괄적인 도덕 원리에 따라 판단해 보는 검사 방법이다.

② 상대방의 입장에서 생각해 보는 검사 방법이다.

③ 상대방이 전제하고 있는 도덕 원리에 반대되는 사례를 제시하여 상대방의 도덕 원리가 부적절함을 지적하는 검사 방법이다.

25
정답 ④

핵심체크

위로는 깨달음을 추구하고 아래로는 다른 사람에게 자비를 베풀며, 자신이 깨달은 지혜를 통해 다른 사람들에게 조건 없는 사랑을 베푸는 사람은 불교에서 보는 이상적 인간상인 보살(菩薩)이다.

오답체크

①·③ 천인(天人)은 도가의 이상적인 인간상으로, 지인(至人), 신인(神人)으로도 불린다. 자연스러운 삶을 통해 인간다움을 찾는 것을 중요시하였으며, 세속적인 생활을 초월하여 자연과 하나가 되는 것을 이상적으로 보았다.

② 유교의 이상적인 인간상으로, 인의예지(仁義禮智)의 정신을 잘 실천하는 사람을 말한다. 옳고 그름을 판별하여 어떠한 상황에서도 도덕적 의무를 따르고 실천할 수 있는 사람이다.

1일차 2일차 3일차 4일차 5일차 6일차 7일차

배우기만 하고 생각하지 않으면 얻는 것이 없고, 생각만 하고 배우지 않으면 위태롭다.

- 공자 -

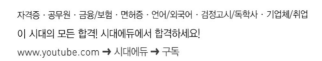

2025 시대에듀 중졸 검정고시 7일 완성 실전 모의고사

개정2판1쇄 발행	2025년 01월 10일 (인쇄 2024년 10월 16일)
초 판 발 행	2023년 03월 03일 (인쇄 2023년 01월 27일)
발 행 인	박영일
책 임 편 집	이해욱
편 저	편집기획실
편 집 진 행	이미림 · 백나현 · 김하연 · 박누리별
표지디자인	하연주
편집디자인	장성복 · 차성미
발 행 처	(주)시대에듀
출 판 등 록	제10-1521호
주 소	서울시 마포구 큰우물로 75 [도화동 538 성지 B/D] 9F
전 화	1600-3600
팩 스	02-701-8823
홈 페 이 지	www.sdedu.co.kr

I S B N	979-11-383-8041-6 (13370)
정 가	22,000

2025

중졸 검정고시
실전 모의고사

7일
완성

STRONG

빛나는 당신의 내일을 위해 ——————— 시대에듀가 함께합니다.

시대에듀 한국사능력검정시험
심화(1·2·3급) 대비서 시리즈

개념 정복

Type A 개념 이해와 학습 방법을 파악하는 단계

PASSCODE 한국사능력검정시험 한권으로 끝내기 심화
- 황의방 교수 저자 직강 무료
- 알짜만 모은 핵심 이론
- 시험에 자주 등장하는 키워드를 통한 철저한 기출문제 분석
- 한능검을 정복하는 20가지 유형별 문제 풀이 스킬 제시

Type B 전략적인 기출 분석이 필요한 단계

PASSCODE 한국사능력검정시험 주제·시대 공략 기출문제집 심화
- 시대 통합·시대별 핵심 주제로 구성된 이론 및 문제를 통해 신유형 완전 정복
- 실제 기출된 사료와 선지를 재구성한 미니 문제를 통해 핵심 키워드 파악
- 전 문항 개별 QR코드로 나 홀로 학습 가능

Type C 효율적인 단기 완성의 단계

PASSCODE 한국사능력검정시험 7일 완성 심화
- 기출 빅데이터 분석으로 50개 주제별 빈출 키워드와 문제 유형 제시
- 오디오북으로 스마트하게 학습 가능한 꼭 나오는 기출 선택지 제시
- 최종 모의고사 1회분과 시대별 연표로 마지막 1문제까지 완벽 케어

나의 학습 단계에 맞는 한능검 교재를 통해
한국사 개념을 정복하고 문제 풀이 스킬을 업↑ 시켰다면,

최종 마무리 단계로 **실전 감각** 익히기!

기출 정복

마무리 한국사에 대한 개념이 박식한 단계

PASSCODE 한국사능력검정시험 기출문제집 800제 16회분 심화
- 회차별 최신 기출문제 최다 수록
- 오답부터 정답까지 기본서가 필요 없는 상세한 해설
- 기출 해설 무료 강의
- 회차별 모바일 OMR 자동채점 서비스 제공